金华文化研究工程资助项目
东莱博议精华评注

【宋】吕祖谦　撰　　郑晨曦　评注

浙江古籍出版社

图书在版编目（CIP）数据

东莱博议精华评注 /（宋）吕祖谦撰；郑晨曦评注. --杭州：浙江古籍出版社，2025.6. -- ISBN 978-7-5540-3282-4

Ⅰ.K225.04

中国国家版本馆CIP数据核字第20251TK146号

东莱博议精华评注

【宋】吕祖谦　撰　　郑晨曦　评注

出版发行	浙江古籍出版社
	（杭州市环城北路177号　电话：0571-85068292）
责任编辑	刘　蔚
文字编辑	王振中
责任校对	吴颖胤
责任印务	楼浩凯
封面设计	立飞图文
照　　排	杭州立飞图文制作有限公司
印　　刷	浙江全能工艺美术印刷有限公司
开　　本	710mm×1000mm　1/16
印　　张	34.25
字　　数	353千字
版　　次	2025年6月第1版
印　　次	2025年6月第1次印刷
书　　号	ISBN 978-7-5540-3282-4
定　　价	98.00元

如发现印装质量问题，影响阅读，请与本社市场营销部联系调换。

序

　　吕祖谦的《东莱博议》，作为《传统蒙学丛书》之一，已被列入《中国古代教育文献丛书》。此书对《左传》所载的治乱得失之迹，分篇而议，凡一百六十八篇，行文议事充满思辨论证的色彩，非常适合举子撰写科场应对策论文章之用，堪称议事策论的范本。一经面世，就获得了广泛好评，一时洛阳纸贵，成为畅销书。自宋元明清以迄民国，士子们都把它当作最优秀的敲门砖，屡见梓传，故而流传极为广泛，有私塾的地方就有《东莱博议》。曾国藩《家书·劝学篇·致六弟·述学诗习字之法》："香海言时文须学《东莱博议》，甚是，弟先须用笔圈点一遍，然后自选几篇读熟。"张之洞称《东莱博议》为"词意显豁，段落反正分明，有波澜，有断制。学之可期理明词达"。清末以来，科举虽废，而报业大兴，公务员考试时或举行，论者以为《东莱博议》虽然评论的是春秋时代一些事件和人物的文章，但能启发思路，便于模仿，虽不是八股文，其立论布局、谋篇行文、结构的谨严精巧胜似八股文，其语言灵活运用归纳法、比喻法、排比法、对比法、对偶法等，很有说服力穿透力，学得其精华，则能自圆其说，所以从事报业评论、应考公务招员及乐于公开演讲者，无不简练以为揣摩，而《东莱博议》的畅行于世，依然不衰。现当代研究表明，《东莱博议》对于报刊的评论、社论写作，演讲稿的写作，及中学应考的议论文写作都有很好的指导作用。

　　对近现代中国精英人物产生重大影响的船山学说，无疑是深受《东莱博议》影响。船山（王夫之）前期学术以《春秋》为主，其春秋学受之于叔父王朝聘（牧石）。1637年，王夫之十九岁，叔父牧石先生示船山诗有"日成博议几千行"之句，希望年轻的王夫之能够继承春秋家学，并为吕祖谦《春秋左氏传博议》作续。热衷于吟诗作对的王夫之即写有《初婚牧石先生示诗有日成博议几千行之句敬和》：“闲心不向锦屏开，日日孤山只弄梅。冷蕊疏枝吟未稳，愧无博议续东莱。”王夫之以隐士林逋孤山弄梅自期，"愧无博议续东莱"之句，隐然有续东莱之志。历数十年曲折，他终于在50岁前后著成《续春秋左氏传博议》，其后又撰写了皇皇巨著《读通鉴论》和《宋论》。在随事立议的体例、评论史实"理乱得失"的主旨、立论的唯物主义倾向和辩证原则等方面都与《东莱博议》一脉相承，甚至在时间的接续上，王夫之的这三部史论著作，也与《东莱博议》前后衔接相续，形成从春秋（前722）到宋末（1279）之间两千多年中国历史史实的系统评论，分析历代成败兴亡、盛衰得失，臧否人物，总结经验，探求历史发展进化规律，寻求中国复兴的大道。可见《东莱博议》对王船山学术思想之影响深远。

1959年6月27日，杨昌济先生生前好友曹典球先生曾赋七律一首："船山星火昔时明，莽莽乾坤事远征。百代王侯归粪土，万千穷白庆新生。东风已压西风倒，好事常由坏事成。幸接谦光如宿愿，雅惭无以答升平。"将中国人民万里长征、扭转乾坤、复兴民族的伟业与船山思想直接联系起来，指出现代中国主流思想与船山学术思想具有深厚的渊源关系。也可以说，现代中国主流思想与以《东莱博议》为代表的吕祖谦学术思想有着一脉相承的承继关系。

"天下之势不盛则衰，天下之治不进则退。"（吕祖谦《东莱博议》卷之十一）。推进国家治理体系和治理能力的现代化，实现中华民族的伟大复兴，离不开民族优秀传统文化的创造性转化、创新性发展。为了方便读者更好地学习吸收《东莱博议》的精华，笔者将《东莱博议》精华语段进行摘编，加以注解、白话翻译和点评，并选录意趣相近的诗词，以拓展思维意象，力求为现代高节奏社会中的读者提供一份简明的传统文化学习思考资料。此为序。

郑晨曦
2023年11月于金华

目 录
CONTENTS

卷一	1
卷二	33
卷三	56
卷四	74
卷五	97
卷六	130
卷七	156
卷八	187
卷九	211
卷十	237
卷十一	262
卷十二	287
卷十三	316
卷十四	334
卷十五	347
卷十六	363
卷十七	380
卷十八	393
卷十九	405
卷二十	420
卷二十一	441
卷二十二	456
卷二十三	477

卷二十四	491
卷二十五	509
附一：吕祖谦自序	535
附二：四库全书总目提要《详注东莱左氏博议》·二十五卷（浙江巡抚采进本）	536
附三：试探王夫之对吕祖谦婺学的承继	537

卷一

一、钓者负鱼，鱼何负于钓

钓者负[一]鱼，鱼何负于钓？猎者负兽，兽何负于猎？庄公[二]负叔段[三]，叔段何负于庄公？且[四]为钩饵[五]以诱鱼者，钓也；为陷阱以诱兽者，猎也。不责钓者而责鱼之吞饵，不责猎者而责兽之投阱，天下宁[六]有是耶？庄公雄猜[七]阴狠，视同气[八]如寇雠[九]，而欲[一〇]必致之[一一]死，故匿[一二]其机[一三]而使之狃[一四]，纵[一五]其欲[一六]而使之放[一七]，养其恶而使之成。甲兵之强，卒乘[一八]之富，庄公之钩饵也；百雉[一九]之城，两鄙[二〇]之地，庄公之陷阱也。彼叔段之冥顽不灵[二一]，鱼耳，兽耳，岂有见钩饵而不吞、过陷阱而不投者哉？导之以逆[二二]而反诛其逆，教之以叛而反讨其叛，庄公之用心亦险矣。

注释

〔一〕负：背弃、辜负、对不起。

〔二〕庄公：即郑庄公，姬姓，郑氏，郑武公长子，因出生时遭遇难产，故名寤生，周代郑国第三位国君，公元前743年—公元前701年在位，春秋初期政治家。郑庄公攘外安内，重农兴商，不断增强国家的经济实力，最终使得郑国称"小霸"于诸侯，为春秋时代诸侯开霸的标志性人物。

〔三〕叔段：即共叔段，姬姓，名段，郑武公少子，郑庄公同母弟，母为武姜。武姜的长子寤生是难产而生，少子共叔段是顺产而生，武姜因此不喜欢寤生，而喜欢共叔段。武姜想立共叔段为太子，屡次向郑武公请求，郑武公不肯答应。郑庄公（寤生）即位后，封共叔段于京城，时称京城大叔或太叔段。在武姜帮助下，谋划作乱，受到郑庄公镇压，兵败逃亡共地，最终客死他国。

〔四〕**且**：况且、尚、还，表示进一层。

〔五〕**钩饵**（ěr）：钓鱼用的鱼钩与鱼食。

〔六〕**宁**：表示反问，相当于"岂""难道"。

〔七〕**雄猜**：多疑。

〔八〕**同气**：兄弟。

〔九〕**寇雠**（chóu）：亦作"寇仇"，指仇视、极端仇视。

〔一〇〕**欲**：想、要。

〔一一〕**致之**：使他（叔段）。

〔一二〕**匿**（nì）：隐藏、隐瞒。

〔一三〕**机**：心机、心思，念头、内心的谋算。

〔一四〕**狎**（xiá）：亲昵而不庄重。

〔一五〕**纵**：放纵。

〔一六〕**欲**：欲望。

〔一七〕**放**：放肆。

〔一八〕**卒乘**（shèng）：士兵与战车，泛指军队。

〔一九〕**百雉**（zhì）：指城墙的长度达三百丈，这是春秋时诸侯国君的特权。雉，古代计算城墙面积的单位，长三丈高一丈为一雉。

〔二〇〕**两鄙**（bǐ）：鄙，边远的地方。两鄙，指郑国西部和北部边境一带地方。

〔二一〕**冥顽不灵**：形容既昏庸不明事理，又思想顽固不化。冥顽，愚笨无知。不灵，不聪明。

〔二二〕**逆**（nì）：以下犯上的叛乱。

译文

　　钓鱼的人对不起鱼，鱼有什么对不起钓鱼的人？打猎的人对不起兽，兽有什么对不起打猎的人？庄公对不起叔段，叔段有什么对不起庄公？况且做好钩饵用以诱鱼，就是钓；做好陷阱用以诱兽，就是猎。不责备钓鱼的人，而责备鱼吞饵；不责备打猎的人，而责备野兽掉入陷阱，天下难道有这样的道理吗？庄公多疑阴狠，把同胞兄弟视为仇敌，计划一定要将他置于死地，所以隐藏其心机而使叔段习于亲昵而不遵守国家的礼法规矩，放纵叔段欲望的扩张而使他的行为放肆，培养叔段的恶行而使其形成叛逆的事实。默许叔段兵甲车乘的强富，让他拥有自己的军队，是庄公的钩饵；封赏叔段一座大城和两鄙的土地，让他拥有自己的根据地，是庄公的陷阱，而叔段冥顽不灵，是鱼，是兽，哪有见钩饵而不吞、遇陷阱而不投的呢？引导他犯上而反过来指责他犯上，诱导他反叛而反过来讨伐他反叛，庄公的用心也真是险恶啊！

点评

公元前757年，郑庄公出生时遭遇难产，吓坏了母亲武姜，而弟弟叔段则是顺产，因此武姜把所有的爱都给了叔段。公元前744年，郑武公病重之际，她多次向郑武公建议，立叔段为太子。郑庄公即位后，武姜多次为叔段要封地，并鼓动他争夺君位，在自己的封地京不讲先王礼制，筑起了高度远超国都的城墙，郑国大夫祭足向庄公汇报京地城墙不合先王礼制的时候，庄公脱口而出的是"姜氏欲之，焉辟害"，姜氏要这样，能拿她怎么办。故意促成叔段"多行不义"，使他自处于"必自毙"的境地。郑庄公清楚知道自己的敌人不是叔段，而是姜氏。在母子兄弟之间，也即在伦理亲情与政治利益之间，实有难言难处之情，非讲究策略不可。伟人曾说，春秋时候有个郑庄公，此人很厉害，他对国内斗争和国际斗争都很懂得策略。古今策略之妙者，无过"诱敌深入"，无论政治、军事、商战、竞技，无论以强击强、以弱击强等等，预设战场，诱敌深入，寻其破绽，聚而歼之，实为千古谋略家不传之秘，所谓"一招鲜，吃遍天"。而领悟之深切，运用之巧妙，有理有利有节以行之，得天时地利人和之助，则在各人的悟性与修为。郑国在当时地缘政治中处各大国包围之中，庄公在国内又受武姜之挟迫，无论国际、国内，生存发展空间都相当逼仄，设此钓鱼诱兽之局，实也有不得已之苦衷。而宠纵成害，确乎有悖长兄如父、兄友弟敬的伦理。机深莫测，也只是坑蒙得局中人，总难免清议之讥诮。白居易《感兴》："鱼能深入宁忧钓，鸟解高飞岂触罗。热处先争炙手去，悔时其奈噬脐何。尊前诱得猩猩血，幕上偷安燕燕窠。我有一言君记取，世间自取苦人多。"陶弼《芙蓉亭》："边枿无声狱讼疏，芙蓉池上避金乌。民收果实充田赋，匠写空形入画图。白鸟知机远冠盖，紫鳞贪饵落盘盂。主人非为清香护，爱此烟波似五湖。"

二、缓治之，则其恶已暴，人必无辞

庄公之心，以谓亟〔一〕治之，则其恶未显，人必不服；缓治之，则其恶已暴〔二〕，人必无辞。其始不问者，盖将多〔三〕叔段之罪而毙之也。殊不知〔四〕叔段之恶日长〔五〕，而庄公之恶与之俱〔六〕长；叔段之罪日深，而庄公之罪与之俱深。

注释

〔一〕亟（jí）：急迫。
〔二〕暴（pù）：露出来、显露。
〔三〕多：使他积累成多。
〔四〕殊不知：竟不知道，竟没有想到。
〔五〕长（zhǎng）：生长、滋长、助长。
〔六〕俱：一起、一同。

译文

郑庄公的心里认为，若是急切地整治叔段，则叔段的恶行还没有充分显露出来，人们必然不信服庄公的惩治；而延迟处理叔段，则叔段恶行已充分暴露，人们必然无话可说。庄公在开始不过问的原因，就是让叔段多累积一些恶行而后消灭他。殊不知，如此一来，叔段之恶行与日俱增，而庄公之恶行也与日俱增；叔段之罪与日俱深，而庄公之罪也与日俱深。

点评

注视深渊，也将成为深渊；纵容恶魔，也将成为恶魔。身负父兄教诲督导之责，而纵容默许子弟的恶行，实为教唆，不仅等同犯罪，实为主犯。节奏的掌控是政治才智的重要标示点。郑庄公为清除隐患而出此"引蛇出洞"之计，欲合之先开之，欲取之先予之，欲弱之先强之，"多其不义而使其自毙"，在当时为自己占据道德舆论制高点，谋取道义、政治和军事的综合优势，在政治策略上有理有利有节，堪称老辣，但难免后人的道德讥刺。王十朋《郑庄公》："天地深恩讵可忘，寤生忠孝两俱亡。身从何出翻囚母，国是谁封敢射王。"白居易《感所见》:"巧者焦劳智者愁,愚翁何喜复何忧。莫嫌山木无人用,大胜笼禽不自由。网外老鸡因断尾,盘中鲜鲙为吞钩。谁人会我心中事,冷笑时时一掉头。"

三、受欺之害,身害也;欺人之害,心害也

然将欲欺人,必先欺心,庄公徒〔一〕喜人之受吾欺者多,而不知吾自欺其心者亦多。受欺之害,身害也;欺人之害,心害也。哀莫大于心死,而身死亦次之。受欺者身虽害,而心固〔二〕自若;彼欺人者身虽得志,其心固已斫丧〔三〕无余矣。在彼者所丧甚轻,在此者所丧甚重。本欲陷〔四〕人而卒〔五〕自陷,是钓者之自吞钩饵,猎者之自投陷阱也。非天下之至拙〔六〕者,讵〔七〕至此乎?故吾始以庄公为天下之至险〔八〕,终以庄公为天下之至拙。

注释

〔一〕徒:只、仅仅。
〔二〕固:当然、仍然。
〔三〕斫丧(zhuó sàng):摧残、伤害。
〔四〕陷:设计害人。
〔五〕卒:表示最终出现了某种结果,相当于"最终"。
〔六〕拙:笨拙,不灵巧。
〔七〕讵(jù):反问词,表示超出预言范围或谈论范围的情况。
〔八〕险:存心狠毒,阴险邪恶,难以揣测。

译文

然而想要欺骗他人,一定要先欺骗自己的心。庄公只欣喜人家被他欺骗得很多,却不知道他欺骗自己的心也很多。被人欺骗的伤害,是身体上的伤害;欺骗人家的伤害,是对自己心灵上的伤害。天下最悲伤的事情,没有

比心灵的死掉更大了，至于肉体的死去，倒还是次要的事情。被人欺骗的人，身体上虽然因此而受了伤害，但心灵依然是原来的心灵；而那些欺骗人家的人，身体上虽然很得意，而他的心灵当然已经自我伤害丧失得一点也没有了。在那被欺骗的人，所丧失的很轻微；欺骗人家的人，所损失的却很重大。原本想设计陷害别人，最终却是设计陷害了自己。这正是钓鱼的人自己吞食了钩饵，诱猎的人投进自己设置的陷阱。不是天下最笨拙的人，难道能弄到这样的地步吗？所以，我初始以为郑庄公是天下最阴险的人，到最后，就觉得郑庄公是天下最笨拙愚蠢的人。

点评

"心存济世谈何易，事不欺人意自良。"杀人一千，自损八百。凡有力发生作用的地方，就有反作用力。何况阴谋诡计，为道家所忌。陈平曰："我多阴谋，其后不昌。"非本于天道，出于至公，有大德大仁的修为，迫于万不得已，实不可轻言舍经行权。王守仁《劝酒》："平生忠赤有天知，便欲欺人肯自欺？毛发暗从愁里改，世情明向笑中危。春风脉脉回枯草，残雪依依恋旧枝。谩对芳樽辞酩酊，机关识破已多时。"王义山《赠邓可欺》："萌一欺心理便亏，久之天定胜人为。买臣负担行吟日，韩信低头出胯时。自怯终于强者弱，不争是乃胜之基。彼来欺我自欺耳，只要我心无自欺。"

四、物之逆其天者，其终必还

物之逆其天〔一〕者，其终必还〔二〕。凡出于自然而莫知其所以然者，天也。羽之浮，石之沉，矢〔三〕之直，蓬〔四〕之曲，土之止，水之动，自古固然，而不可加损，庸〔五〕非天乎？苟〔六〕以人力胜〔七〕之，则羽可积而沉也，石可载而浮也，矢可揉〔八〕而曲也，蓬可扶而直也，土可垦而动也，水可壅而止也。人力既穷，则未有不复其初者焉。不积之，则羽还其天而浮矣；不载之，则石还其天而沉矣；不揉之，则矢还其天而直矣；不扶之，则蓬还其天而曲矣。止者，土之天也，垦者穷，则土之止固自若也。动者，水之天也。壅者穷，则水之动固自若也。有限之力岂能胜无穷之天耶？子之于父母，天也。虽天下之大恶，其天未尝不存也。

注释

〔一〕天：天然、自然，天然本性、自然本性。
〔二〕还（huán）：返回原来的地方或恢复原来的状态。
〔三〕矢：箭，木制为矢。
〔四〕蓬：多年生草本植物，花白色，中心黄色，狭窄而弯曲，叶似柳叶，子实有毛。
〔五〕庸：表示反问，岂，难道。
〔六〕苟：如果、假使。
〔七〕脞（cuǒ）：细小而繁多，琐细。
〔八〕揉：把直的弄弯。

译文

事物凡是违背自然本性的，最终必定返回原来的样子。凡是自然生成却不知道为何要这样的，都是自然本性。羽毛漂浮，石块下沉，箭杆劲直，蓬草弯曲，土地静止，流水运动，自古以来就是这样而不能加以改变的，这难道不是自然本性吗？如果用人力来一点一点琐细地改变这些本性，那么羽毛集积到一起就可以往下沉，石块用船装载就可以浮于水面，箭杆可以用力使之弯曲，蓬草可以扶持使它直立。土地可以因为开垦而运动，流水可以因为堵塞而停止。人力一旦用尽，那么没有不回复到原来的样子的。不集积它，羽毛就回归本性漂浮起来了；不承载它，石块就回归本性沉入水中了；不弯曲它，箭杆就回归本性恢复劲直了；不扶持它，蓬草就回归本性弯曲下去了。静止是土地的本性，翻垦的力量没有了，土地就又像本来那样静止不动了；流动是水的本性，堵塞的东西没有了，水就像本来那样流动起来。有限的人力怎么能战胜无限的自然本性呢？子女对父母的敬爱，就是自然本性。即使天下罪大恶极的人，他敬爱父母的自然本性未尝不存在。

点评

"悟得盛衰理，自然规律通。"所谓自然本性，都是因为内在的自然规律，也即自然的必然性在起作用，规律的必然性是不可违背的，只有遵循顺应。人只有遵循顺应规律的必然性，才能成事立功，这也是一种必然，也是一种本性的自然。邵雍《天意吟》："天意无他只自然，自然之外更无天。不欺谁怕居暗室，绝利须求在一源。未吃力时犹有说，到收功处更何言。圣人能事人难继，无价明珠正在渊。"孟郊《劝学》："击石乃有火，不击元无烟。人学始知道，不学非自然。万事须己运，他得非我贤。青春须早为，岂能长少年。"邵雍《闲行吟》："长忆当年扫弊庐，未尝三径草荒芜。欲为天下屠龙手，肯读人间非圣书。否泰悟来知进退，乾坤见了识亲疏。自从会得环中意，闲气胸中一点无。"

五、庄公自绝天理，天理不绝庄公

盖〔一〕庄公自绝〔二〕天理〔三〕，天理不绝庄公。一朝之忿，赫然〔四〕勃然〔五〕，若可以胜天，然忿戾〔六〕之时，天理初〔七〕无一毫之损也，特〔八〕暂为血气所蔽耳。血气之忿犹沟浍〔九〕焉，朝而盈〔一〇〕，夕而涸〔一一〕，而天理则与乾坤〔一二〕周流而不息〔一三〕也。忿心稍衰〔一四〕，爱亲之念油然〔一五〕自还而不能已〔一六〕。

注释

〔一〕盖：相当于"大概""因为"。
〔二〕绝：断，不再接续。
〔三〕天理：天然的道理，自然的法则，客观存在的道德法则。
〔四〕赫（hè）然：发怒的样子。
〔五〕勃（bó）然：因愤怒而变色的样子。
〔六〕忿戾（fèn lì）：蛮横无理，动辄发怒。
〔七〕初：原来的，本来的。

〔八〕特：仅仅、只是。

〔九〕沟浍（kuài）：泛指田间水渠。

〔一〇〕盈：盛满、充满。

〔一一〕涸（hé）：失去水而干枯。

〔一二〕乾坤：天地。

〔一三〕周流而不息：像水流一样循环运动连续不断。

〔一四〕衰：减少、削弱。

〔一五〕油然：盛兴的样子，自然而然、舒缓的样子。

〔一六〕已：止，罢了。

译文

因为是郑庄公自己弃绝了天理，而天理却没有弃绝庄公。一时气愤，勃然大怒，好像情绪可以胜过自然本性，然而人在愤怒凶残时，自然本性并没有受到一丝一毫的损害，只不过暂时被血气蒙蔽了。血气的愤怒犹如田间沟渠的水，早上是满满的，晚上就干涸了，但天理却与天地同在，流动不息。愤怒的情绪稍微消退下去，敬爱母亲的自然本性便自然而然地回来了，不能抑止。

点评

伦理是本然之性，是客观存在的道德法则，存在于人人心中，王阳明的"良知"，是否本于此？王柏《畴依》："虞舜则微，重华协帝。父顽母嚚，烝烝以义。天理之极，人伦之至。恭己当天，云行雨施。"陈普《贺叔父为犹子成室》："五典三纲宇宙人，千金九鼎祖宗身。荼租急切同胞义，冰蘗规模一个仁。日月照临伦理得，山川回合栋梁新。教人以意非言语，此事由家更及民。"

六、既醒而犹践之，则其醉必未醒也

醉之所言，醒必不践；狂之所行，瘳〔一〕必不为。既醒而犹〔二〕践之，则其醉必未醒也；既瘳而犹为之，则其狂必未瘳也。

注释

〔一〕瘳（chōu）：疾病消失了。

〔二〕犹（yóu）：仍然、还。

译文

人在醉酒时所说的话，酒醒后肯定不会践行兑现的；人在犯狂状态中作出的举动，在病愈后也一定不会再做。酒醒了还偏要践行醉时言论，那一定是还没有醒转过来；狂病治好后还偏要做犯病时做的傻事，那么他的狂病一定还没有治疗好。

点评

酒醒还要践行醉话，病愈了还未改正致病的行为，还是缺少了一个"勇"字，根本的是模糊了一个"耻"字。邵雍《迷悟吟》："君子改过，小人饰非。改过终悟，饰非终迷。终悟福至，终迷祸归。"陈淳《改过》："过者动之差，毋容实诸己。才觉必速改，乃不为吾累。"朱诚泳《周处三害图》："膂力兼人胆气粗，势同蛟虎虐无辜。若非父老一言悟，安得乡闾三害无。死国能坚忠义节，读书还作圣贤徒。男儿改过非难事，千古英风激懦夫。"

七、见贤则用之，复何所隐哉

君之于臣，见贤则用之，见不贤则去之，复何所隐哉？

译文

做君主的对于做臣子的，发现他贤能就任用他，发现他不好就罢免他，又还有什么好隐忍的吗？

点评

好好而不能用，恶恶而不能去，一样误国害民。在用什么人的问题上，要立场坚定，旗帜鲜明，态度坚决，措施到位。周昙《再吟》："下泽逢蛇盖是常，还如山上见豺狼。国中有怪非蛇兽，不用贤能是不祥。"杜牧《咏歌圣德远怀天宝因题关亭长句四韵》:"圣敬文思业太平,海寰天下唱歌行。秋来气势洪河壮,霜后精神泰华狞。广德者强朝万国,用贤无敌是长城。君王若悟治平论,安史何人敢弄兵。"

八、周不自卑,人必未敢卑之也

惟周[一]以列国[二]自处,故郑[三]以列国待之,天下亦以列国待之,左氏[四]亦以列国待之。周不自伐[五],郑必未敢伐之也;周不自卑[六],人必未敢卑之也。

注释

〔一〕周:公元前1046年,周朝由周武王姬发创建,定都镐京(今陕西西安)。公元前771年镐京陷落,西周灭亡;平王东迁,定都成周(今河南洛阳),此后周朝的这段时期称为东周,于公元前256年为秦国所灭。周朝实行分封制(封邦建国),周王为"天下共主"。

〔二〕列国:某一时期并存的各国;指地位无上下统属关系的国家。

〔三〕郑:周朝统属的姬姓诸侯国,主要版图位于今河南郑州一带。郑庄公以其雄才大略,使郑国在春秋时期第一个强势崛起并称霸诸侯,从而有"天下诸侯,莫非郑党";郑国以经济发达、法制健全、开明政治(不毁乡校)和诗乐文化闻名于世,是中国法制和法家思想的重要起源地之一。

〔四〕左氏:即左丘明,本姓丘,名明,因其父任左史官,故称左丘明,为解析《春秋》而作《左传》(又称《左氏春秋》),又作《国语》,左丘明是中国传统史学的创始人。史学界推左丘明为中国史学的开山鼻祖,被誉为"百家文字之宗、万世古文之祖"。

〔五〕自伐:自戕,自己败坏。

〔六〕自卑:自己轻视自己。

译文

只因为周朝以诸侯国的身份自居,所以郑国因此以诸侯国的身份看待它,天下人也以诸侯国的身份对待它,左丘明也用诸侯国的身份看待它了。

假如周朝不自己败坏自己，郑国一定不敢来败坏攻打它；周朝不轻视自己自降身份，各国也必定不敢轻慢它。

点评

周王朝实行分封制，号为"天下共主"，而周郑同为姬姓，周王朝实为郑国的宗主国，郑国乃周王朝的藩属国。周王朝因国势衰弱而以诸侯国自处自居，实属不得已。"君子仁柔义也刚，须知自胜乃为强。""从来兵甲威天下，总在人和势自强。"自胜者强，国家的强弱胜败决于朝政。疲于执政，耽于晏安，无雄强奋发的意志，涓涓不塞，纤纤不断，朝纲不振，内政不修，正是周王朝渐渐走向没落，终于被羞辱挨打的原因。权德舆《书绅诗》："祸机生隐微，智者鉴未形。败礼因近习，哲人自居贞。当令念虑端，鄙嫚不能萌。苟非不逾矩，焉得遂性情。谨之在事初，动用各有程。千里起步武，彗云自纤茎。心源一流放，骇浪奔长鲸。渊木苟端深，枝流则贞清。和理通性术，悠久方昭明。先师留中庸，可以导此生。"徐兆玮《岁暮杂感》："击筑悲歌行路难，鲸鳌吞吐倒洪澜。但矜巨海鹏初息，只痛危梁燕未安。礼聘远闻求颇牧，自强谁解学商韩。狂言何必惊宾座，且酌黄醅御岁寒。"

九、为君子者亦不知有王，此孔子所以忧也

戎狄〔一〕不知有王，未足〔二〕忧也；盗贼不知有王，未足忧也；诸侯不知有王，亦未足忧也。至于名为君子〔三〕者亦不知有王，则普天之下知有王室者其谁乎？此孔子〔四〕所以忧也，此《春秋》〔五〕所以作也，此《春秋》所以始于平王〔六〕也。

注释

〔一〕戎狄（róng dí）：先秦时代华夏对西方和北方的非华夏部落的统称，即北狄和西戎的合称。

〔二〕足：值得。

〔三〕君子：在先秦典籍中多指"君主之子"，指古代国家中的贵族。而后"君

子"一词被赋予了道德的含义,特指有学问有修养、品德高尚、格局大的人。

〔四〕孔子:孔子为子姓,孔氏,名丘,字仲尼,中国古代伟大的思想家、政治家、教育家,儒家学派创始人,被后世尊奉为"大成至圣先师"。

〔五〕《春秋》:我国古代史类文学作品。它是中国古代儒家典籍"六经"之一,是我国现存的第一部编年体史书,也是周朝时期鲁国的国史,记载春秋时期二百四十多年的各国大事,现存版本据传是由孔子修订而成,又称《春秋经》《麟经》或《麟史》等。《春秋》用于记事的语言极为简练,然而几乎每个句子都暗含褒贬之意,被后人称为"春秋笔法""微言大义"。后来出现了很多对《春秋》所记载的历史进行补充、解释、阐发的作品,被称为"传",代表作品是称为"春秋三传"的《左传》《公羊传》《谷梁传》。

〔六〕平王:即周平王,姬姓,名宜臼(一作宜咎)。西周末年,周幽王无道,于后宫得美人褒姒以后,生子伯服。不久,竟废申后及太子姬宜臼,以褒姒为后,以伯服为太子。于是姬宜臼逃奔申国,申侯联合缯国和犬戎进攻周幽王,周幽王与郑桓公均被犬戎所杀。随后,申、鲁、许等诸侯国拥立姬宜臼继位。姬宜臼为避犬戎之难,于公元前770年迁都洛邑,是为周平王,此后的这段周代历史被称为"东周"。"平王之时,周室衰微,诸侯强并弱,齐、楚、秦、晋始大,政由方伯",周平王在内外交困中度过五十年,于公元前720年去世。

译文

戎狄蛮族不知道有王朝(中央朝廷的权威尊严),不值得忧虑;各国诸侯不知道有王朝,不值得忧虑;至于那被称为君子的人也不知道有王朝,那么全国上下知道有王朝的还有谁呢?这正是孔子所以忧虑的事情,这正是《春秋》这部书所以创作出来的原由,这正是《春秋》这部史书所以从周平王时代开始记载的原因。

点评

"君子之德风,小人之草,草上之风必偃。"君子的德行好比是风,小人的德行好比是草,风吹在草上,草就必定跟着倒,强调了社会精英人物做好垂范表率的重要性。君子可以解释为社会精英人物,他们对一般民众有很大的号召力、影响力甚至动员力、组织力,应该是中央朝廷主流价值观的学习者和践行者,其不断提升自我教导公众和谐社会的责任义不容辞,无可推卸。邵雍《善恶吟》:"君子学道则务本,小人见利则忘生。务本则非礼不动，见利则非贿不行。"张九成《论语绝句》："君子何尝去小人，小人如草去还生。但令鼓舞心归化，不必区区务力争。"罗必元《凤凰台》："振衣快上凤台游，极目中原泪欲流。慨叹兴亡思太白，永言眇逸忆齐丘。乌衣已往人千古，白鹭依然月一洲。君子坐朝今在治，重恢关洛不须愁。"

一〇、君子所以行不贵苟难，说不贵苟察

人皆爱奇[一]，而君子不爱奇；人皆爱高[二]，而君子不爱高。君子之情未尝不与人同也，而爱恶与人异者，何也？盖物反常为怪，地过中为偏。自古自今，惟一常也；自南自北，惟一中也。是常之外而复求奇焉，斯怪矣；是中之外而复求高焉，斯偏矣。是故众人之所谓奇，即君子之所谓怪也；众人之所谓高，即君子之所谓偏也。至贵[三]莫如金，至多[四]莫如粟。然食粟则生，食金则死，反常之害盖如此。适百里之都[五]而必行千里之路，其行愈速，其都愈失，吾又知中[六]之果不可过也。君子所以行不贵苟[七]难[八]，说不贵苟察。

注释

〔一〕奇：罕见的、特殊的、非常的。
〔二〕高：在一般标准或平均程度之上的。
〔三〕贵：价值高，表示珍贵、重要。
〔四〕多：重，与"轻"相对；重视、看重。
〔五〕都：城邑、都城，这里指作为目的地的城邑。
〔六〕中：当中，指一定范围内适中的位置。
〔七〕苟：马虎、随便。
〔八〕难：困难、不易。这里指难做、不易做的事。

译文

人们都爱好不寻常的人或事，而君子不爱好不寻常的人或事；人们都

喜欢显得高明，而君子不喜欢。君子的性情未尝就与普通人不同，但爱憎却与普通人不一样，为什么呢？那是因为事物违反常态常理就是怪异，位置不处于中间就是偏斜。从古到今只有一个常理，从南到北也只有一个中心。在这个常理之外再寻求奇特，这就是怪异了，在这个中心之外再寻求高明的地方，就是偏斜了。正因为如此，众人所认为奇特的，正是君子认为怪异的；众人认为高明的，正是君子认为偏斜的。最值得珍贵的莫过于金子，最值得重视的莫过于黍米。但人吃黍米则生存，吃金子就会死亡，违反常理的危害大概就是这个样子了。去百里之外的都城却非要走上一千里，那么他走得越快，离都城就越远，我于是又知道了适中适当的界线果真是不可以超过的。所以君子行事，不推崇随意做难做的事；君子说话，不推崇随意说独到辩察的话。

点评

中，就是适中、适合、适当，不偏不倚。儒家讲中庸，就是中用，也即用中，掌握好、运用好这个适中适合适当的理念和方法。"事业贵不苟，声名难预期。"待人接物保持理智冷静，中正平和，因时制宜、因物制宜、因事制宜、因地制宜，这个"宜"就是适中适合适当，以一颗平常心，守持"中和可常行之道"。杜关《柴扉杂咏》："世无君子者，虽有亦不容。谤兴而毁来，恶其不苟同。所以十年来，荡然颓古风。人情多反复，择友慎初终。"郭凤《舜庙》："云封舜冢杳难寻，徒取箭韶索九阴。学讲执中凭古籍，道传精一抱遗心。五臣山拱如班瑞，二女峰和似鼓琴。英爽不磨天地老，万年悲泪植篁琳。"

一一、非不爱奇也，不爱怪也；非不爱高也，不爱偏也

治民无可传之政，治兵无可喜之功者，曷尝[一]厌奇而畏高哉？奇若果奇，则君子已先出于奇矣；高若果高，则君子已先出于高矣。其逡巡[二]退缩，终莫肯就[三]者，非不爱奇也，不爱怪也；非不爱高也，不爱偏也。苟[四]惟不然，则避赫赫之名，受碌碌[五]之毁，果人情也哉。

注释

〔一〕曷（hé）尝：何尝，什么时候曾经。
〔二〕逡巡（qūn xún）：徘徊不进；滞留、拖延。
〔三〕就：凑近、靠近，开始从事。
〔四〕苟：如果、假使。
〔五〕碌碌：平庸的样子。

译文

那些治理百姓而没有可以传颂的政绩，整顿军队而没有可喜庆功劳的人，何曾讨厌奇特而畏惧高明呢？奇特如果真是奇特，君子早已经超出奇特了；高明如果真是高明，君子也早已经超出高明了。君子之所以徘徊犹豫不前，最终不肯趋近，不是不喜欢奇特，而是讨厌怪异；不是不喜欢高明，而是讨厌偏颇。如果不是这样，那么逃避煊赫的名声，接受庸碌的消磨，这难道是人之常情吗？

点评

"丈夫处世兮立功名，立功名兮慰平生。"但功名当以"中"字求之，所以格局大的人贵能"执中"，即以适合适当的方式方法求之，不可操切躁进，剑求偏锋。所以有一古训曰："当官唯有一法，只莫作怪。"朱熹《中庸》："过兼不及总非中，离却平常不是庸。二字莫将容易看，只斯为道用无穷。"黄裳《初祖》："日用中来体已亲，平常是道岂须陈。得吾髓处无他事，拟议三人且觅真。"王以悟《书扇寄吴坚白》："讲学非徒好此名，好名一念费经营。但于日用平常处，只向天然自在行。转瞬年光惊电过，弈棋世事付沤轻。现前乐意亦何限，宁去区区身外争。"

一二、传贤之事，自尧舜视之，则见其常

殊不知道无不常，亦无不中，传贤〔一〕之事，自众人视之，则以为奇，以为高；自尧〔二〕舜〔三〕视之，则见其常，而不见其奇也，

见其中，而不见其高也。扛万钧^{〔四〕}之鼎，乌获^{〔五〕}以为常，而他人以为勇；游千仞^{〔六〕}之渊，没人^{〔七〕}以为常，而他人以为神。未至尧舜而窥效焉，是懦夫^{〔八〕}而举乌获之鼎，稚子^{〔九〕}而入没人之渊也，何往而不败哉？

注释

〔一〕传贤：把职位传授给贤能的人。
〔二〕尧：传说中的古代帝王，号陶唐氏，史称唐尧。他死后通过禅让制度由舜继位，而没有传位给自己的儿子丹朱。
〔三〕舜：传说中的古代帝王，号有虞氏，史称虞舜。舜传位夏禹，而没有传给自己的儿子商均。
〔四〕钧（jūn）：古代以三十斤为一钧。
〔五〕乌获：战国时期秦国的大力士。
〔六〕仞（rèn）：古代长度单位，周制八尺，汉制七尺。
〔七〕没（mò）人：指潜水的人。
〔八〕懦（nuò）夫：软弱无所作为的人，这里指力量弱小的人。
〔九〕稚子：小孩。

译文

竟不知道大道没有不是平常的，也没有不是中庸的。把国家传给贤能的人而不是自己的儿子这种事，用普通人的眼光看，以为是稀奇的事，以为高尚；在尧舜二帝看来，却只看到这事的平常，并不觉这事的稀奇，只看到这事的适当适中，并不觉得这事特别高尚。扛起三十万斤重的大鼎，乌获把这当成很平常的事情，但在别人却把这看成勇猛；能游八千尺深的深渊，专业潜水的人，把这当成很平常的事情，但在别人看来却要算是神奇无比了。还没有达到尧舜的这种人格境界，却要私下里学他们的样子，这好比是怯弱无力的人要高举乌获才能举起的大鼎，又好比年幼的小孩子要投身于专业潜水的人才能下去的深水里，哪里能不失败呢？

> **点评**
>
> 是否传贤决定于人的思想境界，这是石破天惊的结论。言外之意，如果大家都有足够高的思想认识水平，必将以为传贤是最符合政治规律的正常形态。思想境界高的认同传贤，思想境界低的认同传子，这个论点虽显突兀，其实在中国传统中是大有文化、经济、政制上传承的伏脉可寻的。单从诗词看，唐代项斯在《舜城怀古》中就高度赞许传贤制："禅禹逊尧聪，巍巍盛此中。四隅咸启圣，万古赖成功。道德去弥远，山河势不穷。停车一再拜，帝业即今同。"而唐朝诗人李山甫则推崇选举传贤制而否定专制的传亲制；借史咏怀，深涵哲思，其一曰："南朝天子爱风流，尽守江山不到头。总是战争收拾得，却因歌舞破除休。尧行道德终无敌，秦把金汤可自由。试问繁华何处有，雨苔烟草古城秋。"其二曰："争帝图王德尽衰，骤兴驰霸亦何为。君臣都是一场笑，家国共成千载悲。排岸远樯森似槊，落波残照赫如旗。今朝城上难回首，不见楼船索战时。"

一三、博则有盗之理，詈则有斗之理

未见之情，人所未知；未动之情，己所不知。历举天下之事，其迹可指者，使人评之，曰孰为善，孰为恶，孰为忠，孰为邪，孰为是，孰为非，孰为诚，孰为伪，犹参差〔一〕而不得其情，况于情之未见〔二〕于外者乎？此色厉内荏〔三〕、面刚心柔之徒所以每误天下后世也。情之未见者，难知如此，抑〔四〕又有甚难知者焉。博者必盗，当博之初未有为盗之情也，然财匮〔五〕则必至于盗；詈〔六〕者必斗，当詈之初未有决斗之情也，然忿极则必至于斗。盖博则有盗之理，詈则有斗之理。其情未动，其理已萌，非独人不能觉，己亦不自觉焉，岂非天下之至难知者乎？

注释

〔一〕参差（cēn cī）：长短、高低不齐的样子。
〔二〕见：同"现"。
〔三〕色厉内荏（rěn）：外表强硬，内心虚弱。
〔四〕抑：表示递进，相当于"而且"。
〔五〕匮（kuì）：缺乏、竭尽。
〔六〕詈（lì）：骂。

译文

尚未显露的情绪，别人是不能察知的；尚未萌动的情绪，自己也未必知道。列举出天下形迹明显的事情让人评说，对于谁是好的，谁是坏的，谁是忠诚的，谁是邪恶的，谁是正确的，谁是错误的，谁是诚实的，谁是虚伪的，尚且众口不一，意见纷纷，不能了解实情，何况对于那些真实意图还没有表现出来的事呢？这正是那些外表强硬而内心怯懦，表面坚定而内心柔弱的人往往祸乱天下及后世的原因。情形尚未显露，就这样难以觉察，而且还有更加难以察觉的。赌博的人必定会盗窃，刚开始赌博的时候没有盗窃的意识，但是钱财赌光了就必然会盗窃；吵骂的人一定会打架，吵骂之初人是没有打架的想法的，但怒极就必然会打架。因为赌博就会有发展到盗窃的规律，吵骂就会有发展到争斗的规律。盗窃和争斗的意识还没有冒出来时，这些发展变化的规律已使事物的趋势萌生，不仅别人不能觉察，自己也不能感觉得到，这难道不是天下最难以察知的事吗？

点评

苏洵的《辨奸论》："事有必至，理有固然。惟天下之静者，乃能见微而知著。"事情的发展有必定到达的结局，道理上有它原本就该如此的规律。天下只有冷静的人，才能从细微之处预见到日后将会发生的显著变化。月亮周围出现了晕圈预示着将要刮风，房屋的石柱返潮湿润预示着将要下雨，这是人人皆知的事。人事的发展变化，情理和形势之间的因果关系，也是空疏渺茫难以尽知，千变万化而无法预先料到的，怎么能和天地阴阳的变化相比？即便是贤能的人对此也有所不解。这是什么原因呢？这是由于喜爱和憎恨扰乱了他们的内心，利害关系又影响了他们的行动！陈淳《存心》：

"心藏隐奥最难知，出入无时不可羁。须向动时牢把住，莫教失却便支离。"邵雍《和吴冲卿省副见赠》："非有非无是祖乡，都来相去一毫芒。人人可到我未到，物物不妨谁与妨？失即肝脾为楚越，得之藜藿是膏粱。一言千古难知处，妙用仍须看吕梁。"梅尧臣《难知》："自古难知不遇人，朝为蛇鼠暮龙鳞。魏齐客溺簀中死，亭长妻轻胯下贫。白石夜歌谁与进，黄金怀印自能伸。丈夫只患无才业，何恨区区逐路尘。"

一四、利诱其前，祸迫其后，而弑逆之谋成矣

有篡〔一〕国之利诱其前，有杀身之祸迫其后，而弑〔二〕逆〔三〕之谋成矣。

注释

〔一〕篡（cuàn）：臣子夺取君主的权位，现指用阴谋手段夺取权力和地位。
〔二〕弑（shì）：本意是指子杀父、臣杀君。
〔三〕逆：背叛。

译文

有篡夺王位的名利在前面诱惑他，有性命难保的祸患在后面逼迫他，于是弑君叛逆的阴谋就形成了。

点评

趋利避害是人的天性。对利害的认识及趋避行为，是从最初的对死亡的恐惧及维持生命的本能需要开始的。趋利避害行为的方式取决于对利和害的认识，而认识的坐标在于人的价值观体系。魏了翁《续和李参政湖上杂咏》："人心不可欺，好好而恶恶。利欲怵迫之，本心且以落。所以古之人，忧在晋其角。"真德秀《长沙劝耕》："健讼翻成产祸胎，带刀却是杀身媒。争先好胜灾偏速，退步饶人福自来。"魏了翁《泸贡士二十人，端平元年手书增郡国贡士员，泸增二人。是岁贡于东西路转运司者各二人，以五月庚戌合餐吏宴于郡之正牙，歌鹿鸣以遣之》："天地中间着此身，合将位育入经纶。

阴阳固自生成我，爵禄安能富贵人。利欲当权心退舍，诐淫得路俗迷律。诸君自此腾骧去，原以先知觉此民。"

一五、有宠而骤夺之，能无怨乎

有宠而骤[一]夺之，能无怨乎？不禁而骤禁之，能无忿乎？

注释

〔一〕骤（zhòu）：迅疾、突然。

译文

享有宠爱而突然失去，心里能不怨恨吗？以前不禁止而突然加以禁止，心里能不愤怒吗？

点评

办事的效率基于对规律的认识，体现在对节奏的掌握和分寸的拿捏上。胡宏《宠辱》："宠辱无休变万端，阿谁能向静中看。消磨利欲十分尽，免得临机剖判难。"王柏《有人说用》："寄语纷纷利欲人，不知何者是经纶。行藏未可便轻议，学问先须辨得真。莫把空言来误世，要明明德去新民。大凡体立方言用，且着工夫检自身。"

一六、受宠之初，篡弑之恶已藏于胸中而不自知

吾平居暇日，一偏于怒，则虽未尝杀人，而一念之暴已藏于胸中矣；一偏于爱，则虽未尝冒货[一]，而一念之贪已藏于胸中矣；未能寡欲，则虽无沉湎[二]之过，而一念之荒[三]已藏于胸中矣；未能平心，则虽无阴贼[四]之过，而一念之险已藏于胸中矣。四者之根，藏于胸中，伏而未发，虽吾亦不自知其恶也，是不犹州吁[五]受宠之初，

篡弑之恶已藏于胸中而不自知乎？迨[六]夫一念之恶藏于胸中者既熟，遇事则见，遇物则动。外之恶习，召内之恶念；内之恶念，应外之恶习，以恶合恶，若川之决，若火之燎，有不能自制者，吁亦危矣。

注释

〔一〕冒货：贪财。

〔二〕沉湎（miǎn）：沉溺，耽于。潜心于某事物或处于某种境界或思维活动中，深深迷恋着，无法自拔。多形容陷入不良的生活习惯而难以自拔，表达消极的感情色彩。

〔三〕荒：迷乱、荒疏。

〔四〕阴贼：阴狠残忍。

〔五〕州吁：即卫州吁，春秋时卫国庄公之子，卫桓公异母弟。姬姓卫氏，名州吁，卫国第十四位国君，公元前719年在位。州吁少受父宠，爱好军事。卫桓公继位后，州吁骄横奢侈，便罢免其职务，州吁于是出国逃亡。公元前719年，州吁弑杀卫桓公自立，史称卫前废公，成为春秋时期第一个弑君篡位成功的公子。州吁弑君篡位，喜欢打仗，不能安定百姓，因此不受卫国人拥护。同年九月，卫国大臣石碏联合陈国国君陈桓公杀死州吁，拥立卫桓公之弟公子晋继位，是为卫宣公。

〔六〕迨（dài）：等待、等到。

译文

我在日常闲暇的生活起居中，一旦过于发怒，那么虽然没有杀人，但一个残暴的念头已藏在心中了；一旦过于喜爱某个东西，那么虽然没有贪财爱物，但一个贪婪的念头已藏在心中了；不能消除欲望，虽然没有沉湎的过失，但一个迷乱的念头已藏在心中了；不能平正心态，那么虽然没有狠毒的过失，但一个阴险的念头已藏在心中了。暴、贪、荒、险四者深深根植于人的心中。它们不发作时，即使我自己也不知道它的凶恶，这不正如州吁刚开始被宠爱时，篡位弑兄的恶念已经隐藏在心中而他自己却不知道一样吗？那个险恶的念头隐藏在心中，一旦条件成熟，遇到事件便显露出来，遇到外物就萌动起来。外在的恶习召唤着内心的恶念，内心的恶念呼应外在的恶习，两恶相合，如洪水决堤，如烈火燎原，再也不能自我控制，于是，州吁自己也危险了。

点评

意识决定行为，行为决定命运。命运的改变要在思想观念的深处，意识的一闪念时下功夫。受宠的奴才叛逆的可能性更大，因为他艳美的物象意识更鲜明，意识的变乱也更激烈。韩淲《感兴》："得宠常疑失宠亏，势成难复念前时。螳螂鸣蛭争先后，何意蒙庄亦论之。"舒邦佐《读开元遗事》："锦绷儿啼妃子笑，鸡头肉念禄山来。三郎若肯怜汤饼，岂被香囊作祸胎。"

一七、欲除稊稗之害，当除稊稗之种可也

君子之治心，当明白四达，俾〔一〕秋毫〔二〕之不正，无所容而后可。苟容秋毫之不正焉，犹播一粒之稊稗〔三〕，虽初未见其害，假之以岁月，润之以雨露，未有不芃然〔四〕为多稼〔五〕之贼者。盖既有此根，必有此苗。欲除稊稗之害，当除稊稗之种可也。然则禁过者，苟未知过之所由生，而何暇州吁之笑哉。

注释

〔一〕俾（bǐ）：使（达到某种效果）。
〔二〕秋毫：秋天鸟兽身上新长出的细毛；最细微的事物。
〔三〕稊稗（tí bài）：一种形似谷的草。
〔四〕芃（péng）然：植物茂盛的样子。
〔五〕多稼：各种庄稼。多，众多、各种。

译文

君子治理事物，心里应当明白通彻，哪怕是一点点不端正的思想，也努力克服掉。如果心存一点邪念，就好像在心中播下一粒稗子，起初虽看

不到它的害处，但时间长了，它受到雨露的滋润，没有不繁密茂盛而成为庄稼的祸害的。因为有了这个根，就一定会长成为这种苗。要想铲除杂草的祸害，就应当除掉杂草的根才行。但是劝阻过失的人，如果不知道过失所产生的根源，又哪里有闲暇来取笑州吁呢？

点评

行为过失的根源在思想意识。做事要从大本大源入手，即从思想根源入手，从价值观入手。赵蕃《严从礼求先照轩诗》："日上照万物，心明观一身。为光讵资火，在我不关人。"许传霈《次韵复之》："鸣琴雅抱独宽闲，社稷民人事事关。教养兼施清界尺，文章致用焕云山。罪轻法网何妨解，草害良田务尽删。却好庶黎齐慰日，仁风果得此邦颁。"张嵲《青罗》："炎精光复论元功，事业伊周信比踪。许国一心明贯日，存孤高节凛经冬。甲区地势罗千雉，奎画天门跳六龙。自古至诚参化育，济时行道本中庸。"

一八、悟之以心者，所以使人君之乐也

游宴之逸，人君之所乐也；谏诤〔一〕之直，人君之所不乐也。以其所不乐而欲夺其所乐，此人臣之进谏所以每患其难入也。然则进谏之道将奈何？曰：进谏之道，使人君畏吾之言，不若使人君信吾之言；使人君信吾之言，不若使人君乐吾之言。戒之以祸者，所以使人君之畏也；谕〔二〕之以理者，所以使人君之信也；悟〔三〕之以心者，所以使人君之乐也。

注释

〔一〕谏诤（jiàn zhèng）：直言规劝，使人改正过错。
〔二〕谕（yù）：告诉，使人知道。
〔三〕悟：启悟、启发。

译文

　　游玩和宴饮的逸乐,是君主所喜欢的;直言谏诤,是君王所不喜欢的。要用君主不喜欢的去取代他喜欢的,这正是做臣下的在进谏时常常担忧自己的劝诫难以被君主接纳的原因。那么规劝的方法应该是什么呢?我认为规劝的方法,使君主惧怕我的话语,倒不如使君主相信我的话语;使君主相信我的话语,倒不如使君主喜欢我的话语。用祸害去警诫他,是为了使君主有所惧怕;用道理去晓谕他,是为了使君主有所相信;用思想去启发他,是为了使君主有所喜欢。

点评

　　用思想启发,可使受启发而开悟觉醒的人享受思索自得的快乐。韩滤《弈棋》:"水竹光中戏弈棋,棋中妙处有谁知。对人不到一盘满,信手拈来几着奇。活法要须能自悟,危机何用苦寻思。此心虚静元无物,莫使颠冥胜负时。"赵汝鐩《宿妙果寺赠洪上人》:"上人留我禅房宿,煮笋烹茶语夜阑。铁马鸣风山牖寂,木鱼敲雪晓廊寒。真筌但要此心悟,公案休将故纸钻。若道吾言没滋味,请师且去坐蒲团。"

一九、理固可使人信,然遇昏惑而不信者,则吾说穷矣

　　盖祸固可使人畏,然遇骄慢而不畏者,则吾说穷〔一〕矣;理固可使人信,然遇昏惑〔二〕而不信者,则吾说穷矣。

注释

　〔一〕穷:穷尽、不得志。
　〔二〕惑:迷乱。

译文

　　因为祸患固然可以使人惧怕,但是逢着性情傲慢偏不惧怕的人,那我用祸患去劝说就行不通;道理固然可以叫人相信,但逢着昏庸懵懂不相信

道理的人，那我用道理去劝告就行不通。

点评

"乘除因人事，变化亦天机。"做思想工作要考虑特殊性，注意针对性，提高实效性。儒家讲格物，是指通过区分事物来求得对事物规律的认识，也即通过分析事物来求得对事物规律的认识，近似"具体地分析具体的事物"。格物是儒家认识事物的妙诀，具体问题具体分析是辩证法活的灵魂。舒岳祥《物化》："扰扰孰分形，纷纷谁与明。蝼蛄擘地走，蚯蚓上阶鸣。随事皆天道，因人见物情。蝉吟兼蝶舞，风韵喜轻清。"张侃《家园》："当年迁叟圃初成，野草闲花不记名。康节巾车临小径，东坡诗板照高楹。久知气象归前辈，拟学规模愧后生。惟有至公能格物，莫将险躁起心兵。"

二〇、知其不足为，虽劝之为亦不为矣

吾尝论之，人君之游宴，畏人之言而止者，是特〔一〕不敢为，而未知其不当为也；信人之方〔二〕而止者，知其不当为，而未知其不足〔三〕为也；惟释然〔四〕心悟，然后知其不足为，知其不足为，虽劝之为亦不为矣。

注释

〔一〕特：只、只是。
〔二〕方：药方、处方；喻指意见、建议。
〔三〕不足：不值得。
〔四〕释然：因疑虑、嫌隙等冰释而放心。

译文

我曾经谈论过这样的话：大概做国君的对于游乐宴会这些事情，担心人家议论而停罢的，这只是不敢去做，却并不知道这件事是不应该做的；相信别人的意见而不去做的，这只是知道不应该这样做却还不知道这样做不

值得；只有明白了解、思想觉悟了，方才知道这件事是不值得去做的，即使劝他做他也不愿意去做了。

点评

价值观的觉悟是根本的觉悟，价值标准的校正是彻底的校正。金朋说《唐敬宗》："丹宸六箴真药石，童君不饵天天年。宴游褒狎比群小，灭烛筵边血溅鲜。"罗必元《新亭》："五马来时集宴游，江山风景匆关愁。合思戮力中原语，对泣何须作楚囚。"胡铨《乾道三年九月宴罢》："万古云霄一凤鸾，归来蓬岛月光团。久将忠义私心许，要使奸雄怯胆寒。漏尽玉龙随彩杖，敕衔金凤下长竿。天家催赐黄花酒，笑指是翁能据鞍。"

二一、兵者，君子之所长，小人之所短

兵者，君子之所长，小人之所短。此理之必然，而世未有知其然者也。吾尝以是理试语于众矣，谈兵之士勃然〔一〕而见难〔二〕曰："君子何为而名君子？"吾应之曰："诚〔三〕而已矣。"

注释

〔一〕勃然：怒气冲冲的样子。
〔二〕见难：责难、反驳。
〔三〕诚：诚实。

译文

用兵，是君子（大格局的人）所擅长，而小人（小格局的人）所欠缺的。这个道理是必然的，但世上却没人认识到这一点。我曾经试着和众人谈论这个道理，那谈论兵法的人就变了脸色，怒气冲冲地反驳说："君子为什么能称作君子呢？"我回答说："诚实罢了。"

点评

有大格局的人都是践行真诚之道的。兵者诡道，但诡诈之道也须有老老实实一丝不苟的真诚才能践行得好。陈第《感古》："用兵之道，愁先治心。执檠摄饮，踞转鼓琴。整而且暇，将斯能任。方寸一乱，冰炭交侵。若用以战，遗敌之禽。"王越《自咏》："自叹儒官拜将官，谈兵容易用兵难。世间惟有征夫苦，天下无如边地寒。发为胡笳吹作雪，心经烽火炼成丹。朝廷公道明如日，俯仰无惭处处安。"边贡《与仰止对奕限韵》："十年曾读烂柯文，几叩玄机思入云。水战忽看春及暮，火攻尝到夜初分。深怜诡道时乘我，不分赢筹日在君。欲把兴亡付沉醉，浃辰多病谢芳荤。"

二二、盖君子之于兵，无所不用其诚

盖君子之于兵，无所不用其诚。世未有诚而轻者，敌虽欲诱之，乌得〔一〕而诱之？世未有诚而贪者，敌虽欲饵〔二〕之，乌得而饵之？世未有诚而扰者，敌虽欲乱之，乌得而乱之？用是诚以抚御〔三〕，则众皆不疑，非反间〔四〕之所能惑也；用是诚以备御〔五〕，则众皆不怠，非诡谋之所能误也。

注释

〔一〕乌得：怎么能。
〔二〕饵：用食物来引诱。
〔三〕抚御：抚驭，安抚和控制。
〔四〕反间（jiàn）：指利用敌人的间谍向敌人提供假情报，也指用计使敌人内部发生矛盾和分裂。
〔五〕备御：防备。

译文

君子的用兵，没有地方用不着他的"诚"字。世上没有内心真诚却态度轻视忽略的，敌人即使要诱骗他，怎么能诱骗得了呢？世上没有内心真诚却欲望扩张贪婪的，敌人即使引诱他，怎么能引诱得了他？世上没有内心真诚却心境扰乱的，敌人即使想搅乱他，怎么能搅乱得了呢？拿这样的真诚去治理军队，那么兵众都不致疑虑，不是反间的策略所能迷惑的；用这样的真诚去防备，那么兵众都不敢懈怠，不是敌方的阴谋诡计所能欺骗的。

点评

真诚则能专一，专一则能笃实，笃实则能精纯，诚而又诚，精益求精，则无败事。朱南杰《刘直孺示拙逸诗编且命着语》："拙自愚中来，逸与怠相比。限界固分明，差忒亦容易。人心自有机，天下本无事。更参大学章，终始一诚意。"李曾伯《题张医论治庵》："用药如用兵，命医犹命将。医良则身安，将良则师壮。表里孰虚实，存亡在俯仰。能出康济方，忧虑危急状。活法虽指间，活机寓心上。活国与活人，一忠乃可仗。"周昙《孙武》："理国无难似理兵，兵家法令贵遵行。行刑不避君王宠，一笑随刀八阵成。"林尚仁《送杨巨川游边》："此行不必话离愁，且举匏樽醉几筹。天下岂无山可买，男儿当与国分忧。剑辞星匣边风凛，船驾云帆海月流。莫道读书无用处，读书方有用兵谋。"潘玙《送宣昭子游淮》："几年携剑过边城，非但谭兵善用兵。果是胸中抱才气，肯于纸上立功名。事当着力机须敏，人匪知心语莫轻。况有故交能刮目，此行端不负平生。"

二三、一诚既立，五患皆除

彼向之所以取胜者，因其轻而入焉，因其贪而入焉，因其扰而入焉，因其疑而入焉，因其怠而入焉。一诚既立，五患皆除。兕[一]无所投其角，兵无所投其刃，曼伯[二]、子突[三]之徒无所投其诈矣。岂特曼伯、子突之徒哉？纵使尽号召自古之知兵者环而攻之，聚而噪之，虽极其诈计至于百，君子待之一而已矣；又极其诈计至于千，君子待之亦一而已矣。又极其诈计至于万，君子待之亦一而已矣。

彼之诈计至于万而不足，我之诚守其一有余。彼常[三]劳而我常佚[四]，彼常动而我常静。以佚制劳，以静制动，岂非天下常胜之道乎？然则天下之善用兵者，不得不归之君子。用兵之善者，固无出于君子矣。

注释

〔一〕兕（sì）：古代犀牛一类的兽名，形状似牛，全身长着黑色的毛，头上只长着一只角。

〔二〕曼伯：春秋时郑国郑庄公属下的将军，称公子曼伯。

〔三〕子突：即郑厉公，姬姓，郑氏，名突，亦称公子突，郑庄公次子，郑昭公异母弟，春秋时期著名政治家、军事家，郑国第五任及第九任国君，公元前701年—公元前697年及公元前680年—公元前673年两次在位。

〔四〕常：长久。

〔五〕佚（yì）：同"逸"。

译文

那些人以前之所以取得胜利，是趁着对方的轻视忽略而突破进入的，是趁着对方贪心而突破进入的，是趁着对方纷乱而突破进入的，是趁着对方疑虑而突破进入的，是趁着对方懈怠而突破进入的。若把一个诚字立定了，便可把轻、贪、乱、疑、怠五种害处统统除去。犀牛有角但没有对象可以攻击，士兵有武器但没有机会使用，曼伯、子突之辈有诈谋却也无处可用了。难道只是区区曼伯、子突这些人吗？即使古时通晓兵法的人围拢来一起攻打他，聚集在一起来聒噪他，即使百般用尽奸诈计谋，君子对付他们，却只要一个诚字就够了！他们的奸诈用尽千般还不够，但我们的真诚，抱定了一个却还有多余的。他们长久困疲，但我们则长久安闲；他们长久变动，但我们则长久安定。用安闲去制服疲劳，用安定去制服变动，岂不是天下时常取得胜利的方法吗？照这样看来，天下善于用兵的称号，不得不归在君子身上。善于用兵的人，原本就没有超出在君子之列。

点评

"先以一诚格，斯能众正招。"诚，庄重敬畏专注认真的精神，是一种体现必然性的精神。宇宙万物的运行，靠的是规律的必然性，社会人事的运行，靠的是精神的必然性。规律的必然性是万物的诚，精神的必然性是人事的诚。无诚不成行，无诚不成物，无诚不成事，无诚不成人。郑侠《论诚》："万事以诚立，不诚心不专。诚心非铁石，铁石被诚穿。"蔡沈《题范伯诗顾斋》："时人欲作圣贤归，反己由来自不欺。谈话每虞无十步，持循长恐有虚辞。硁硁固不为兹必，踽踽宁求可善斯。契系此心常自在，一诚之外靡余师。"王绂《夜泊徐州》："楼船今夜宿彭城，楚汉当时此战争。帝业定知归有道，兵家尤忌出无名。废兴旧迹余山色，今古流年逐水声。感慨独吟眠未得，忍看孤月照人明。"

二四、以伪君子对真小人，安得而不败哉

以伪君子对真小人，持一日之诚，而欲破百年之诈，安得〔一〕而不败哉？举斧以伐木，苟不能仆〔二〕焉，谓斧之钝则可，谓木胜斧则不可也；酌水以沃〔三〕火，苟不能息焉，谓水之微则可，谓火胜水则不可也。安得以宋襄〔四〕辈遂疑君子之短于兵哉？

注释

〔一〕安得：怎么才能求得，哪里能够得到。
〔二〕仆：倒下。
〔三〕沃：灌溉、浇。
〔四〕宋襄：即宋襄公，名兹甫，春秋五霸之一，宋襄公雄心勃勃，想继承齐桓公的霸业，与楚国争霸，一度为楚国所拘。公元前638年，宋襄公讨伐郑国，与救郑的楚兵展开泓水之战。楚兵强大，宋襄公讲究"仁义"，要待楚兵渡河列阵后再战，结果大败受伤，次年伤重而死。

译文

以假装的君子去应付真小人，拿着一天的真诚，却想打破他百年的奸谋，怎么能不失败呢？用斧子砍伐树木，如果不能伐倒，说斧头厚钝是可以的，

说木头能制胜斧头，那却是不可以的；用水去浇火，如果不能熄灭，说水量细小是可以的，说是火能克制水，那却是不可以的。怎么能因为宋襄公这样的人，就怀疑君子，就认为君子是不擅长用兵的呢？

点评

曾国藩教训李鸿章说："我这里只有一个诚字。"诚，指诚实、诚信、真诚、实诚。在《复贺耦庚中丞》中曾国藩写道："窃以为天地之所以不息，国之所以立，贤人之德业之所以可大可久，皆诚为之也。"我以为天地的运转不息，国家的建立和巩固，卓越人物道德事业的发扬和持久，关键在于真诚。庄子说："真者精诚之至。不精不诚，不能动人。"《礼记·中庸》："惟天下之至诚，为能化。"只有天下最真诚的心才能感化人。朱熹在《四书集注·孟子序说》指出："《大学》之修身、齐家、治国、平天下，基本只是正心、诚意而已。"诚意即使意念真诚。顾图河《任运》："百虑输一忘，百巧输一诚。"考虑得再周密，若有疏忽就可能失败，技艺再精巧若缺乏真诚也无法成功。郑清之《有感》："子思问学惟诚意，孟氏工夫只把身。定慧妙明何处觅，要知儒释共天真。"丘葵《钓鱼》："钓鱼如之何，亦惟钓与丝。为学如之何，亦惟行与知。择善必固执，诚意毋自欺。博我复约我，至之而终之。先民莫不然，予曷敢有亏？但恐寒者至，庄敬以自持。"曾国藩《次韵何廉昉太守感怀述事》："溢觞初引一泓泉，流出蛟龙万丈渊。从古精诚能破石，薰天事业不贪钱。腐儒封拜称诗伯，上策屯耕在砚田。巨海茫茫终得岸，谁言精卫憾难填？"

卷二

二五、必入圣人之域，然后知圣人之心

盖必入圣人之域〔一〕，然后知圣人之心〔二〕。

注释

〔一〕域：境界。
〔二〕心：思想、心思、用心。

译文

一定要进入到圣人的境界，才能晓得圣人的心思吧。

点评

立足方位不同，视野见识各异。张载《圣心》："圣心难用浅心求，圣学须专礼法修。千五百年无孔子，尽因通变老优游。"王炎《和至卿叙述》："长年英气易消磨，穷达其如有命何。进德要须涵养熟，读书不在见闻多。挥犀款曲思君话，烹鲤殷勤约我过。镜里素丝侵绿鬓，着鞭圣域莫蹉跎。"

二六、禁于既盛之后，圣人之所难

防于未兴之前，众人之所易；禁于既盛之后，圣人之所难。

译文

在未兴起之前预防，即使一般普通大众也是容易办到的；已经强盛之后禁止，虽是圣人也难以对付了。

点评

贵有先见之明，见几识机，得机转机，识其萌芽苗头，消于无形，兴于无声。张载《君子行》："君子防未然，见机天地先。开物象未形，弭灾忧患前。公旦立无方，不恤流言喧。将圣见乱人，天厌惩孤偏。窃攘岂予思，瓜李安足论。"陆游《五韵》："万事有常理，中智皆能知。祸福如白黑，不待诹蓍龟。疾患初萌芽，未有旦夕危。每能自省察，百鬼安能窥？一怠生百疾，速死乃自诒。"

二七、利害祸福特系乎所逢之时耳

利害祸福特系乎所逢之时耳。后世徒见《战国策》[一]所载百发百中，遂以为正论[二]不如诡辩，君子不如策士[三]。殊不知《战国策》之书，策士之所作也。书出于策士之手，必不自扬策士之非。其一时之谋议，成者则载之，败者则删之，中者则载之，失者则删之。

注释

[一]《战国策》：又称《国策》，为西汉刘向编订的国别体史书，原作者不明，一般认为非一人之作。资料年代大部分出于战国时代，包括策士的著作和史料的记载。原书名不详，书中文章作者也不知是谁，成书推断也并非在一时。刘向编撰后，删去其中明显荒诞不经的内容，按照国别，重新编排体例，定名为《战国策》。

[二]正论：正直地议论事情，也指正确合理的言论。

[三]策士：指战国时代游说诸侯的纵横之士，后泛指出计策、献谋略的人。

译文

好处、害处、祸患、福气，只是和个人所遇到的时机有关罢了。后世之人只看到《战国策》所记载的事例都是百发百中，便以为正直的言论不如巧言诡辩，坦荡的君子不如策士，却不知道《战国策》这本书，本是策士所撰写的。文章出于策士之手，必定不自己宣扬策士的过失。他一时的计谋和议论，成功了就记载，失败了就删掉，达到目的的就记载，失去效用的就删掉。

点评

"天无私覆从知圣，才不虚生要为时。""从来豪杰为时出，到底功名耐久看。"识时、适时方能为英为雄为圣为神。写文章和编辑文章的人总有自己的主观立场和取舍标准，读者应正视这一客观事实，而要有自己的立场和取舍标准。张方平《送石曼卿赴阙》："功名本不与人期，人取功名亦系时。蜀相闲居久龙卧，马周狂醉竟谁知。将军身到衡庐问，英主心惊奏牍奇。宣室思贤方空席，去陈经济勿迟迟。"释绍昙《刈茅》："百草头边活路通，崄崖机透几千重。长长短短删除了，收放全归掌握中。"成鹫《删竹》："菁箽三亩宅，落箨四无邻。枝叶删将尽，萧条乃见真。去留惟便我，疏密不因人。恰好存孤干，风前倚病身。"

二八、辞之严，责之峻，是必有深意存于其间也

盛怒不发于微罪，峻〔一〕责不加于小疵〔二〕，此人情之常也。辞〔三〕之严，责之峻，是必有深意存于其间也。

注释

〔一〕峻：严厉苛刻。
〔二〕疵（cī）：毛病、缺点或过失。
〔三〕辞：言语文词。

译文

对细微的罪过不大发雷霆，对微小的毛病不作严厉的责备，这是人之常情。对细微的罪过、微小的毛病言辞严厉，责备严峻，这必定是有深刻的含意在其中。

点评

"世事洞明皆学问，人情练达即文章。"有抑有扬，先抑后扬，扬中有抑，抑中有扬，等等，颠颠倒倒，倒倒颠颠，原本就是老辣游世者的常用手段。释智圆《戏题夜合树》："明开暗合似知时，用舍行藏诚在兹。绿叶红葩古墙畔，风光羞杀石楠枝。"刘宰《兰花韵》："破除百卉发孤芳，造化工夫有抑扬。平易堂中无个事，一枝相对吐清香。"赵昀《赐马廷鸾》："春秋万古一权衡，笔削昭然揭日星。道贯百王垂大法，义先五始定常经。是非褒贬寓深意，理乱安危烛未形。内夏外夷归一统，烨然治象炳丹青。"

二九、忽者，祸之门也

天下之事，成于惧〔一〕而败于忽〔二〕。惧者，福之原也；忽者，祸之门也。

注释

〔一〕惧：畏惧、敬畏。
〔二〕忽：忽略、轻视，轻忽、疏忽。

译文

天下的事情，由于畏惧而成功，由于轻视疏忽而失败。畏惧，是福气的根本；轻视疏忽，是祸患的门径。

点评

在立足于做的前提下，有所畏惧，就会思虑周详、行动缜密而使事情成功。"暗祸发所忽，有机埋路傍。徐行自踏之，机翻矢穿肠。"在立足于做的前提下，轻视疏忽，就会得情不审，谋虑不周、事机不密，动作不到位，事内生事，节外生枝，事阻功败，招祸生患。戴亨《秋怀杂感》："乾坤操大运，今古递相推。庸碌欢娱日，英贤恐惧时。披书堪自鉴，处世畏人知。囊括期无咎，将随木石居。"朱熹《戒谨恐惧》："防欲当施御寇功，及其未至立崇墉。常求四者无他法，依旧同归主敬中。"

三〇、"何能为"之一语，实千载乱亡之所自出

秦弱百姓而备匈奴[一]，岂非惧匈奴之势强，而谓百姓何能为乎？然亡秦者，非匈奴也，乃"何能为"之百姓也。汉抑宗室而任外戚[二]，岂非惧宗室之势迫，而谓外戚"何能为"乎？然亡汉者，非宗室也，乃"何能为"之外戚也。晋武帝[三]以戎狄何能为而不徙[四]，故卒亡于戎狄；隋炀帝[五]以盗贼"何能为"而不戒，故卒亡于盗贼。以至项羽[六]之视高帝[七]，王莽[八]之视汉兵，梁武[九]之视侯景[一〇]，明皇[一一]之视禄山[一二]，皆始以为"何能为"，而终至于败亡。是则陈侯[一三]"何能为"之一语，实千载乱亡之所自出。左氏[一四]安得不深排而力诋之乎？

注释

[一]匈奴：古代蒙古高原的游牧民族，兴起于今内蒙古阴山山麓。公元前215年，匈奴被秦将蒙恬赶出河套地区。秦末汉初，匈奴强大起来，屡次进犯中原，对秦、西汉政权造成了极大的威胁。

[二]外戚：指帝王的母亲和妻子方面的亲戚。外戚干政是古代皇帝的外戚利用皇帝年幼或者无能把持朝廷政权的现象。

[三]晋武帝：即司马炎，字安世，河内郡温县（今河南省温县）人。晋朝开国皇帝。他在位初期，革新政治，振兴经济。厉行节俭，推行法治，颁行户调式，促进人口增殖，使得经济社会呈现繁荣景象，史称"太康之治"。咸宁五年（279），发动灭吴之战，实现全国统一。此后骄奢淫逸，怠惰政事，分封诸王，为"八王之乱"埋下隐患。

[四]徙（xǐ）：迁移和移动。

[五]隋炀帝：即隋炀帝杨广，他在位期间，在前人修建的众多运河基础上，疏浚修成隋朝大运河；营建东都洛阳；改州为郡，又改度量衡依古式；频繁发

动战争，西征吐谷浑、三征高句丽。由于他滥用民力，穷奢极欲，引发全国范围农民起义，天下大乱，导致隋朝崩溃覆亡。

〔六〕项羽：秦二世元年（前209）九月，项羽随叔父项梁起兵会稽（治今江苏苏州），响应陈胜、吴广起义。陈胜死后，又领导反秦武装主力，公元前206年二月，分封诸侯，以刘邦为汉王，自立为西楚霸王。后与刘邦楚汉相争，终被围困垓下，突围至乌江，自刎而死。

〔七〕高帝：即汉高帝刘邦，陈胜起义后，他集合三千子弟响应，秦二世三年（前207）率军进驻灞上，秦朝灭亡。他能够知人善任，虚心纳谏，充分发挥部下的才能，后来积极整合反对西楚霸王项羽的力量，最终击杀项羽，于汉五年（前202）赢得楚汉之争，统一天下。

〔八〕王莽：王莽为汉元帝皇后王政君的侄子，在长期辅政的过程中，逐渐攫取了汉朝的权力，他于初始元年（8）自立为帝，改国号为"新"，建元"始建国"。王莽即位后，托古改制，造成社会经济极大混乱，社会危机进一步加深，终于爆发绿林赤眉起义。地皇四年（23）九月，绿林军攻入常安（长安），王莽被杀，新朝灭亡。

〔九〕梁武：即梁武帝萧衍，南北朝时期梁朝政权的建立者。萧衍在位时间达四十八年，在南朝的皇帝中列第一位。前期任用陶弘景，在位颇有政绩，晚年爆发"侯景之乱"，都城陷落，被侯景囚禁，死于台城。

〔一〇〕侯景：本姓侯骨，字万景，羯族，南北朝时期历史人物。太清元年（547），投降梁武帝，太清二年（548），发动侯景之乱，攻破建康，屠戮门阀世家，囚杀梁武帝父子。大宝二年（551），篡位自称皇帝，国号为汉。梁元帝承制后，组织力量平定侯景之乱。侯景为部下所杀。

〔一一〕明皇：即唐明皇李隆基，是唐朝在位最长的皇帝，开创了唐朝的极盛之世——开元盛世。但是在位后期逐渐怠慢朝政，政策失误和重用安禄山等塞外民族试图来稳定唐王朝的边疆，结果导致了后来长达八年的安史之乱。

〔一二〕禄山：即安禄山，粟特族人。唐朝时期藩镇，天宝十四载（755），以诛杀宰相杨国忠为名，悍然发动安史之乱，建立伪燕政权。

〔一三〕陈侯：春秋时陈国陈桓公，郑国曾请求和陈国媾和，陈侯不答应。陈国的五父（陈佗）劝谏陈桓公说："只有睦邻友好，才能保证国家平安无事。"陈桓公说："宋国和卫国才是陈国的心腹之患，郑国又能奈我何？"终究没有答应，所以导致陈隐公六年郑庄公侵入陈国境内，俘获很多奴隶和财物。

〔一四〕左氏：即《春秋左传》的作者左丘明。

译文

秦朝削减百姓的势力,却去防备匈奴,这难道不是惧怕匈奴势力强大,却说百姓们还能做什么吗?但是灭秦朝天下的,并不是匈奴,而是"还能做什么"的百姓;汉朝压制同宗亲属,却重用外戚,这难道不是惧怕同宗亲属的势力逼近,而认为外戚"还能做什么"吗?但是灭汉朝天下的,并不是同宗亲属,而是"还能做什么"的外戚;晋武帝以为戎狄外邦人"还能做什么",便不把他们移回到塞外去,所以晋朝终于灭亡在戎狄手里。至于项羽看待汉高祖,王莽看待汉末起义军,梁武帝看待侯景,唐明皇看待安禄山,都是起初以为他"还能做什么",而最终至于失败亡国。照这样看来,那么陈侯所说的"还能做什么"一句话,实在是千百年来动乱灭亡的根源所在。

点评

明代方孝孺《深虑论》:"虑天下者,常图其所难而忽其所易,备其所可畏而遗其所不疑。然而,祸常发于所忽之中,而乱常起于不足疑之事。"谋划天下大事的人易犯的过失:常常谋求解决困难的问题,而忽略了容易的问题;防备那些令人惧怕的事情,而遗忘了没有怀疑的事情。然而祸患常常突发于忽略的问题上,动乱常常爆发于不值得怀疑的事情上。片面吸取前代灭亡的教训时,往往忽略了另外一些被掩盖的问题。王夫之《读通鉴论》一书中就讲到了曹魏的例子:"汉亡于宦官外戚之交横,曹氏初立,即制宦者官不得过诸署令,黄初三年,又制后家不得辅政,皆鉴汉所自亡而惩之也。然不再世,而国又夺于权臣。"曹魏吸取东汉灭亡教训,采取措施,防范宦官和外戚专权。曹魏建立之初,就对宦官的任职做出限制,防止他们掌握大权。黄初三年九月,魏文帝下令:"群臣不得奏事太后,后族之家不得当辅政之任。"规定太后不能与闻政事,外戚不得担任辅政大臣。但曹魏政权仍然很快为司马氏所篡夺。问题出在哪里呢?王夫之回答说:"所戒在此,而所失在彼。"原来是防范了这方面,那方面却出问题了。失就失在一个"忽"字,轻视他"还能做什么",而疏忽了警惕防备,导致祸殃暗萌而终至不可收拾。邵雍《丁宁吟》:"人无忽略,事贵丁宁。忽略近薄,丁宁近诚。"刘慎荣《读史》:"天下茫茫无清风,及及皇皇兴兵戎。秦师东出山东尽,蒙恬北征漠北空。虽知扫尽熊与虎,尚有所忽虿及蜂。楚人一炬阿房烬,徒令后人笑祖龙。"

三一、君子之论，常得其本

君子之论，常得其本；众人之论，常得其末。

译文

君子的言论，常常探究到事理的本质和根源；普通人的言论，常常只涉及事理的形式和枝叶。

点评

常常探究到事理的根源本质，正是成为君子（格局大的人）的原因。华岳《述事》："心不融明遂启疑，源流本末致交驰。谷何尝响人相唤，岸几曾行舟自移。枉直万端明似镜，是非一着错如棋。磨心拔去谁能转，试问诸公知不知。"赵蕃《送吴提刑赴召》："连朝欲作送公诗，以颂悬知孰愈规。万事要当明本末，一身切莫计安危。老农不过除莨稗，良药安能弃术芝。勿谓常谈便轻鄙，献言端自戒新奇。"

三二、"何能为"者，万恶之所从生也

人君必谓民怨何能为，故敢暴虐；必谓财匮[一]"何能为"，故敢淫侈[二]；必谓争臣"何能为"，故敢拒谏；必谓穷兵"何能为"，故敢黩开[三]。是则"何能为"者，万恶之所从生也。苟不探其本，则"何能为"之言，虽有致乱之端[四]，而未有致乱之形；虽有可畏之实，而未有可畏之迹。非知几之君子，孰能遏[五]滔天之浪于涓涓之始乎？

注释

〔一〕匮（kuì）：缺乏、竭尽。

〔二〕淫侈（yín chǐ）：极度浪费。

〔三〕黩（dú）开：轻率开启（战事）。

〔四〕端：东西的一头、事物的开头，事情的起因。

〔五〕遏（è）：阻止、断绝。

译文

做国君的一定说民众虽然怨恨"还能做什么"，所以才敢去做暴虐的事情；一定是说国家虽然财用空虚"还能做什么"，所以才敢去做浪费奢侈的事情；一定是说与我争辩的臣子"还能做什么"，所以才敢拒绝听取建议。一定是说穷兵黩武"还能做什么"，所以才敢轻启边衅。这样看来，"还能做什么"这句话，正是万般不好的事情发生的根源啊。假使不推究这个根源，那么"还能做什么"这句话虽有造成祸乱的原因，却没有造成祸乱的迹象；虽有可畏惧的实质，却没有可畏惧的行迹。若不是察识机缘的君子，谁能够把那滔天大浪阻挡在那小小流水刚开始流淌的时候呢？

点评

"何能为"一语，要害是怠慢与轻视，从而忽略事物变化转化的苗头趋势。"知几须彻无名始，观妙应窥太极前。""腐儒阇事惟蒿目，圣哲知几莫噬脐。"机缘原在心念中。邵雍《浩歌吟》："何者谓知几，惟神能造微。行藏全在我，用舍系于时。每恨知人晚，常忧见事迟。与天为一体，然后识宣尼。"陈淳《自讼》："气一志以动，志动气益狂。辗转互攻击，其端何有穷。哲人动知几，清明常在躬。私欲绝微萌，天真湛流通。表里皎如日，一隙无暧曚。"邵雍《至论吟》："民于万物已称珍，圣向民中更出群。介石不疑可尽日，知几何患未如神。若无刚果难成善，既有精明又贵纯。祸福兆时皆有渐，不由天地只由人。"

三三、必使事为吾用，而不使吾为事所用

君子之论事，必使事为吾用，而不使吾为事所用。古今之事所当论者，不胜其多也。苟见事之难者，亦从而谓之难；见事之易者，亦从而谓之易。甚者反迁就吾说以就其事，岂非为事所用乎？

译文

　　君子评论事情时，必定使事情被自己支配，而不使自己被事情所支配。从古到今应当评论的事情，多得不可计算。假如见到事情困难就也随着说难，见到事情容易就也随着说容易，甚至反而迁就某件事而改变自己的论说，这难道不是被事情所支配了吗？

点评

　　自己要有确立的价值尺度，要有主动的裁量权。戴复古《题胡立方思斋》："每事再思过，参之以古今。唯求合天理，毋妄用吾心。和气生琴室，清风动竹林。所居虽近市，不许市尘侵。"林希逸《和后村忆昔》："应世只愁一着差，少曾苦学鬓今华。爱牛因见无伤也，喻马还非俱是耶。工苦从人夸腹稿，发明自我看心花。蝇头蜗角人间事，回首惊看似乱麻。"

三四、君子之立论，信己而不信人，信心而不信目

　　所贵乎立论者，盖欲发未明之理，非徒议已见之迹也。若止论已见之迹，是犹言火之热，言水之寒，言盐之咸，言梅之酸。天下之人知之，何假于吾说乎？惟君子之立论，信己而不信人，信心而不信目，故能用事而不用于事，见在此之事，则得在彼之理，见在前之事，则得在后之理。众人徒知是事，而君子独知事外之理焉。

译文

　　创立言论的人的可贵之处，正是要阐发尚未显明的道理，而不是仅仅议论已经表现出来的形迹。如果仅仅议论已经表现出来的形迹，这就好像说火是热的，说水是冷的，说盐是咸的，说梅子是酸的。普天下的人都知道这些，为什么要还借助我的议论呢？只因君子创立言论，相信自己的判断而不轻信别人的议论，相信内心的体验而不轻信眼见的表象，所以能够支配事情而不被事情所支配，看到这件事就得出也适用于那件事的道理，见

到先前的事情，就得出也适用于以后事情的道理。一般人只知道这件事罢了，而君子却独自知道事情另外还蕴含的道理。

点评

立论就是对客观事物或问题，直接提出自己的见解和主张，阐明其理由，表明自己的态度。立论贵能运用概念、判断和推理等思维形式，对客观事物进行分析和综合，或者从对许多个别事物的分析、研究之中，归纳出一个共同性的一般结论，或者从已知的一般道理来推出个别事物的结论，或者从已知事物的某种属性，推出类似的另一事物也具有同样的属性，正确地揭示出客观事物的本质和规律。林希逸《玄扃》："君从何处叩玄扃，耳学纷纷莫浪听。划尽念头方近道，扫空注脚始明经。见闻日富只尘积，涉历年深似酒醒。不必但疑禅背理，请君细读信心铭。"叶茵《次韵》："几载江湖兄弟心，老夫吟了听君吟。休论聚散时难易，要识推敲意浅深。书静床头便竹简，风清墙角度松琴。山灵应是驰山檄，知向孤山何处寻。"

三五、盗贼以君子自处，其情尤可诛

盗贼以盗贼自处[一]，其情犹可恕；盗贼以君子自处，其情尤可诛。

注释

〔一〕自处：安置自己，自我包装，犹自居、自持。

译文

盗贼以盗贼的身份自居，在情理上还可以饶恕；盗贼以君子的身份自居，在情理上尤其可恶，应被诛杀。

点评

盗贼以君子的身份自我包装安置，所盗窃的是文明社会的价值体系。王安石《骊山》："六籍燃除士不磨，骊山如此盗兵何。五陵珠玉归人世，却为诗书发冢多。"刘家传《西江月·有感而作》："倚枕何妨听雨，开襟自可当风。且留泥爪似秋鸿,未必浮生如梦。人间得失判穷通,莫怪诗书发冢。"

无奈名成竖子,不堪老死英雄。

三六、善论者事资于论,不善论者论资于事

　　大抵论事之体与叙事之体不同。叙事者,载其实;论事者,推其理。彼方册〔一〕之所载,既序其事之实矣,论者又从而述其事,曾不能推事外之理,是与序事者无以异也,非所谓论事也。况方册既已序之,何待吾复为赘辞〔二〕以序之?虽削吾之论,于彼之事岂能有所损益乎?是吾之论反待彼之事而立,而彼之事不待吾之论而明也。故善论者事随于论,不善论者论随于事;善论者事资〔三〕于论,不善论者论资于事。苟论资于事,是论反为事之累也,尚何以操笔为哉?

注释

　　〔一〕方册:简牍、典籍。
　　〔二〕赘(zhuì)辞:多余的话。
　　〔三〕资:资助;供给、支持。

译文

　　一般来说,评论事情的文体和记叙事情的文体不一样。叙事文记载事实;议论文推究事理。那些书籍上所记载的,已经记叙了事情的真实情况;评论者又接着陈述这件事,却不能推究出事情另外所蕴含的道理,这就和记叙事件没有什么差别了,这不是所谓的评论事情。何况书籍上已经记叙过了,还需要我再用泛滥多余的词语陈述一遍吗?即使删掉我的评论,对那事情难道还能有所损害或增加吗?因此我的议论反而要凭靠那些事实才能成立,而那些事实却不用凭靠我的议论就证明了。所以说善于评论的人使事实跟随着评论,不善于评论的人用评论附会着事实;善于评论的人用事实支持

论点，不善于评论的人用论点支持事实。假如要用论点来支持事实，这是论点反而成为事实的拖累了，还提起笔来干什么？

点评

论据要为论点服务，事实要论证观点。陆九渊创心学，主张"学苟知本，六经皆我注脚"，而吕祖谦在文论上早已开其先河。邵雍《自况》："满天风月为官守，遍地云山是事权。唯我敢开无意口，对人高道不妨言。"王守仁《次韵为别》："尧舜人人学可齐，昔贤斯语岂无稽？君今一日真千里，我亦当年苦旧迷。万理由来吾具足，六经原只是阶梯。山中仅有闲风月，何日扁舟更越溪？"王渐逵《半夜起坐》："忽然夜半致虚澄，始信吾心即六经。在昔钻研真影响，而今磨洗自光明。莫于赘处还加赘，须到清时更倍清。君看东皋岩下水，渐成溪涧向沧溟。"

三七、观人之术，在隐不在显，在晦不在明

观人之术，在隐不在显，在晦[一]不在明。显与明，人之所畏也；隐与晦，人之所忽也。人之所畏，虽小人犹知自饰[二]；人之所忽，虽君子不能无疵[三]。盖畏则加意，而忽则多不加意耳。苟不能乘其不意，而徒观其加意之时，则令色[四]足恭[五]，矫伪[六]蜂起，其本质真态亦何自而见哉？

注释

〔一〕晦（huì）：本义是指每月的最后一天，也可以泛指黑夜，引申为隐微、昏暗等。
〔二〕自饰：文饰或掩盖自己。
〔三〕疵：毛病、缺点。
〔四〕令色：和悦的容色，伪善、谄媚的脸色。
〔五〕足恭：充分、过度谦敬，以取媚于人。
〔六〕矫伪：作伪；虚假。

译文

　　观察人的方法，在于观察那些隐存的而不是显在的地方，在于观察那些昏暗的而不是清楚的地方。显然和分明，这是人们所惧怕的；隐蔽和昏暗，却是人们所疏略的。人们所惧怕的，即使是格局小的人，也知道自我遮掩；人们所疏略的，即使是正人君子，也不能没有些毛病缺失。大概是惧怕了就加以注意，而疏略了就大都不加注意了。如果不能在他不经意时观察，却只观察他加以注意时的表现，那么和悦的表情、充分的恭敬，虚伪造作矫饰纷纷涌现，事情的本质真相从哪里显现出来呢？

点评

　　观察人要观察在平时，所谓平时，就是不加主观伪饰时，在工作生活细节处。"观人自古争微尚，莫道高贤不易知。""观人必微忽，外敬知内修。"观察人要长期观察，所谓长期，就是在各种时空方位的情景中，让人有一个全面的显现。邵雍《天津感事》："着身静处观人事，放意闲中炼物情。去尽风波存止水，世间何事不能平。"白居易《放言五首·其三》："赠君一法决狐疑，不用钻龟与祝蓍。试玉要烧三日满，辨材须待七年期。周公恐惧流言后，王莽谦恭未篡时。向使当初身便死，一生真伪复谁知？"

三八、人情好胜而恶辱，岂不能勉强于须臾耶

　　莅[一]众之容，必肃于燕闲[二]之日；对宾之语，必严于私昵[三]之时。又况盟会聘享[四]之际，金石[五]在庭，笾豆[六]在席，摈相[七]在前，三揖[八]在下，旦失色于堂，暮传笑于国，片言之误，可以起万口之讥。人情好胜而恶辱，岂不能勉强于须臾[九]耶？

注释

　　[一] 莅（lì）：莅临。
　　[二] 燕闲：安闲、公余之时，闲暇、休息。

〔三〕私昵：指所亲近、宠爱的人。

〔四〕聘享：聘问献纳。

〔五〕金石：指古代镌刻文字、颂功纪事的钟鼎碑碣之属，或指钟磬等乐器。

〔六〕笾（biān）豆：笾和豆，古代食器，竹制为笾，木制为豆。古代祭祀时盛祭品的两种器具。

〔七〕摈相（bìn xiāng）：导引宾客，执赞礼仪。

〔八〕三揖：古时礼制，卿、大夫、士向君王行礼时，君王须还揖，故称卿、大夫、士为三揖。

〔九〕须臾：衡量时间的词语，相当于48分钟。也可形容极短的时间。

译文

面对大众的仪容，一定要比安适闲暇的日子端正恭肃；应酬宾客的言语，一定要比私人亲昵交谈的时候庄重；又何况盟会和聘享的时候，有钟磬等乐器设在庭院中，有笾豆等礼器放在筵席之前，有招待和赞礼的人站在堂前，有卿大夫这些官员在下面，早晨在殿堂之上错失了仪容风度，夜晚时便传扬嘲笑于全国；有半句话说错，就可以引来无数人的讥讽。人之常情是喜欢胜过别人而厌恨被别人侮辱，难道不能在一会儿时间里勉力支撑吗？

点评

"人情好先务取胜，百物贵早相矜夸。"活生生的具体的人，有所谓性格复合论，也有所谓多重面具论，庄子有"人心险于山川，难于知天"之论，古诗有"九曲黄河心较险，十重铁甲面堪憎"之句，虽属偏激极端，确也揭示知人之难。"驱驰斗粟应怜我，勉强人情亦厚颜。"践行自我固应无欺，游从世俗，还是要真真假假应付的。王维《酌酒与裴迪》："酌酒与君君自宽，人情翻覆似波澜。白首相知犹按剑，朱门先达笑弹冠。草色全经细雨湿，花枝欲动春风寒。世事浮云何足问，不如高卧且加餐。"林占梅《感述》："愁绪牢骚可奈何，不堪子夜又闻歌。人情阴险鱼藏剑，世态炎凉雀设罗。好客方思追北海，吟诗讵料累东坡。雨云翻覆浑无定，负义人真世上多。"

三九、隐显、晦明本无二理

凡人之情，为恶于人之所不见，为善于人之所见，欲以欺世而售其奸。胡不反观一身，以近取譬乎？肝受病，则目不能视；肾受病，则耳不能听；脾受病，则口不能食；心受病，则舌不能言。肝也，肾也，脾也，心也，在内而人所不见者也；目也，耳也，口也，舌也，在外而人所见者也。受病于人之所不见，则其病必发于人之所见矣。是故隐显、晦明本无二理，隐之所藏，待显而露；晦之所蓄，待明而彰。

译文

大凡人的常情，喜欢在别人看不见的地方做坏事，在别人都看得见的地方做好事，想要哄骗世人并卖弄他的奸诈。为什么不掉转头来看看自己的身上，就近处取个比喻呢？肝脏有了病，那么眼睛就不能看了；肾脏有了病，那么耳朵就不能听了；脾脏有了病，那嘴巴就不能进食了；心脏有了病，那么舌头就不能说话了。肝、肾、脾、心，就是长在身体内部而别人所看不到的；眼睛、耳朵、嘴巴、舌头，就是长在外表而别人所看得到的。在别人所看不到的地方得了病，那么他的病必然在别人所看得见的地方显现出来。所以隐蔽和显明，昏暗和分明，本来没有两样的规律，隐蔽处所隐藏的东西，依赖明显的事实表露；昏暗所蕴含的东西，凭借明亮而显现。

点评

事物的本质与现象，内容与形式，根本与枝叶，原因与结果，都体现了事物变化发展规律的一致性，也即内在的必然性联系，有什么原因就有什么结果，有什么根本就有什么枝叶，有什么内容就有什么形式，有什么本质就有什么现象。任何事物都具有现象和本质两重属性，现象是本质的外在表现，本质是现象的内在根据，现象离不开本质，本质也离不开现象，没有无现象的本质，也没有无本质的现象。现象总是反映事物的本质，只不过有时是曲折地反映事物的本质。现象总是与本质相联结，只是联结的不一定是一条直线，很多时候是一条曲线。把现象当作是探求本质的一个环节，从而扬弃现象，才能达到本质。振叶可以寻根，观澜可以溯源，而客观深入认识事物的前提是自身要有一个冷静澄明的心境。赵光义《逍遥咏》："于身日益但多为，贤圣何曾免是非。大道几时明鄙隔，真宗隐显在玄机。周知物理通还感，俯仰从来有顺违。宜且守恒存礼让，难中轻重两相依。"张伯端《西江月》："善恶一时妄念，荣枯都不关心。晦明隐显任浮沉。随分肌餐渴饮。　神静湛然常寂，不妨坐卧歌吟。一池秋水碧仍深。风动鱼惊尽任。"

四〇、显者，隐之影；明者，晦之响也

歃血[一]而忘者，不自知其忘也；受玉[二]而惰者，不自知其惰也；奏乐而叹[三]者，不自知其叹也；相语而泣[四]者，不自知其泣者。方正冠鸣佩，俨然肃然，自谓中礼[五]，而不知人已议其后矣。平居暇日，暗室屋漏[六]之所为，至于此时如遇明镜，无不发见。吾是以知显者，隐之影；明者，晦之响也。

注释

〔一〕歃（shà）血：古代举行盟会时，微饮牲血，或含于口中，或涂于口旁，以示信守誓言的诚意的行为。隐公七年（前716）陈国与郑国讲和。十二月，陈国的五父到郑国参与结盟。初二，和郑庄公盟誓，歃血的时候心不在焉。泄伯说："五父一定不免于祸，因为他不认为结盟是国家的利益。"

〔二〕受玉：僖公十一年（前649），周襄王派人赏赐晋惠公以玉圭，晋侯接受它，行礼时却很怠慢。内史过回去报告周天子，预言晋侯后代恐怕不能享有禄位了。

〔三〕奏乐而叹：桓公九年（前703）冬季，曹国的太子来鲁国朝见。鲁国用上卿之礼接待他，这是合于礼的。设享礼招待曹太子。首先献酒，接着奏乐，曹太子就叹气。施父说："曹太子恐怕会有什么忧心事吧？因为这里不是叹息的地方。"

〔四〕相语而泣：二十五年（前517）春季，叔孙婼到宋国聘问，宋元公设

享礼招待叔孙婼，赋《新宫》，叔孙婼赋《车辖》。第二天设宴喝酒，大家很高兴，宋元公让叔孙婼坐在右边，说着话就相对掉下了眼泪。乐祁帮着主持宴会，退下去告诉别人说："今年国君和叔孙恐怕都要死了吧！我听说：'该高兴的时候悲哀，而该悲哀的时候高兴，这都是心意丧失。'心的精华神明，这就叫魂魄，魂魄离去了，怎么能活得久长？"

〔五〕**方正冠鸣佩，俨然肃然，自谓中礼**：定公十五年（前495）春季，邾隐公前来鲁国朝见。子贡观礼。邾子把玉高高地举起，他的脸仰着。鲁定公谦卑地接受了玉，他的脸向下。子贡说："用礼来看待这件事，两位国君都快要死亡了。礼，是死生存亡的主体，一举一动，或左或右，以及揖让、进退、俯仰，就从这里来选取它。朝会、祭礼、丧事、征战，也从这里来观察它。现在在正月互相朝见，而都不合法度，两位国君的心里已经不存在礼了。朝会不符合礼仪，哪里能够长久？高和仰，这是骄傲。低和俯，这是衰颓。骄傲接近动乱，衰颓接近疾病。君王是国家的主人，恐怕会先死去吧！"

〔六〕**屋漏**：古代室内西北隅施设小帐，安藏神主，为人所不见的地方称作"屋漏"，即用以泛指屋之深暗处。

译文

歃血时显得心不在焉的人，并不知道他自己心不在焉；接受玉圭时怠慢的人，并不知道他自己怠慢了；奏乐时叹息的人，并不知道他自己叹息了；对坐谈话时哭泣起来的人，并不知道他自己哭泣了。当他端正帽子，响动着玉佩，作出严肃庄重的样子，自以为已经是合乎礼仪时，却不知道别人已经在他背后评论开了。平常起居和空闲时候在幽暗私下里的作为，到了这个时候犹如遇到了明镜，没有不显现表露出来的。我由此可知显在时的样子是隐在时的样子的影子，分明时的样子是昏暗时的样子的回声。

点评

《中庸》："莫见乎隐，莫显乎微，故君子慎其独也。"慎独，就要自省、自重、自律，慎心、慎始、慎终，在各种物欲的诱惑面前，"吾心有主"，学会养成自主习惯，不为所动。做任何事从开头就要十分谨慎，如果开始时就不谨慎，还怎么能保证有好的结局呢？当事情结束时，也要像开头一样慎重对待。"慎终如始，则无败事。"李商隐《明神》："明神司过岂令冤，暗室由来有祸门。莫为无人欺一物，他时须虑石能言。"邵雍《天意吟》："天意无它只自然,自然之外更无天。不欺谁怕居暗室,绝利须求在一源。未吃力时犹有说,到收功处更何言。圣人能事人难继,无价明珠正在渊。"

四一、欲无得罪于众,必先无得罪于独

君子欲无得罪于众,必先无得罪于独〔一〕;欲无得罪于朝,必先无得罪于家。苟徒以一日之敬而盖终身之邪,是浊其源而扬〔二〕其流,斧其根而溉其叶也。

注释

〔一〕独:这里指独处时的自己。
〔二〕扬:澄清。

译文

君子想要不得罪于大众,一定要先不得罪于独处的自己。想要不得罪于朝廷,一定要先不得罪于家庭。如果只用一天的诚敬,去遮掩一生的邪恶,这就好比把水源搅浑,而去澄清水流;又好比砍去树木的根,却反去浇灌它的叶子。

点评

金履祥诗曰:"学者毋欺惟暗室,圣门所乐只灵台。"万法森森,宗归一心,种种作为离不开正心诚意修身齐家治国平天下的基本路径。陈普《信芳亭》:"德馨何酷烈,同心皆与知。灵根在何许,暗室毋自欺。"司空图《退居漫题》:"努力省前非,人生上寿稀。青云无直道,暗室有危机。"王慎中《论学示友人杂诗》:"充盈象器极高深,要识惟微是道心。何处天明非出王,未形神鬼已昭森。尸居寂寂偏龙见,暗室冥冥有日临。请验此时真太宇,岂容一物妄相侵。"

四二、天下之事，简则易知

天下之事，简则易知，繁则难知，此理之常也。

译文

天下的事情，简单就容易知晓，繁杂就难以知晓，道理通常就是这样的。

点评

化繁就简，是实践知行合一的捷径。周行己《姑射仙人》："易简乾坤理，和平兆庶情。谁知为帝力，万国自生成。"陈岩《沉机石》："忠诚为国心无累，简易临民讼自稀。与世相安真省事，若为作意苦沉机。"陆九渊《鹅湖和教授兄韵》："墟墓兴哀宗庙钦，斯人千古不磨心。涓流积至沧溟水，拳石崇成泰华岑。易简工夫终久大，支离事业竟浮沉。欲知自下升高处，真伪先须辨古今。"王慎中《论学示友人杂诗》："好径人多道本夷，自为烦苦自支离。省存判截静和动，先后分开行与知。敬义夹持宁免二，诚明两进已成岐。当时呼得曾参唯，一贯之余费甚词。"

四三、寻其流可以知其源

寻其流可以知其源，寻其叶可以知其根，抑何易耶？

译文

追寻支流就可以知晓它的源泉，追寻树叶就可以知晓它的根脉，难道不是很容易的吗？

点评

寻藤可以摸瓜，寻叶容易知根，理有必致，事有固然。陈渊《赠别杨》："和平简易是吾师，自有家风更问谁。不是妙手狂气歇，可能从我独无疑。"项安世《三和》："易简乾坤正理，宽平雅颂真情。何处如今更有，壁间床下秋声。"王守仁《示诸生》："人人有路透长安，坦坦平平一直看。尽道圣贤须有秘，翻嫌易简却求难。只从孝悌为尧舜，莫把辞章学柳韩。不信自家原具足，请君随事反身观。"

四四、茫然不知，岂不可耻乎

世之学者，仰则欲知天文，俯则欲知地理，大则欲知治乱兴衰之迹，小则欲知草木虫鱼之名。至于己之氏族〔一〕、吾祖考〔二〕之所自出，则茫然不知，岂不可耻乎？

注释

〔一〕氏族：由血缘关系联系起来的人的集体。
〔二〕祖考：指的是祖先，这里指已故的祖父或父祖辈的人。

译文

世上求学的人，向上想知晓天文知识，向下想知晓地理知识，大的方面想知晓国家平安动乱兴衰的道理，小的方面想知晓草木虫鱼的名称，但至于自己的姓氏宗族、祖先和父亲的出身来源，就茫然不知了，这难道不是很可耻的吗？

点评

"我是谁？我从哪里来，我到哪里去？"是柏拉图提出的哲学命题，是人生的终极之问，中华姓氏宗族文化是对人生终极之问的普及性解答。李思衍《上雷御史》："台上栖乌颤晓寒，朱帘云静楚天宽。星芒摇动龙阿剑，霜气横陈鹰角冠。苦透柏心风力劲，清临梅影雪痕干。浑源闻有传家谱，夜露心香借易看。"陈造《再次韵》："二子峨冠共我长，即看紫绶映银黄。不须握手论家谱，更举宣尼与伯阳。"王庭圭《和黄元授送赵敦本赴万安宰》："欲救斯民病久尪，想君家谱有奇方。但须去恶犹去草，要使牧人如牧羊。正值凋残经寇乱，还思激烈咏时康。当年手种闲桃李，今日成阴总类棠。"

四五、不知其所自，是又大可耻也

不知吾祖考氏族之所自，是固可耻也，乃若〔一〕吾一身〔二〕之间，视而不知视之所自，听而不知听之所自，言而不知言之所自，动而不知动之所自，以至喜怒哀皆不知其所自，是又大可耻也。不知吾祖考氏族之所自，问诸明谱〔三〕学者足矣，不知吾一身视听言动、喜怒哀乐之所自，将问诸〔四〕何人乎？噫！

注释

〔一〕乃若：如果、假如。
〔二〕身：这里指身心，侧重于意识形态。
〔三〕谱：依照事物的类别、系统制的表册。这里指家谱族谱、谱学（研究氏族或宗族世系的学科）。
〔四〕诸："之于"的合音。

译文

不知晓自己先祖、父亲和氏族的来源，这固然是很可耻的，要是对自己的身心也是不了解，看却不知晓为何可以看见，听却不知晓为何可以听到，说话却不知晓为何可以说话，行动却不知晓为何可以行动，以至于喜怒哀乐都不知晓从何而起，这是更大的可耻啊。不知晓自己的祖先氏族的出处来源，请教于通晓谱牒学问的人就可以了，不知晓自己的视听言动和喜怒哀乐的来源，又将向谁请教去呢？唉！

点评

郑谷《闲题》："举世何人肯自知，须逢精鉴定妍媸。若教嫫母临明镜，也道不劳红粉施。"认识自己是大智者的本能，自我控制是最强者的本能。詹初《心如谷种》："人心如谷种，生生本无时。虽然有生意，培养贵自知。不耘诚为昧，揠苗良可悲。戒病复有事，苗秀实可期。"方干《送于丹》："至业是至宝，莫过心自知。时情如甚畅，天道即无私。入洛霜霰苦，离家兰菊衰。焚舟不回顾，薄暮又何之。"杨简《熙光》："兢业初无蹊径，缉熙本有光明。

自觉自知自信,何思何虑何营。镜里人情喜怒,空中云气纤萦。孔训于仁用力,箕畴王道平平。"邵雍《安乐窝中吟》:"安乐窝中三月期,老来才会惜芳菲。自知一赏有分付,谁让黄金无子遗。美酒饮教微醉后,好花看到半开时。这般意思难名状,只恐人间都未知。"

卷三

四六、辞之直者利天下少，而害天下多

以辞[一]服人主于直，世之通论也。吾以谓辞之直固可使人之服，然亦可以起人之争。天下之理至于直而止，今天曰起人之争，何耶？盖闻过而喜者，君子也；闻过而怒者，众人也。君子心口为一，故其与人辨，心既屈则口亦屈；众人心口为二，故其与人辨，心虽屈而口不屈。辞之直者，固可以服君子矣。苟与众人辩，则在我虽直，在彼虽曲，苟恃吾之直，而与之较曲直，彼安肯内讼[二]其曲，而甘处于不胜之地乎？其势必与吾辩，辩而不胜必争，争而不胜必忿，忿心一生，其祸有不可胜言者矣。君子常少，众人常多，则辞之直者利天下少，而害天下多。信如是，则辞不可以直乎？曰：非直之罪也，有其直之罪也，使吾不有其直，亦何自而起人之争哉？

注释

〔一〕辞：言词，言语。
〔二〕讼（sòng）：责备。

译文

拿言辞来说服君主要在于正直，这是人们的基本说法。我以为言辞正直固然可以使人信服，但也可以引起人们的争斗。天下的道理言辞达到正直就是最终目的，今天我反而说这会引起争斗，是什么原因呢？这是因为一般听到别人指出自己的过失而能欢喜的人是君子，听到别人指出自己的过失而愤怒的人却是平常人。君子心里所想和嘴上所说是一致的，所以他与人辩论，心理屈服了那么嘴里也屈服；众人心里所想和嘴上所说不一致，

所以他们与人辩论，心理屈服了但嘴上却不肯屈服。言辞的正直本来只是可以使君子信服的。假如与普通人辩论，那么即使我是正确的，对方是错误的，如果倚仗我的正直而与对方较量对错，对方怎么肯在内心责备自己的错误，甘心处于不胜的地位？他必定要与我争辩，辩论不胜必然要争斗，争斗不胜必然怨恨，怨恨的心一旦产生，那祸害就说不尽了。君子通常是很少的，而普通人通常是很多的，所以言辞的正直有利于天下的地方少，而为害于天下的地方多。情况真是这样的话，那么言辞就不可以正直了吗？我说：这不是正直的罪过，而是固执这种正直的罪过啊。假使我不固持这种正直，又怎么会引起与人的争斗呢？

点评

"直道危言自古难，忠贤常困佞邪安。""直道嗟难遇，贾生终陆沉。"说话要讲究策略，懂得变通，灵活应对，遣词造句，掌握好分寸和节奏。"悔不可追身是胆，怒何堪触腹生鳞。""英雄不可测，屈伸随其时。以彼英雄人，亦侯英雄知。"要学会换位思考，站在别人的角度来看待和处理问题，就可以发现自己的不足，理解别人的难处，调整定位来制定一些备选方案。古谚云："直如弦，死道边；曲如钩，反封侯。"到底是为什么？值得思考。曾巩《过介甫归偶成》："结交谓无嫌，忠告期有补。直道讵非难，尽言竟多迕。知者尚复然，悠悠谁可语？"王守仁《西湖》："灵鹫高林暑气清，天竺石壁雨痕晴。客来湖上逢云起，僧住峰头话月明。世路久知难直道，此身那得尚虚名。移家早定孤山计，种果支茅却易成。"邵雍《屯田》："作官休用叹奚为，未有升高不自卑。君子屈伸方为道，吾儒进退贵从宜。即今彭泽归何地，他日东门去未迟。痛恨伊嵩景无限，一名佳处重求资。"

四七、致强之道，始于弱

故致强之道，始于弱；致弱之道，始于强。非忘强弱者，孰能真知强弱之辨哉？

译文

所以到达强大的大道，是从弱小开始的；导致弱小的道理，是从强大开始的，除非是淡忘了强弱界限的人，谁又能真正知道强与弱的分别呢？

点评

"几年勾践仇思复，终日吴王醉不知。"强中能弱，弱中有强，强与弱是对立与统一的矛盾关系，矛盾双方的统一与斗争，既相互排斥又相互转化，推动着事物的运动、变化和发展。查慎行《即事》："万古一棋局，言平最不平。獭窥鱼穴静，鸠伺鹊巢成。物性论强弱，天机近斗争。但教风作质，有触自忘情。"温权甫《和喑项羽》："徒闻扛鼎逗雄强，五载营谋治未张。玉斗抛残空伯业，赤心用尽堕江乡。当年蔓草干戈动，近日荒台花木香。盖世诗成人不见，谁怜大将吊沙场。"周端臣《读党籍碑》："党籍碑成国步屯，忠臣埋没瘴乡尘。兴衰未必皆关数，治乱由来实在人。雷昔震陵天已怒，石今漫灭世尤珍。九原难叫诸贤起，一掬伤心泪染巾。"许传霈《古柏林》："虎踞龙盘迥绝尘，何年古柏接东邻。寺僧作友枝皆杖，地脉钟灵树亦神。阅世已多甘老牖，本心未昧独长春。莫言涧底松常郁，一样洪钧就屈伸。"

四八、理之在天下，犹元气之在万物也

理之在天下，犹元气之在万物也。一气之春，播于品物[一]，其根、其茎、其枝、其叶、其华、其色、其芬、其臭，虽有万物而不同，然曷尝[二]有二气哉？理之在天下，遇亲则为孝，遇君则为忠，遇兄弟则为友，遇朋友则为义，遇宗庙则为敬，遇军旅则为严。随一事而得一名，名虽至于千万，而理未尝不一也。气无二气，理无二理。然物得气之偏，故其理亦偏；人得气之全，故其理亦全。惟物得其偏，故猇[三]之不能为薰[四]，荼[五]之不能为荠[六]，松之不能为柏，李之不能为桃。各守其一而不能相通者，非物之罪也，气之

偏也。至于人则全受天地之气，全得天地之理。今反守一理，而不能相推，岂非人之罪之哉？

注释

〔一〕品物：品，事物的种类。品物即万物。
〔二〕曷尝：何尝。
〔三〕莸（yóu）：一种有臭味的草。
〔四〕薰：即薰草，一种香草。
〔五〕荼（tú）：一种苦菜。
〔六〕荠（jì）：荠菜。

译文

"原理"对于天下犹如元气对于万物一样。春日的元气播于众多物种，根、茎、枝、叶、花、颜色、芳香、气味，即使有万种事物也找不到相同的，然而什么时候有过两种气呢？"原理"对于天下，遇到双亲成为"孝"，遇到国君就成为"忠诚"，遇到兄弟就成为"友爱"，遇到朋友就成为"道义"，遇到宗庙就成为"崇敬"，遇到军旅就成为"严肃"，命名乃是随着事物的性质而得名的，名义虽然有千万之多，但原理从来都是只有一个的。气没有两种气，理也没有两样理。然而事物得到偏至的气，因而它的理也就会偏至；人因为得到全面的气的缘故，他的理也就全面。只因为事物得到偏至之气，所以臭莸就不能成为香薰，苦荼不能成为甜荠，松树不能成为柏树，李树不能成为桃树。各自固守自己的特性而不能相通，这并不是事物的罪过，而是由于气的偏具。至于人则秉受了天地间全部的气，得到了天地间全部的理。如今反而固守仅有的一个方面的理，而不能把它推广开去，难道这不是人的罪过吗？

点评

　　触及事物的普遍性与特殊问题，探讨了普遍规律（一般规律）与特殊规律的关系。普遍规律存在于特殊规律之中，并通过特殊规律表现出来。特殊规律表现并丰富着普遍（一般）规律。普遍（一般）规律和特殊规律的区别是相对的。在一定场合为普遍（一般）规律，在另一场合又变为特殊规律，反之亦然。人类其实也是得天地偏具之气，只是从人类的角度看，相比较而言，全了一点，能对普遍规律与特殊规律的关系有一个不断接近全面的认知。詹初《理气》："理本无象，气为有形。气为理载，理以气乘。匪理气粗，匪气理冥。气以理神，理以气弘。二者相须，其道分明。"苏轼《观鱼台》："欲将同异较锱铢，肝胆犹能楚越如。若信万殊归一理，子今知我我知鱼。"陈普《有物有则》："大而天地无边际，细入无伦极眇绵。一器之中涵一理，随其所在莫非天。"徐元杰《别盱江易耕道》："点勘窗前昼景舒，豁人双眼绿阴敷。明方寸地通三级，会一理中该万殊。静体阳工生意思，密融心匠活工夫。丁宁后会秋风鹗，万里青冥是坦涂。"

四九、同有欲心，其势必争

共患易，共利难。患者，人之所同畏也；利者，人之所同欲也。同有畏心，其势必合；同有欲心，其势必争。自古及今，变亲为疏，变恩为怨，变党为雠〔一〕，鲜〔二〕不以共利者，吁，亦难矣！

注释

〔一〕雠（chóu）："仇"的异体字。
〔二〕鲜（xiǎn）：少。

译文

共度患难容易，共享利益难。患难是人们共同畏惧的；利益，是人们共同想要的。共同有畏惧之心，在这形势下人们必定结合起来；共同有想要利益之心，在这种形势下人们必定互相争夺。从古到今，变亲密为疏远，变恩爱为怨恨，变同党为仇敌，很少不是因为共享利益引起的。吁，那也真是难啊！

点评

人是一堆欲望的集合体，人性的善恶往往在利益面前暴露无遗，利益面前，人与人交往时坚持初心是最难的。苏轼《赠陈守道》："一气混沦生复生，有形有心即有情。共见利欲饮食事，各有爪牙头角争。争时怒发霹雳火，险处直在嵌岩坑。人伪相加有余怨，天真丧尽无纯诚。徒自取先用极力，谁知所得皆空名。"韦骧《题黯淡滩》："慎操舟楫度危滩，脱险从安反掌间。岂似俗流争利达，难防笑貌伏波澜。"胡宏《宠辱》："宠辱无休变万端，阿谁能向静中看。消磨利欲十分尽，免得临机剖判难。"王柏《有人说用》："寄语纷纷利欲人，不知何者是经纶。行藏未可便轻议，学问先须辨得真。莫把空言来误世，要明明德去新民。大凡体立方言用，且着工夫检自身。"

五〇、尽其在我，听其在人

尽其在我，听其在人，可也。

译文

竭尽我自己的努力，听凭别人的抉择，这样就可以了。

点评

自我作主，向善努力，管不了别人许多。王义山《和康节天意为人二吟》："鸟兽不可与同群，人道无亏方是人。己分工夫须尽我，学中本领在明伦。川云意思乾坤外，杯酒襟怀天地春。识得眼前真道理，世间何事切吾身。"邵雍《贺人致政》："人情大率喜为官，达士何尝有所牵。解印本非嫌薄禄，挂冠殊不为高年。因通物性兴衰理，遂悟天心用舍权。宜放襟怀在清景，吾乡况有好林泉。"

五一、自处于劳则贱而安矣

居贱恶[一]劳，居贫恶困，居难恶辱，皆祸患之招也。天下之理，贱不与劳期[二]而劳自至，贫不与困期而困自至，难不与辱期而辱自至。是犹形影之相随，声响[三]之相应也。岂有形能离影、声能离响者乎？不知其不可离而欲离之，此所以连臂〔四〕而自投于祸患之网也。君子以谓〔五〕劳者贱之常，困者贫之常，辱者难之常。彼其所以冒〔六〕于祸患者，特不能处其常而已。自处于劳则在贱而安矣，自处于困则在贫而安矣，自处于辱则在难而安矣。

注释

〔一〕恶（wù）：讨厌；憎恨。
〔二〕期：相约、约会。
〔三〕响：回声。
〔四〕连臂：手搀手，臂挽臂，表示共同、一起。
〔五〕以谓：以为、认为。
〔六〕冒：顶着、承受。

译文

处于低贱而厌恶劳作，处于贫穷而厌恶困厄，处于苦难而厌恶耻辱，这些都是招来祸患的原因。天下的道理，低贱没有与劳作相约而劳作自己到了，贫穷没有与困厄相约而困厄自己到了，苦难没有与耻辱相约而耻辱自己到了。这就好像形体与影子相伴随，声音与回响相呼应。难道有形体能离开影子，声音能离开回响的吗？不知道它们不可分离而想要分离它们，这就是许多人胳膊挽胳膊投进祸患罗网的原因。君子认为，劳作是身处低贱的常态，困厄是身处贫穷的常态，耻辱是身处苦难的常态。那些人所以触冒了祸患的原因，只不过是不能安处他们的常态罢了。自觉处于劳作当中，那么虽身处低贱也就安定了；自觉处于困厄当中，那么虽身处贫穷也就安定了；自觉处于耻辱当中，那么虽身处苦难也就安定了。

点评

"安贫自足容高枕，处事时应念覆车。"格局大的人总是能上能下，能屈能伸，能贵能贱，能荣能辱，审时度势，以平常心对非常事。"材与不材堪自处，能安贫贱乃英豪。"安时处顺，达观荣辱，无累无忧。王洋《遣兴》："老如认老应无病，贫要安贫可免忧。贫病欺人须服弱，嗔拳笑面却应休。"

朱熹《动心忍性》："不当拂处常逢拂，不合空时亦至空。处顺不如常处逆，动心忍性始成功。"刘麟《寄徐径畈吏部》："舍则安贫用则行，休嗟时事几番更。鸾凤只向明时出，鬼魅偏为暗处生。改秩屡勤天子诏，养亲甘共野人耕。要知出处惟参易，莫学鸱夷变姓名。"邵雍《自处吟》："尧夫自处道如何，满洛阳城都似家。不德于人焉敢异，至诚从物更无他。眼前只见罗天爵，头上谁知换岁华。何止春归与春在，胸中长有四时花。"赵希逢《和不祷》："艰难险阻谩曾经，有惠终输有福人。邈尔大钧休致问，澹然方寸自能神。早知造物难侥幸，何似虚怀任屈伸。但看四时周复始，几曾雪后不回春。"

五二、彼自奉贵者耳，我何为而喜

当贵盛之时，人之奉我者，非奉我也，奉贵者也；当贫贱之时，人之陵[一]我者，非陵我也，陵贱者也。奚[二]以知其然耶？使吾先贵而后贱，我之为我自若也，而奉我者遽变而见陵，则回视前日之奉我者，岂真奉我者乎？使吾先贱而后贵，我之为我亦自若也。而陵我者遽[三]变而见奉，则回视前日之陵我者，岂真陵我乎？彼自奉贵者耳，我何为而喜？彼自陵贱者耳，我何为而怒？心者，我之心，固将治我之事也，何暇助[四]贵者之喜，助贱者之怒哉？

注释

〔一〕陵：欺侮；侵犯。
〔二〕奚（xī）：怎么；为什么。
〔三〕遽（jù）：匆忙、急、立即、赶快。
〔四〕助：帮助协同，衍生陪同、帮替之意。

译文

当我富贵昌盛时，别人奉承我，并非是奉承我，他们奉承的是富贵的人；当我贫贱的时候，别人欺凌我，并非是真的欺凌我，他们欺凌的是贫贱的人。怎么知道是这样的呢？假使我先富贵后贫贱，我还是我。奉承我的人突然改变而欺凌我，那么回头看看以前奉承我的人，难道真的是奉承我吗？假使我先贫贱而后富贵，我还是我。而欺凌我的人突然改变而奉承我，那么回头看看以前欺凌我的人，难道真的是欺凌我吗？他们自行奉承富贵的人，我为什么要欢喜呢？他们自行欺凌贫贱的人，我为什么要愤怒呢？心，是我的心，本来只是治理我的事，哪有闲暇来协同富贵的人喜悦，协同贫贱的人愤怒呢？

点评

"心于外物无荣辱，身与虚名孰重轻。"奉承我、凌辱我的人都有其心理动机，宠荣我、贬抑我的人都有其利益考量。我还是我，受奉承的我一如未受奉承的我，得宠荣的我一如失宠荣的我，得失荣辱不等于我身，只是我身上之外物，一如衣饰不等于我身，只是我身之外物。陈普《不动心》："见道分明了不疑，气常无暴志常持。确乎理气为标准，变故艰危岂足移。"苏轼《定风波·莫听穿林打叶声》："莫听穿林打叶声，何妨吟啸且徐行。竹杖芒鞋轻胜马，谁怕？一蓑烟雨任平生。　料峭春风吹酒醒，微冷，山头斜照却相迎。回首向来萧瑟处，归去，也无风雨也无晴。"

五三、义者，人之所惮

利者，人之所趋；义者，人之所惮。使为义而无祸，人犹且不肯为，况重之以祸乎？

译文

利益，是人人追求的；道义，是人人忌惮的。即使行道义而没有灾祸，人们尚且不肯去做，何况又给它加上灾祸呢？

点评

没有铁肩膀，哪能担道义。道德义理是人类社会行为的公约规则，是对人类欲望的限制和行为的校正，是人类文明发展的制动制导机制。洪应明

《菜根谭·修省》:"塞得物欲之路,才堪辟道义之门;弛得尘俗之肩,方可挑圣贤之担。"追求利欲的满足是人的天性,履行道义则是对这种天性的限制与校正,非有大仁大能作贤作圣者不能担当。郑用锡《感事》:"何人不识金银气,千古铜山是祸胎。舞或能工长在袖,债如可避苦无台。只缘腐木虫先附,莫怪闻膻蚁自来。至此补牢应一悔,始知奴辈利吾财。"文同《读史》:"不得荥阳遂失秦,始知成败尽由人。可怜一掷赢天下,只使黄金四万斤。"邵雍《代书吟》:"金须百炼始知精,水鉴何如人鉴明。不弃既能存故旧,久要焉敢忘平生。经纶事体当言用,道义襟怀只论诚。草木面前何止万,岁寒松桂独青青。"孙嵩《遗怀杂赋》:"宇宙迂疏一布衣,谋身毕竟是邪非。能知道义丘山重,定看荣华草芥微。世事悠悠蝴蝶梦,人情扰扰桔槔机。英雄不是违流俗,白雪阳春和自稀。"

五四、惟有福善祸淫之戒,仅可以动愚俗

君子所恃以胜小人者,惟有福善祸淫之戒,仅可以动愚俗。

译文

君子所倚仗来战胜小人的,只有做善事导致幸福、为淫恶导致祸患的告诫,这告诫只可以撼动愚昧的世俗之人。

点评

小人也即格局小的人,格局既小,境界不高,所思所虑只在现实利害世俗祸福,只相信听得懂的语言、看得到的利害因果。所以作教育宣传的人要降低维度说话。真德秀《长沙劝农》:"不教言语太艰深,为要人人可讽吟。把向田间歌几遍,儿童亦识使君心。"吴泳《永嘉鹿鸣宴》:"人间富贵易浮沉,只有斯文无古今。义理工夫元坦易,圣贤言语不艰深。莫随近世诸儒辙,要识开山一祖心。待得了他科举债,梅花月下听瑶琴。"王洋《题僧邀梅和庵》:"地接山腰舍绕泉,丰堂巍殿势蝉联。非禅非律三百辈,有囷有场千亩田。中坐独尊司狱佛,几前杂事地行仙。若无生死惊愚俗,正恐斋厨亦悄然。"

五五、大恩与大怨为邻，大名与大辱为朋

以是知大恩与大怨为邻，大名与大辱为朋。

译文

从这件事情可以知道大恩情与大怨恨离得很近，大名誉与大耻辱总相伴随。

点评

"爱憎有回牙，恩怨或倒置。得马岂君福，凿渠真我利。"恩怨荣辱本相掺杂，容易互化。恩中有怨，怨中有恩。恩或转为怨，怨或转为恩。荣中有辱，辱中有辱，荣或转化为辱，辱或转化为荣。释普济《五祖送六祖渡江图赞》："有传有受恩成怨，无受无传怨似恩。船到岸头恩怨绝，遍天遍地一儿孙。"张玉娘《古意》："福祸递隐伏，荣辱相因依。贤达素如此，不肯如脂韦。青门工种瓜，首阳甘采薇。清风弥万世，斯人谅堪晞。"罗邺《伤侯第》："世间荣辱半相和，昨日权门今雀罗。万古明君方纳谏，九江迁客更应多。碧池草熟人偷钓，画戟春闲莺乱过。几许乐童无主后，不离邻巷教笙歌。"邵雍《龙门道中作》："物理人情自可明，何尝戚戚向平生。卷舒在我有成算，用舍随时无定名。满目云山俱是乐，一毫荣辱不须惊。侯门见说深如海，三十年来掉臂行。"

五六、非行就义，亦所以避祸也

然则君子之义，夜以继日，不敢不用其极者，非行就义，亦所以避祸也。

译文

这样说来，君子对于道义，夜以继日，不敢不极力去发扬运用的原因，并非只是为了道义，也是为了避免灾祸啊。

点评

义就是天下民众最适合、最适宜的行为原则，是天下人都应遵从的行为规范，是天下人在特定时空方位中的共同约定，是天下人趋吉避凶的轨道。邵雍《内外吟》："衣冠不整，谓之外惰。行义不修，谓之内惰。内外俱惰，何人不唾。衣冠严整，谓之外修。行义纯洁，谓之内修，内外俱修，何人不求。"王炎《和吴梦授韵》："卷舒有道在随时，隐约何须感慨为。末路老夫甘退缩，华途吾友尚驱驰。准绳行义当趋正，淘练文章自出奇。举世岂无人具眼，未应终不贵和随。"徐积《送路倅》："所居有本能行义，此去无人不恋恩。情似绿波长送棹，梦如飞絮忽随轩。帐前旧学千余子，橐里新文数万言。何日从君温故业，待操几杖问渊源。"

五七、权门之良，公门之蠹也

邻国之贤，敌国之雠也；权门之良，公门之蠹〔一〕也。萧何、韩信之徒，高祖视之则为忠，项羽视之则为贼；杜钦、谷永〔二〕之徒，王凤〔三〕视之则为忠，汉室视之则为贼。

注释

〔一〕蠹（dù）：蛀蚀器物的虫子。
〔二〕杜钦、谷永：都是王凤执政时的大臣。
〔三〕王凤：字孝卿，魏郡元城（今河北大名）人，汉孝元皇后王政君的长兄，在汉成帝时任大司马大将军、领尚书事，造成了王氏专权的局面。

译文

邻国的贤臣，是敌国的仇敌；强权大臣府上的良才，是政府的蠹虫。萧何、韩信这样的人，汉高祖把他们看作忠臣，项羽把他们看作制造祸害的贼寇。杜钦、谷永这样的人，王凤把他们看作忠臣，汉朝皇室把他们看作制造祸害的国贼。

点评

　　立场定是非,是非论功罪。服务对象不同,社会功能各异。邵雍《是非吟》:"是短非长,好丹非素。一生区区,未免爱恶。爱恶不去,何由是非。爱恶既去,是非何为。"释智圆《寄题》:"静躁各所好,是非安能辨。声利如我仇,云泉若相勉。寂寂深林中,芳兰自堪搴。"刘兼《诫是非》:"巧舌如簧总莫听,是非多自爱憎生。三人告母虽投杼,百犬闻风只吠声。辨玉且宽和氏罪,诬金须认不疑情。因思畴昔游谈者,六国交驰亦受烹。"

五八、力不能讨,则去之可也

　　力能讨,则诛之可也;力不能讨,则去之可也。〔一〕

注释

　　〔一〕此句的史实背景是,鲁桓公(即公子轨)在大臣公子翚的策划下杀掉哥哥鲁隐公而登上国君之位。

译文

　　自身力量能够讨伐鲁桓公(公子轨),则诛杀他是应当的;力量不能讨伐他,那么离开他是应当的。

点评

　　"物情大忌不量力,立志亦复加专精。"政治斗争最应审量实力,坚持道义也要量力而行。邵雍《答人书言》:"无位立事难,逢时建功易。求全自有毁,举大须略细。去恶虑伤恩,存恶忧害义。徒有仁者心,殊无仁者意。"《量力吟》:"量力动时无悔吝,随宜乐处省营为。须求骐骥方乘马,亦恐终身无马骑。"《见义吟》:"见善必为,不见则已。量力而动,力尽而止。"《感事吟》:"为善大宜量力分,知几都在近人情。人情尽后疑难入,力分量时事自平。"

五九、以治助乱，其罪大

观人之言，当先考其所处之地，然后听其所发之言。苟失身于篡逆之区，虽有忠言嘉谋，未免为助乱也。以乱助乱，其罪小；以治助乱，其罪大。济之以淫侈，佐之以暴虐，凶德[一]参会[二]，神怒人怨，适所以趣[三]其诛而速其死，此以乱助乱之罪小也。导之以典刑，规之以箴谏[四]，使乱人之身安固而不可拔，忠臣孝子之愤亦无自而雪，此以治助乱之罪大也。

注释

〔一〕凶德：违背仁德的恶行。
〔二〕参会：汇集。
〔三〕趣：通"促"。
〔四〕箴谏（zhēn jiàn）：规戒劝谏的话，规戒劝谏。

译文

观察一个人所发的议论，应当先考察他所处的环境，然后再听他所说的话。假如失身于篡位谋逆的领域，那么即使有忠诚的言语和良好的计谋，也难免是帮助祸乱的。以祸乱来帮助祸乱，罪过小；以良好的治理来帮助祸乱，罪过大。帮助他放纵奢侈，辅佐他暴虐凶狠、违背仁德的恶行交互汇集，神灵愤怒，百姓怨恨，正是用来促使他的诛灭，加速他的死亡。这表明以祸乱帮助祸乱的罪过比较小。用典范榜样来导引他，以上疏劝谏来规劝他，使祸乱之人安定而不可撼动，忠臣孝子的愠怒也无从洗刷，这表明以良好的治理来帮助祸乱的罪过大啊。

点评

帮助坏人把坏事做成功是个大罪过，帮助坏人把坏事做大做久尤其是大罪过。周昙《夷齐》："让国由衷义亦乖，不知天命匹夫才。将除暴虐诚能阻，何异崎岖助纣来。"徐钧《杨素》："巧逢挟忌立功名，杀父犹从罪更深。已托沉浮轻大节，尚言富贵本无心。"阮汉闻《通旒》："九天为正旧劳臣，铁岭江陵袚濯新。千古几多功罪事，重轻疑处剖须真。"刘克庄《遗编》："短发萧萧老日侵，遗编未敢废研寻。薰莸理欲迷通义，衮斧忠邪害恕心。笃信圣贤常事左，稍知治乱每忧深。人生有腹当盛酒，谁遣吾侪著古今。"邹浩《鉴华亭》："群芳移自岭南州，要使儿童慎厥修。看取逐时花烂熳，即知当日罪拘留。黄茅瘴里诚难脱，紫极光中偶见收。汝辈但将吾作鉴，勿愁忠孝不优游。"

六〇、利小则争亦小，利大则争亦大

千万世之争端，非人力之所能塞[一]也。凡有血气之属[二]，利小则争亦小，利大则争亦大。国者，其千万世之大争端乎。集人之所同欲听而不可得者，以奉吾之耳；集人之所同欲视而不可得者，以奉吾之目；集人之所同欲嗜[三]而不可得者，以奉吾之口；集人之所同欲享而不可得者，以奉吾之身。聚天下之大利而萃[四]之于此。

注释

〔一〕塞（sāi）：堵填，抵挡遏制。
〔二〕属：类别。
〔三〕嗜（shì）：特别爱好。
〔四〕萃：荟萃，聚集。

译文

千万世的争端，并非人力所能遏止的。凡是有血气的种类，利益小那争夺也小，利益大那争夺也大，国家政权就是千万世的大争端了。集中众人都想要听而听不到的，来供养我的耳朵；集中众人都想要看而看不到的，来供养我的眼睛；集中众人都想要吃而吃不到的，来供养我的嘴巴；集中众人都想要享受的而享受不到的，来供养我的身体，聚集天下的大利而荟萃于此。

点评

"争名争利路应填，幽步须容我折旋。"如果将荟萃于国家统治权的大利适当适时地逐项剥离，则千万世的大争端也可逐渐消除。现代国家"不设王侯之号，不循世袭之规，公器付之公论"，权力赋予公职，用人循行推举，责效例行换届，所以得以长久承平达到善治。邵雍《观物吟》："利轻则义重，利重则义轻。利不能胜义，自然多至诚。义不能胜利，自然多忿争。"贯休《偶作因怀山中道侣》："是是非非竟不真，桃花流水送青春。姓刘姓项今何在，争利争名愁杀人。必竟输他常寂默，只应赢得苦沉沦。深云道者相思否，归去来兮湘水滨。"刘克庄《休致》："休致后欣荣念薄，利名中伏祸机深。蔺卿反仅能全璧，疏传归才有赐金。福过安知衔秽袜，朝回犹叹负香衾。山中猿鹤休猜怪，方表先生铁石心。"

六一、至贵之无敌，至富之无伦，染指垂涎者至众也

至贵之无敌，至富之无伦，染指〔一〕垂涎〔二〕者至众也。

注释

〔一〕染指：春秋时，郑灵公请大臣们吃甲鱼，故意不给子公吃。子公对此很不满，就伸指在盛甲鱼的鼎内蘸了点汤，尝尝滋味走了。现比喻分取非分的利益。

〔二〕垂涎（xián）：因想吃而流口水。比喻十分羡慕，极想得到。

译文

无人可以抗衡的至尊至贵，无人可以匹敌的富有充裕，对此想要插手或是流口水的人极其众多。

点评

"至灵之谓人，至贵之谓君。"此段似有对专制君主权位反思之意。英雄行险道，富贵蹈危机。极富极贵，乃危中之危。位高则身也危，权大则祸也大。张九成《论语绝句》："富贵要之不可求，求之无不反招尤。何如

且只从吾好,他若来时不自由。"萧立之《食蟹》:"纷纷炙热总成擒,束缚归来若不禁。出涸阴乡奚所恨,煌煌堂上祸机深。"王令《寄洪与权》:"剑气寒高倚暮空,男儿日月锁心胸。莫藏牙爪同痴虎,好召风雷起卧龙。旧说王侯无世种,古尝富贵及耕佣。须将大道为奇遇,莫踏人间龌龊踪。"邵雍《安乐窝中自贻》:"物如善得终为美,事到巧图安有公。不作风波于世上,自无冰炭到胸中。灾殃秋叶霜前坠,富贵春华雨后虹。造化分明人莫会,花荣肖得几何功。"

六二、为国而无故乱天之定分,是自伐其恃也

民恃〔一〕吏,吏恃国,国恃天〔二〕。为国而无故乱天之定分〔三〕,是自伐其恃也。呜呼殆哉!

注释

〔一〕恃(shì):依赖、凭仗。
〔二〕天:天道。
〔三〕定分:确定的名分。

译文

民众生活倚仗官吏进行社会管理,官吏进行社会管理倚仗国家政权的权威支持,国家政权的权威倚仗天道确定的名分。治理国家而无缘无故破坏天道确定的名分,这是自己砍伐自己的倚靠啊。唉,很危险啊!

点评

名分,即所居地位的名义和所应有应尽的职分,以国家政权为主体的社会名分体系,直接与统治的合法性权威资源相联结,直接关系到统治者兴衰存亡的生命力。许月卿《月代》:"月代太阳,太阳代月。君逸臣劳,职分无越。穆穆皇皇,明明在烈。光于四方,罔不秉哲。火明水清,坎离斯设。日月有明,容光靡阙。无非教也。教亦不屑。"陈普《为贫而仕》:"为子入官须事道,仕而非道似非常。抱关击柝虽卑贱,职分终然不可忘。"邵雍《安

乐窝中吟》：" 安乐窝中职分修，分修之外更何求。满天下士情能接，遍洛阳园身可游。行己当行诚尽处，看人莫看力生头。因思平地春言语，使我尝登百尺楼。"

卷四

六三、使敌人既败而识吾之机，犹未足为深也

昔之倾[一]人之国者，匿[二]其机[三]而使人阴堕其计，非受害之后莫能悟，何其深也！方始堕其计，终日奔走驰驱，听其所役，投于祸患而不自知。及师已丧，国已破，回视前日之所蹈者，无非陷阱。然后噬脐[四]顿足[五]，有不可追悔，吁，亦晚矣！谋之深者，岂复有加于此耶？曰：有。使敌人既败而识吾之机，犹未足为深也。天下固有奇权密机，非特敌人既败尚不知其所以然，虽至于数千百年之后，亦不知其所以然，可谓极天下之至深矣！

注释

〔一〕倾：本意是指使器物反转或歪斜以倒出里面的东西，这里指使国家败亡。

〔二〕匿（nì）：隐藏、隐瞒。

〔三〕机：心计、机心。

〔四〕噬脐（shì qí）：用嘴咬肚脐。像咬自己肚脐似的，够不着，比喻后悔也来不及。

〔五〕顿足：以脚踩地。多形容情绪激昂或极其悲伤、着急。

译文

以前倾覆毁灭别人国家的人，隐匿自己的心计，使别人不知不觉地堕入了他的计谋，除非受害之后，没有人能悟出他的计谋，隐藏得是多么深啊！当别人刚开始堕入他的计谋的时候，每天积极奔走，听任他的役使，自投祸患却不自知。等到军队已败，国家已亡，回想以前所经历的，没有不是陷阱。然后才开始顿足后悔，但已经无可挽回了，唉，已经太迟！像这样深藏的

计谋,难道还有超过它的吗?回答是:有。如果敌人已经失败了,但识别出了我的心计,这还不算是深沉的谋略。天下还有奇特的权术和秘密的心计,不但敌人失败之后尚且不知道其中的所以然,即使是到几百几千年后,也没有人知道其中的所以然,可以说是天下深沉谋略的极致了!

点评

事以密成,语以泄败。《鬼谷子·谋篇》:"智用于众人之所不能知,而能用于众人之所不能至,潜谋于无形,常胜于不争不费。"智慧要用在常人不知道的地方,而能力要用在常人做不到的地方。张方平《读齐世家》:"默坐磻溪素发垂,商周于此系兴衰。机深正似忘机者,应被沙鸥静处窥。"诸葛亮《梁父吟》:"步出齐东门,遥望荡阴里。里中有三坟,累累正相似。问是谁家冢,田疆古冶子。力能排南山,文能绝地纪。一朝被谗言,二桃杀三士。谁能为此谋,国相齐晏子。"徐夤《两晋》:"三世深谋启帝基,可怜孺妇与孤儿。罪归成济皇天恨,戈犯明君万古悲。巴蜀削平轻似纸,勾吴吞却美如饴。谁知高鼻能知数,竟向中原簸战旗。"曾广钧《近事杂感》:"紫色虽熸芒砀气,绿林方轸杞天忧。虬髯谈笑窥全局,虎迹纵横走半球。始信埋轮非上策,由来曲突见深谋。尧河汤旱消灾沴,好解长刀买犊牛。"

六四、勉拒所爱者之说,不过能一拒之耳

盖人之情,迫于不得已,而勉从所畏者之言,不过能一从之耳,至于再,岂有复从之乎?迫于不得已,而勉拒所爱者之说,不过能一拒之耳,至于再,岂能复拒之乎?不待至于再也。

译文

因为人之常情,迫不得已而勉强听从了自己所畏惧的人的话,只不过是可以听从一次而已,至于第二次,难道还会再听从吗?迫不得已而勉强拒绝听从所宠爱的人的话,只不过能拒绝一次而已,至于第二次,难道还会再拒绝吗?不会等到再一次的。

点评

　　乐于主动是人的天性，一如人热爱自由。被动地接受，出于勉强，不可接续持久；主动的行为出于自觉，源于自由，不惮反复，可以持续。黄节《清明后一日作》："已催新绿过清明，作兴东风蓦地生。早落杏花成几树，不消鹍鸠再三鸣。"胡宏《和人》："天柱新诗缺嗣音，几回开卷静披寻。眇绵今古乾坤大，盘亘华夷海岳深。每爱踌躇兴事意，不将勉强会天心。中原未必生涯尽，只恐吾人老自侵。"陈著《答直学士院见访》："一春烟雨暗荆扉，系马怜君共落晖。酒盏香风吹月桂，砚池清露滴荼蘼。水中郭索嘬皆是，屋上慈乌爱亦非。天道不移人自异，红尘飞上钓鱼矶。"

六五、其勉从所畏之时，虽曰从之，而已有不平之心矣

　　其勉从所畏之时，虽曰从之，而已有不平之心矣。其勉拒所爱之时，虽曰拒之，而已有不忍之心矣。

译文

　　他勉强听从所畏惧的人的时候，虽说是听从了，但已经心有不平了。他勉强拒绝所宠爱的人的时候，虽然说拒绝了，但已经心有不忍了。

点评

　　"人心惟危，道心惟微。"这里的"危"，往往解释成"危险"，应该也不能说是错的，但确切的解释是"一种容易转换变化的状态"。这里的"微"即微妙，天道的运动变化，有一个量变到质变的过程，也是一个量变结合质变的过程，显现给人的就是"微妙"，给人的感觉就是幽晦。"才觉迷途先独复，便于安危作真归。生来理欲虽殊本，转处危微在一机。"人的思想心态容易变动，循规律地呈现，非常微妙，洞悉不容易，抓捕更难。王义山《偶成》："五性感而动，其间善恶萌。危微相对立，体认要研精。大学静而得，中庸诚则明。原头不参透，何以约其情。"王炎《复斋》："哲人欲不丧道，昧者是难胜非。学贵复之不远，在知心体危微。"马廷鸾《十月二十日有感》："精一危微尚

赘辞，只须三语好为之。风清月白此良夜，雪暗云昏彼一时。玉斧照廊开嗣圣，金縢纳岫付宫姬。思成门外荒荆棘，惆怅何人失令规。"

六六、无受病之地，则疠气不能病人

无受焚〔一〕之地〔二〕，则烈火不能焚玉；无受病之地，则疠气〔三〕不能病人。

注释

〔一〕焚：烧。
〔二〕地：质地、条件。
〔三〕疠（lì）气：指一类具有强烈致病性和传染性的外感病邪。在中医文献中，疠气又被称为"疫毒""疫气""戾气"等。

译文

如果自身没有可供燃烧的条件，那么烈火就不能焚毁美玉；如果自身没有可供生病之条件，那么恶疾之气就不能使人生病。

点评

内因是变化的依据，外因是变化的条件。外因通过内因而起作用。万事万物的产生都是内外多因而生一果，万事万物之成都会导致一因多果。白居易《病气》："自知气发每因情，情在何由气得平。若问病根深与浅，此身应与病齐生。"陈毓瑞《咏史》："政治隆污自有因，君心逸豫与艰辛。开元天宝相提论，疑是明皇两截人。"龚锡圭《花朝》："天时人事费栽培，怎奈迟开与早开。大抵有因必有果，万花此日已胚胎。"

六七、为国者其务去小人之根也哉

小人之根未去，则虽从谏不足喜；小人之根既去，则虽军败不足忧。为国者其务去小人之根也哉!

译文

小人（格局小的人）的根如果没有除去，那么君主即使听从了劝谏，也不值得高兴；小人的根如果除去了，那么即使军队溃败了，也不值得忧虑。执掌国政的人务必除去小人的根啊！

点评

所谓劝谏，就是提出正确的政治路线，所谓去"小人之根"，就是落实正确的组织路线。正确的政治路线，需要通过落实正确的组织路线来保证。"机先若具机先眼，岂教小人起衅端。"有了限制产生小人的用人机制，就是铲除了产生小人的根源。刘基《感时述事》："虞刑论小故，夏誓殄渠魁。好生虽大德，纵恶非圣裁。官吏逞贪婪，树怨结祸胎。法当究其源，剪锄去根荄。蒙茏曲全宥，驾患于后来。滥觞不埋塞，滔天谷陵颓。"张九成《论语绝句》："君子何尝去小人，小人如草去还生。但令鼓舞心归化，不必区区务力争。"毛珝《人才》："但得人才即治安，不忧外侮敢相干。学关世道方为士，业晓农家始是官。国力在兵堪用少，虏情如鬼欲驱难。岂无一代奇男子，抱膝无言静处看。"

六八、天下本无可夸之事

天下之事，有当为者，有不当为者。凡当为者，皆常也；凡不当为者，皆过也。曰是，曰正，曰善，皆所当为也；曰非，曰邪，曰恶，皆所不当为也。事虽有万而不同，岂有出于此两端之外者哉？古今以骄矜为通患，抑〔一〕亦未之思也。盍〔二〕反观吾之所行，果不当为耶，方且〔三〕愧惧之不暇，何敢夸人？果当为耶，则亦饮食渴饮之类耳，何足夸人？是天下本无可夸之事，彼骄矜之心，亦何自而生乎？目当视而反盲，耳当听而反聩〔四〕，则为残疾人矣。苟目能视，耳能听，始可谓之无疾之人,岂有持此以夸世者哉。虽舜[五]之孝,禹[六]之功,皋陶[七]之谟[八],稷契[九]之忠,夷齐[一〇]之清,孔孟之学,冠万世而绝出者,其实皆人之所当为也。世之人仅有一善如毛发,遽自炫[一一]以为过人之行,亦惑矣!人之为人,非圣人莫能尽也。今受人之形,而反自谓过人,岂将翼而飞、鬣[一二]而驰耶?甚矣,其惑也!

注释

[一]抑(yì):表示选择,相当于"或是""还是"。

[二]盍(hé):何不,为什么。

[三]方且:正当、正值。

[四]聩(kuì):耳聋。

[五]舜(shùn):传说中中国古代帝王,号有虞氏,史称虞舜,是儒家践行孝道的模范人物。

[六]禹(yǔ):上古时期夏后氏首领、夏朝开国君王,因治水有功,舜让位给他,史称大禹。

[七]皋陶(gāo yáo):虞夏时人(约公元前21世纪),生于曲阜,上古时著名的政治家、思想家、法律家。

[八]谟(mó):策略、规划。《尚书》有《皋陶谟》篇。

[九]稷契(jì qì):稷和契的并称。他们是唐虞时代的贤臣。

[一〇]夷齐:伯夷和叔齐的并称。他们被认为是两个有高洁操守的人。

[一一]自炫:自我炫耀。

[一二]鬣(liè):某些兽类(如马、狮子等)颈上的长毛。

译文

天下的事情,有的应当去做,有的不应当去做。凡是应当去做的,都是常理之中的;凡是不应当去做的,都是错的。比如正确,比如端正,比如善良,都是应当做的;比如错误,比如奸邪,比如罪恶,都是不应当做的。事情虽然有千差万别,难道还会超出这两种情况之外吗?古今的人都把骄傲矜夸视为通病,还是没有仔细思考。何不反过来看看自己的行为,果真是不应当做的,那么正当感到羞愧都还来不及,怎么敢向人夸耀呢?果真是应当做的，那么也只是渴了喝饿了吃之类的正常之事，怎么敢向人夸耀呢？这样，天下本来就没有可以夸耀的事情。那些骄傲矜夸的心是从哪里产生的呢？眼睛本应当看，却反而瞎了，耳朵本应当听，却反而聋了，那么就成为身体残缺有病的人。如果眼睛能够看，耳朵能够听，这才可以开始叫作没有疾病的人，难道有以此来在世上夸耀的吗？即使是舜那么孝顺，禹那么有功劳，皋陶那么有谋，稷契那么忠诚，夷齐那么清廉，孔孟那么有学问，超出了千秋万代的人，这实际上也都是人应当做的事。世人仅仅有一点善行，像毛发那么小，就自我炫耀，认为这是过人的善行，这也太昏惑了吧！人作为一个人，如果不是圣人就不能做到尽善尽美。如今禀受天地元气拥有作为一个人的形体，却反而自以为有过人之处，难道会有翅膀能飞了，会有鬃毛能奔驰了吗？也太昏惑了啊！

点评

"天地有穷归幻化，圣贤无命亦山林。"一个人再伟大，也是人，只是在人力所能及的界限内做得尽可能更好罢了。在人与神之间，划了一条界线，破除了对圣人的神化，也揭破自恋人格的自我崇拜。"圣贤自牧极卑谦，功名多在老成时。"取法圣贤就要审时宜、权进退、校轻重、定进止。项安世《四和》："一州如许斗大，四海望公则深。事业本无奇巧，圣贤只有虚心。"陈普《积雨写怀》："识道知时乃圣贤，合人统物一之天。两间惟有心长在，万变咸归理自然。王屋大行从艮止，北溟南海谨坤先。行藏悉是乾龙体，要得无惭只有渊。"徐元杰《题静轩》："主静非专在静时，至于动处亦随之。圣贤学问惟知止，敬义工夫要夹持。所养勿忘由勿助，其中何虑又何思。莫教鹘突名轩意，物诱情迁几坐驰。"释绍昙《筠溪》："虚心中有箭锋机，妙密谁云立处危。大道陵迟全劲节，香严一击未忘知。"

六九、为国者当使人依己，不当使己依人

为国者当使人依己，不当使己依人，己不能自立，而依人以为重，未有不穷者也。所依者不能常盛，有时而衰，所依者不能常存，有时而亡，一旦骤失所依，将何所恃乎？呜呼！此特论依之不可常

耳。抑有甚者焉，使所依者常盛而不衰，常存而不亡，可谓得所依矣，然犹未足恃也。

译文

执掌国政的人应该使别人依靠自己，不应该使自己依靠别人。自己尚且不能自立，而去依靠别人来自重的人，没有不走向穷途末路的。所依靠的不能够长久昌盛，有时候会衰败，所依靠的不能长久地存在，有时候会消亡，一旦突然失去了所依靠的，那么将依靠什么呢？唉！这只是讨论依靠的东西不能长久而已。但还有更进一步的，如果所依靠的能够长盛不衰，长存不亡，可以说是获得了依靠了，但这还是不足以依靠的。

点评

人生的路要靠自己走。人生的希望和机遇是自己去争取和创造的，生存的力量要靠自己增强，不是别人给予的，不能把希望寄托在别人身上。曾丰《望岳》："方岳分为五太宗，江南崒崒祝融峰。中天自立如皇极，支峤相归若附庸。湖不多浮为所镇，斗犹小退避其衡。太高要以卑为德，七十二君休更封。"李咸用《送人》："一轴烟花满口香，诸侯相见肯相忘。未闻珪璧为人弃，莫倦江山去路长。盈耳暮蝉催别骑，数杯浮蚁咽离肠。眼前多少难甘事，自古男儿当自强。"

七〇、非惟人之不可依，而祸实生于所依也

西魏孝武[一]胁于高欢[二]，日有篡夺之忧，所恃以为依者，宇文泰[三]耳。一旦脱身虎口，杖策入关，舍所畏而得所依，天下之乐有过于是乎？然孝武之祸，不在于所畏之高欢，而在于所依之宇文泰。以是论之，非惟人之不可依，而祸实生于所依也。

注释

〔一〕西魏孝武：名元修，字孝则，北魏末代皇帝。他在大将军高欢拥戴下，登基为帝，不满高欢专政，迁都长安，投奔关中大行台宇文泰，后为丞相宇文泰所弑。

〔二〕高欢：东魏权臣、北齐王朝奠基人。他以大丞相、渤海王的身份控制北魏朝政。永熙三年（534）十月，高欢逼走孝武帝，立元善见为帝，是为孝静帝，迁都邺城，史称东魏。

〔三〕宇文泰：字黑獭，代郡武川县（今内蒙古自治区武川县）人，南北朝时期杰出的军事家、改革家、政治家，永熙三年（534）八月，迎魏孝武帝入关，不久将其弑杀，是西魏的实际掌权者，北周政权的奠基者。

译文

西魏孝武帝被高欢胁迫，每天都有被篡夺的忧虑畏惧，所凭仗可以依靠的人，只有宇文泰而已。一旦脱离了虎口，骑马入关，舍弃了自己所畏惧的，得到了自己所依靠的，天下还有比这更快乐的吗？但是孝武帝的祸患，不在于所畏惧的高欢，而在于所依靠的宇文泰。照此讨论，非但人是不可以依靠的，而且祸患实际上是从依靠的人那里萌生的。

点评

"祸生于所爱，损积于多盈。"依赖什么就受什么控制，积累什么就招什么减损。连文凤《寄生树》："嗟哉寄生树，微根不自立。蠢蠢栖林壑，森森动原隰。本非梁栋材，唯有禽鸟集。纵逃千斧侵，宁逸寒暑袭。一朝失所托，早暮不相及。"孟郊《隐士》："虎豹忌当道，麋鹿知藏身。奈何贪竞者，日与患害亲。颜貌岁岁改，利心朝朝新。孰知富生祸，取富不取贫。"王渐逵《送沈希周》："浇培应向玄根时，讲贯由来岂外驰。君看寄生无瘠者，却于何处觅新枝。"刘绎《感事》："出者奴之入主之，纷纷借径亦何为。朝秦暮楚谁罗致，逃墨归杨忍笠追。吾道本来无畛域，汉官应自有威仪。要将礼义销兵甲，旋转乾坤在此时。"

七一、恃外以为安者，其患夫岂一端耶

外物之变不可胜穷，恃外以为安者，其患夫岂一端耶？

译文

外物的变化是无穷尽的，依靠外物作为安全保障的人，他的祸患的根由难道只是一种吗？

点评

外物的变化是无穷的，但有依恃之心，则祸根是无尽的，有多少变化就有多少祸根。程珌《勉子侄》："外物不足恃，翻覆百年间。唯有万卷书，可以解我颜。男儿贵立志，达人得大观。百川日夜流，与海会波澜。"姚勉《赠李枢干》："身方否极当如泰，命到通时亦似穷。此事总皆由自己，算来都不属天工。"邵雍《过眼吟》："纷纷过眼不须惊，利害相磨卒未平。伎俩虽多无实效，聪明到了是虚名。温凉寒热四时事，甘苦辛酸万物情。除却此心皆外物，此心犹恐未全醒。"

七二、自求多福，在我而已，大国何为

"自求多福，在我而已，大国何为？"斯言也，实先王之法言，古今之笃论也。在我之福，以尧〔一〕为父，而不能与丹朱〔二〕；以周公〔三〕为兄弟，而不能与管蔡〔四〕；以周宣〔五〕为子，而不能与厉王〔六〕。

注释

〔一〕尧：传说中的中国古代帝王。号陶唐氏，史称唐尧。他死后通过禅让制度由舜继位。

〔二〕丹朱：上古时代人物，陶唐氏尧帝的嫡长子。

〔三〕周公：周公旦，姬姓名旦，亦称叔旦。西周开国元勋，杰出的政治家、军事家、思想家、儒学先驱，被后世学者奉为"元圣"。他是周文王姬昌第四子，周武王姬发的弟弟，采邑在周，故称周公。

〔四〕管蔡：周武王弟管叔鲜与蔡叔度的并称。

〔五〕周宣：周宣王，周厉王的太子，是西周的第十一位帝王，名姬静。

〔六〕厉王：即周厉王，姬姓，名胡，周夷王姬燮之子，西周第十位君主，在位时间为公元前879年—公元前843年，在国人暴动中被流放。

译文

"自己为自己求得更多的福气，一切在于我自己而已，大国又能干什么呢？"这样的话，实际是先王的格言，古今的定论。福分在我身上，尧作为父亲，却不能传给丹朱；周公作为兄弟，却不能传给管叔和蔡叔；周宣王作为儿子，却不能分给父亲周厉王。

点评

各人自有的作为，就是各人自有的福分。邵雍《善处吟》："善处忧难作，能持事自修。腹心无外物，蛮貊亦怀柔。"邵雍《长子伯温失解，以诗示之》："儒家所尚者，行义与文章。用舍何尝定，枯荣未易量。干求便黾勉，得失是寻常。外物不可必，其言味甚长。"辛弃疾《丙寅岁山间竞传诸将有下棘寺者》："去年骑鹤上扬州，意气平吞万户侯。谁使匈奴来塞上，却从廷尉望山头。荣华大抵有时歇，祸福无非自己求。记取山西千古恨，李陵门下至今羞。"

七三、天下无对，制命在内

天下之福皆备于我，无在我之外者。攀援依附，一扫俱除。天下无对，制命在内。

译文

天下的福分都具备在我一身，没有处在我之外的。攀援依附，一并全都扫除干净了。天下没有对立，控制命运在于自己的内心。

点评

"圣贤事业在心槃，禹稷颜回岂异观。"主宰命运的决定性因素只有一个，就是自己的意志。释宗杲《喻郎中观我庵》："万物备于我，我观卒未休。智者返观我，纵横得自由。"王守仁《咏良知》："人人自有定盘针，万化根源总在心。却笑从前颠倒见，枝枝叶叶外头寻。"王慎中《寄道原弟》："攻在心间真破敌，筹于幄里是销兵。勋名本属文儒事，莫遣人将白面轻。"释正觉《与充维那》："机梭未动若为颜，一点虚灵入道环。明月光中窥自己，白云影外到家山。金鳌转侧夜潮落，玉马嘶鸣春信还。得手应心无不可，脱然时事岂相关。"

七四、一有不审，遂流患于无穷

一有不审，遂流患于无穷。

译文

一旦有了不审慎，就留下了无穷的祸患。

点评

诸葛一生唯谨慎。如履薄冰，如临深渊，如执腐索而御五马。杨备《藏冰井》："尤喜凌人职未隳，闭藏出纳示箴规。战兢国步艰难者，常似临深履薄时。"张栻《亲旧为记》："聪明用处翻多暗，机巧萌时正自痴。若识圣门持敬味，临深履薄更何之。"李诩《张春野训果儿有作韵酬之》："此心提醒要惺惺，百万军中鼓吹鸣。才有一毫私意蔽，便应千变恶机形。斋持务使神明守，培养先从定静生。圣训昭昭如白日，毋劳旁事短长铭。"王鏊《雨后长安街忽成巨浸》："大雨西来势压山，长衢浩浩起波澜。始知沧海桑田变，只在阴晴反覆间。"

七五、屈天下之理以信天下之分，非善持名分者也

屈天下之理以信〔一〕天下之分，非善持名分者也。世之持名分者，皆曰分可胜理，理不可胜分。不幸而听上下交争之讼〔二〕，宁使下受

抑，勿使上受陵〔三〕。所屈者一夫之理，所信者万夫之分，屈尺寸而信寻丈〔四〕亦何为而不可哉？呜呼！分固不可屈也，理其可屈乎？宜人之滋〔五〕不服也。

注释

〔一〕信：同"伸"，伸张。
〔二〕讼（sòng）：诉讼，争辩是非曲直。
〔三〕陵：登上、升至，这里引申为超越、逾越之义。
〔四〕寻丈：泛指八尺到一丈之间的长度。
〔五〕滋：滋长、繁盛、增强、更加。

译文

委屈天下的道理，来伸张天下的名分，这算不上善于持守名分。世上持守名分的人，都说名分可胜过道理，道理不可以胜过名分。如果不幸而要断绝上级和下级的诉讼，宁可是下级受到贬抑，也不应当是上级受到凌辱。所委屈的不过是一个人的道理，所伸张的却是万人的名分。委屈的是一尺一寸之短，但伸张的是寻丈之长，这有什么不可以做的呢？唉呀！名分固然是不可以委屈，但道理就可以委屈吗？难怪人们会更加不服。

点评

此论大有真理面前人人平等的含意，是解放思想的破晓之啼。名分是等级社会束缚思想的最粗绳索。名分根据道理产生，是依道理确定了名分，而不是据名分而确定了道理。在道理面前，应论道理而不论名分。张九成《观余孝经传感而有作》："古人文莹理，后人工作文。文工理愈暗，纸札何纷纷。君看六艺学，天葩吐奇芬。诗书分体制，礼乐造乾坤。千歧更万辙，要以一理存。如何臻至理，当从践履论。"魏了翁《送别》："孔训元无实对名，只言为己与求人。能知管仲不为谅，便识殷贤都是仁。义利两途消处长，古今一理屈中伸。自从圣学寥寥后，千百年谁信得真。"

七六、分不独立，理不虚行

有所谓理，又有所谓分，是理与分判然二物也。舍理而言分，是分孤立于理之外。分孤立于理之外，则分者特一虚名耳。天下之乱臣贼子，岂虚名所能束缚耶？人情所不平者，莫甚于理直而受屈。今告之以"汝理虽直，姑为名分屈"，是导之争也。彼亦安能郁郁受屈，久为虚名之所压乎？必将不胜其忿，决坏名分而不暇顾。是吾之持名分，适所以丧名分也。君子言分必及理，言理必及分。分不独立，理不虚行。得则俱得，失则俱失，岂有既犯分而不犯理者乎？

译文

有所谓的道理，又有所谓的名分，这样是把道理和名分截然分为两种东西。舍弃道理来说名分，这样的话，名分就孤立在道理之外了。名分孤立在道理之外，那么名分就只不过是一个虚名了。天下的乱臣贼子难道是虚名所能束缚的吗？人情所容易感到不平的，莫过于有理却受到委屈。现在却告诉你"虽然有理，你姑且要因为名分而受委屈"，这是把人引向争斗的境地。他们怎么能郁郁闷闷地接受委屈，长久地被虚名压抑呢？必定会禁不住他的愤怒，决裂破坏名分，不再有所顾忌了。这样，我持守名分，却恰好使名分丧失了。君子说到名分必定要联系到道理，论述道理必定要联系到名分。名分并不是独自确立的，道理也不是虚假地存在的。获得就一起获得，丧失就一起丧失，难道真有冒犯了名分却不冒犯道理的吗？

点评

名分要根据道理来确立。有理走遍天下，无理寸步难行。李壁《格斋》："一物具一理，皆有极则处。索焉而不精，于德何所据。"陈普《有物有则》："大而天地无边际，细入无伦极眇绵。一器之中涵一理，随其所在莫非天。"徐元杰《别吁江易耕道》："点勘窗前昼景舒，豁人双眼绿阴敷。明方寸地迢三级，会一理中该万殊。静体阳工生意思，密融心匠活工夫。丁宁后会秋风鹗，万里青冥是坦途。"

七七、劳而不怨，虐而不叛，益所以彰吾之直也

劳而不怨，虐而不叛，益所以彰[一]吾之直也。又推而上之，则知君臣之际，本非较曲直之地。臣之理虽直，其敢自谓直以加吾君乎？蚤[二]朝宴[三]退，战战兢兢，上不知君之曲，下不知我之直。所知者，尽臣道而已。为人臣者皆怀是心，虽极天地，穷古今，安得有犯上之衅[四]耶？

注释

〔一〕彰：彰明、显示。
〔二〕蚤（zǎo）：同"早"。
〔三〕宴：指太阳下山，月亮尚未升起的时段，这里表示时间较晚。
〔四〕衅（xìn）：缝隙、裂痕、嫌隙、争端。

译文

劳累而没有怨恨，被虐待而没有背叛，这更加彰显了我的正直有理。又推广开来从两方面说，那么就知道了君臣之间，本来就不是计较有理无理的地方。臣子虽然有理，怎么敢自认为有理而处在国君之上呢？早朝晚退，小小心心，对上，不知不问国君的理屈理亏，对下，不知不说我的理直理壮。我所知道的只是恪尽作为臣子的道义和职责而已。作为臣子的人，如果都怀有这样的心态，那么即使是天地古今都穷尽了，怎么会有犯上的嫌隙呢？

点评

"世路风霜，吾人炼心之境也；人情冷暖，吾人忍性之地也。"行动可以诠释一切。要做事，不仅要能屈能伸，还要有任劳任怨的大境界。李纲《病牛》："耕犁千亩实千箱，力尽筋疲谁复伤？但得众生皆得饱，不辞羸病卧残阳。"王冕的《墨梅》："吾家洗砚池边树，朵朵花开淡墨痕。不要人夸好颜色，只留清气满乾坤。"

七八、贪与吝遇，此祸之所以成也

贪与吝〔一〕遇，此祸之所以成也。贪者惟恐不得人之物，吝者惟恐失己之物。贪者虽得万金而不能满，吝者虽失一金而不能忘。

注释

〔一〕吝（lìn）：当用的财物舍不得用，过分爱惜。吝惜、吝啬。

译文

贪婪与吝啬碰到一起了，这是造成祸害的原因。贪婪的人惟恐得不到别人的东西，吝啬的人惟恐失去自己的东西。贪婪的人即使得到万金也不能满足，吝啬的人即使失去一金也不能忘怀。

点评

贪者聚以集怨，吝者积以增忌，集增不已，灾祸必生。朱熹《题米仓壁》："度量无私本至公，寸心贪得意何穷。若教老子庄周见，剖斗除衡付一空。"吕陶《读黜邪诏》："天诏丁宁逐佞柔，不须请剑复持矛。平生邪胆君前落，后世污名纸上留。宝鉴乍开消魍魅，正声才作罢离兜。便为菹醢何嗟及，贪得浮荣似食钩。"

七九、惟其不能交相恕，而反相责，此其所以酿莫大之衅也

然贪与吝非二法也。视人之物则贪，视己之物则吝。未得而求之则贪，既得而守之则吝。名虽不同，其心则同出于嗜〔一〕货焉。使虞公〔二〕思吾求剑之心，即虞叔守剑之心，必不至于贪矣。使虞叔思吾守剑之心，即虞公求剑之心，必不至于吝矣。惟其不能交相恕，而反相责，此其所以酿莫大之衅〔三〕也。由古而暨〔四〕今，人所以相

戕〔五〕相贼〔六〕，相刃相靡〔七〕者，职此之由〔八〕。

注释

〔一〕嗜（shì）：特别爱好。

〔二〕虞公：春秋时虞国国君。事情发生在鲁桓公十年（前702）。当初，虞公的兄弟虞叔藏有宝玉，虞公向他索求宝玉。虞叔没有进献，不久又后悔这件事，说："周朝的谚语说'百姓没有罪，怀藏玉璧就有了罪'，我哪用得着美玉，难道要用它买来祸害？"于是就把玉璧献给了虞公。虞公又向虞叔索求宝剑。虞叔说："这是没有满足了。满足不了，祸害会连累到我身上。"于是就攻打虞公，所以虞公逃亡到共池。

〔三〕衅：缝隙、裂痕、矛盾、争端。

〔四〕暨（jì）：到、至。

〔五〕戕（qiāng）：杀害、残害。

〔六〕贼：伤害，危害。

〔七〕相靡：相继分散、递相消失。

〔八〕职此之由："职由此"之前置，意谓就是由于这个。表示找到了原因或症结。职，主要。

译文

但是贪婪和吝啬并不是两种东西。针对别人的东西就是贪婪，针对自己的东西就是吝啬。没有获得而去求取，就是贪婪，获得了而固守，就是吝啬。名目虽然不同，却同样是出自贪好财货的内心。如果虞公想到了自己索求宝剑的心思，就是虞叔固守宝剑的心思，就必定不会至于贪婪了。如果虞叔想到了自己固守宝剑的心思，就是虞公索求宝剑的心思，就必定不会至于吝啬了。正因为他们不能互相宽恕，反而互相责备，这就是为什么酿成了无比大的祸端的原因。自古至今，人们之所以相互伤害，相互消磨，都是因为这个缘故。

点评

"一静镇百纷，一恕生百顺。"将心比心，"己所不欲，勿施于人"。用苛求和责备别人的心来要求、反省自己；用宽恕、体谅自己的心去宽容体谅别人。曾丰《五绝》："求仁亦多途，取近惟一路。内恕以及人，知君用心处。"刘禹锡《读张曲江集作》："圣言贵忠恕，至道重观身。法在何所恨，色相斯为仁。良时难久恃，阴谪岂无因。寂寞韶阳庙，魂归不见人。"释德洪《示禅者》："能回箭锋射自己，方肯竿头进步行。道得未生前一句，始信虚空解讲经。"

八〇、盖事有善恶而念无善恶

吾将告贪者以廉，告吝者以施，庶几[一]其有瘳[二]乎？呜呼！彼方贪而吾告之以廉，是教饿虎之不求肉也。彼方吝而吾告之以施，是将求肉于饿虎也。无益于彼，只取辱焉。信如是，则果无术以救之乎？曰：此固不必他求也，不过以贪治贪，以吝治吝而已。至理之中，无一物之可废。人心之中，无一念之可除。贪吝之念苟本无耶，安得从而有？苟本有耶，安得无？是贪吝固不可强使之无，然亦不必使之无也。吾心一旦涣然冰释，则曰贪曰吝，孰非至理哉？盖事有善恶而念无善恶。是念加于事之善者，则名善念；是念加于事之恶者，即名恶念。所谓念者，初无二也。譬之于火，用之爨[三]釜[四]则为善，用之燎原则为恶，然曷尝有二火哉？譬之于水，用之溉田则为善，用之灌城则为恶，然曷尝有二水哉？自人观之，虽若为二，而其一未尝不卓然独存于二之中也。

注释

〔一〕庶几：表示希望的语气词，或许可以。
〔二〕瘳（chōu）：病愈。
〔三〕爨（cuàn）：烧火煮饭。
〔四〕釜（fǔ）：古代的炊事用具，相当于现在的锅。

译文

我将把廉洁的道理告诉给贪婪的人听，把施让的道理告诉给吝啬的人听，他们的病差不多可以痊愈了吧？唉呀！他们正在贪婪的时候，而我告诉他们廉洁，这是教饿虎不要索求肉食。他们正吝啬的时候，而我告诉他们要施让，这是向饿虎索求肉食。对他们没有教益，只会招惹侮辱。果真这样，那么就没有方法挽救吗？回答是：这本来就不必到其他地方去寻求方法，不过是用贪婪惩治贪婪，用吝啬惩治吝啬而已。在至高的道理里面，是没有一件东西可以废弃的。在人心之中，是没有一个念头可以废除的。贪婪和吝啬的念头如果本来就没有的，那么又到哪里去拥有呢？如果本来就有的，又怎么会变得没有了呢？所以贪婪和吝啬是不可以强行使之没有的。但是也不必使它们没有。我的内心一旦涣然冰释，那么所谓的贪婪，所谓的吝啬，哪个不是极致的规律？因为事情有善和恶，而贪婪的心念是没有善和恶的。这样的念头如果加在善事上，就叫作善了；这样的念头加在恶事上，就叫作恶了。所谓的心念，本来就没有差别。就像火，用来烧菜做饭就是善的，用来延烧原野就是恶的。然而何尝有两种火呢？就像水，用来灌溉田地是善的，用来淹没城池就是恶的。然而何尝有两种水呢？在别人看来，虽然像是两种，但其中的任何一种未尝不是坚定地独自存在于两种之中。

点评

王阳明的"致良知"，王门四句教"无善无恶心之体，有善有恶意之动，知善知恶是良知，为善去恶是格物"，是否本此？善恶只在一转念而已，自知自觉转用于善即致良知。要看出发点，也要看归宿点，当然也要看程序的社会效益。丘葵《暗室》："一几善恶未分时，善本无为莫伪为。暗室休言人不见，此心才动鬼神知。"邵雍《善恶吟》："君子学道则务本，小人见利则忘生。务本则非礼不动，见利则非贿不行。"魏了翁《送李季允赴召》："是是非非各有心，以同为爱异为憎。誓肴秦穆旋修怨，在莒齐威卒震矜。事急求言常易入，位高从谏最难能。愿公一破从前陋，万里无云皎日升。"

八一、向之恶，今之善，特因物而改其名耳

求财与求道相去远矣，而所谓"不厌"者，其念未尝加损也。守财与守道相去远矣，而所谓"不失"者，其念未尝加损也。向之恶，今之善，特因物而改其名耳，吾之念曷尝改哉？人徒见其尝名贪，尝名吝，遂疑而恶之，乃欲求道于是念之外，是犹恶焚而废火食，恶溺而废水饮也，误矣！

译文

求财和求道相差很远，但所谓的"不满足"，这种念头是没有区别的。守财和守道相差很远，但所谓的"不坠失"，这种念头却没有改变。以前是恶的，现在是善的，只不过是因为外物而改变了他们的名目而已，我的念头何尝发生了改变呢？人们只是看见它曾经叫作贪婪，曾经叫作吝啬，于是产生了怀疑和厌恶，还想在这样的念头之外去寻找道理，这就像是厌恶火灾而不吃用火烧做的食物，厌恶溺水而不饮水，这就错了！

点评

因物而改名号未尝不可，因事而论善恶则须有一定的心律是非。黄庭坚《拘士笑大方》："拘士笑大方，俗吏缚文律。当其擅私智，辙覆千里失。鸟飞与鱼潜，明哲善因物。欣然领斯会，千百无十一。"刘基《咏史》："神枢干元化，循环运阴阳。善恶随气异，祸福竟何常。朱均继尧舜，时事已抢攘。至人妙转移，霾曀回晶光。"释怀深《拟寒山寺》："何曾食万钱，颜子饮一瓢。贤者心念道，愚人志在庖。贤愚趣不同，何啻云泥遥。豢养恐非福，可信如昭昭。"胡仲弓《一志》："念头才起处，此一常分明。其中有主帅，谈笑驱五兵。"方岳《山中》："已付身心毕意空，念头了不到穷通。即愚宁免日三省，是圣未妨时一中。物外禽鱼相尔汝，生前乌兔几西东。谁云双手都无用，自种山田岁便丰。"

八二、召今日之危者，岂非前日之幸乎

楚人有习操舟者，其始折旋疾徐，惟舟师之是听。开帆击楫，云兴鸟逝，一息千里。虽未知操舟之术，而动于操舟之利。既不能自制，亦不能自决也。于是小试于洲渚〔一〕之间。平澜〔二〕浅濑〔三〕，水波不兴，投之所向，无不如意。不知适有天幸，遂以为尽操舟之术矣。遽〔四〕谢遣舟师，傲然自得，沼〔五〕视溟渤〔六〕而怀视江湖。椎鼓〔七〕径进，亟〔八〕犯大险。吞天沃〔九〕日之涛，排山倒海之风，轰豗〔一〇〕澎湃，奔鲸骇虬〔一一〕，乃彷徨四顾，胆落神泣，堕桨失柁〔一二〕，身膏鱼鳖之腹，为世大戒。然则召今日之危者，岂非前日之幸乎？使其自试之时，已遇风涛之变，则将知难而悔，终身不敢言舟楫矣。

注释

〔一〕洲渚（zhōu zhǔ）：水中可以居住的地方，大的称洲，小的称渚。

〔二〕澜：大波浪。

〔三〕濑（lài）：急速的水流。

〔四〕遽（jù）：匆忙、急。

〔五〕沼：天然的水池子。

〔六〕溟渤（míng bó）：溟海和渤海。多泛指大海。

〔七〕椎（chuí）鼓：击鼓。

〔八〕亟（jí）：急迫。

〔九〕沃：灌溉、浇。

〔一〇〕轰豗（huī）：形容众声喧阗。

〔一一〕虬（qiú）：虬龙。

〔一二〕柁（duò）：同"舵"。

译文

楚国有人练习航船，刚开始掌舵时，折回或旋转，快与慢，都是听从船师的。撑开风帆，划动船桨，像轻云一样兴起，像鸟儿一样飞逝，一下

子就航行了一千里。他虽然还不知道航船的方法，但被航船的好处打动了。既不能克制自己，又不能自我作决定。于是在河洲岛边稍稍尝试一下。波澜很平，水滩很浅，没有兴起波涛。船所投向的地方，没有不如意的。不知道这恰巧是有上天垂幸，于是认为已学好了航船的方法。就突然辞谢遣走了船师，傲慢而自得，把沧溟和渤海看作是沼泽，把江湖看作是怀中的水杯。敲着锣鼓，径直前进，急切地冒大险。海洋中似要吞掉苍天、灌溉太阳的波涛，以及排山倒海的大风，轰鸣撞击，汹涌澎湃，使鲸鱼逃奔，使虬龙惊骇。（楚人）于是彷徨四顾，失魂落魄，暗自伤神，涕泣涟涟，慌乱地丢失了桨舵，葬身鱼腹，成为世人的大警戒。既然这样，那么招来现在的危险的，难道不是因为以前的侥幸吗？如果他在自己尝试的时候，就已经遇上风涛的变化，那么就会知道困难而后悔了，终身都不敢谈论舟楫了。

点评

凯旋和毁灭只在咫尺之间。许多胜利都会为胜利者带来杀身之祸，过去如此，将来也一定如此，那首先是因为，胜利后产生的骄傲情绪甚至能腐蚀最伟大的将领。管仲《管子·白心》："强而骄者损其强，弱而骄者亟死亡。"失败也是我所需要的，它和成功一样对我有价值。失败是有教导性的。真正懂得思考的人，从失败和成功中学得一样多。人生求胜的秘诀，只有那些失败过的人才了若指掌。陈普《生忧患死安乐》："路同平夷多折轴，或因危阻遂安全。吉凶岂必皆由命，畏玩之中各有天。"刘绎《辛婿秉衡秋闱后来谒，以先公沈阳任内咨追遗款》："那堪清兴败租催，况是秋风铩羽回。侥幸看人如意事，困穷奈尔不羁才。有心炼石凭空补，无术成金应手来。闻道塞翁曾失马，茫茫祸福岂能猜。"刘绎《团练示同事》："孰为当局孰旁观，曲突徙薪千古叹。岂有虚文能号召，漫云侥幸是平安。风波起伏初无定，阴雨绸缪敢畏难。莫笑杞人忧太远，且将翻覆世情看。"

八三、世固有以一胜累一国，以一能败一身者矣

由天子至于庶人，免于师傅之严，而骤欲独行其志，遇事之易者，未足喜；遇事之难者，未足忧。盖先遇其易，则以易为常，是祸之

原也；先遇其难，则以难为常，是福之基也。世固有以一胜累一国，以一能败一身者矣，岂不甚可畏耶？

译文

从天子到百姓，免去了老师的严格教诲，突然想单独施展自己的抱负，如果遇到容易的事情，不值得高兴；遇到困难的事情，也不值得忧虑。因为先遇到了容易的事情，就把容易的事情看成是恒常的事情，这正是祸害的根源；先遇到困难，就把困难当作是正常的事情，这正是福分的根基。世上本来就有因为一次胜利而牵累了一个国家，因为一项才能而丧败身家性命的情况，这难道不是很可怕的吗？

点评

失败乃成功之母，胜利也可成失败之母。陶醉于胜利者，往往被胜利冲昏理智。有才者往往自恃而多傲，而傲乃第一可恨可杀之罪。傅锡祺《伍员》："死谏难争战胜骄，沼吴千载恨难消。东门双眼如长在，痛阅兴亡又几朝。"纪唐夫《送温庭筠尉方城》："何事明时泣玉频，长安不见杏园春。凤凰诏下虽沾命，鹦鹉才高却累身。且尽绿醽销积恨，莫辞黄绶拂行尘。方城若比长沙路，犹隔千山与万津。"陆游《次韵季长见示》："倚遍南楼十二栏，长歌相属寓悲欢。空怀铁马横戈意，未试冰河堕指寒。成败极知无定势，是非元自要徐观。中原阻绝王师老，那敢山林一枕安。"

卷五

八四、告君子以理，告众人以事

告君子以理，告众人以事。所谓众人者，见形而后悟，按迹而后明，非遽可理晓也。

译文

告诉君子以道理，告诉众人以事实。被称为众人的人，眼睛见到了形象方才晓悟，接触到事实方才明了，不是可以马上用道理让他们明白的。

点评

讲道理要摆事实。要形象生动、简明通俗，让大众喜闻乐见。龚自珍《杂诗》："欲为平易近人诗，下笔清深不自持。洗尽狂名消尽想，本无一字是吾师。"叶嘉莹《寒假读诗偶得》："每从沉着见空明，一片冰心澈底清。造极反多平易语，眼前景物世间情。"陶梦桂《题涂季儒愚安堂》："而翁吉德怕人知，天与良孙一似之。自分随缘栖矮室，何曾弄巧蹈危机。人生怀抱只平易，天下道途皆坦夷。此语莫书堂上壁，客来徒说是和非。"

八五、曷若告之以事，因其素所晓者而入之乎

孟子曰："所欲有甚于生者，所恶有甚于死者。"君子于处死生之际，固自得于言意之表〔一〕矣。由众人观之，则天下之可恶者，孰有甚于死乎？虽申告以义之重，然彼不知义果何物，口诵心惟〔二〕，淡乎若大羹〔三〕、明水〔四〕之无味也。以无味之言而驱之就其所恶之死，吾知其难也。曷若〔五〕告之以事，因其素所晓者而入之乎？

注释

〔一〕表：外。
〔二〕口诵心惟：口里念诵，心里思考。
〔三〕大羹：古代祭祀时所用的不和五味的肉汁。
〔四〕明水：古代祭祀时用铜鉴所取的露水。
〔五〕曷（hé）若：意思是指什么样、怎样、何如。用反问的语气表示不如。

译文

孟子说："有比生命更宝贵的东西，有比死亡更可恶的东西。"君子在处于生死交关的时候，固然已领悟了语言文字之外的含意，通达生命的大义了。但由众人看来，普天之下最可厌恨的，还有什么能超过死亡吗？虽然向众人解释了"义"的重要性，但他们不知道"义"究竟是什么东西，口里念叨着，心里思想着，把它看得像祭祀的汤羹和清水一样寡淡无味。用无味的言语来驱使他们接近他们厌恨的死亡，我知道是很难的了。怎么比得上用事实来告诉他们，根据他们平常所知道的事情而进入他们的思想呢？

点评

宣传鼓动大众要讲究语言艺术。成功的政治家都是善于把握大众心理的语言大师。张载《题解诗后》："置心平易始通诗，逆志从容自解颐。文害可嗟高叟固，十年聊用勉经师。"王之望《书白氏长庆集》："我爱乐天文，平易更精切。笔端应有口，心事无不说。游戏供日用，工巧疑天设。述情悉毫厘，辨理穷曲折。如我本欲言，挽我开齿颊。如人病瘖哑，代我传喉舌。"

八六、既达者观其理，未达者观其事

人之所不可复得者，生耳。今反思死不可复得，则孟子"所恶有甚于死"之论非矫情〔一〕也。既达〔二〕者观其理，未达者观其事。处〔三〕死之道，思过半矣。

注释

〔一〕矫情：强词夺理、违反常情。
〔二〕达：通达明白。
〔三〕处：处置、对待。

译文

人不可能再次得到的，是生命。现在反过来思考，死亡也不可能再次得到，那么孟子"有比死亡更可恶"的议论，不是故意违背常情啊。已经通达明白了的人看到其中的道理，尚未通达明白的人看定那个事实。关于对待死亡的方法，已领悟大半。

点评

"人固有一死，或重于泰山，或轻于鸿毛。"生命的价值不在长短，而在内容。诺贝尔说："生命，那是自然付给人类去雕琢的宝石。"刘基《有感》："漫漫阳春不见秋，人生得意总忘愁。茱萸谢尽芙蓉发，清夜吹笙月满楼。"崔子忠《绝句》："人生天地长如客，何独乡关定是家。争似区区随所寓，年年处处看梅花。"林希逸《寄题陈非潜达观堂》："诎信时也古犹今，耐事闲居且醉吟。看破人间须具眼，驰求身外枉萦心。乐常在我穷何有，名欲为宾见未深。闻说君如濠上老，会当握手论升沉。"憨山大师《丙申二月抵广州寓海珠寺》："天涯历尽尚遐征，百粤风烟不计程。涉险始知尘海阔，道穷转见死生轻。暂依水月光明住，偶向琉璃宝地行。到岸舟航今已弃，上方钟鼓为谁鸣？"

八七、有是事，则有是理

有是事，则有是理；无是事，则无是理。

译文

有这种事，就有这种规律；没有这种事，就没有这种规律。

点评

规律存在于事物中，没有脱离事物独立存在的规律。李纲《丹霞绝句》："晃耀灵光真有体，纵横妙用本无踪。须弥芥子非虚语，事理从来本自融。"陈普《有物有则》："大而天地无边际，细入无伦极眇锦。一器之中涵一理，随其所在莫非天。"

八八、物之祥，不如人之祥

和气致祥，乖气〔一〕致异。二气之相应，犹桴鼓〔二〕也。物之祥，不如人之祥，故国家以圣贤之出为佳祥，而景星〔三〕、矞云〔四〕、神爵〔五〕、甘露〔六〕之祥次之；物之异，不如人之异，故国家以邪佞之出为大异，而彗孛〔七〕、飞流〔八〕、龟孽〔九〕、牛祸〔一〇〕之异次之。

注释

〔一〕乖气：邪恶之气；不祥之气。

〔二〕桴（fú）鼓：鼓槌与鼓。比喻响应迅速。

〔三〕景星：大星、德星、瑞星。古人认为景星会现于有道之国。

〔四〕矞（yù）云：三色彩云，古代以为瑞征。

〔五〕神爵（què）：即神雀。瑞鸟。爵，通"雀"。

〔六〕甘露：甜美的雨露。古人认为甘露降，是太平瑞征。

〔七〕彗孛（huì bèi）：彗星和孛星。孛，古人指光芒四射的一种彗星。旧谓彗孛出现是灾祸或战争的预兆。

〔八〕飞流：飞星和流星。两者微异。魏收注："飞，飞星也。流，流星也。飞星与流星各异：飞星焱去而迹绝，流星迹存而不灭。"旧谓飞星和流星出现是灾祸或战争的预兆。

〔九〕龟孽：灾变的一种。古人迷信，谓水涝则龟多出为孽。

〔一〇〕牛祸：发生于牛身上的怪异现象。多指怪胎。古时认为象征将有灾祸，故云。

译文

和善之气招致祥瑞，乖戾之气招致怪异。二气的互相感应，犹如鼓槌击鼓一样响应迅速。物的吉祥，不如人的吉祥，所以国家以圣贤之人的出现为最大的祥瑞，而德星、彩云、神雀、甘露的祥瑞则是其次的了；物的怪异，不如人的怪异，所以国家以邪恶、奸伪之人的出现为最大的怪异，而彗星、孛星、飞星、流星、龟孽、牛祸出现的怪异，则是其次的了。

点评

对怪异现象，要观察事实，对比事实，积聚汇总事实，分析研究事实，根据因果关系来思考和判断事实。吴处厚《八咏警戒》："天应降吉祥，天理本茫茫。舒惨虽无定，荣枯却有常。益谦尤效验，福善更昭彰。笼络无疏漏，恢恢网四张。"李纲《子侄辈游天池余以病不果往》："云山积翠倚穹苍，仙圣云踪写上方。瑞像世传藏锦绣，神光人说似清凉。心安是处皆欢喜，眼正无时非吉祥。我病未能寻胜境，殷勤为爇一炉香。"

八九、天理不可灭

世皆以人欲灭天理，而天理不可灭。

译文

世人都想用个人的欲望消灭天道规律，而天道规律却是不能消灭的。

点评

世人的欲望也在天道规律中，如何消灭？陈长方《示弟》："欲知天理即私心，切莫将来两处寻。翻手为云覆手雨，只今犹昔昔犹今。"丘葵《视夜》："我兴视夜夜未明，抬头观星敬自生。万古不动惟北极，列宿环拱俱西倾。天光昭回泰宇定，人欲净尽灵台清。但能勿使旦书牿，天理触处尽流行。"

九〇、变灾为瑞，变乖气为和气，特反覆手耳

吾是以知天道之不诬，乖气之果致异也。天虽降祥，人无以承之，则祥变而为异。使宣公〔一〕因二子之贤，一念悔悟而复于正，正宫闱以正朝廷，正朝廷以正百官，正百官以正万民。风驱雷动，万恶皆消，固可以移《匏叶》〔二〕《桑中》〔三〕之诗，而为《汉广》〔四〕《行露》〔五〕之章矣。变灾为瑞，变乖气为和气，特反覆手耳。

注释

〔一〕宣公：春秋时卫国的卫宣公。当初卫宣公和夷姜私通，生了急子。后为急子在齐国娶妻，这个女人很美，卫宣公就自己娶了她，生了寿和朔。夷姜自己吊死了。宣姜和公子朔诬陷急子。卫宣公派急子出使到齐国，指使坏人在莘地等着，打算杀死他。寿子把这件事告诉急子，让他逃走。急子不同意说："丢掉父亲的命令，哪里还用得着儿子！如果世界上有没有父亲的国家就可以逃到那里去了。"等到临走，寿子用酒把急子灌醉。寿子车上插着太子的旗帜走在前面，坏人就杀了寿子。急子赶到，说："他们要杀的是我。他有什么罪？请杀死我吧！"坏人又杀了急子。桓公十六年（前696）十一月，左公子泄、右公子职立公子黔牟为国君，卫惠公（朔）逃亡到齐国。

〔二〕匏叶：《诗经》中题为《匏有苦叶》的民歌，是一首讽刺性情诗。

〔三〕桑中：《诗经》中题为《桑中》的民歌，是一首讽刺性情诗。

〔四〕汉广：《诗经》中题为《汉广》的民歌，是一首突出正能量的情诗。

〔五〕行露：《诗经》中题为《行露》的民歌，是一首赞颂女子坚贞的情诗。

译文

我由此可知天道的不虚妄，乖戾之气果然会招致怪异了。上天虽然降下祥瑞，人们却没有相应的行为承受它，那么，祥瑞就会变为怪异。假如卫宣公能因为两个儿子的贤良，一念之间生起悔悟而回到正道，整顿宫闱从而整顿朝廷，整顿朝廷从而整顿百官，整顿百官从而整顿百姓，那么，就会像风雷驱动一样，把所有的罪恶都消解了，原是可以把《匏叶》《桑中》

这些讽刺的诗篇，改换成为《汉广》《行露》这样的赞美的诗篇的。变灾祸为祥瑞，变乖戾之气为和善之气，只不过像翻转手掌一样简单罢了。

点评

有错误可以改正，有过失可以补救。关键在坚决的态度，及时的措制，决绝的行动。改正错误是最大的吉祥。邵雍《迷悟吟》："君子改过，小人饰非。改过终悟，饰非终迷。终悟福至，终迷祸归。"周昙《鲍叔》："忠臣祝寿吐嘉词，鲍叔临轩酒一卮。安不忘危臣所愿，愿思危困必无危。"白居易《感兴》："吉凶祸福有来由，但要深知不要忧。只见火光烧润屋，不闻风浪覆虚舟。名为公器无多取，利是身灾合少求。虽异鲍瓜难不食，大都食足早宜休。"

九一、观二子之死，则知天资之不可恃

"黍〔一〕稷〔二〕穜稑〔三〕之种，受于天也。如是而播，如是而植，如是而耘，如是而获者，人也。卤莽灭裂〔四〕，而坐待仓箱〔五〕之盈，可乎？"二子之受于天者，大舜之资也。其处顽父嚚〔六〕母之间，终至格奸〔七〕，虽守区区之介〔八〕，死于无名，成父母之恶者，无他焉，所以充养而广大之者不如舜耳。观二子之生，则知天理之不可灭；观二子之死，则知天资之不可恃。是道也，非洞天人之际，达性命〔九〕之原，何足以知之哉？

注释

〔一〕黍（shǔ）：黍子，一年生草本植物，碾成米叫黄米。

〔二〕稷（jì）：古代称一种粮食作物，有的书说是黍一类的作物，有的书说是谷子（粟）。

〔三〕穜稑（tóng lù）：指先种后熟的谷类和后种先熟的谷类。

〔四〕卤莽灭裂：卤莽，粗鲁。灭裂，草率。形容做事草率粗鲁。

〔五〕仓箱：贮藏粮食的房屋，运载粮食的车厢，喻丰收。

〔六〕嚚（yín）：意思是愚蠢而顽固。唐人颜师古曰："口不道忠信之言为嚚。"

〔七〕格奸：格，匡正、纠正。纠正奸恶。

〔八〕介：耿直、有骨气，坚贞。

〔九〕性命：中国古代哲学范畴。指万物的天赋和禀受。"性者，天生之质，若刚柔迟速之别；命者，人所禀受，若贵贱夭寿之属也。""物所受为性，天所赋为命。"宋明以来理学家专意研究性命之学，因以指理学。

译文

"黍稷穜稑的种子，都是上天赐予的，这样地播种，这样地栽种，这样地除草，这样地收割，这些事情，都是人力做成的。如果把这些种子粗暴地破坏了，却安坐着等待仓库充实起来，可能吗？"卫宣公两儿子承受于天道的，是舜帝那样的资质。他们处在顽固而愚蠢的父母之间，最终匡正了他们。虽守着一己的坚贞，却不明不白地死亡，成全了父母的罪恶，其原因没有别的，用来充实涵养扩大他们天赋资质的贤德不如舜帝罢了。看到这两个人的存在，便知道天理是不可消灭的；看到这两个人的死亡，便可知道天资是不可凭靠的。这种道理，如果不是洞察了天与人之间的关系，并通晓了性命的本原，怎么能够懂得呢？

点评

天赋仅给予一些种子，虽然是在生活道路的开端就存在着的，也需要自己不断地努力去生长。德国音乐家舒曼说："如果不加以发挥，天赋就好像被埋没的一磅铁，只值几文钱，可是经过锤炼就可制成几千根钟表发条，价值累万。"同样，你也要好好利用天赋给予你的"一磅铁"。宋天则《挽吕东莱先生》："含孕天资粹，稽参学力深。躬纯君子行，道会圣人心。形见温于玉，持存劲愈金。斯文方有赖，蚤作遽闻音。"李觏《寄章友直》："人生何中贵，贵在天资秀。譬如沙石间，金玉岂常有。有才不善用，多为淫邪诱。嗟哉栋梁材，往往厄樵手。"陈著《次单君范遗次儿韵效鲁直体》："世变不常有阴晴，吾道由来自坦平。安得天资白受采，要凭学力浊为清。三日刮目迎吕逊，一月坐春盍孔程。便须从今加鞭去，庶免辕越辙幽并。"

九二、闻警而忧者，可以占知其无备也

边境，非有国者所当忧也。民之死生，国之安危，皆系于边境，闻其有警，焉得而不忧？呜呼！是所以不当忧也！民之死生，国之安危，皆系于边境，闻其有警而始忧之，则未有警之前，所讲者何事耶？平居暇日〔一〕，审形势、定规模〔二〕、简〔三〕将帅、明斥候〔四〕者，为此时也，烽举尘起〔五〕，按吾素定之画〔六〕，次第〔七〕而行之，何忧之有？是故闻警而忧者，可以占知其无备也；闻警而不忧者，可以占知其有备也。

注释

〔一〕暇日：空闲的日子。
〔二〕规模：规划、计划。
〔三〕简：简选。选择、选用。
〔四〕斥候：亦作"斥堠"，侦察，侦查。斥，远；候，侦查。
〔五〕烽举尘起：烽，报警的烽火。尘，征尘，指敌寇的骚扰或战争。意指战争来临。
〔六〕画：谋划、计策。
〔七〕次第：指依次，按照顺序或以一定顺序，一个接一个地。

译文

边境，不是国君所应当忧虑的。百姓的生死，国家的安危，都和边境息息相关，听到边境有警报，怎能不忧虑呢？唉！这正是不应当忧虑的原因啊！百姓的生死，国家的安危，都和边境息息相关，听到边境有警报，才开始为它忧虑，那么，还没有警报之前，所讨论的是些什么事情呢？平常闲暇的时候，那些审度形势，制定规章，选拔将帅，明确侦察放哨，正是为此时而准备的。烽火燃起，敌寇骚扰，按照自己平时制定的筹划，有次序地施行它，还会有什么忧虑呢？所以，听到警报而忧虑起来，可以判定他平时没有防备；听到警报却不忧虑的，可以判定他平时是有防备的。

点评

"凡事预则立，不预则废。"做事要有预案，做大事尤其要有多个预备方案。辛弃疾《美芹十论》："事未至而预图，则处之常有余；事既至而后计，则应之常不足。"徐祯稷《耻言》也指出，事先已有防备，事情发生后就用不着忧虑了；事情发生了再忧虑，就无济于事了。"忧先于事者，不入于忧；事至而忧者，无及于事。"有了准备有了预案，就有了主动，就多了转环腾挪的空间，可以随机应变，伺机制服敌人，否则，就会被人制服。"有备则制人，无备则制于人。"释居简《书陈平佐刺图》："千虑难穷智士心，周防密计保千金。宁能有备为无用，一寸渊渊几许深。"王十朋《洛阳桥》："北望中原万里遥，南来喜见洛阳桥。人行跨海金鳌背，亭压横空玉虹腰。功不自成因砥柱，患宜预备有风潮。蔡公力量真刚者，遗爱胜于郑国侨。"

九三、付吴起以西河，则魏不知有秦

付吴起〔一〕以西河，则魏不知有秦；付李广〔二〕以北平，则汉不知有狄〔三〕；付羊祜〔四〕以襄阳，则晋不知有吴。是数公者，固不以边警烦君父。为其君者，亦可以委其责而高枕矣！

注释

〔一〕吴起：战国初期军事家、政治家、改革家，兵家代表人物之一。吴起得到魏文侯的重用。他指挥魏军屡次击败秦国，占领河西之地，为首任西河郡守，同时改革兵制，创建魏武卒，"与诸侯大战七十六，全胜六十四"，在军事上有极高的成就，与孙武并称"孙吴"。

〔二〕李广：西汉时期名将，曾任右北平郡太守。匈奴畏服，称之为"飞将军"，数年不敢来犯。

〔三〕狄（dí）：古代北方部族。

〔四〕羊祜（hù）：字叔子，三国至西晋时期杰出的战略家、政治家。泰始五年（269），出任车骑将军、开府仪同三司，都督荆州诸军事，坐镇襄阳。在荆州屯田兴学，以德怀柔，深得军民之心；扩充军备，训练士兵，全力筹备灭吴计划。羊祜去世，两年后，晋武帝依其策划灭吴，完成统一。

译文

将西河交付给吴起守卫，魏国就不知道有秦国的威胁了；将北平交付给李广，汉朝便不知道有匈奴的威胁了；把襄阳交付给羊祜，晋朝便不知道有吴国的威胁了。这几个人，当然不会用边境警报来烦扰国君；做国君的，也可以把责任交给他们而高枕无忧了！

点评

能用人，能用对人，是领导者最重要的才能。"得十良马，不若得一伯乐；得十良剑，不若得一欧冶；得地千里，不若得一圣人。"（吕不韦《吕氏春秋·不苟论·赞能》）领导者始终要考虑的关键问题是，如何选一个正确的人在正确的时间放在正确的职位上。朱翊钧《静中吟》："习静调元养此身，此身无恙即天真。周家八百延光祚，社稷安危在得人。"李九龄《读三国志》："有国由来在得贤，莫言兴废是回圜。武侯星落周瑜死，平蜀降吴似等闲。"毛珝《人才》："但得人才即治安，不忧外侮敢相干。学关世道方为士，业晓农家始是官。国力在兵堪用少，虏情如鬼欲驱难。岂无一代奇男子，抱膝无言静处看。"

九四、迫大害者固不敢辞小劳

天下同知畏有形之寇，而不知畏无形之寇。兵革[一]者，有形之寇也。寇环吾城，人之登陴[二]者，冒风雨，犯雪霜，穷昼夜，亲矢石[三]，而不敢辞者，岂非一失此城，则立为齑粉[四]乎？迫大害者固不敢辞小劳。

注释

〔一〕兵革：兵器和甲胄的总称，泛指战争。
〔二〕陴（pí）：城上女墙，从属的土墙。

〔三〕矢石：指箭和垒石，古时守城的武器。

〔四〕齑（jī）粉：细粉、碎屑。

译文

天下之人都知道惧怕有形的寇贼，而不知道惧怕无形的寇贼。全副武装而来的，是有形的寇贼。寇贼围攻我的城池，登上城墙的人，冒着风雨和霜雪，整天整夜视察，亲临作战前线，而不敢有所推辞，难道不是因为一旦失去城池，就会立即化为齑粉了吗？被大的祸害逼迫着的人，必定不敢推辞小的辛劳。

点评

趋吉避凶是人类天性，权衡吉凶祸福虽属人的本能，却需要智慧。陆游《秋日遣怀》："晨几手作墨，午窗身焙茶。岂惟要小劳，亦以御百邪。儿童不解此，倾心逐纷华。君看如山祸，萌在一念差。"张伯端《绝句》："须将死户为生户，莫执生门号死门。若会杀机明返覆，始知害里却生恩。"

九五、欲之寇人，甚于兵革；礼之卫人，甚于城郭

欲之寇〔一〕人，甚于兵革；礼之卫人，甚于城郭〔二〕。而人每〔三〕不能守礼者，特以欲之寇人，无形可见，故狎〔四〕而玩之耳！殊不知有形之寇，其来有方，其至有时，犹可御也。至于无形之寇，游宴之中，有陷阱焉；谈笑之中，有戈矛焉；堂奥〔五〕之中，有虎豹焉；乡邻之中，有戎狄焉。藏于杳然〔六〕冥然〔七〕之间，而发于卒然〔八〕忽然之际，非圣人以礼为之防，则人之类灭久矣。

注释

〔一〕寇：侵袭、侵犯。

〔二〕城郭：内城和外城。

〔三〕每：常常。

〔四〕狎（xiá）：亲近而态度不庄重。

〔五〕堂奥：厅堂和内室。

〔六〕杳（yǎo）然：幽深、寂静的样子。

〔七〕冥然：恍惚不可捉摸的样子。

〔八〕卒（cù）然：忽然、突然。

译文

私欲侵扰人，比战争还要厉害；礼法保卫人，比内外城郭还要坚固。但人们往往不能遵守礼法，正是因为私欲侵扰人，看不到形迹，所以就接近、戏弄轻忽它了！却不知道，有形的寇贼，它的到来是有方向的，它的到达是有时间的，还是可防备的。至于那无形的寇贼，在游玩和宴饮之中，有坑人的陷阱；在言谈笑语之中，有杀人的戈矛；在厅堂的深处，有食人的虎豹；在乡里邻居之中，有戎狄般的野蛮人。无形的寇贼隐藏在幽暗的、看不见的地方，而发生在仓猝预料不到的时候，如果不是圣人用礼法来防备它，那么，人类早已消灭不见了。

点评

《礼记·经解》："夫礼，禁乱之所由生，犹坊止水之所自来也。"礼是古代在祭祀活动中逐步形成的规范，演变为古代社会的等级制度和与此相适应的行为准则和道德规范，最大的功能是按类别划定人们行为的界限，禁止与防范人们欲望的非理性扩张。张载《圣心》："圣心难用浅心求，圣学须专礼法修。千五百年无孔子，尽因通变老优游。"邵雍《秋怀》："明月生海心，凉风起天末。物象自呈露，襟怀骤披豁。悟尽周孔道，解开仁义结。礼法本防奸，岂为吾曹设。"王世贞《寄赠史金吾》："看君真作辋川珠，袭坐春风况不孤。家世旧传南史氏，禁廷新拜执金吾。门无下客歌弹铗，诏为名儒掌唾壶。最是将台寻礼乐，未须终夜读阴符。"

九六、君子视欲如寇，视礼如城

君子视欲如寇，视礼如城。彼其左右前后，伺吾之失守而将肆[一]其吞噬[二]者，不可胜数，稍怠则堕其守矣。吾之所以孤立于争夺陵犯之场，得保其生者，非天，非地，非父，非母，实恃礼以生也。无此礼，则无此身。升降俯仰[三]之烦，岂不胜于屠戮戕杀[四]之酷？弁冕[五]怀佩[六]之拘，岂不胜于刀锯斧钺[七]之加？人徒见君子常处于至劳之地，而不知君子常处于至安之地也。世俗所以厌其烦而恶其拘者，亦未见其害耳。

注释

〔一〕肆：放肆、恣肆，任意而行，不顾一切。
〔二〕吞噬（shì）：吃掉。比喻侵占。
〔三〕升降俯仰：指礼仪周旋。
〔四〕戕（qiāng）杀：残杀、损伤。
〔五〕弁冕（biàn miǎn）：古代男子帽冠名称。
〔六〕怀佩：佩戴在人体各部分的饰物。
〔七〕斧钺（yuè）：释义是斧与钺，泛指兵器。

译文

君子看待私欲，就像看待寇贼一样；君子看待礼法，就像看待城墙一样。那些在左右前后等待着我的失守然后将肆意吞噬的人，多得不可计算。我稍微有些懈怠，就要落在他们的手里了。我孤零零独立于抢夺侵犯的环境，之所以能够得以保全性命的原因，不在天、不在地、不在父、不在母，实则是凭靠礼法而生存下来的。没有这种礼法，就没有我的身体。遵循各种礼仪动作的麻烦，难道不比残酷的戕害和杀戮好些吗？各种礼服装饰的拘束，难道不比刀锯、斧钺加身好些吗？人们只看到君子常处于最辛苦的境地，却不知道君子常处于最安全的境地。世俗之人厌烦礼法的麻烦和拘束的原因，也是没有看到不遵礼法的害处罢了。

点评

遵循公共秩序是非常重要的，维护社会认可最大公约数的规则是最高的正义。规则法律制度、礼仪规章，限制人也保护人，保护人也限制人，既是捆绑人的绳索，也是人类文明赖以存续的脐带。如何更大地解放增强生命的活力，同时又能更好地限制减损私欲的恶行，是人类文明永恒的课题。文彦博《追和》："销磨岁月功名内，检束身心礼法中。除却高阳诗酒伴，人间谁解惜春风。"王世贞《猿》："何处翩翩白面郎，曾从说剑学穿杨。悬崖百尺能通臂，过峡三声早断肠。啼入商秋天似水，坐当清夜月如霜。欲将烦恼消除尽，衔果还须礼法王。"邵雍《旋风吟》："松桂隆冬始见青，蒿莱盛夏亦能荣。光阴去后绳难系，利害在前人必争。万事莫于疑处动，一身常向吉中行。人心相去无多远，安有太平人不平。"

九七、《曲礼》三千，犹恐其简也

城之围于寇者，楼橹〔一〕虽密，犹恐其疏；隍堑〔二〕虽险，犹恐其平。岂有厌楼橹之太密，恶隍堑之太险者哉？苟人果能真见无形之寇，则终日百拜，犹恐其逸；曲礼〔三〕三千，犹恐其简也，况敢厌恶其烦与拘耶？

注释

〔一〕楼橹：古代军中用以瞭望、攻守的无顶盖的高台。建于地面或车、船之上。

〔二〕隍堑：城壕、护城河。

〔三〕曲礼：指具体细小的礼仪规范。曲为细小的杂事。

译文

被寇贼包围的城池，用来侦察的望台，虽然稠密，还恐怕它疏松；用来御敌的壕沟，虽然深险，还恐怕它平浅。难道有厌嫌望台太稠密，壕沟太深险的人吗？假如人们真能见识到无形的寇贼，那么，一天中行一百次拜礼，还恐怕太安逸了；《礼记》虽然记载着有三千条具体礼仪，还担心它太简略，还敢嫌憎它的麻烦与拘束吗？

点评

认识不到规章制度的重要性，是因为认识不到没有规章制度的危害性。刘蕺《感兴诗》："礼乐节性情，工夫贵深省。爱亲笃冰履，酬世尚锦纲。勿任忘与助，一敬收众骋。威仪筋骸束，趣味精神领。相彼屋漏中，森若指见炳。穷达付天分，灵光勿随境。"吕本中《叔度季明学问甚勤，而求于余，甚重其将必有所成也，因作两诗寄之》："两章后来秀，头角固蕲然。但语强弩末，不争驽马先。寓言有十九，曲礼至三千。所要在守节，未言能与权。"吕本中《次韵尧明》："不嫌众里衣冠古，自觉人前礼法疏。已似羲之弃官后，近逢安石赴京初。"邵雍《观五帝吟》："进退肯将天下让，着何言语状雍容。衣裳垂处威仪盛，玉帛修时意思恭。物物尽能循至理，人人自愿立殊功。当时何故得如此，只被声明类日中。"

九八、士君子之一言，虽千百载之后稍犯之，则其祸立至

万乘之君，犯之者未必皆得祸；士君子之一言，虽千百载之后稍犯之，则其祸立至。何其严也！辛伯之谏周公〔一〕，而谓"并后、匹嫡、两政、耦国"〔二〕，才八字耳，总古今乱亡之枢而莫能移焉。汉高帝犯之，而有人彘〔三〕之祸；唐高宗犯之，而有武氏之篡〔四〕；晋献公犯之，而有里克之衅〔五〕；隋文帝犯之，而有张衡之逐〔六〕；齐简公犯之，而有田、阚之乱〔七〕；齐王芳犯之，而有曹马之争〔八〕；晋元帝犯之，而有武昌之叛〔九〕；唐明皇犯之，而有范阳之变〔一〇〕。小犯则小受祸，大犯则大受祸。影随形，响随声，未有如是之速也。

注释

〔一〕辛伯之谏周公：鲁桓公十八年（前694），周公打算杀死周庄王而立王子克。辛伯将消息报告给庄王，就帮着庄王杀了周公黑肩，王子克逃亡到燕国。

当初，子仪受到桓王的宠信，桓王把他托付给周公。辛伯曾劝谏周公说："妾媵并同于王后，庶子相等于嫡子，权臣和卿士互争权力，大城和国都一样，这都是祸乱的根本。"周公不听，所以招致杀身之祸。

〔二〕并后、匹嫡、两政、耦国：即上条所说的"妾媵并同于王后，庶子相等于嫡子，权臣和卿士互争权力，大城和国都一样"。

〔三〕人彘（zhì）：西汉初，高祖刘邦得了天下后，吕后由于年老色衰，已为刘邦所厌烦。刘邦宠爱戚夫人。刘邦死后，吕后用一种非常残忍的酷刑来对付戚夫人，使善良的惠帝见到后惊惧而死。

〔四〕武氏之篡：指武则天在高宗死后篡权，自称大周皇帝。

〔五〕里克之衅：春秋前期晋国卿大夫里克，是晋献公的股肱之臣，太子申生的坚决拥护者，能征善战的统帅。晋献公晚年宠爱骊姬及与她所生的儿子，里克曾杀死先后为晋国君主的骊姬之子奚齐、卓子。

〔六〕张衡之逐：杨广任用张衡的计谋，拉拢重臣杨素，隋文帝听信杨素的话，废除太子杨勇，立杨广为太子。

〔七〕田、阚之乱：春秋末，齐国齐简公容忍两个大臣子我（阚止）和陈（田）成子两股势力争斗，最终酿成陈成子之乱，杀害了齐简公。

〔八〕曹马之争：三国时曹魏后期曹氏宗室与司马集团并立争斗，最后司马集团篡夺了曹魏政权。

〔九〕武昌之叛：东晋时元帝司马睿宠信王敦，后来王敦拥兵自重，在武昌发动叛乱。

〔一〇〕范阳之变：唐明皇李隆基宠信安禄山，授予重权，后来安禄山在范阳起兵叛乱，史称"安史之乱"。

译文

有万乘兵车的大国国君，触犯他的人未必都会得到灾祸；士人君子的一句话，即便是千百年之后稍微触犯到它，灾祸便立刻临到了。君子的话是多么严谨深刻啊！辛伯向周公进谏，而说出了"并后、匹嫡、两政、耦国"的话，虽然只有八个字，却总结了从古到今国家动乱、衰亡的重要症结，而没有例外的。汉高祖触犯了它，便有了人彘的祸害；唐高宗触犯了它，便有了武则天的篡政；晋献公触犯了它，便有了里克的内乱；隋文帝触犯了它，而听信了张衡的计谋把太子废黜了；晋元帝触犯了它，便有了王敦在武昌的叛乱；唐明皇触犯了它，便有了安禄山在范阳的兵变。稍微触犯，就稍微遭受祸乱；严重触犯，就严重地遭受灾祸。就连影子跟随形体，回声跟随声音，都没有这样迅速的啊。

点评

严谨深刻的话语是智慧的结晶，是对规律的总结，是对真理的表述。历史的教训都是用血写成的。邵雍《旋风吟》："安有太平人不平，人心平处固无争。棋中机械不愿看，琴里语言时喜听。少日挂心唯帝典，老年留意只羲经。自知别得收功处，松桂隆冬始见青。"杨简《偶书》："君子不必相与言，礼乐相示甚昭然。礼乐相示无一言，物物事事妙莫宣。此妙自觉不可传，可传非觉亦非玄。风雨霜露无非教，哀乐相生先圣篇。"

九九、天下之甚可畏者，莫大于理

天下之甚可畏者，莫大于理。惟言出于理，故凛然列八字于千百载之上，非雷霆而震，非雪霜而严，非山岳而峻，非江海而险，非师旅而威，非砧质〔一〕而惨。尊之者王，畏之者霸，慢之者危，弃之者亡。上林夫人之席〔二〕，由此而正也；青蒲涕泣之谏〔三〕，由此而发也；太傅默垂之讥，由此而识也〔四〕；尾大不掉之譬〔五〕，由此而生也。世儒之文词愈多，而理愈寡。盖有书五车，而无片言之中理者矣！

注释

〔一〕砧（zhēn）质：古代用于斩首或腰斩的刑具，犯人伏其上以受刑。

〔二〕上林夫人之席：汉文帝刘恒的宠姬慎夫人，甚至可以与孝文窦皇后同席而坐。从文帝、皇后幸上林时，中郎将袁盎引慎夫人坐下席，并以尊卑失序非爱之而适祸之说文帝，夫人喜而赐盎金五十斤。

〔三〕青蒲涕泣之谏：汉元帝欲废太子，大臣史丹巧言维护，使太子巩固了地位。竟宁元年（前33），帝病危，史丹直入卧室内，顿首伏于青蒲团之上，涕泣而进言，确立了太子刘骜的储君之位。

〔四〕太傅默垂之讥：指王莽。元始元年（公元1年），王莽与其三大亲信升任"四辅"之位:王莽为太傅,领四辅之事;除封爵之事外,其余政事皆由"安汉公、四辅平决"。王莽独守清净,生活简朴,为人谦恭而且勤劳,但暗蓄篡汉野心。

〔五〕尾大不掉之譬:春秋时期,鲁昭公十一年(前531),楚灵王任命公子弃疾为蔡公,掌管蔡地。一天,楚灵王问大臣申无宇:"公子弃疾将蔡地治理得怎么样啊?"申无宇说:"天底下只有父亲最了解自己的儿子,也只有君王最了解自己的臣子。公子弃疾在蔡地政绩卓著,做得很好,您的选择是正确的。但是我听人们说:'在正常的情况下,和君王亲近的人是不会任外职的,而从他国来的人也不应该担任内官。'"楚灵王听了之后就说:"我国周围都有高大的城墙,虽然在国内有些人的封地面积很大,但我想应该不会对国都构成威胁,不会有什么问题的。"申无宇只好直截了当地说:"郑、宋、齐、卫都曾因封地势力过大而发生动乱,卫国的蒲邑、戚邑就是两个大封地,封地之主就凭借自己强大的势力驱逐了卫献公。献公的城墙也和您的一样高大,但是却遭到了这样的厄运,就是因为下属的势力太大之后就很难听从君主的指挥。这就好比动物的尾巴如果太大了就不容易摇动,树梢的枝叶如果过于茂盛就很容易导致整棵树折断。我想我说到这里您应该明白了吧。"

译文

天下最可畏惧的事物,没有大于客观规律的。正因为言论出于客观规律,所以这八个字虽出于千百年之前,至今还凛然不可侵犯。不是雷霆,却震撼慑人;不是雪霜,却严酷逼人;不是山岳,却高峻凌人;不是江海,却险恶惊人;不是军队,却威武迫人;不是斧砧,却惨烈可怕。尊重它的称王,畏惧它的称霸,轻慢它的危险,抛弃它的灭亡。汉文帝游玩上林的时候,慎夫人和皇后的席位,因为它而摆正;史丹跪伏在青蒲上的良言谏诤,因为它而发出;王莽保持沉默但另有图谋的征兆,因为它而可以识别出来;尾大不掉的譬喻,因为它而生发。世上儒生的议论越多,所包含的道理就越少,因为五车书里面没有只言片语能符合客观规律的。

点评

客观规律不会陈旧,准确认识客观规律是做成好事的前提。贾谊曰:"强者先反。"或曰:"强者必反,势也。"强者不甘心处于从属地位,冲突或叛乱在所难免。在一个整体中,某个部分不能过大,一旦部分在数量和质量上大过了一定的度，必会影响主体。要保持事物在一定时期内的稳定状态，就要注意把握好整体与局部的关系，使事物的主体始终处于支配的地位。苏寿元《窥开吟》："物理窥开后，人情照破间。敢言天下事，到手又何难。"《水退》："转眼江流已昨非，便随鸥鹭省渔矶。飞花无复浪千顷，倒影依然山四围。不向静中观物理，更于何处觅天机。兴来倚杖斜阳外，弄遍潺湲未肯归。"杨民仁《嘘寒吟》："细推物理悟纵横，噩噩浑浑浊复清。此事多艰穷则变，情缘未断死还生。花明柳暗村先设，路转峰回亭早成。暑往寒来随斗转，不分明处自分明。"

一〇〇、志者，气之帅也

气[一]听命于心者，圣贤也；心听命于气者，众人也。凡气之在人，逸则肆，劳则怠，乐则骄，忧则慑[二]，生则盈，死则涸[三]。气变，则心为之变，有不能自觉焉。志者，气之帅也。今心随气变，是志不能为气之帅，而气反为志之帅矣。气反为志之帅，而吾心志之盛衰，惟气之为听，则心者，气之役[四]也。

注释

〔一〕气：人体原始的具有自组织性质的气态能量。
〔二〕慑（shè）：恐惧、害怕，使恐惧、使屈服。
〔三〕涸（hé）：失去水而干枯。也指竭尽。
〔四〕役：役使、使唤。

译文

气听从心指令的，是圣贤；心听从气指令的，是普通人。大凡气在人的身体里，安闲时就放肆，劳碌时就倦怠，高兴时就骄傲，忧虑时就屈服，活着时就充盈，死亡时就竭尽。气变动了，那么心也随着变动，人却往往不能自己察觉到。意志，是气的统帅。现在心随着气变动了，那就是意志不能成为气的统帅，而气反倒成为意志的统率了。气反倒成为意志的统帅，那么，我的心志的充盛和衰弱，只有听命于气，心就成为气的奴隶了。

点评

王阳明说："志不立，天下无可成之事。""志不立，如无舵之舟，无衔之马，漂荡奔逸，终亦何所底乎！"行为随着志向走，成功随着行为来。立志是事业的大门，行为是登堂入室的旅程。伟人在《讲堂录》中摘抄录有"志者，气之帅也"，就本源于此段。气，可以理解为能量，能量必须有一个制导系统，而志向就是能量的制导系统。陈淳《自讼》："气一志以动，志动气益狂。辗转互攻击，其端何有穷。哲人动知几，清明常在躬。私欲绝微萌，天真湛流通。表里皎如日，一隙无曖曚。"李宪噩《过古宛州，感孟襄阳〈南归阻雪〉篇》："志伸盛意气，揽辔轻四方。志屈颓意气，泥情恋穷乡。气盛万里近，气颓百里长。不然宛与许，故自逼襄阳。"邵雍《病起吟》："病作因循一月前，岂期为苦稍淹延。朝昏饮食是难进，躯体虚羸不可言。既劝佳宾持酒盏，更将大笔写诗篇。始知心者气之帅，心快沉疴自释然。"宋神宗《勉子读书》："男儿立志要崚嶒，莫与闾阎较重轻。一寸光阴无放过，十年灯火凤修成。学疏达境还堪愧，道在穷途亦可亨。未必儒冠能见误，书窗努力继芳声。"

一〇一、圣贤君子以心御气，而不为气所御

圣贤君子以心御[一]气，而不为气所御；以心移气，而不为气所移。历山之耕，南风之琴[二]，劳逸变于前，而舜之心未尝变也；羑里之囚，虞、芮之朝[三]，忧乐变于前，而文王之心未尝变也；避席之时，易簀之际[四]，死生变于前，而曾子之心未尝变也。自劳、自逸、自忧、自乐、自死、自生，吾心曷尝不自若哉？

注释

〔一〕御：驾驭，治理、统治。
〔二〕历山之耕，南风之琴：相传大舜家境清贫，故从事各种体力劳动，经历坎坷。他曾在历山务农耕耘种植，辛苦劳碌；《乐记·乐施》"昔者舜作五弦之琴，

以歌《南风》",指相对安逸的时刻。

〔三〕羑里之囚,虞、芮之朝:周文王曾被商纣王囚禁在羑里七年。《史记·周本纪》记载,同属诸侯国的虞国、芮国发生纠纷,闹得不可开交,没办法想请姬昌仲裁。及到周地,看到周国人相互谦让,长幼有礼,非常惭愧,相互礼让而去。诸侯听闻了这件事情,凡是有矛盾纠纷都来找姬昌评判。西伯昌断虞、芮之讼,也成为一个标志性事件,诸侯纷纷拥戴,周人将这一年称为西伯昌受命元年,于是西伯昌称王,史称周文王。

〔四〕避席之时,易箦(zé)之际:春秋末年思想家曾子是孔子的弟子,有一次他在孔子身边侍坐,孔子就问他:"以前的圣贤之王有至高无上的德行、精要奥妙的理论,用来教导天下之人,人们就能和睦相处,君王和臣下之间也没有不满,你知道它们是什么吗?"曾子听了,明白老师孔子是要指点他最深刻的道理,于是立刻从坐着的席子上站起来,走到席子外面,恭恭敬敬地回答道:"我不够聪明,哪里能知道?还请老师把这些道理教给我。"曾子是一个视守礼法甚于生命的人,他没有做过大夫,无意中用了大夫专用的席子。假如他死在大夫专用的席子上,那就是"非礼"了,哪怕是处于弥留之际,也依然命令儿子给他更换席子,刚换完,他就无憾而终了。箦,竹编床席。

译文

圣贤君子,用心来驾驭血气,却不被血气所驾驭;用心来改变血气,而不被血气所改变。在历山那边耕种时,和唱《南风》那首琴歌时,劳碌和安逸虽然改变在面前,而大舜的心却从来没有改变过;在羑里被囚禁的时候,和虞、芮两国前来朝觐的时候,忧愁和欢乐虽然改变在面前,而文王的心却从来没有改变过;避开席位的时候,和换去了席垫的时候,生存和死亡虽然改变在面前,而曾子的心却从来没有改变过。自在地劳碌、自在地安逸、自在地忧愁、自在地快乐、自在地死亡、自在地生存,我的心何尝不是泰然自若、依然如故呢?

点评

陈继儒《小窗幽记》:"宠辱不惊,看庭前花开花落;去留无意,望天上云卷云舒。"庄子描述人的最高心境:"独与天地精神往来,而不敖倪于万物。不谴是非,以与世俗处。"独自与天地精神往来,而不傲视万物,不被是非所左右,与世俗相处。"举世誉之而不加劝,举世非之而不加沮。定乎内外之分，辩乎荣辱之境。"世上的人都赞誉他，他不会因此更加卖力，世上的人都非难他，他也不会因此而更加沮丧。因为他清醒地划定了自己与外物的区别，明白荣辱皆来自外物的评价，因此绝不让自己被荣辱绑架。方岳《次韵洪尉》："气当以志帅，心岂为形役。未知政奚先，亦各职其职。相期边幅捐，安用竿牍饬。勉旃正吾鹄，其中非尔力。"王守仁《忆别》："忆别江干风雪阴，艰难岁月两侵寻。重看骨肉情何限，况复斯文约旧深。贤圣可期先立志，尘凡未脱谩言心。移家便住烟霞壑，绿水青山长对吟。"陈普《和清叟自勉》："缉熙正学勿虚过，立志悠悠得几何。黄卷工夫当猛省，青春齿发莫蹉跎。笔头有焰由充养，镜面无尘在洗磨。六籍四书无释手，胸中治具看森罗。"

一〇二、心即神也，未尝有心外之神

抑〔一〕不知心即天也，未尝有心外之天；心即神也，未尝有心外之神。乌〔二〕可舍此而他求哉？心由气而荡，气由心而出。蟊〔三〕生于稼，而害稼者，蟊也；蚋〔四〕生于醯〔五〕，而败醯者，蚋也；气出于心，而荡心者，气也。

注释

〔一〕抑：这里表示转折，相当于"可是""但是"，"然""却"。
〔二〕乌：表示反问，相当于怎么。
〔三〕蟊（máo）：吃苗根的害虫。
〔四〕蚋（ruì）：指一种昆虫，体长二到五毫米，头小，色黑，触角粗短，复眼明显，胸背隆起，吸人畜的血液，幼虫栖于水中。
〔五〕醯（xī）：醋。

译文

却不知道，心就是天道，心外并不会有天道；心就是神灵，心外并不会有神灵，怎么可丢弃这心却向别处去寻求呢？心是由于气而摇动的，气是从心里发生的。蟊是从庄稼里生出来的，而毁坏庄稼的，正是蟊；蚋是从醋里生出来的，而败坏了醋的，却正是蚋。气是从心生发出来的，然而摇荡人心的，却正是气。

点评

此段可见吕祖谦学说也是心学源头之一。王阳明"圣人之道，吾性自足，向之求理于事物者误也"（一个人要成为圣人，只需向内心寻找力量，无需外求）。金履祥《装解卷鲁斋先生置酒出诗就坐占和》："功名人事巧推迁，谁信此心即此天。三轴文章只借径，万人优劣谩争先。岂惟科目一时重，要使勋庸后世传。此意自期尤自信，端如穰穣有丰年。"王守仁《咏良知》："人人自有定盘针，万化根源总在心。却笑从前颠倒见，枝枝叶叶外头寻。"林希逸《晓起即事》："千古宗传有正音，纷纷俗学误人深。痴生佛说成魔说，见彻尘心即道心。老眼惯看棋世界，浮生难恋隙光阴。凡情圣解凭谁诘，独坐蒲团只自吟。"

一〇三、凌烟图绘之功臣，谁非前日之劲敌耶

浩然之气，与血气初无异体〔一〕，由养与不养，二其名尔。苟失其养，则气为心之贼；苟得其养，则气为心之辅，亦何常之有哉？溃乱散越，临死生而失其正者，是气也；泰定〔二〕精明〔三〕，临死生而得其正者，亦是气也。凌烟图绘之功臣〔四〕，谁非前日之劲敌耶？

注释

〔一〕异体：不同一体。
〔二〕泰定：安泰而静定，安定、镇定。
〔三〕精明：纯洁光亮，精审明察。
〔四〕凌烟图绘之功臣：643年，为了褒彰功臣，唐太宗李世民命人将24名功臣的像画在凌烟阁上，这些人大多由敌对或异己阵营归顺而来。

译文

浩然的元气，和血气原本没有什么不同，不过在于养与不养，而使它有了两个名称罢了。如果失去保养，那么气就成为心的寇贼；如果保养得当，那么，气就成为心的辅佐。这期间的变化，又哪里会有个一定的呢？愤怒、迷乱、散失、偏激，临生死之际而失去中正的，是这个气；安泰、静定、精审、明察，面临生死而得到中正的，也是这个气。凌烟阁上悬挂着图像的功臣们，哪个不是从前时候的强敌呢？

点评

万物负阴而抱阳。阴阳互藏互寓，不可能有只含阴性成分或只含阳性成分的事物或现象；阴中寓阳，阴有向阳转化的可能性；阳中藏阴，阳有向阴转化的可能性。"功首罪魁非两人，遗臭同芳本一身。"天道有化阴为阳的必然性，气有化血气为元气的可能性，人事有化敌为友、化敌为己的可行性。陆游《六言杂兴》："梦里明明周孔，胸中历历唐虞。欲尽致君事业，先求养气工夫。"李纲《绝句》："邪气岂能干正气，妄心自不胜真心。治心养气无多术，一点能销瘴毒深。"陆游《书日用事》："一裘良已暖，半菽可无饥。养气戒多语，端居如有思。私心须自胜，己过遣谁知？耄齿尤当勉，常忧寸晷移。"方回《长至日书》："年年春至此胚腪，地上严凝地底温。能几蟾蜍圆月魄，即须霹雳起雷门。知时久偃蛟龙势，养气深培草木根。表里阳和见天道，梅花别是一乾坤。"丘葵《养气》："养气须令四体充，饥寒不动是英雄。常羞仲子徒三咽，稍似颜渊只屡空。举动未尝为物碍，精神若可与天通。氤氲开阖无穷妙，只在绵绵一息中。"刘黻《和酬黄霞砀见寄》："此心难与俗人言，终日深居养浩然。学到苦时方见道，数当厄处不由天。烟霞约客成三友，风雨忧时及四边。珍重故人相劳苦，器之元与铁同坚。"

一〇四、守国在我，而患不在于四邻

阴、阳、风、雨、晦〔一〕、明，天之六气也。阴淫〔二〕寒疾，阳淫热疾，风淫末〔三〕疾，雨淫腹疾，晦淫惑疾，明淫心疾，人之六疾也。

有以医自业者，语人曰："六气者，致疾之源。必使无阴阳，无风雨，无晦明，然后疾可除。"世宁有是理耶？不归咎[四]于人，而归咎于天，此天下之拙医也。守身在我，而疾不在于六气；守国在我，而患不在于四邻。何人而不受六气？其独致疾者，必非善守身者也；何国而不接四邻？其独被患者，必非善守国者也。端汝视履[五]，啬[六]汝精神，时汝饮食，审汝药石[七]，六气虽沴[八]，于汝身何有哉？丰汝德泽，明汝政刑，固汝封疆，训汝师旅，四邻虽暴，于汝国何有哉？

注释

〔一〕晦（huì）：本义是指每月的最后一天，但是后来也可以泛指黑夜、阴天。
〔二〕淫（yín）：过多、过甚。
〔三〕末：四肢。
〔四〕归咎（jiù）：归罪。把过错推给（别人）。
〔五〕视履：这里指观瞻行为。
〔六〕啬（sè）：收藏好谷物后要仔细保管，十分爱惜、节省。
〔七〕药石：指药剂和砭石，泛指药物。
〔八〕沴（lì）：因天气反常而造成的伤害和破坏。灾害。

译文

阴、阳、风、雨、晦、明，这是天的六种气象。阴气太过，就要患伤寒的疾病；阳气太过，就要患伤热的疾病；风气太过，就要患四肢的疾病；雨气太过，就要患肚腹的疾病；晦气太过，就要患迷乱的疾病；明气太过，就要患心经的疾病，这就是人的六种疾病。有一个以治病为职业的人，对别人讲道："六气，是导致疾病的根源。必须使得没有阴、阳、风、雨、晦、明，然后疾病就可以除去了。"世上难道有这种道理吗？不归罪于自己，却归罪于天，这是天下的庸医啊。保养身体在于自己，而疾病也不在于天的六种气象；守卫国家在于自己，而祸患也不在于四周邻国。哪个人不承受六气呢？

那单单得了疾病的，必定是不善于保养身体的人；哪个国家不和四邻领土相接呢？那单单遭到战争灾害的，必定是不善于守卫国家的人。端正你的观瞻行为，节约你的精神和体力，适时调整你的饮食，审选你的药石，六气虽然反常，对你的身体又有什么妨碍呢？丰富你的德行恩泽，清明你的政策刑罚，巩固你的边疆，训练你的军队，四周邻国虽然强暴，对你的国家又有什么威胁呢？

点评

愚人求境不求心，智才求心不求境。靠山山会倒，靠人人会跑，只有自己最可靠。路要自己走，命运由自己掌握，能战胜自己的人才是真正伟大的胜利者。阳枋《和王南运八阵碛》："常山蛇势少能明，治法还从阵法寻。先正后奇严自胜，堂堂真是武侯心。"王云凤《洮州即事次韵》："十年奔走笑龙钟，苦为思亲意欲东。麦酒薄难消土瘴，狐裘暖亦透山风。衙无人迹尘难扫，庭有民词译为通。外侮不生真在我，防边何必念边功。"

一〇五、为吾忧者，未始有极也

吾国有可乘之衅〔一〕，置而不忧，顾以邻敌为忧，虽楚子〔二〕可得而杀，犹有楚国存焉；虽楚国可得而灭，犹有诸侯存焉。为吾忧者，未始有极也。

注释

〔一〕衅：原意为缝隙，引申为争端、矛盾。
〔二〕楚子：楚国国君，这里指楚文王。春秋时期，地处南方的楚国，历代国君都要北向寻求发展，对中原各诸侯国构成严重威胁。

译文

自己的国家有被可乘之隙，放在一边不去担忧，却去担忧敌对的邻国，即使可以俘获并杀掉楚文王，还有楚国存在着呢；即使能得到并消灭掉楚国，还有各国诸侯存在着呢。成为我的忧虑的，是没有个穷尽的。

点评

事物无尽，矛盾永恒，没有一劳永逸，永远要重新开始，永远走在路上，永远要首先充实强大自己。陈淳《一以勉之》："此道何曾远，吾儒自有珍。反求皆在我，中画岂由人。利善分须白，知行语未陈。若能祛旧见，明德日惟新。"王遂《寄刘后村王瘫轩》："君子仁柔义也刚，须知自胜乃为强。书因雁断疑天远，诗带梅来特地香。一鹗先从云外去，四鸿宁久橘中藏。圣朝出处非无意，衣锦何由恋故乡。"

一〇六、亡国之衅，夫岂在于邻敌耶

四邻固不可尽吞，纵使尽吞，亦未可恃以为安也。秦不亡于六国未灭之前，而亡于六国既灭之后；隋不亡于南北未一之前，而亡于南北既一之后。亡国之衅，夫岂在于邻敌耶？

译文

四周邻国固然不可能都吞并完，即使都吞并完了，也不能倚仗这点就以为国家会安定了。秦朝没有灭亡在六国尚未翦灭之前，却灭亡在六国已经被翦灭之后；隋朝没有灭亡在南北尚未统一之前，却灭亡在南北已经统一之后。致使亡国的矛盾漏洞，难道在于邻国的敌人吗？

点评

失败乃成功之母，而成功也往往是失败的根源。许多强权在扩张成功之后迅速腐败崩溃，几乎已成一条定律。石介《过潼关》："昔帝御中原，守国用三策。上策以仁义，天下无能敌。其次树屏翰，相维如盘石。最下恃险固，弃德任智力。"李商隐《岳阳楼》："汉水方城带百蛮，四邻谁道乱周班。如何一梦高唐雨，自此无心入武关。"周昙《再吟》："攻城来下惜先分，一旦家邦属四邻。徒逞威强称智伯，不知权变是愚人。"林宗放《和龚太守巡江回署之作》："防秋才过又防春，帅守忧边笑亦颦。五马去循江路稳，一幅回带雨潮新。知兵儒将轼无敌，有道诸侯守在邻。筹胜名楼瞻手泽，阿翁世业肯沉沦。"

一〇七、是耻一善之尚存，欲万恶之皆备也

桀〔一〕之为人，非恶不视，非恶不听，非恶不言，非恶不动，造次〔二〕颠沛〔三〕，无非罪恶，仅有不杀汤〔四〕之一善耳，反自悔以为失，是耻一善之尚存，欲万恶之皆备也。哀哉！

注释

〔一〕桀（jié）：相传是夏朝的暴君。被商族首领汤起兵攻伐，出奔南方而死，夏亡。
〔二〕造次：匆忙、仓促。
〔三〕颠沛（diān pèi）：穷困、困顿。
〔四〕汤：又称成汤、成唐、大乙，商朝第一个君主。夏桀残酷暴虐，人民反对，诸侯叛离。汤起兵灭夏，约于公元前1600年建立商朝，都亳（今河南商丘）。

译文

桀的为人，不是恶的就不去看，不是恶的就不去倾听，不是恶的就不去说，不是恶的就不去做，匆忙仓促、挫折困顿时的言行也无不是罪恶，只有不杀汤这一件善事罢了，反要懊悔以为这是过失，桀就是以生平惟一存在的善事为可耻，想要把所有的罪恶都具备啊。可悲啊！

点评

恶是恶人行恶的信仰，一如善是善人行善的信仰。信仰决定行为。对历史人物作苛刻的全盘否定或笼统的全盘肯定都不符合历史唯物论。王龙溪说："古人造次颠沛必于是，亦只是信得此件事，非意气所能及也。"王十朋《桀》："大禹辛勤造夏邦，子孙何苦事淫荒。国亡不悟生平罪，翻悔当时不杀汤。"陈藻《读庄子》："尧无是处桀无非，此语堪惊与道违。造物恩私多觅琐，始知庄子得真机。"陈宝琛《次韵仁先将之大连留别并示悟仲》："眩人作剧太离奇，囊底贪天失镜机。岂有同舟心胆异，故应接壤辅车依。

触蛮抵死犹争战,尧桀平情孰是非?中寿何知臣服罪,事成早办遂初衣。"

一〇八、退然温克,与怯相近者,大勇也

事之相反者,莫如勇怯;而相近者,亦莫如勇怯。奋然劲悍,与怯相反者,小勇也;退然温克[一],与怯相近者,大勇也。小勇名满天下,大勇名不出家。曷[二]谓小勇?胜小敌者是已;曷谓大勇?胜大敌者是已。寇敌之来,虽多至于百万,知兵者谈笑而麾[三]之,犹摧枯振槁[四]然,岂足为大敌哉?

注释

〔一〕温克:持有温和恭敬的态度。
〔二〕曷:同"何"。
〔三〕麾(huī):古代指挥军队用的旗子,引申为指挥(军队)。
〔四〕振槁(gǎo):击落枯叶,喻事极易成。

译文

事情相反的,没有像勇敢和怯懦这样显著的了;而相近似的,也没有像勇敢和怯懦这样的了。踊跃强悍,与怯懦正好相反的,这是小勇;谦逊退让,态度恭敬,与怯懦相近似的,这是大勇。小勇的名声遍布天下,大勇的名声却不出家门。什么叫作小勇呢?能够战胜少数敌人的就是了;什么叫作作大勇呢?能够战胜众多敌人的就是了。寇敌的到来,人数虽然多达百万,而懂得用兵的人,在谈笑之间指挥挫败它,就像折断枯枝朽木一样容易,难道够得上称为大敌吗?

点评

大勇若怯。张良大勇,而貌若妇人女子,韩信大勇,而伏身胯下,光武大勇,而抱枕泣兄,魏武大勇,而每临战似不欲战。释智圆《感诗》:"留心俭让唐虞道,恣意贪求桀跖徒。闲坐思量茅屋下,夜深秋月照平湖。"方

回《读素问》:"反治非反治,缪刺岂缪刺。不同将无同,不异所以异。寒热故殊途,左右肯易位。圣贤善用权,初不失经意。"陈普《大勇》:"大勇非由血气充,性情义命本来公。至刚至直纯天道,逆理其间何所容。"夏孙桐《孟津谒光武陵》:"昆阳雷雨震神州,原庙披榛见拥旒。小怯人方惊大勇,旧邦终是赖新猷。丽华近剩埋香地,大树长思佐命俦。落日河壖还下马,中原禾黍不胜秋。"

一〇九、大莫大于心敌

大莫大于心敌。忿欲之兴,郁勃炽烈,内焚肺腑,剑不能击,戟不能撞,车不能动,骑不能突。自古贲、育、韩、白〔一〕之徒,战必胜,攻必取者,未尝不受屈于是敌也。贲、育、韩、白,冠古今之勇者也,今胜贲、育、韩、白之所不能胜,得不谓之大勇乎?然战胜于一心之间,非有攻城略地之可纪也,非有伏尸流血之可骇〔二〕也,非有献俘奏凯之可夸也。内克莫大之敌,而功无毫发见于世,岂识其为勇乎?不特不识其为勇,既胜忿欲之敌,则忍人之所不能忍,容人之所不能容,平人之所不能平,其犯而不校〔三〕,与怯〔四〕者相去不能以寸,世又将以怯名之矣!以勇怯相近而难辨者也。

注释

〔一〕贲(bēn)、育、韩、白:古代著名将领,即孟贲、夏育、韩信、白起。
〔二〕骇:惊吓、震惊。
〔三〕犯而不校(jiào):受到别人的触犯或无礼也不计较。
〔四〕怯:胆小、害怕。

译文

没有什么比心里的敌人更大的敌人了。忿恨和私欲这些心敌发作起来,旺盛猛烈,在里面焚烧着肺腑,而宝剑不能攻击它,戈戟不能撞击它,战车不能催动它,骑兵不能突破它。自古以来孟贲、夏育、韩信、白起这些人,开战必定胜利,攻城必定夺取,却未尝没有经受过这种心敌的屈抑。孟贲、夏育、韩信、白起,都是古往今来最勇敢的人了,现在却胜过孟贲、夏育、韩信、白起所不能胜过的,能不说是大勇吗?但是,在心里取得胜利,却是没有攻城略地的军功记录,没有伏尸流血的恐怖,没有进献俘虏、奏凯还朝的夸耀。在内心克服了莫大的敌人,却没有丝毫的功绩显现在世上,世人难道能认识到这是勇敢吗?世人不仅不能认识到这是勇敢,由于他在心中战胜了仇恨私欲的大敌,那么就忍受了别人所不能忍,容忍了别人所不能容忍的,平息了别人所不能平息的。别人侵犯,我却不和他计较,这些都和怯懦貌似相去不到一寸的距离,世人又将要以怯懦去称呼他了!这是因为勇敢和怯懦两相近似而难以分辨啊。

点评

一切的失败都是因为欲望扩张而意志过度的结果。内心的欲望是真正强大的敌人,战胜自己的欲望是真正的大勇。陆游《心太平庵》:"天下本无事,庸人扰之耳。胸中故湛然,念欲定谁使?本心倘不失。外物真一蚁。因穷何足道,持此端可死。"陆游《自规》:"念欲俱生一念中,圣贤本亦与人同。此心少忍便无事,吾道力行方有功。碎首宁闻怨飘瓦,关弓固不慕冥鸿。老翁已落江湖久,分付余年一短篷。"罗必元《赏心亭》:"胜心分明可赏心,江山满目饱登临。洛阳黯淡烟云远,多少英雄泪染襟。"郑清之《晨兴散步》:"晚岁知非蘧伯玉,前身作脱戒师兄。青山不灼利名火,白发能销念欲兵。境对虚空全体现,眼无拣择内心平。晓窗醒寂关何事,到枕清钟一两声。"

一一○、不校者,勇士之所难也;校者,勇士之所易也

大勇不校,大怯亦不校。勇者不校,是不欲校也;怯者不校,是不能校也。勇者以义不当校,故胜其私心而不校。心敌且能胜之,况区区之外敌乎?使遇义所当校者,出其余勇,天下已不能当矣。不校者,勇士之所难也;校者,勇士之所易也。

译文

大勇敢不和人计较，大怯懦也不和人计较。勇敢者的不计较，是不愿意去计较；怯懦者的不计较，是不能够去计较。勇敢者因为大义上不应当去计较，所以便战胜了自己的私心而不去计较，何况是小小的外敌呢？心敌尚且能够战胜它，何况区区外在的敌人呢？假使遇到了大义上应当计较的，使出他多余的勇气，天下已经不能够抵挡了。所以，不去计较，是勇敢的人所难以办到的；计较，却是勇敢的人所容易办到的。

点评

对于勇敢的人而言，坚持进攻容易，放弃进攻很难，因为放弃进攻更需要智慧的考量。陈襄《偶书》："朝居晦息与山邻，物理由来有屈伸。独把一心经万事，逍遥须养谷中神。"姜特立《出处》："士贵重其身，出处各有道。一为己私蔽，丧却千金宝。我非真勇者，归意良草草。迷路方多岐，几人能辨早。"杜范《书于位斋自戒并示诸子》："晦以昭明德，怯以成勇功。用拙巧莫尚，持静动攸宗。惟柔养真刚，自下升高崇。虚可使实积，小乃与大通。守约博有归，味淡甘无穷。万里以是观，一心须自融。戒哉骄与盈，外强中空空。"

一一一、君子做事谋始

故曰："君子做事谋始。"

译文

所以我说："君子做起事情来，一定要在开始就谋划好。"

点评

万事起头难。良好的开始是成功的一半。刘基《得令字》："勾芒发陈根，北斗转东柄。众星各参差，咸弧何时正？好生虽圣心，明刑亦王政。哲人慎谋始，斯焉获终庆。"赵蕃《辰州绝句》："无策资身每自嗤，始谋不善悔何追。行乎患难宁今日，何暇更论淹速期。"

卷六

一一二、怪生于罕而止于习

怪生于罕而止于习。赫然[一]当空者,世谓之日;粲然[二]遍空者,世谓之星;油然[三]布空者,世谓之云;隐然在空者,世谓之雷;突然[四]倚空者,世谓之山;渺然[五]际空者,世谓之海;如是者,使人未尝识而骤见之,岂不大可怪耶?其所以举世安之而不以为异者,何也?习也。焄蒿凄怆[六]之妖,木石鳞羽[七]之异,世争怪而共传之者,以其罕接于人耳。天下之理本无可怪,吉有祥,凶有祲[八],明有礼乐,幽有鬼神,是犹有东必有西,有昼必有夜也,亦何怪之有哉!夫子之不语怪者,非惧其惑众也,本无怪之可怪也。

注释

〔一〕赫然:光彩鲜明的样子,多指红色;醒目、惊悚的样子。
〔二〕粲然:形容物体鲜明发光。
〔三〕油然:自然而然上升的样子。
〔四〕突然:这里指突起的样子。
〔五〕渺(miǎo)然:广远;广大。
〔六〕焄蒿(xūn hāo)凄怆:焄,同"熏",香气。蒿,雾气蒸发的样子。亦作"熏蒿",指祭祀时祭品所发出的气味。这里指在祭奠时升腾的香气中,人们感到悲伤。
〔七〕鳞羽:鱼类和鸟类。
〔八〕祲(jìn):不祥之气,妖氛。

译文

怪异之所以产生是因为罕见,一旦经常习惯了就不觉得奇怪了。赫然地悬挂在空中的，世人称之为太阳；灿烂地布满夜空的，世人称之为星星；自然升腾密布在上空的，世人称之为云；隐隐约约在天空中的，世人称之为雷；突兀地倚靠在空际的，世人称之为山；渺渺茫茫地接近天际的，世人称之为海。像这样的东西，假使人们不曾认识而忽然看见了，难道不会感到非常奇怪吗？这些东西，之所以全世界的人都不感到奇怪，这是为什么？因为经常习惯了。香气四散和氛围凄凉的妖怪，木头石块和游鱼飞鸟的精怪，世人争相惊异而互相流传，只是因为它们和人们很少接触罢了。天下的道理本没有什么可奇怪的，吉祥的时候就有祥瑞，凶险的时候就有妖气，光明正大的时候就有礼乐，幽暗不明的时候就有鬼神，这就像有东方就必定有西方，有白天就必定有黑夜一样，又有什么值得奇怪的呢！孔夫子不谈论怪异，并不是怕它惑乱民众，而是本没有什么怪异可以谈论。

点评

常见就不以为怪，知其所以然了就不以为神。伍瑞隆《溪上闻夜香》："一雨澄秋霁，溪空月似霜。不知何地草，吹作夜来香。有说空神怪，无人辨显藏。分明风露里，灵气满衣裳。"韩愈《题木居士》："火透波穿不计春，根如头面干如身。偶然题作木居士，便有无穷求福人。"

一一三、载之者非，辟之者亦非也

吾谓载〔一〕之者非，辟〔二〕之者亦非也。载之者必以为怪而骇其有，辟之者必以为怪而意其无。一以为有，一以为无，至于心以为怪，则二子之所同病也。

注释

〔一〕载：记载。
〔二〕辟：批驳。

译文

我认为记载的人不对，批驳的人也不对。记载的人必定认为奇怪而惊骇它的存在，批驳的人必定是认为奇怪而觉得它不存在。一个人以为有，一个人以为无，至于内心都认为奇怪，这是这两个人犯了同样的毛病。

点评

病根相同，表证各异，都是因为不知其所以然，往往就以为怪奇。郑燮《题画竹》："两枝修竹出重霄，几叶新篁倒挂梢。本是同根复同气，有何卑下有何高！"陈傅良《赠石时亨》："要是同根本，应须识等差。六经无剩语，百氏自名家。日落山含斗，潮回浦见沙。了知来往意，万古一生涯。"

一一四、人不知道，则所知者不出于耳目之外

人不知道〔一〕，则所知者不出于耳目之外。耳目之所接者，谓之常；耳目之所不接者，谓之怪。凡所谓怪者，共辨而竞争之。至于耳目之所常接者，则轻之，曰：是区区〔二〕者，吾既饫〔三〕闻而厌见之矣，何必复论哉！抑不知耳之所闻非真闻，目之所见非真见也。耳之所闻者声尔，而声声〔四〕者初未尝闻，目之所见者形尔，而形形〔五〕者初未尝见。日星也，云雷也，山海也，皆世俗饫闻而厌见者也。至于日星何为而明，云雷何为而起，山何为而峙，海何为而渟〔六〕，是孰知其所以然者乎？

注释

〔一〕道：事物的规律。
〔二〕区区：细小琐碎。
〔三〕饫（yù）：饱食，满足，厌倦。
〔四〕声声：发出声音、发声。
〔五〕形形：显现形状。
〔六〕渟（tíng）：水积聚幽深而不流动。

译文

　　人们不明白事物的规律，那么所知道的不会超出眼睛和耳朵的感知范围之外。耳朵和眼睛所接触到的，称之为常见；耳朵和眼睛不曾接触到的，称之为怪异。凡是被称为怪异的东西，大家聚在一起辨别并竞相争论它。至于耳朵和眼睛所常接触到的，就轻视它，说：这是很细微琐碎的，我已经听腻了，看够了，何必再去争论呢！但人们不知道耳朵听到并不是真正听到了，眼睛看见并不是真正看见了。耳朵所听到的，声音而已，但是发出声音的，本不曾听见。眼睛所看到的，外形而已，显现外形的，本没有看见。太阳，星星，云气，雷电，高山，海洋，都是世俗之人听腻了或看够了的。至于太阳和星星为什么会出现，云气和雷电为什么会发生，高山为什么隆起，海洋为什么幽深，这些有谁知道其中形成的原因呢？

点评

　　知其然而求索其所以然，正是进入科学研究的入口。张耒《感遇》："微阴兆九地，万木方滋荣。微霜初可履，回首阳泉冰。秦王按剑日，丰沛赤精生。光辉能几时，日中月已升。达人知其然，居世忘骄矜。彼哉夸毗子，志气易满盈。"聂夷中《杂兴》："两叶能蔽目，双豆能塞聪。理身不知道，将为天地聋。扰扰造化内，茫茫天地中。苟或有所愿，毛发亦不容。"唐彦谦《中秋夜玩月》："一夜高楼万景奇，碧天无际水无涯。只留皎月当层汉，并送浮云出四维。雾静不容玄豹隐，冰生惟恐夏虫疑。坐来离思忧将晓，争得嫦娥仔细知。"朱元璋《牧羊儿土鼓词》："群羊朝牧遍山坡，松下常吟乐道歌。土鼓抱时山鬼听，石泉濯处涧鸥和。金华谁识仙机密，兰渚何知道术多。岁久市中终得信，叱羊洞口白云过。"

一一五、人之所不疑者，有深可疑者存焉；人之所不怪者，有深可怪者存焉

　　其事愈近，其理愈远；其迹愈显，其用愈藏。人之所不疑者，有深可疑者存焉；人之所不怪者，有深可怪者存焉。吾日用饮食之间，

行不著，习不察，尚莫知其端倪〔一〕，反欲究其辞于荒忽茫昧〔二〕之表，何其舛〔三〕于先后也！天下皆求其所闻，而不求其所以闻；皆求其所见，而不求其所以见。使得味于饫闻厌见之中，则彼不闻不见者，亦释然〔四〕而无疑矣。

注释

〔一〕端倪（ní）：事情的头绪、线索。
〔二〕茫昧：模糊不清；不可揣测。
〔三〕舛（chuǎn）：差错，违背。
〔四〕释然：因疑虑、嫌隙等冰释而放心。

译文

那事情越是切近，那规律越显得遥远；那形迹越是明显，那作用越是隐藏。人们所不怀疑的，有很可疑之处存在；人们不感到奇怪的，有很可怪之处存在。我平日起居饮食，践行着却不显著，习惯了而不觉察，尚且不能知道其中的头绪，反而想在漫无边际而又渺茫昏暗的日常之外事物上费尽言辞，怎么会如此颠倒先后顺序？天下人都探求他所听见的，但不探求他是如何听见的，都探求他所看见的，但不探求他是如何看见的。假如能够细细品味出听腻了看够了的事物中的所以然，那么那些他听不到看不到的东西，也是很容易推知而没有什么可疑虑的了。

点评

探索日常事物，可以总结出规律性的认识，因为特殊性中存在着普遍性，普遍性存在于特殊性中，所以能够"以其所见见其所不见，以其所知知其所不知"。苏籀《编联偶作》："耽饫神奇致，思研理趣幽。崎岖由考仿，勉励似锄耰。明耀鉴频拭，醇精酒屡酬。编联存只字，解悟失全牛。曷可禆宏议，于何答彼诹。达辞宜驾说，典学善宣猷。"刘学箕《杨户曹用外舅二诗韵见寄和以酬之》："切问而近思，进进在不已。流光驹过隙，迁变一弹指。道大无津涯，讵作井蛙喜。公私义利分，亦各从其类。"姜特立《又赋如山》："如山堂上好登临，罗列堂前紫翠岑。万古烟霞供坐啸，四时风月伴闲吟。

海鸥心性沧洲远，野鹿精神草树深。却笑井蛙并辙鲋，只知缺瓮与蹄涔。"

一一六、至理无二

至理无二，知则俱知，惑则俱惑，安有知此而不知彼者哉！果知人则必无鬼神之问，果知生则必无死之问矣。

译文

极致的规律没有两种，知道则全部知道，疑惑则全部疑惑，哪里会有知道这一种而不知道那一种的？果真知道人，那么必定不会问鬼神之事，果真知道生存，那么必定不会问死亡之事了。

点评

万事万物有不同的层次类别，不同层次类别的事物各有其普遍规律和特殊规律。普遍规律是认识特殊规律的桥梁，特殊规律是认识普遍规律的支点。陈文蔚《读书亭》："古人不可见，千卷留遗编。要非纸上语，至理实参前。列圣精微心，舍此将何传。极本会于一，枝叶数万千。博文可约礼，掘井志得泉。兹乃读书旨，涵泳当忘年。"王安石《寄无为军张居士》："南阳居士月城翁，曾习禅那问色空。卓荦想超文字外，低徊却寄语言中。真心妙道终无二，末学殊方自不同。此理世间多未悟，因君往往叹西风。"

一一七、幽明合而为一，则群疑亡

疑则射，解则止；疑则寇，解则婚。向之疑以为怪者，特未能合幽明为一耳。犹阳之发见，阴之伏匿，阳明阴幽，常若不通。及二气和而为雨，则阳中有阴，阴中有阳，孰见其异哉？阴阳和而为雨，则群物润；幽明合而为一，则群疑亡。融通灌注，和同无间，平日所疑，荡涤而不复存矣。

译文

　　有疑虑就射箭，疑虑解开就放下弓箭；有疑虑则以为是抢婚的，疑虑解开则是迎娶的。原先怀疑是鬼怪的，只是没有把幽暗光明融合在一起罢了。就像阳气已经显现，阴气蛰伏隐匿，阳气光明而阴气幽暗，平时好像不相通。等到阴阳二气调和后变作雨，那么阳气中有了阴气，阴气中有了阳气，谁会觉得这很奇怪呢？阴阳调和变作雨，那么万物获得滋润；幽暗和光明融合为一体，那么各种疑惑都没有了。融会贯通，互灌互注，调和同一，没有间隙，平日所疑虑的，就都会被清洗而不再存在了。

点评

　　将对立面综合起来，分析主次类属，是得出正确的答案的好方法。邵雍《幽明吟》："明有日月，幽有鬼神。日日照物，鬼神依人。明由物显，幽由人陈。人物不作，幽明何分。"徐积《饥仙》："粮虽不足气常充，真是根源久是功。真久不惟能养气，幽明亦可感而通。"赵公豫《留侯庙》："微茫祠宇著山中，曲径悬崖杖屦通。一调楚歌声断续，八千甲士散西东。良臣远识存真隐，赤帝雄心赋大风。惟有彭城留皓月，春秋光照尚和同。"

一一八、无以受之，则日见降雨犹为不遇雨

　　五日霏微[一]，十日霡霂[二]，而枯荄[三]槁木不能沾涓滴[四]之泽焉，非雨之有所吝[五]，我无以受之也。我无以受之，则日见降雨犹为不遇雨，日见圣人，犹为不遇圣人。

注释

　　〔一〕霏微（fēi wēi）：雾气、细雨等弥漫的样子。
　　〔二〕霡霂（mài mù）：小雨。
　　〔三〕枯荄（gāi）：干枯的草根。
　　〔四〕涓滴：水点、极少的水。
　　〔五〕吝（lìn）：小气、舍不得。

译文

五天的毛毛细雨，十天的微微小雨，但枯萎的草根和干枯的树枝却不能沾得一点一滴的水，这不是因为雨有所吝啬，是因为我没有什么可以去接受。我没有什么去接受，那么每天看到下雨还是等于没有遇到雨，每天看见圣人，还等于没有遇到圣人。

点评

内因是根源，外因是条件，外因通过内因而起作用。良好的资质，自觉的主动，对于学业、事业都起主导性、决定性作用。程颢《马上偶成》："身劳无补公家事，心冗空令学业衰。世路崄峨功业远，未能归去不男儿。"任环《代人勉诸生二首，用宋萃夫韵》："学业难成贵强之，机非由我更由谁。但将百倍功能到，纵是中材气也移。黄卷高谈仁杰案，青灯深墨范生帷。丈夫努力须年少，老大徒悲较已迟。"

一一九、乐论病而惮治病，此人之通患也

咎〔一〕既往者易为说，扶将倾者难为功。乐论病而惮〔二〕治病，此人之通患也。

注释

〔一〕咎：怪罪、处分等。
〔二〕惮（dàn）：害怕、畏惧。

译文

责怪已经发生的，这很容易论说；扶持即将倾塌的，却很难有功劳。喜欢议论疾病但是害怕治病，这是人的通病。

点评

说说容易做到难，唯有做到见真功。陈子升《有感》："时事纷回薄，

悲秋且御寒。累累看客印，炎炎爱予冠。国是谈何易，韩非说实难。踌躇中夜起，不耐斗阑干。"李鸿章《感事》："蓬莱弱水路三千，献赋《长杨》几见怜。骏足绝群羞豆栈，蛾眉倾国怨华年。空谈玉麈真多事，小试铅刀不值钱。广武登临无限意，愁看直北旧山川。"贝琼《读胡笳曲》："百年已到甲辰终，休倚山河百二雄。八骏何劳巡海上，一龙今见起江东。专门学士空谈道，仗钺将军竞策功。忍听胡笳旧时曲，此身飘泊叹秋蓬。"

一二〇、追论前日之失，而不能已今日之祸，君子不贵也

追论前日之失，而不能已今日之祸，君子不贵也。

译文

追论原先的过失，但不能制止现在的祸害，这不是君子所看重的。

点评

"律令合时方帖妥，工夫深处却平夷。"过去要为现实服务，现实要以未来为目标。总结过去，是为了明鉴现在。李曾伯《送胡季辙制参赴堂召》："君见淮头尚可为，勿言蚌鹬正相持。再三国计当加备，第一人材最切时。耳目山林还尔我，精神帷幄舍渠谁。登楼若也披舆地，为借前筹试及之。"徐元杰《赠欧阳奇父偕弟卿赴省》："中朝耆旧半沦亡，忧爱胡为畎亩忘。我病不禁心痛折，天灾惟有涕流滂。救时议论须知体，医国文章要识方。期子声名相照映，好风天际雁成行。"

一二一、天下无不可为之时，而无不可除之患

天下无不可为之时，而无不可除之患。未然之前，吾则有防患之术，已然之后，吾则有救患之术，惟所遇何如耳。

译文

天下的事没有不可以作为的时候,也没有不可以解除的祸患。还没有发生之前,我就有防止祸患的方法,发生之后,我就有解救祸患的方法,只看遇到的情况怎样应对而已。

点评

事机之来,岂有尽乎!机会总是存在的,就看抓不抓,如何抓。方法总比问题多,就看思考不思考,如何去思考。徐元杰《送上饶皇甫宰》:"天下邑无不可为,在人忍耐自为之。信能宁心办坚苦,事到难处天扶持。"王廷栋《咏怀》:"两仪立枢要,万事具纪纲。智士运机权,一童驱百羊。羽重金或轻,尺短寸有长。壮夫苟失据,反为竖子伤。独萤引六鳌,纤缴连双鸽。操持贵不谬,得失讵有常。始悟制人术,岂在多与强。"

一二二、易恩者,莫如怨;易亲者,莫如仇

恩与怨,亲与仇,人皆以为不可并也。殊不知易恩者莫如怨,易亲者莫如仇。

译文

恩义和怨恨,亲情和仇恨,人们都以为是不可并存的。却不知道容易替代恩义的莫如怨恨,容易替代亲近的莫如仇恨。

点评

恩怨亲仇也离不开阴阳,阴阳互根,阴中有阳,阳中有阴,阴或为阳,阳或为阴,所以有流行语说:爱其实是一种伤害。释普济《五祖送六祖渡江图赞》:"有传有受恩成怨,无受无传怨似恩。船到岸头恩怨绝,遍天遍地一儿孙。"姜特立《畏途》:"畏途谢排斥,造物遂初志。彼虽快其私,我独佩嘉惠。爱憎有回牙,恩怨或倒置。得马岂君福,凿渠真我利。向使老班行,兹事恐遂废。"于谦《拟吴侬曲》:"忆郎直忆到如今,谁料恩深怨亦

深。刻木为鸡啼不得,元来有口却无心。"薛蕙《效阮公咏怀》:"群狙竞芋栗,喜怒随转移。飞飞海上鸥,矰缴不可施。张仪谢苏君,赵令说李斯。小义鲜能终,邪径固多歧。利害异目前,亲仇在一时。他人各有心,愉乐且相欺。侥幸昧全图,此计良可嗤。"

一二三、授之以权而长其恶,是致之于死地也

爱之必欲全之,授之以权而长其恶,是致之于死地也,焉得爱?

译文

爱他必定想法保全他,把权力给他而使他的过错增加,这是置他于死地,怎么算得上爱?

点评

权力是一种大利器,给不懂事的人把玩,未必能护身,往往适足以杀身。柳宗元《种树郭橐驼传》:"虽曰爱之,其实害之;虽曰忧之,其实仇之。"陈普《匪金满籯》:"人皆爱子孙,贻遗无不至。苟无深远心,率以害为利。韦贤未知道,不贵满籯金。欲永全张业,但传周孔心。"李纲《见报以言者论六事,其五皆靖康往故,其一谓赀囊人士上书以冀复用,谪居海南,震惊之余,斐然有作(其一)》:"力小安能胜万钧,退藏深渺欲全身。大恩不报有余责,何必烦言浪指陈。"廖行之《病中寄武公望》:"四十余年尚转蓬,渠论南北与西东。但知爱子三迁教,不办谋生一亩宫。北海可怜真意广,步兵良苦漫途穷。人生择术须循分,鹏鷃逍遥自不同。"

一二四、天下之事,知当自知,见当自见

虽然,无所见而苟〔一〕异圣人者,狂也;无所见而苟同圣人者,愚也。己则无所见,从假圣人以为重,曰伯乐〔二〕所誉,其马必良;孔子所誉,其人必贤。使有问其所以良、其所以贤者,必错愕〔三〕

吃讷〔四〕，左右视而不知所对矣。随伯乐而誉马者，未免为不知马；随孔子而誉人者，未免为不知人。天下之事，知当自知，见当自见。伯乐之鉴，初无与于吾之鉴也；孔子之智，初无与于吾之智也。

注释

〔一〕苟：马虎、随便。
〔二〕伯乐：传说中古代善于相马的人。
〔三〕错愕：仓促间感到惊讶。
〔四〕吃讷（nè）：说话迟钝且结结巴巴。

译文

虽然如此，没有什么见解而随便与圣人不同，是狂妄的；没有什么见解却随便与圣人相同，是愚昧的。自己没有什么见解，跟着借重圣人，说是伯乐所称赞的，那马必定很好；说是孔子所称赞的，那人必定贤能。如果有人问他为什么是良马，为什么是贤能之人，必定会惊慌得结结巴巴说不出话，环顾左右而不知道应该如何对答了。跟随伯乐而赞赏马匹的人，不能算作知道马；跟随孔子而赞赏人的人，不能算作了解人。天下的事，知道应当是自己知道，见解应当是自己有见解。伯乐的鉴定，本来和我的鉴定不相干；孔子的智慧，本来和我的智慧不相干。

点评

"知当自知，见当自见。"不苟同于专家，不苟同于圣人，富有解放思想的重大意义。叔本华说："一种纯粹靠读书学来的真理，与我们的关系，就像假肢、假牙、蜡鼻子甚或人工植皮。而由独立思考获得的真理就如我们天生的四肢：只有它们才属于我们。"爱因斯坦则说："发展独立思考和独立判断的一般能力，应当始终放在首位，而不应当把获得专业知识放在首位。"詹初《心如谷种》："人心如谷种，生生本无时。虽然有生意，培养贵自知。不耘诚为昧，揠苗良可悲。戒病复有事，苗秀实可期。"王绂《闲吟》："原来非有亦非无，万化流行共一途。先要胸中存见识，还须事上著工夫。阳回大地和风满，影落千江片月孤。得此见成消息了，芳菲随处可提壶。"郑思肖《八砺》："生得贞心铁石坚，肯将识见与时迁。泪如江水流成海，恨似山峰插入天。慷慨歌声闻屋外，婆娑剑影落灯前，篇篇字字皆盟誓，莫作空言只浪传。"

一二五、君子之学，从实而不从名

管仲之是非，圣人固有定论矣；抑不知反求吾心，果定欤？不定欤？吾之心不知所定，而苟随圣人以为定，是以名从圣人，而非以实从圣人也。君子之学，从实而不从名，吾心未定，虽圣人之言，不能使之定，是岂妄疑圣人之言者哉！其从圣人以心，不以貌，此真从圣人者也。

译文

管仲的功过是非，圣人固然有确定的论断了；但不知道从自己的内心来考察，真的确定了吗？没有确定吗？我的心不知道如何确定，而苟且地跟随圣人以为确定，这是按照名声来跟从圣人，而不是按照实际情况来跟从圣人。君子做学问，跟从实际而不跟从名声，我的内心没有确定，即使是圣人的话，也不能使我确定下来，这难道是狂妄地怀疑圣人的话吗？那些按照自己的内心而不是以外表跟从圣人的人，是真正地跟从圣人。

点评

王安石《答司马谏议书》："名实已明，而天下之理得矣。"名指名词、概念，实指实际存在的事物。苏轼《策别安万民一》："有名而无实，则其名不行；有实而无名，则其实不长。"实至而名归，好名者丧名。给一件东西改变名称是容易的，而要改变这东西的本身则是困难的。《韩非子·奸劫弑臣》："人主诚明于圣人之术，而不苟于世俗之言，循名实而定是非，因参验而审言辞。"英明的君主如果能真正懂得圣人的法术，而不迁就世俗的言论，那么他就会按照名实是否相符来判定是非，根据对实际办事效果的检验来审查言辞是否正确。"圣贤敦实践，何用说纷纷。"陆游《冬夜读书示子聿》："古人学问无遗力，少壮工夫老始成。纸上得来终觉浅，绝知此事要躬行。"陈藻《试黜寄余景仁》："六经不合穷稍深，入场下笔无知音。吐辞从实理从是，谁肯暮途生悔心。临漳推官题我笔，累举误疑当第一。夜光暗掷那有知，群儿久处谁相识。"陈宓《读鲁论赓潘丈韵》："八十年前一笔门，须将旧事与重论。幸承显考箕裘后，全赖宣尼典籍存。道统精微传舜禹，性原善恶辨杨孙。学由践履工夫入，敬义当稽六二坤。"

一二六、诵诗书、谈仁义于锋镝矢石之间，宜其取踞床溺冠之辱也

迂儒之论，每为武夫所轻。钲〔一〕鼓震天，旌旄〔二〕四合，车驰毂〔三〕击，百死一生，而迂儒曲士〔四〕乃始缓视阔步，诵诗书、谈仁义于锋镝〔五〕矢石〔六〕之间，宜其取踞床溺冠〔七〕之辱也。

注释

〔一〕钲（zhēng）：古代打击乐器。青铜制，形似倒置铜钟，有长柄，用于行军。
〔二〕旌旄（jīng máo）：军中用以指挥的旗子。
〔三〕毂（gū）：车轮中心的圆木，周围与车辐的一端相接，中有圆孔，可以插轴，此处借指车轮或车。
〔四〕曲士：乡曲之士，比喻孤陋寡闻的人。
〔五〕锋镝（dí）：箭的尖头，刀刃和箭镞，用为兵器的通称。
〔六〕矢石：箭和礌石，古时守城的武器。借指战争、打仗。
〔七〕溺冠：汉高祖刘邦凌辱取笑儒生，傲慢地坐着洗脚接待儒生，甚至把尿倒进儒士的帽子里。见《史记·高祖本纪》。

译文

迂阔儒士的议论常常被武夫所轻视。战鼓敲起来的时候，响声震天，战旗四面八方向一个地方会合，战车飞驰，车轮旋转，相互撞击，死伤无数，存者无几，然而迂阔的儒士才开始慢慢地踏着阔步观察着，在锋锐的箭头和飞动的石块之间诵读诗书，谈论仁义，他们真应该得到傲慢的对待甚至

受到帽子被灌尿的侮辱。

点评

　　卑微者的高傲是不识时务，弱者的自大是不自量力。识时务者为俊杰，通机变者为英豪。行动要看时机，开船要趁涨潮。李白《嘲鲁儒》："鲁叟谈五经，白发死章句。问以经济策，茫如坠烟雾。足著远游履，首戴方山巾。缓步从直道，未行先起尘。秦家丞相府，不重褒衣人。君非叔孙通，与我本殊伦。时事且未达，归耕汶水滨。"李贺《南园十三首其六》："寻章摘句老雕虫，晓月当帘挂玉弓。不见年年辽海上，文章何处哭秋风？"

一二七、法制既散，真情乃出

　　马之所以不敢肆〔一〕足者，衔辔〔二〕束之也；臣之所以不敢肆意者，法制束之也。衔辔败，然后见马之真性；法制弛，然后见民之真情。困之不敢怨，虐之不敢叛者，劫于法制耳。大敌在前，抢攘骇惧，平日之所谓法制者，至是皆涣然而解散矣。法制既散，真情乃出。食马之恩〔三〕，羊羹之怨〔四〕，恩恩怨怨，各肆其情，以报其上。苟非暇豫〔五〕之时，深感固结于法令之外，亦危矣哉！

注释

　　〔一〕肆：放肆、放纵。
　　〔二〕衔辔（pèi）：马嚼子和马缰绳。
　　〔三〕食马之恩：秦穆公曾经外出而因此丢失了自己的骏马，他亲自去找他的马，看见有人已经把自己的马杀了，并且还正在一起吃马的肉。秦穆公对他们说："这是我的马。"这些人都害怕惊恐地站起来。秦穆公说："我听说吃骏马的肉，不喝酒的话会死人的。"于是（秦穆公）给他们酒喝。杀马的人都惭愧地离开了。过了三年，晋国攻打秦穆公，把秦穆公围困住了。以前那些杀马吃肉的人互相说："是时候以死报答穆公给我们吃马肉喝好酒的恩德了。"于是（食马者连同秦军）击溃了包围秦穆公的军队，穆公终于脱离了危难，并打败了晋国，把晋惠公抓了回来。这就是给人恩惠而得到福佑的回报！本事见《吕氏春秋》卷八。

〔四〕羊羹之怨：故事见《战国策·中山策》：有一天，中山国君宴请士大夫等群臣，席中有个叫司马相期的，因为没吃到羊羹，一怒之下，跑到楚国，迎来楚军讨伐中山国。兵临城下，中山国君不得不弃城逃亡，终致灭国。

〔五〕暇豫（xiá yù）：悠闲逸乐，闲暇。

译文

马之所以不敢放开蹄子，是因为嚼子和马辔束缚着它；臣民之所以不敢任意而行，是因为有法制束缚他们。嚼子和马辔断了然后才看见马的真性，法制松弛了然后可以看见臣民的真情。使他困顿而不敢怨恨，虐待他而不敢反叛，是因为被法制威逼而已。大敌当前，抢夺攘取，惊慌恐惧，平日所谓的法制，到这个时候都松散了。法制已经解散，真情就出现了。误吃了国君的骏马因而心存恩情，羊羹分配不均而心存怨恨，恩恩怨怨，都发泄自己的感情，都来回报他们的主上。如果不是平时在法制命令之外有深厚的恩泽感动牢固凝结人心，也就很危险了！

点评

"法不徒行"，"徒法不行"，光有好的法令，并不能自行于世。法令必须要靠人推行。法行如流水之源，在于法内法外都有能合人情、顺人心的恩惠。感恩报怨之心，人皆有之。施恩即是受恩，何必图报。修怨即是招怨，祸在隐微。宋代徐钧《阴铿》："小人怀惠乃真情，酒炙能令死得生。倘使行觞不知味，向来修怨有羊羹。"崔涯《遗临平监吏》："三千里外布干戈，果得鲸鲵入网罗。今日宝刀无杀气，只缘君处受恩多。"刘克庄《送大渊宰安溪七言》："吾观明府毫端妙，传得尊公肘后方。番俗尚歌汉东柳，莆人不剪召南棠。威驱未若心怀惠，内荏徒然外抑强。想见江乡与闽峤，家家各炷一炉香。"

一二八、凡人之易感而难忘者，莫如窘辱怵迫之时

凡人之易感而难忘者，莫如窘〔一〕辱怵迫〔二〕之时。

注释

〔一〕窘（jiǒng）辱：困迫凌辱。

〔二〕怵（chù）迫：诱迫，威胁迫害。

译文

人们都容易感动而难以忘记的，没有比得上受到困迫凌辱和胁诱迫害的时候。

点评

人是环境的产物，动心每在时势情景。寒天喝冷水，滴滴在心头。许传霈《过漂母祠》："奇士常逢潦倒秋，汤汤淮水溯韩侯。时当失意受恩易，不必千金亦愿酬。"史浩《膳羞》："滹沱麦饭出匆匆，禁脔天厨未必丰。若使平安能念此，铏羹土塯古人同。"查慎行《麦饭亭》："苍皇那免叹途穷，大业几隳小衄中。名号未尊谁是贼，英雄有识独从公。两河子弟收星散，一饭君臣见始终。值得将军依大树，不劳上殿更争功。"

一二九、毛发之惠，视若丘山

盖人方在缧绁〔一〕之中，锱铢〔二〕之施，视若金石〔三〕；毛发之惠，视若丘山。

注释

〔一〕缧绁（léi xiè）：捆绑犯人的黑绳索。借指监狱，囚禁。

〔二〕锱铢（zī zhū）：指很少的钱或很小的事情。

〔三〕金石：金和美石之属，这里指贵重之物。

译文

因为人们在牢狱中的时候，给他一点点施舍，就看作是金子一样宝贵，毛发一样轻微的恩惠，看作是山丘一样重大。

点评

疾风知劲草，患难见真情。人生贵在相知，相知在急难；患难识朋友，恩长情永在。杨寿杓《读史》："一饭千金报，穷途敢受恩。当时漂母意，容易感王孙。"元璟《漂母祠》："漂母祠堂古尚存，萋萋衰草带城根。汉家斗大黄金印，争及当时一饭恩。"汪遵《淮阴》："秦季贤愚混不分，只应漂母识王孙。归荣便累千金赠，为报当时一饭恩。"韦骧《又和督决囚》："旰食忧民睿思焦，默怀时雪滞层霄。十行新下宽囚诏，诸道交驰奉使轺。缧绁稀疏至恩浃，旄倪欢感大钧调。宣扬德泽惭绵弱，但采尧民击壤谣。"韩淲《送伯辉之官德兴》："爱惜吾民为国忧，锱铢尺寸本征求。勿轻朱墨勾稽日，当重金缯讲解秋。奋起儒科多意气，养成人物转风流。竹林回首琴书地，猿啸鹤鸣山翠浮。"

一三〇、民既乐为之死，则陷坚却敌，特余事耳

狱，死地也；战，亦死地也。昔居死地，尝受其赐，今安得不赴死地以答其赐哉？民既乐为之死，则陷坚却敌，特余事耳。

译文

监狱是死地，战场也是死地。过去在死地曾经受过他的恩赐，现在怎能不舍生忘死地报答他的恩赐呢？百姓既然乐意为他牺牲，那么攻陷坚固的城池，打退敌人，只不过是小事而已。

点评

微言大义契合《管子·牧民·四顺》的说法："政之所兴，在顺民心；政之所废，在逆民心。"政令之所以能推行，在于顺应民心；政令之所以废弛，在于违背民意。人民怕忧劳，我便使他安乐；人民怕贫贱，我便使他富贵；人民怕危难，我便使他安定；人民怕灭绝，我便使他生育繁息。因为我能使人民安乐，他们就可以为我承受忧劳；我能使人民富贵，他们就可以为我忍受贫贱；我能使人民安定，他们就可以为我承担危难；我能使人民生

育繁息,他们也就不惜为我而牺牲了。懂得给予就是取得,是政治的法宝。夏诒钰《邢台豫让桥》:"漆身吞炭枕金戈,历尽艰难志不磨。莫道无人知国士,丈夫只恐受恩多。"张九成《论语绝句》:"尝称管仲以如仁,仁者要之即是人。未可以仁称管仲,可于人上试经纶。"杨基《闻官军南征解围有日喜而遂咏》:"官军闻说下扬州,梦里扶摇赋远游。天运未容人力胜,民心须顺物情求。遭逢丧乱生何补,见得升平死即休。沽取一壶花下酌,弟兄儿女笑相酬。"

一三一、民心者,所以战也

军旅形势者,战也;民心者,所以战也。二者犹泾渭之不相乱,河济之不相涉。

译文

军队的组织部署和攻守的态势,就是战争;民心,是凭以进行战争的根据。这二者就像泾渭一样分明,不相混乱,像黄河与济水一样不相牵涉。

点评

军事上的胜败,根本在于政治。政治优势是决定战争胜利的主要因素。刘安《淮南子·兵略训》:"兵之胜败,本在于政。政胜其民,下附其上,则兵强矣。民胜其政,下畔其上,则兵弱矣。"毛泽东主席也在《论持久战》中说:"战争的伟力之最深厚的根源,存在于民众之中。"罗与之《书感》:"设险重门未足凭,民心应自有长城。朝廷休戚视田野,宗社存亡非甲兵。气实精神敝竭尽,本枯枝叶可敷荣。古人经理先观势,两臂于韩孰重轻。"董必武《书感》:"纷纷天下何时定,胜负民心可决之。举世已看鹏展翅,有人偏与虎谋皮。纵兵不戢将犹火,得道者昌信若蓍。欲学陶公勤运甓,中原致力是吾期。"

一三二、禹汤之所以为善,乃桀纣之所以为恶者也

近禹汤者,莫如桀纣。禹汤,大圣也;桀纣,大恶也,其相去之远,

不啻〔一〕天渊,何为其相近也?禹汤善之极,桀纣恶之极,善恶,二也,其所以行之者,一也。禹汤归功于人,桀纣亦归罪于人。禹汤功冠天下,皆推而归之人,曰:"此左右之功,此群臣之功,此诸侯之功,此万姓之功。"自视不见有一毫之功焉。桀纣罪冠天下,皆推而归之人,曰:"此左右之罪,此群臣之罪,此诸侯之罪,此万姓之罪。"自视不见有一毫之罪焉。然则禹汤归功之心,岂非即桀纣归罪之心乎?禹汤归罪于己,桀纣亦归功于己。禹汤引天下之罪而归之己,曰:"此我之愆〔二〕,非汝之愆。此我之责,非汝之责。"欲以一身尽代天下之罪焉。桀纣引天下之功而归之己,曰:"此我之谋,非汝之谋,此我之力,非汝之力。"欲以一身尽攘〔三〕天下之功焉。然则禹汤归罪之心,岂非桀纣归功之心乎?由是观之,禹汤之所以为善,乃桀纣之所以为恶者也。

注释

〔一〕不啻(chì):不止、不只,如同。

〔二〕愆(qiān):罪过、过失。

〔三〕攘(rǎng):抢夺、侵夺、偷窃。

译文

接近禹、汤的人,没有比得上桀、纣的。禹、汤是大圣人,桀、纣是大恶人,他们相差的距离,无异于上天和深渊,为什么他们还会相近呢?禹、汤善到了极点,桀、纣恶到了极点,善与恶,是两样不同,他们用来实行的,是一样的。禹、汤把功劳归给别人,桀、纣也把罪恶归给别人。禹、汤功劳是天下第一,都推让给别人,说:"这是我身边人的功劳,这是群臣的功劳,这是诸侯的功劳,这是天下百姓的功劳。"不认为自己拥有一丝一毫的功劳。桀、纣的罪恶是天下第一的,都把罪恶推向别人,说:"这是我身边人的罪恶,这是群臣的罪恶,这是诸侯的罪恶,这是天下百姓的罪恶。"不认为自己有一丝一毫的罪恶。这样的话，禹、汤把功劳归到他人身上的心思，难道不是桀、纣把罪恶归到他人身上的心思吗？禹、汤把罪过归于自身，桀、纣也把功劳归于自身。禹汤把天下的罪恶都引向自己，说："这是我的过错，不是你的过错；这是我的责任，不是你的责任。"想要以一个人来替天下人担待罪责。桀纣把天下的功劳都夺为己有，说："这是我的谋略，不是你的谋略；这是我的力量，不是你的力量。"想要以一个人抢尽天下的功劳。既然如此，禹、汤归罪于自己之心难道不正是桀、纣归功于自己之心吗？从这里看来，禹、汤所以行善的动机，乃是桀纣所以作恶的动机。

点评

禹、汤为善，桀、纣为恶，都出于自我实现的需要。禹、汤、桀、纣都有强烈的自我实现的需要，并且都有顽强的意志和行动力去满足自我实现的需要，在这一点上他们都是相同的。但他们在如何满足自我实现的需要上，却呈现两种完全不同的行为状态，一种为善，一种为恶。张镃《杂兴》："圣狂霄壤分，其端在一念。去恶向忠义，如病用良砭。方贻害于人，蛟虎并凶焰。及其惩艾余，大节秉无欠。卓绝补过功，炳炳照铅椠。乃知《春秋》意，恶恶待终厌。"释怀深《拟寒山寺》："贪嗔汝镬汤，愚痴汝地狱。剑树及刀山，汝心皆具足。要以智慧水，洗此无明毒。凡圣路无多，正如手翻覆。"张九成《论语绝句》："仁在吾心一念间，苟差一念隔千山。故知罔克分狂圣，已见前贤露一斑。"真德秀《寿杨稣父》："寿日将何劝寿厄，不妨拈出去年诗。大生皆自微阳起，百善端从一念基。身欲宁时须主静，几才动处要先知。老来自笑无新句，那得仙翁一解颐。"

一三三、一念之是，咫尺禹汤；一念之非，咫尺桀纣

使禹、汤移归功之心为归罪之心，则桀、纣矣。使桀、纣移归罪之心为归功之心，则禹、汤矣。"惟圣罔念作狂，惟狂克念作圣[一]。"旦圣暮狂，特翻覆手耳。人之所甚尊而不敢仰望者，禹、汤也；人之所甚贱而不足比数[二]者，桀、纣也。平居自期，以谓吾虽自奋，

必不能为禹、汤；吾虽自画，必不至为桀、纣。今观自狂入圣如此之易，则吾有时为禹、汤矣，安得而不喜？自圣入狂亦如此之易，则吾有时而为桀、纣矣，安得[三]而不惧？一念之是，咫尺[四]禹、汤；一念之非，咫尺桀、纣。诱于前，迫于后，则善岂待勉，恶岂待戒哉？凡人之学，太高则骄，太卑则怠，二者学者之大病也。苟思去禹、汤为甚近，怠乌乎生？又思去桀、纣为甚近，骄乌乎生？圣、狂二法，更相惩劝；骄、怠二病，更相扫除。或挽之，或推之，此颜子[五]所以欲罢不能也欤？久矣世之不知此理也！而臧文仲[六]独知之，曰："禹、汤罪己，其兴也勃焉；桀、纣罪人，其亡也忽焉。"判禹、汤与桀、纣，以人己之两语。意者古之遗言欤？

注释

〔一〕惟圣罔念作狂，惟狂克念作圣：罔念，无念。克念，克服妄念。圣人无念于善，则为狂人，狂人能念善，则为圣人。

〔二〕比数：相与并列，相提并论。

〔三〕安得：如何能得、怎能得，含有不可得的意思。

〔四〕咫（zhǐ）尺：形容距离很近。

〔五〕颜子：颜回，春秋末鲁国人，字子渊，是孔子最得意的弟子。颜渊学习孔子的儒道，想停止而不能停止。

〔六〕臧文仲：春秋时鲁国大夫。博闻强识，不拘常理。服事鲁庄公、闵公、僖公、文公四位国君，废除关卡，以利于经商。在为政的道德标准上，他认为国君罪己才能"其兴也勃焉"，罪人则"其亡也忽焉"，"以欲从人，则可；以人从欲，鲜济"。他从善如流，不耻下问，居要职贵赏罚分明，而不居功为己有，因此为世人所景仰。

译文

假使禹、汤把让功之心换作归罪之心，那么就成为桀、纣了。假使桀、纣把归罪之心换作让功之心，那么就成为禹、汤了。"圣人没有善念就成为狂人，狂人克制恶念就成了圣人。"早上是圣人晚上就成了狂人，只是像把手反过来一样容易而已。人们非常尊敬而不敢仰望的，是禹、汤；人们非常鄙视而不愿意与之相提并论的，是桀、纣。平时自我考虑，以为我即使自我奋发，必定不能成为禹、汤；我即使替自己谋划，必定不会成为桀、纣。现在看来，从狂人进入圣人的境界是这么容易，那么我有时候也会成为禹、汤了，怎么会不感到高兴？从圣人进入狂人的境地也是这样容易，那我有时候会成为桀、纣，怎么会不感到恐惧？一个念头对了，则靠近禹、汤；一个念头错了，则靠近桀、纣。引诱在前面，逼迫在后面，那么善难道还需要勉励吗？恶难道还需要警戒吗？一般人学习，资质高就骄傲，资质低就懈怠，这二者是学者的大病。如果想着离禹、汤很近，懈怠怎么会产生？又想着离桀、纣很近，骄傲怎么会产生？圣与狂这两种互相转换的法则在轮流地惩罚和劝诫，骄傲和懈怠这两种病，要轮流扫除。有时挽留，有时推却，这便是颜回想停止而不能够的原因吧？已经很久了，世人还不知道这个道理！然而单单臧文仲知道，他说："禹、汤责怪自己，他们的兴盛就很快；桀、纣怪罪别人，他们灭亡就很突然。"评判禹、汤与桀、纣，只凭是怪罪自己还是怪罪别人这两句话。我想这是古时候遗留下来的格言啊！

点评

圣人和狂人并不是天生的，圣和狂可以逐渐转化。能够控制内心的妄念、邪念，就具有了圣人的行为。一个人能够成为圣人还是狂人，在于他自己的修为。战胜自己私心恶念为贤，再能成就他人方为圣。人如果能够克制住自己狂乱的思想和私心杂念，凡夫就能变成圣人。同样的道理，放纵自己的心念，圣人也会退化为凡夫，甚至转化为罪人。金朋说《持敬斋吟》："恭己时存养，敬以充四端。唯狂能克念，作圣抑何难。"陈第《咏怀》："均斯大块气，落地有雄雌。故此同类人，因心别崇卑。营道日以智，徇欲日以痴。微哉舜跖关，君子辨其几。"周师成《周处台》："克己功夫鲜矣能，孔堂今继仲由登。试从台上看台下，狂圣中间隔几层。"洪咨夔《见寄诗韵答之》："鸡鸣而起一般时，舜跖殊途觉与迷。此理天无分厚薄，乃心人自眩东西。柴门风雨榴花老，草巷烟霏燕子低。玉汝有书来万里，圣贤不泰不栖栖。"陆游《自规》："念欲俱生一念中，圣贤本亦与人同。此心少忍便无事，吾道力行方有功。碎首宁闻怨飘瓦，关弓固不慕冥鸿。老翁已落江湖久，分付余年一短篷。"

一三四、所收者恶，所得者善；所引者罪，所得者功

吾又尝论之，禹、汤能收天下之恶，桀、纣能长天下之恶。天下之人，忿争贪暴，众恶蔓延，遍布海内，禹、汤皆敛之于己，以谓己罪。人见禹、汤之罪己，忿者平，争者息，贪者愧，暴者悔。禹、汤一罪己，而尽收天下之恶，使归于善，天下皆归于善，是亦禹、汤之善也。虽曰罪己，然天下功孰有居禹、汤之右〔一〕者哉？禹、汤所收者恶，所得者善；所引者罪，所得者功，何耶？盖既除稂莠〔二〕，何必复求稼之茂？既除尘垢，何必复求镜之明？但收其恶，不必求善。恶既尽，则善将焉往哉？此所以收恶而得善也，引罪而得功也。桀、纣安于为恶，不自咎〔三〕而咎人，天下亦从而相咎。本所犯者一恶耳，讳其恶而不自咎，诈也；嫁其恶而咎人，险也。变一恶而数恶，日滋月长，自十而百，自百而千，自千而万。覆国亡身，遗臭后世，由不能收天下之恶，而长天下之恶也。禹、汤受其罪，而终不能污。桀、纣辞其罪，而终不能逃。一兴一亡，邈然〔四〕辽绝〔五〕，揆厥〔六〕本原，不过差之辞受〔七〕之间而已，吾是以益知其相近。虽然大圣大恶相近若此，屠沽〔八〕盗贼翻然〔九〕为善者，尚多有之，未闻有既圣而复为恶者，何也？曰：河之险，入则死，出则生，死生之分才跬步〔一〇〕。人固有陷其中而得脱者矣，岂有既出而复肯入者哉？

注释

〔一〕右：上。古人以右为尊。

〔二〕稂莠（láng yǒu）：稂和莠都是形状像禾苗而妨害禾苗生长的杂草，比喻坏人。

〔三〕咎：怪罪、处分等。

〔四〕邈（miǎo）然：遥远的样子。

〔五〕辽绝：遥远、相去甚远。

〔六〕揆（kuí）厥：揆，揣测；厥，相当于"其"，他的、那个的。

〔七〕辞受：推辞和接受。

〔八〕屠沽（tú gū）：屠户及卖酒的人。

〔九〕翻然：很快而彻底地（改变）。

〔一○〕跬（kuǐ）步：半步。古代称人行走，举足一次为"跬"，举足两次为"步"，故半步称"跬"。

译文

我又曾论说，禹、汤能够收纳天下的罪恶，桀、纣能增加天下的罪恶。天下的人，怨恨争斗，贪婪凶暴，众多的罪恶在蔓延，遍布到整个天下，禹、汤都能收纳到自己这里来，把它当作自己的罪恶。人们看见禹、汤责罪自己，怨恨和争斗的人都平息了，贪婪和凶暴的人都有愧疚了。禹、汤一旦责罪自己，而把天下的恶都收纳尽，便使天下都归于善，天下都归于善，这也是禹、汤的善。虽然说是责罪自己，但天下的功劳有谁超过禹、汤的呢？禹、汤所收纳的是恶，所得到的却是善；所引向自己的是恶，所获得的却是功。为什么？因为杂草既除，何必再苛求庄稼的茂盛？已经除去尘垢，何必再去苛求镜子的明亮？只管收纳恶，不必去要求善。恶已经收尽，那么善会跑到哪里去呢？这就是为什么收纳恶而得到善，把罪引向自己却得到功。桀、纣安于作恶，不责罪自己而责罪别人，天下也跟着互相责罪。本来所犯的只是一种罪恶而已，隐藏自己的恶而不责罪自己，这是狡诈；把自己的罪恶嫁接到别人身上，责罪别人，这是阴险。把一种恶变为几种恶，随着时间而增长，从十变为百，从百变为千，从千变为万。国家灭亡，自身也走向灭亡，遗留给后世的是臭气冲天的恶名，这是由于不能收纳天下的罪恶，反而增加天下的罪恶所造成的。禹、汤收纳罪恶，但终究不能玷污他们。桀、纣推辞罪恶，但终究不能逃脱罪恶。一边是兴盛，一边是灭亡，相差遥远不止十万八千里。推测其中的根本，不过是收纳和推辞之间的差别而已，我于是更认为他们是很相近的。虽然大圣和大恶如此相近，屠户和卖酒以及偷窃抢劫的人忽然而彻底地为善，这样的例子还是有很多的，但没有听说有已经达到圣善的人又再作恶，为什么？回答是：黄河很凶险，进去的就会丧命，出来的就会活着，死生的分别，才半步，固然有陷到里面而挣脱的人，难道还有已经出来了又要陷进去的吗？

点评

"受言初拜禹，罪己忽兴汤。"罪己与自咎，大致相当于自我批评，是政治生活的一个大法宝，若将自我批评与表扬他人相结合，那就近乎神器了。"知道贵含光，露牙多召敌。"近现代史上不乏将自我批评运用得炉火纯青，而在波谲云诡的政治竞技场中几十年屹立不倒的典型人物。赵猷《商汤》："罪己桑林六，仁心祝网三。只应宽代虐，何事德怀惭。"张九成《论语绝句》："损益由人好乐间，须于情窦着防闲。鸡鸣舜跖能分得，始向师门见一斑。"罗必元《周处台》："周处豪雄亦可人，勇于迁善罕前闻。区区未说除蛟虎，一念中间舜跖分。"王渐逵《登山示诸生用前韵》："诸生久候绿萝溪，遥向先生为指迷。须信无中还觅有，欲穷高处更从低。源头泼泼千年在，梦里惺惺几个提。解得此机高驻足，真成凡圣隔云泥。"楼钥《相州道中》："千古兴亡一梦惊，就中物理似持衡。茜花空染朝歌血，荒草犹祠羑里城。但见反身知自咎，谁言修政欲相倾。知音只有昌黎操，臣罪当诛主圣明。"

卷七

一三五、英雄豪悍之士，为君者亦以度外待之

陛〔一〕戟〔二〕警跸〔三〕，公孙述〔四〕之待马援〔五〕也；岸帻〔六〕迎笑，光武〔六〕之待马援也。以述之肃，反取井蛙之讥；光武之嫚〔七〕，而援委心焉。然则朴遬〔八〕小礼，果非所以待豪杰耶？英雄豪悍之士，磊落轶荡〔九〕，出于法度之外，为君者亦以度外待之。破崖岸〔一〇〕，削边幅〔一一〕，拊背握手以结其情，箕踞〔一二〕盛气以折其骄，嘲诮〔一三〕谑浪〔一四〕以尽其欢，慷慨歌呼，出肺肝相示，然后足以得其死命，是非乐放肆也，待豪杰者，法当如是也。

注释

〔一〕陛（bì）：本义指可以借以登高的台阶，又特指帝王宫殿的台阶。

〔二〕戟（jǐ）：我国古代独有的一种兵器，实际上戟是戈和矛的合成体，它既有直刃又有横刃，呈"十"字或"卜"字形，因此戟具有钩、啄、刺、割等多种用途。

〔三〕警跸（jǐng bì）：为古代帝王出入时清道止行。古代帝王出入时，于所经路途侍卫警戒，清道止行，谓之警跸。

〔四〕公孙述：字子阳，王莽篡汉，公孙述受任为导江卒正（蜀郡太守）。王莽末年，天下纷扰，群雄竞起，公孙述遂自称辅汉将军兼领益州牧。建武元年（25），公孙述称帝于蜀，国号成家（一作大成或成），年号龙兴。建武十二年（36），"成家"为东汉所亡。计公孙述割据益州称帝，共在位十二年。

〔五〕马援：字文渊，中国西汉末年至东汉初年将领，东汉开国功臣，汉明帝明德皇后之父。新朝末年，马援投靠陇右军阀隗嚣，甚得器重，后来归顺光武帝刘秀，为东汉统一立下了赫赫战功。东汉建立后，马援仍领兵征战，西破陇羌，南征交趾，北击乌桓，累官至伏波将军，封新息侯，世称"马伏波"。其

老当益壮、马革裹尸的气概，受到后人的崇敬。

〔六〕岸帻（zé）：推起头巾，露出前额。形容态度洒脱，或衣着简率不拘。

〔七〕嫚：假借为"慢"。怠慢、懈怠。

〔八〕朴遫（piáo chì）：亦作"朴樕"，丛木、小树。喻浅陋、平庸的样子。

〔九〕軼荡：无拘束。

〔一〇〕崖岸：山崖、堤岸。喻人严肃端庄或矜庄、孤高。

〔一一〕边幅：布幅边上毛糙的地方。比喻外表、衣着。

〔一二〕箕踞（jī jù）：古人席地而坐，坐时臀部紧挨脚后跟，如果随意伸开两腿，像个簸箕，就叫箕踞，是一种不拘礼节、傲慢不敬的坐法。

〔一三〕嘲诮（cháo qiào）：嘲弄讥诮。

〔一四〕谑（xuè）浪：戏谑放荡。

译文

阶下有兵士守护警戒，这是公孙述接待马援；掀开头巾，笑嘻嘻地迎接，这是光武帝接待马援。公孙述以其严肃，反而被人讥笑为井中之蛙；光武帝以其轻慢，反而让马援推心置腹而效忠于他。如果这样，那么小样儿的琐碎礼节，果真不是用来接待豪杰之士的吗？英雄豪杰，剽悍之士，光明磊落，心胸坦荡，超脱于法度礼节之外，作为君主，也应当以法度之外的礼节来接待他们。破除矜庄孤高的界限，不修边幅；抚摸肩背，互相握手，以联络增进感情；不拘礼节，特立独行，以挫减他的骄气；戏谑玩笑来使他心情欢乐，慷慨激昂地歌唱欢呼，与其肝胆相照，这样才足以得到他死心塌地地归服。这不是喜欢放荡肆意，对待豪杰之士，方法就应当是这样的。

点评

沈括说："能用度外人，然后能周天下。"曹操《短歌行》："山不厌高，水不厌深；周公吐哺，天下归心。"山再高没有道理高，海再深没有真情深。通人才之真情，达用人之大道，用法外之法，揽人上之人，得英中之英，用杰中之杰，根本在一"诚"而已，所谓"周公吐哺，天下归心"。王冕诗云："人生此会不偶然，眼前兴废何须言？丈夫事业要磊落，比较琐屑非高贤。""解衣推食待豪杰，气义浑厚无雕镌。"王安石《诸葛武侯》："恸哭杨颙为一言，余风今日更谁传。区区庸蜀支吴魏，不是虚心岂得贤。"虚心也即"不厌高""不厌深"的诚心。杨诚之《挽东莱先生》:"宇量诸公上,声名一世宗。平生无一愧,度外有兼容。绠断一寻井,萝枯百尺松。纷纷湖海士,末路更谁从。""度外兼容"是吕祖谦婺学被称为"宰相之学"的本质特色。彭龟年《寿张京尹》:"四百山河朝帝京,紫岩有志未全伸。知公久抱中原略,日日搜罗度外人。"吴泳《寿安宣相》:"文俗诸儒恋局中,何曾度外看英雄。连鸡不能有资夏,捕鹿何妨暂掎戎。静抚时机渔者得,遥观敌运兽之穷。书生准拟浯溪石,明写中兴第一功。"吕汝修《读史有感》:"河山俨类一棋枰,覆雨翻云倒复倾。南渡天骄能蹙国,中原地缩讳言兵。雄才有限谁匡乱,好景无多是太平。千古兴亡仍往辙,抛书掩卷泪纵横。"王庭圭《次韵徐漕棠部至庐陵见访》:"节拥朱轮下九霄,因从物外访英豪。江南正自贤徐稚,天子先应问伏滔。试看翰林批凤尾,何如太尉饮羊羔。诸公拔剑论功业,当念萧侯转粟劳。"陆游《读史·夜对遗编叹复惊》:"夜对遗编叹复惊,古来成败浩纵横。功名多向穷中立,祸患常从巧处生。万里关河归梦想,千年王霸等棋枰。人间只有躬耕是,路过桑村最眼明。"

一三六、颠倒豪杰,莫知端倪,此高帝所以能鼓舞一世也

　　祖裼[一]暴虎[二]必冯妇[三]而后可,怯夫而试冯妇之术,适足以劘[四]虎牙耳。古之嫚[五]侮者莫如汉高帝[六],高帝之嫚侮岂徒然哉?踞洗以挫黥布[七],随以王者之供帐;嫚骂以挫赵将[八],随以千户之侯封。用不测之辱,用不测之恩,降霜霰于炎蒸之时,轰雷霆于闭蛰[九]之际,颠倒豪杰,莫知端倪[一〇],此高帝所以能鼓舞一世也。无鼓舞豪杰之术,拘则为公孙述,纵则为宋闵公[一一],何往而不败哉?噫!此不足论也。

注释

　　[一]祖裼(tǎn xī):脱去上衣,裸露肢体。

〔二〕暴虎：空手和老虎搏斗。

〔三〕冯妇：古男子名，善搏虎。

〔四〕劘（mó）：磨。

〔五〕嫚：假借为"慢"。轻视、侮辱。

〔六〕汉高帝：即刘邦，字季，汉朝开国皇帝。时人称他"慢而侮人，骂詈诸侯群臣如骂奴耳，非有上下礼节也"。

〔七〕黥布：即英布，秦末汉初名将。早年受黥刑，俗称黥布。初随项梁起义，为项羽帐下将领之一，屡破秦军，被封为九江王。后受到汉朝游说，叛楚归汉，项羽派兵打败英布，英布逃到刘邦那里。英布到时，刘邦正坐在床上洗脚，就叫英布去见他。英布见状，怒火燃胸，后悔前来，想要自杀。当他退出来，来到为他准备的宾馆，见到帐幔、用器、饮食、侍从官员一如刘邦那么豪华，英布又喜出望外。他与韩信、彭越并称汉初三大名将。汉高帝十一年（前196），起兵反叛，兵败被杀。

〔八〕赵将：指刘邦令张耳与韩信东下井陉击赵地，又攻占齐地事。

〔九〕蛰（zhé）：动物在冬天潜伏起来，不食不动。

〔一〇〕端倪（ní）：事情的眉目、头绪。

〔一一〕宋闵公：又称宋后湣公，子姓，名捷，春秋时期宋国第十七任国君。宋闵公八年（前684）鲁败宋于乘丘（山东巨野），擒宋大夫南宫长万。南宫万后来被释回，有一回宋湣公和南宫万一起去打猎，双方起了争执，宋闵公取笑他："吾初敬君，今君乃鲁国囚犯，吾不再敬君矣。"南宫长万既愧且怒。宋闵公十年（前682），南宫长万趁下棋时杀子捷于蒙泽。

译文

袒胸露背打老虎，只有冯妇可以这样做，懦夫想试试冯妇的方法，只够给老虎磨牙而已。古时候轻慢人物没有比得上汉高帝这样的，而汉高帝仅仅是轻慢吗？傲慢坐着洗脚挫削黥布的锐气，接着又给予他王侯一级的陈设铺排；轻慢侮辱挫煞赵将的威风，接着又封给一千户的侯爵。使用不可预测的侮慢，也使用不可预测的恩赐，就像在炎热的天气里降下寒霜，在蛰伏的日子里发出轰鸣的雷电，使豪杰之士颠三倒四，不知道头绪，这就是汉高帝为什么能鼓舞当时一世英雄的原因。倘若没有鼓舞豪杰之士的方法，拘谨起来就会像公孙述那样，放纵起来就会像宋闵公那样，到哪里不失败呢？这样的人是不值得论说的。

点评

许多道理是共通的，驭人之道与修真之道可以互鉴。张伯端《绝句》："俗语常言合圣道，宜向其中细寻讨。能将日用颠倒求，天地尘沙尽成宝。"张伯端《七言四韵》："此法真中妙更真，都缘我独异于人。自知颠倒由离坎，谁识浮沉定主宾。金鼎欲留朱里汞，玉池先下水中银。神功运火非终夕，现出深潭日一轮。"颠倒就是主动地运用好操控权。"纵横北斗心机大，颠倒南辰胆气雄。鬼哭神号金鼎结，鸡飞犬化玉炉空。"雄略之君驾御英雄，无非恩威并用，操纵擒放。诸葛亮说："恩加则知威，威加则知恩，恩威并用，然后济矣！"《菜根谭》："恩宜自淡而浓，先浓后淡者人忘其惠；威宜自严而宽，先宽后严者人怨其酷。"君主权威的确立，玩的是妙手空空之术，"无中出有还丹象，阴里生阳大道基。颠倒五行凭匠手，不逢匠手莫施为。""颠倒狙公常赋芧，牵丝木偶几多时"，淡浓宽严，先后轻重，分寸节奏的把握拿捏，就是所谓的用人的艺术。苏辙《寄题清溪寺》："清溪鬼谷子，雄辩倾六国。视世无足言，自闭长默默。苏张何为者，欲窃长短术。学成果无赖，遂为世所惑。颠倒卖诸侯，倾转莫可执。"洪咨夔《东山塔影》："相轮高插碧霄寒，好是如如不动山。弄影翻光颠倒转，微权只在隙窗间。"杨万里《有叹》："饱喜饥嗔笑杀侬，凤皇未可笑狙公。尽逃暮四朝三外，犹在桐花竹实中。"

一三七、殊不知名教之中，自有乐地

若高帝鼓舞豪杰之术，其至矣乎？曰：未也。术必有时而穷，高帝嫚侮之患卒见于暮年，此所以厌拔剑击柱之争[一]，而俯就叔孙通[二]之仪也。高帝岂不欲早用叔孙通之仪哉？彼见其所谓仪者拘缀[三]苛碎，决非武夫悍将所能堪[四]，天下未定而遽[五]行之，必失豪杰之心，故宁蔑弃[六]礼法而不顾。殊不知名教[七]之中，自有乐地，岂叔孙辈所能测哉！《采薇》《出车》《东山》[八]之诗，雨雪寒燠[九]，草木禽兽，仆马衣裳，室家婚姻，曲尽人情，呢呢如儿女语，文、武、周公之待将帅，开心见诚，盖如此，初未尝如陋儒之拘，亦不至如后世之纵也。高帝明达，最易告语，惜乎无以是诗晓之。

注释

〔一〕拔剑击柱之争：拔出剑击打屋内大柱。《汉书·叔孙通传》："高帝悉去秦仪法，为简易，群臣饮争功，醉或妄呼，拔剑击柱。上患之。"

〔二〕叔孙通：初为秦待诏博士，后被秦二世封为博士。见秦将要灭亡，归附正在盘踞薛城的项梁、项羽。汉高祖二年（前205），转投刘邦汉军，举荐勇武之士为汉争取天下。汉王刘邦统一天下后，叔孙通为汉朝制订了以朝仪为主体的仪法体系，简明易行，适应了当时加强皇权的需要。司马迁尊其为汉家儒宗。

〔三〕拘缀（jū zhuì）：羁绊、牵制。

〔四〕堪：能忍受、能承受。

〔五〕遽（jù）：匆忙、立即、赶快。

〔六〕蔑弃：轻视、鄙弃。

〔七〕名教：名分与教化。指以儒家所定的名分与伦常道德为准则的礼法，以"正名分"为中心的封建礼教。

〔八〕《采薇》《出车》《东山》：都是《诗经》中表现战争题材的诗歌，叙述将士复杂真挚的内心感受，抒发出对战争的思考和对人民的同情，抒情真挚细腻。

〔九〕寒燠（yù）：冷热。

译文

像汉高帝这样鼓舞豪杰的方法，到了至善至美了吗？回答是：还没有。方法一定有穷尽的时候，汉高帝轻慢的祸患最后在晚年出现了，这就是他为什么讨厌拔剑击柱的争斗，而听从叔孙通的礼仪设计。汉高帝难道不想早点施行叔孙通的礼仪制度吗？他看见那些所谓的礼仪制度拘谨缀合，苛刻烦碎，绝对不是武夫和骁将所能忍受的，天下还没有定下来，就骤然施行这种礼仪制度，必定会失去豪杰之士的心，所以宁可放弃礼仪法度而不顾。但却不知道在儒家以"正名分"为中心的礼教制度里面，自有快乐的地方，难道是叔孙通这样的人所能揣测的？《采薇》《出车》《东山》所表现的时代，雨天雪天，严寒酷暑，草木禽兽，仆人、战马和衣服，家庭婚姻等，委婉而详尽地表达出了人的感情，呢呢犹如儿女私语，文王、武王和周公对待他们的将帅，敞开心扉，真诚相待，正是这个样子，原本不曾像浅陋的儒士那样拘谨，也不至于像后世那样放纵。汉高帝明白通达，很容易劝告，可惜没有用这样的诗来让他晓悟。

点评

　　名即名分，教即教化，名教即通过确定名分来教化天下，以维护社会的伦理纲常、等级制度。名教的道德判断原则是"礼义"，而这"礼义"的标准由国家以及国家的精英阶层士人们共同规定和维持，目的在按国家的价值体系指导维护社会正常运转。规则中固然有约束的难堪和痛苦，规则中也有自由和快乐。当然，规则也应根植人性，顺应时代的发展变化。罗从彦《自警》："性地栽培恐易芜，是非理欲谨于初。孔颜乐地非难造，好读诚明静定书。"任环《宋萃夫韵》："读书须读没书书，活水源头趣有余。莫向口头求强记，要于心上得安居。养成良贾深藏器，便是清朝大载车。体用一原吾道在，圣贤名教岂传虚。"朱熹《次韵四十叔父白鹿之作》："诛茅结屋想前贤，千载遗踪尚宛然。故作轩窗挹苍翠，要将弦诵答潺湲。诸郎有志须精学，老子无能但欲眠。多少个中名教乐，莫谈空谛莫求仙。"方岳《山行》："野鹤相将挂杖前，倚松穿竹各欣然。山行一匝又一日，云作四邻今四年。名教之中元有地，吾心以外别无天。平生老仆犹疑我，不是凡夫不是仙。"

一三八、世之求生害仁者，特未知为善之味尔

　　既而思之，意有所重，则爱有所移。莫亲于身，莫厚于族，莫大于国；一念昏惑，醉于声色之美，尚能弃平日之所甚重者犹敝屣〔一〕，况醉于理义之味者乎？其见危致命，以砧质为枕席，以鼎镬〔二〕为池沼，固无足怪。世之求生害仁者，特未知为善之味尔。

注释

　　〔一〕敝屣（bì xǐ）：破旧的鞋，比喻没有价值的东西。
　　〔二〕鼎镬（huò）：鼎和镬，古代两种烹饪器。

译文

后来又想，心意如果有所偏重，那么爱好就会有一定的偏移。没有比身体更亲近的，没有比家族更厚实的，没有比国家更重大的；一个念头昏迷困惑，沉醉于美丽的声色，尚且能像丢弃破鞋一样放弃平日十分看重的东西，何况那些迷醉义理滋味的人？那些人看见危险还要送命，把肉砧斧质当作枕头，把滚烫的鼎镬当作水池，本没有什么奇怪的。世上追求生命戕害仁义的人，只是不知道善的味道而已。

点评

要知梨子的味道，就要亲口尝一尝。有些人不爱梨子，并不是味觉有异，而是从未好好吃一口。仁义就是许多人从未吃一口的梨子。邵雍《中原吟》："中原之师，仁义为主。仁义既无，四夷来侮。"唐庚《金牛驿》："由来仁义行终稳，到了权谋术易穷。才见诈牛收剑外，已闻真鹿走关中。"王十朋《唐太宗》："仁义谁云不可行，文皇亲见治功成。德彝可惜身先死，岂信人间有太平。"石延年《偶成》："力振前文觉道孤，耻同流辈论荣枯。动非仁义何如静，得见机关不似无。孔孟也宜轻管晏，皋夔未必失唐虞。侯王重问吾何有，且自低心混世儒。"

一三九、但荐蘋藻，何嫌涧滨

共王[一]之心以谓：因彼伪言成吾真善，吾蒙其益足矣；彼之行诈足以自损，吾何预焉？在我则益，在彼则损，哀之可也，怨之不可也。深味其言，广大宽博，凡猜阻忌刻之心冰解冻释，荡然不留，人君诚佩是言以纳谏，则但采葑菲，何恤下体[二]？但荐蘋藻，何嫌涧滨[三]？吾能纳规谏，则为君之责塞矣。其诚其伪，其狂其奸，皆谏者之事也，非吾事也。吾方急于听纳，求免吾之责，亦何暇忧人之忧哉？虽尧之稽于众、舜之取诸人以为善，不能加毫末于此矣。

注释

〔一〕共王：即楚共王，芈姓，熊氏，名审，楚庄王之子，春秋时期楚国国君，公元前590年—公元前560年在位。《左传·成公二年》载，楚庄王灭掉陈国时，面对夏姬的美貌很动心，想把她纳入后宫，但是被申公巫臣所劝阻。楚国司马公子侧也想娶夏姬为妻，也被申公巫臣的一席话吓得打消念头。申公巫臣利用出使齐国的机会，携夏姬私奔到楚之敌国晋国，公子侧暴怒。他向年幼的楚共王建议，用以重币把申公巫臣从晋国引渡回国，楚共王拒绝了他。公子侧基于申公巫臣为了一个克夫的寡妇不惜冒犯楚国之法，忘掉自己的使命，叛逃晋国，要求诛灭其九族。共王回答说："巫臣为先王谋划则忠，为自己谋划则不忠。他对先王醇厚亲爱，对自己轻薄寡虑，没有什么罪过。"于是拒绝了公子侧的意见。

〔二〕但采葑菲，何恤下体：化用《诗经·邶风·谷风》"采葑采菲，无以下体"，采摘萝卜和蔓青，难道要叶不要根？以采来蔓菁萝卜的根茎被弃，表示不能视宝为废，丢了根本。

〔三〕但荐蘋藻，何嫌涧滨：化用《诗经·国风·召南·采蘋》"于以采蘋？南涧之滨。于以采藻？于彼行潦"。在南涧采蘋，于行潦采藻，诗意表示在祭祀时要循祀循法，整洁严肃。

译文

楚共王心里认为：因为他的假话成就了我的真善，我蒙受他的好处很多了；他行骗足以损坏自己，和我有什么关系呢？在我这边有好处，在他那却有坏处，可怜他是可以的，怨恨他却是不可以的。深深体味他的话，宽广浩大，博爱仁慈，所有的猜忌阻截的心理都会像冰冻一样融化消失，一点也不留下。作为君主真能以这段话来警示自己纳谏，那么就像只管采蔓菁的叶子，为何顾恤下面的根茎不采摘？只管祭献浮萍绿藻，怎么嫌弃它是产自沟边溪边？我能听纳规劝，那么做君主的职责就履行了。其中的真诚、虚伪、狂妄、奸诈等都是提出规谏的臣下的事，不关我的事。我正急于听从接纳进言，追求免除我的责任，怎么有空去忧虑别人的忧虑呢？即使是尧帝稽谋众人、舜帝求取众人的意见来修养自己圣善的境界，也不能再在这里增加一分一毫了。

点评

政治人物评判政治人物，必以功用为标尺，以区别分析为方法，善于区分时与位、主与次、公与私、动机与效果、过程与操行、大节与小节等等，主要看他在不同时空方位在国家事业上的立场、态度、能力和实绩，而不要过分考究其处理私事的枝末细节，即应该"见其所见，不见其所不见；视其所视，而遗其所不视"。陆游《雨夜观史》："读书雨夜一灯昏，叹息何由起九原？邪正古来观大节，是非死后有公言。未能剧论希扪虱，且复长歌学叩辕。他日安知无志士，经过指点放翁门。"释文珦《读伍子胥史事》："惆怅当年死属镂，到头忠义竟何如。眼悬城郭空怀旧，魂寄江涛尚贾余。向使君王从谏诤，未应宫阙便丘墟。唯应教是鸱夷子，万里扁舟计不疏。"吴潜《再赋喜雪》："夜深如水泼衣衾，晓看皑皑冒碧岑。以洁藏污窥物理，由仁行义见天心。但教南亩多呈瑞，何必东夷屡献琛。麦熟吾时归印绶，不能者止念周任。"

一四〇、国不亡于外寇而亡于内寇

国不亡于外寇而亡于内寇，恶不成于有助而成于无助。国家之难，攻其外而无应于内，则攻者亦将穷而自止。无宰嚭〔一〕则越不能亡吴，无郭开〔二〕则秦不能亡赵，无郑译、刘昉〔三〕则隋不能亡周，无裴枢、柳灿〔四〕则梁不能亡唐。是数国者，非其人之内叛，人孰能取之？故曰国不亡于外寇而亡于内寇。

注释

〔一〕宰嚭（pǐ）：吴国太宰伯嚭，人称宰嚭。越王勾践在会稽被吴王夫差打败，国家垂亡。伯嚭受到越国的贿赂，为越国请和，劝夫差放勾践回国，并进谗言，谋杀了吴国的忠臣良将伍子胥。勾践回国后，卧薪尝胆，奋力振兴越国，终于灭掉了吴国。

〔二〕郭开：战国末年晋阳人，赵国幽穆王赵迁的宠臣，历仕赵悼襄王、赵幽缪王两代君主，因谗言陷害赵国名将廉颇、李牧而加速了赵国的灭亡。

〔三〕郑译、刘昉：郑译，字正义，荥阳郡开封县（今河南省开封市）人。北周到隋朝时期大臣，幼年交好宇文泰，辅佐宇文邕。起家给事中士，迁左侍上士，迎娶安固公主（萧氏），担任内史上大夫、沛国公。大象二年（580年），联合刘昉矫诏随国公杨坚辅政，迁柱国、丞相府长史。杨坚建立隋朝后，拜隆、岐二州刺史。刘昉，字仲明，博陵望都（今河北省望都县）人。北周武帝时以功臣子入侍皇太子，周宣帝时授大都督。周宣帝病重，刘昉与郑译谋划引杨坚执掌朝政，辅助杨坚代北周，建立隋朝。

〔四〕裴枢、柳灿：裴枢，字纪圣，唐昭宗时兵部侍郎，早年以兄事朱全忠。柳灿，唐昭宗时宰相，迎合权臣朱全忠（朱温）的旨意，潜杀大臣裴枢等七人于滑州白马驿。

译文

国家不是被外部的强敌灭亡的，而是被内部的叛贼灭亡的，罪恶不是由协助的人造成，而是由中立不协助的人造成的。国家有祸害，从外面进攻而里面没有响应的人，那么进攻的人也将穷途末路而自动停止。没有太宰嚭那么越国就不能灭掉吴国，没有郭开那么秦国就不能灭掉赵国，没有郑译、刘昉那么隋朝就不能灭掉北周，没有裴枢、柳灿那么后梁就不能灭掉唐朝。这几个国家，不是它们自己人从内部叛乱，别人谁能攻取呢？所以说国家不是被外敌灭亡而是被内贼灭亡的。

点评

堡垒最容易从内部攻破，凡出问题，首先总是出于内部的原因。《孙子兵法》以《用间篇》压轴，其意深矣。张咏《夫差庙》："由来邪正是安危，不信忠良任伯嚭。自古家家有容冶，何须亡国嫁西施。"张镃的《姑苏怀古》："昔年宫殿雨苔荒，花径无人采旧香。宰嚭若能容国士，西施那解误君王。轻寒客子垂双袖，落日啼乌下女墙。成坏不将供一笑，争如烟外罱渔郎。"周昙《郭开》："秦袭邯郸岁月深，何人解赠郭开金。廉颇还国李牧在，安得赵王为尔擒。"王冕《读史》："耿耿青灯照青史，坐看兴废眼前来。亡秦未必非胡亥，灭赵终然是郭开。三国英雄由将相，六朝人物只婴孩。商之孙子宁无论，妲己端端是祸胎。"

一四一、祸莫甚于内叛，奸莫甚于中立

天下未有皆助恶者也，为恶者未有皆得天下之助者也。彼为恶者惟欲人皆中立无所偏助，如里克〔一〕之于骊姬，王祥〔二〕之于司马，冯道〔三〕之于五季，阴拱默〔四〕居，坐观成败，则吾事济矣。故曰恶不成于有助，而成于无助。是故祸莫甚于内叛，奸莫甚于中立。二者之罪孰为大？曰中立之罪为大。是何耶？内叛之罪易见，中立之罪难知。

注释

〔一〕里克：嬴姓，里氏，名克，春秋前期晋国卿大夫，晋献公的股肱之臣，太子申生的坚决拥护者，能征善战的统帅。晋献公将三个公子申生、重耳、夷吾，分别发配到曲沃、蒲城和屈，驻守边疆。对此，朝中不少忠智之士已看出端倪，荀息、狐突、先丹木等已经提醒申生，或者直接向晋献公投反对票。作为晋献公的爪牙亲信，里克早有察觉，但只隐忍不发。骊姬要对申生下手，威逼大臣里克勿加干涉，第二天里克便不上早朝了，骊姬加快了陷害申生的脚步，终于使晋献公决定除掉申生。

〔二〕王祥：王祥于东汉末隐居二十年，在曹魏先后任县令、大司农、司空、太尉等职，封爵睢陵侯。司马昭受封晋王，王祥与荀颢一起去会见他。荀颢对王祥说："相王（指司马昭）地位尊贵，何侯（何曾）已经向他行过大礼，今日我们前去应当下拜。"王祥回答说："相国确实很尊贵，然而还是魏的宰相。我们是魏的三公，公与王相差不过一个等级，上朝时的班列也是相同的。哪有天子的三公动辄去拜人的道理？这样会损害魏的威望，也有损晋王的品德，君子爱护一个人应按礼行事，我不会去拜他。"等见到司马昭时，荀颢立即下拜，而王祥只是长揖。司马昭说："今日才知道您是多么看重我啊！"西晋建立，拜王祥为太保，进封睢陵公。

〔三〕冯道：字可道，号长乐老，五代十国时期著名宰相，历经四朝十代君王，始终担任将相、三公、三师之位，世称"十朝元老"。

〔四〕拱默：拱手沉默，坐观成败。

译文

　　天下从来没有都去帮助坏人的，作恶的人从来没有都得到全天下帮助的。那些作恶的人只是希望人们都保持中立，没有偏助，像里克对待骊姬，王祥对待司马，冯道对待五季那样，暗中袖手一旁，默默地待在一边，坐在那里观看成败，那么我的事情就会成功了。所以说：罪恶不是由帮助造成的，而是由那些不帮助且中立的人造成的。所以没有比内叛的祸患更严重的了，没有比保持中立更为奸诈的了。这两者的罪恶哪个更大一些？回答是中立的罪恶更大一些。这是为什么？内叛的罪恶更容易发现，中立的罪恶却难以知道。

点评

　　在是非正邪善恶的斗争中，中立多是不得已的伪饰，但客观上必然是助长邪恶势力的。在魏晋易代之际，王祥在行动上处处以长者自居，对于重大事件或保持沉默，或态度含混、模棱两可，对司马氏实质以不助助之。形势比人强，在不拜晋王这件事上，司马昭坐大之势已成，做皇帝是迟早之事，但称尊时机尚未完全成熟，如果此时就对其行跪拜大礼，一来有违礼制，二来会暴露其野心。王祥的处理方式达到了双赢的效果。对于王祥来说，此举既保持了自己恪守儒家礼制名分、不为权势所左右的独立人格和正人君子的形象，同时也含蓄地向司马昭表达了自己不会成为他篡权的障碍；对于司马昭来说，此举巧妙地掩饰了自己篡权的野心，并且为自己树立了心胸宽广、尊长敬贤的良好形象。王祥玩的是政治斗争中的模棱术，貌似中立，诚所谓"计亦狡矣"。陈普《王祥》："君王宫里望安舒，何曾慈亲念鲤鱼。体认卧冰真意思，忍看成济犯銮舆。""倒载山公即巨源，清谈安石幼舆孙。晋家祸乱深如海，半出咸熙太尉门。"陈普《自得》："勿助勿忘随所事，潜心积虑孰加功。待须默识心融后，左右逢源触处通。"钱大昕《客有言苏味道不当昌其后者，赋此解之》："四时鬼朴换匆匆，罗织争夸告密工。此际模棱已难得，不矜獬豸触邪功。"吴宽《新制方竹杖》："紫玉新裁恰过肩，斑斑四面带湘烟。病躯藉尔能扶直，巧手烦渠莫削圆。世事固知方则止，时人应道曲能全。此生得免模棱诮，晚节相依尚挺然。"戴复古《洪子中大卿同登远碧楼归来有诗》："角巾华屋下，丘壑在其旁。寄兴青山远，忧时白发长。无心当世用，袖手看人忙。善自为身计，须传活国方。"王柏《寄敬岩》："泳飞堂前橘柚香，田田荷叶浮波光。主人揽辔度闽峤，驱驰端为苍生忙。天生人才不虚出，必使事与才相当。尔才绰绰有余力，岂容袖手窥其旁。"

一四二、为天守名分者，君也

吏之守帑[一]者，以财假[二]人，谓之盗；将之守边者，以地假人，谓之叛。财之在帑者，非吏之财也；地之在边者，非将之地也。财非其财而擅施焉，地非其地而擅弃焉，其排抵[三]谴诃[四]也宜哉。为官守帑者，吏也，为国守边者，将也；为天守名分[五]者，君也。专财与地，得罪于人；则专礼以假人者，岂不得罪于天耶？天未尝以名分与人君，特寄之人君，俾[六]守之耳。舆地[七]广轮[八]之博，版籍[九]生齿[一〇]之繁，甲兵卒乘[一一]之雄，象犀[一二]金缯[一三]之富，皆君之有；独名分者，非君之有也。天以四海九洲全付人君，惟吝[一四]于名分，何耶？盖名分者，四海九洲之所自立。人之所轻，天之所重也。

注释

〔一〕帑（tǎng）：贮藏钱财的府库。
〔二〕假：借。
〔三〕排抵：排挤。
〔四〕谴诃（qiǎn hē）：谴责呵叱。
〔五〕名分：名位与身份、名义。在儒家思想中，君臣、父子、夫妻的关系称为"名"，相应的责任、义务称为"分"。
〔六〕俾（bǐ）：使、把。
〔七〕舆地：土地。
〔八〕广轮：广袤，指土地的面积很大。
〔九〕版籍：登记户口、土地的簿册。

〔一〇〕生齿：古时把已经长出乳齿的男女登入户籍，这里借指人口、家口。

〔一一〕卒乘（shèng）：士兵与战车，后多泛指军队。

〔一二〕象犀（xī）：大象和犀牛，代表财富的象牙、犀牛角。

〔一三〕金缯（zēng）：黄金和丝织品，泛指金银财物。

〔一四〕吝：顾惜、舍不得，爱惜过分。

译文

掌管财库的官吏，把资财借给别人，叫作偷盗；守卫边疆的将士，把土地借给别人，叫作叛贼。在库房里的资财，不是官吏的财产；在边疆的土地，不是将士的私有土地。资财不是他的财产却擅自施舍给别人，土地不是自己的私地却擅自放弃，他们受到排斥抵制和谴责痛骂都是应该的。替官府掌握财库的人，是官吏；替国家守卫边疆的人，是将士；替天道守护名分的人，是国君。专断资财和土地，这便得罪了主人；那专断礼仪用来借给别人，难道不会得罪天道吗？天道不曾把名分给国君，只不过是寄托在国君那里，让他守护住。土地面积很广博，户籍繁衍很昌盛，象牙犀角、金银绸缎很富丽，这些都是国君所拥有；惟独名分，并不为国君所拥有。天道把整个天下都交付给国君，只吝惜名分，为什么？因为名分是四海九洲能自立为国家的根本。人们轻视它，天道却很重视。

点评

《易》以道阴阳，《春秋》以道名分。名分的实质是规则。《易》讲述了合乎自然规则是稳定和谐的根本；《春秋》讲述了合乎社会道德的名分，即"春秋大义"，就是社会规则，是维持稳定和谐的根本。在儒家的思想中，合乎自然规则和社会道德的名分是社会稳定和谐的根本。所谓名分，就是社会价值坐标体系，在名义和相应的责任、义务的教义下，进行人伦行为价值的判断，是人伦价值的基本原则，也即"大义"。违反背弃了大义名分，即使花费巨大的社会成本也不可能维持统治。张载提出"为天地立心，为生民立命，为往圣继绝学，为盛世开太平"，立心就是确立社会价值坐标体系，也即确立人际关系规则体系，也可简称为伦理。陈普《毛诗·小星》："名分存存不敢忘，衾裯来往岁星光。尊卑高下虽天秩，小纪终须属大纲。"陈普《圣人人伦之至》："圆头方腹一皆人，尧舜元非凤与麟。道德文章光万世，看来只是尽人伦。"

一四三、天秩有礼，多多寡寡不可乱也

殊不知，天秩[一]有礼，多多寡寡不可乱也。假天之秩以为私惠，何以继天而子元元[二]乎？人心无厌，侯[三]而可假公[四]之礼，则公亦思假王[五]之礼。惠王[六]既假晋以公礼矣，后数十年而晋文[七]有请隧[八]之举，果欲假王之礼。非惠王启其僭[九]心，晋文遽敢尔耶？剥[一〇]庐则及床，剥床则及肤。庶人[一一]而僭士[一二]礼，是僭大夫[一三]之渐也；士而僭大夫礼，是僭诸侯[一四]之渐也；大夫而僭诸侯礼，是僭天子之渐也。圣人欲上全天子之尊，必先下谨士、庶人之分，守其下所以卫其上也，况公侯之近且贵乎？

注释

〔一〕天秩：天道规定的品秩等级，这里指礼法制度。

〔二〕元元：平民；老百姓。

〔三〕侯：古代五等爵位公、侯、伯、子、男中的第二等。

〔四〕公：古代五等爵位公、侯、伯、子、男中的第一等，在侯爵之上。

〔五〕王：君主；最高统治者，封建社会的最高爵位。

〔六〕惠王：即周惠王。鲁庄公十八年（前659）春季，虢公、晋献公朝觐周惠王。周惠王用甜酒招待，又允许他们向自己敬酒。同时各赐给他们玉五对、马四匹。这是不合于礼的。周天子对诸侯有所策命，封爵地位不一样，礼仪的等级也不一样，不能把高等的礼仪随便给人。

〔七〕晋文：晋文公重耳。鲁僖公二十五年（前635），晋文公帅师进京勤王，稳固了周襄王的王位。周襄王自然感激不尽，高规格接待了他（王享醴，命之宥）。并且按惯例赏与晋国土地，晋文公拒绝了，而是请求自己死后按天子的规格用隧礼、安葬。

〔八〕隧（suì）：墓道，古墓中运送棺材到墓室的通道。

〔九〕僭（jiàn）：超越本分，古代指地位在下的冒用在上的名义、礼仪和器物等。

〔一〇〕剥：脱落或被侵蚀，如剥落、剥离、剥蚀。

〔一一〕庶人：泛指无官爵的平民、百姓。

〔一二〕士："士"的称谓经历过许多的变化，后多指对未婚青年男子的称谓。这里指古代贵族的最低一级。

〔一三〕大夫：是古代的一个官职，西周以后先秦诸侯国中，在国君之下设卿、大夫、士三级。

〔一四〕诸侯：对古代帝王统辖下的列国君主的统称。

译文

却不知天道给予秩位是有一定礼节的，多多少少是不可以乱套的。把天道的秩位借作自己的私人恩惠，怎么能继承天道而做百姓的父母？人心不能满足，侯爵可以借用公爵的礼仪，那么公爵也可以借大王的礼制。周惠王既然已经借给晋侯公爵一级的礼制，后来几十年就有晋文公要求和天子墓道一样规格的葬礼，果然想借用王者的礼制。周惠王如果不开启他的僭越之心，晋文公后来敢突然这样做吗？房屋剥落就会危及床第，床第剥落就会危及身体皮肤。老百姓如果僭越士人的礼制，这便是士人僭越大夫礼制的前兆；士人僭越大夫的礼制，这便是大夫僭越诸侯礼制的前兆；大夫僭越诸侯的礼制，这便是诸侯僭越天子礼制的前兆。圣人想保全上层天子的尊严，必定要先在下层使人们谨守士人百姓的名分，守护下面就是用以保护上面的，何况公侯离天子近而且尊贵呢？

点评

名分的社会功能在于厘定秩序。秩序是人类群体生活的必然的需要，标识着内在的自由和自我控制的边界；意味着安宁与幸福。秩序也需要力量来维系，而等级制度就是一个动力机制，等级的设置可以激发力量也可以导引力量。从特定的层面而言，等级即动力。塞缪尔·亨廷顿曾说："首要问题不是自由，而是建立合法的公共秩序。人类可以无自由而有秩序，但不能无秩序而有自由。"讲自由，就不得不讲秩序，讲秩序，就不得不讲等级。自由与等级并不矛盾，一如自由与秩序并不矛盾。自由与等级可以共存相成，一如自由与秩序可以共存相成。赵光义《缘识》："民间天上事，通理一言之。仙积千年寿，人终百岁期。礼容分次第，泛爱别尊卑。福业有轻重，那堪乱作为。"艾性夫《杂兴》："蚁国槐为穴，蜂衙蜜作房。采花与旋磨，辛苦知尊王。胡为枭獍生，思食父母肠。彼微有尊卑，此大相灭亡。物情有不齐，使我心忧伤。"于石《分蜂》："群蜂割据作生涯，户牖新开蜜酿花。汉世侯王自分国，秦民父子各当家。尊卑两尽君臣义，朝夕争趋南北衙。因感途人本兄弟，无知微物亦何嗟。"邵雍《安乐窝中自贻》："物如善得终为美，事到巧图安有公。不作风波于世上，自无冰炭到胸中。穾殃秋叶霜前坠，富贵春华雨后红。造化分明人莫会，枯荣肖得几何功。"

一四四、尺寸之土可以遏昏垫之害，尺寸之礼可以遏僭乱之源

大堤云横，屹如山岳，其视尺寸之土，若不能为堤之损益也。然水潦暴至，势与堤平，苟犹有尺寸之土未没，则濒[一]水之人可恃无恐。当是时，百万生灵之命系于尺寸之土焉。尺寸之土可以遏[二]昏垫[三]之害，尺寸之礼可以遏僭乱之源。然则儒者力争于毫厘尺寸之间，非迂也，势[四]也。

注释

〔一〕濒（bīn）：紧靠（水边），临近。
〔二〕遏（è）：阻止、断绝。
〔三〕昏垫（hūn diàn）：陷溺，指困于水灾，亦指水患、灾害。
〔四〕势：事情的必然趋向。

译文

大堤像云一样横着，屹立着像山岳，它看待尺寸大的土块，好像不能对自己有什么增损。但当洪水暴发的时候，水势与堤坝齐平，如果有尺寸大的土块没有被淹没，那么面临洪水的人可以依仗它而不恐慌了。这个时候，

百万生灵的性命绑在这尺寸大的土块上，尺寸大的土块可以遏制水灾，尺寸大的礼制可以遏止僭越之乱的根源。这样的话那么儒士在一毫一厘、一尺半寸之间的细微处争论并不是迂腐，而是必然的趋向。

点评

　　小节易制，大错难救，任何事物的发展都有一个形成、发展、终止的过程，所以要从细小苗头开始，防微杜渐，免得酿成大错。王安石《风俗》："且坏崖破岩之水，原自涓涓，干云蔽日之木，起于青葱，禁微则易，救末者难。"禁止某事于开端容易，在终结时再救治就很困难，人都是因为忽视细微的小事，才导致更大的过失。抑制不良之事于萌芽阶段很容易，到酿成大祸时再来挽救就很困难了。从事情的量变开始阶段就入手矫正，才不会酿成不可救药的质变后果。韩琦《读刘易春秋新解》："谨严之法不可犯，欲示万世天子权。礼乐征伐必上出，诸侯虽大莫得专。"曾国藩《秋怀诗》："城头昨宵月，今夕亏其圆。丈夫矜小节，一缺谁复全。蜗庐抱奇景，高视羲皇前。苍蝇颣尺璧，江汉谁洗濯。马融颂西第，今为时所怜。"郭祥正《赠裴泰辰先生》："匣剑光铓射斗牛，提携天下洗人仇。英雄心胆老犹在，道路风尘行未休。名重更须完小节，义高何足论闲愁。濛濛细雨陵阳市，折取红梅上酒楼。"

一四五、惟吾心之所见如何耳

　　天下之事，远近隐显之所在，初未尝有定名。古非远也，今非近也；古之事非隐也，今之事非显也，惟吾心之所见如何耳。

译文

　　天下的事情，遥远与附近，隐晦与明晰，它们的存在，开始本没有固定的名称。古代并不遥远，现在也不切近；古代的事并不隐晦，现在的事也并不明晰，只看吾心里的见识是怎样的而已。

点评

　　认识都是主观的，因为任何认识都是主体的认识，起点是主体的观察，是主体对客体的探索和判断。王阳明："山近月远觉月小，便道此山大于月。若人有眼大如天，当见山高月更阔。"王渐逵《半夜起坐》："忽然夜半致虚澄，始信吾心即六经。在昔钻研真影响，而今磨洗自光明。莫于赘处还加赘，须到清时更倍清。君看东皋岩下水，渐成溪涧向沧溟。"

一四六、人心不可有所蔽也

　　以古为今，以今为古，特在吾心之通与蔽耳，曷尝有定名哉？呜呼！人心不可有所蔽也。处当世之事，而蔽于私情，则虽易见之祸，有不能见焉。论异世之事，而蔽于陈迹，则虽易见之理，有不能见焉。

译文

　　把古代当成现代，把现代当作古代，只不过在于我的心通透或蒙蔽，何尝有固定的名称？呜呼！人心不可以蒙蔽。处理当世的事情，但被私情所蒙蔽，那么虽然是容易觉察的祸患，也有不能看见的。议论不同时代的事情，但被陈旧的事迹所蒙蔽，那么虽然容易看得见的道理，也有不能见识到的。

点评

　　人的注意力有集中就有分散，有专注就有遗失。祖谦在文中还详尽论说道：当人心在一处被蒙蔽了，在另一处就会懈怠。心一旦被蒙蔽了，那么接触一定的情境就会放纵欲望；即使祭祀的钟鼓在前面也看不见，即使斩杀的刀斧在后面也不知道，即使亲身经历的事情，还没有过多长时间，就如同喝醉了似的像在做梦，好像是久远的太古洪荒时代的事情，不再记得了。心没有被蒙蔽，那么就能上下六合、四面八方，聚合一千年为一天，聚合一万代为一代，和古时候的圣贤相互学习，相互往来，在不声不响中，和谐统一，没有间隙。金朋说《正心吟》："明诚道不离，知格无邪伪。中正着吾心，毋为私欲蔽。"陆游《杂感》："磨镜要使明，拭几要使净；奈何视吾心，不若几与镜？垢污倘未除，秋毫即为病。吾曹亦圣徒，可不学颜孟？"林之奇《和王龟龄不欺堂》："心外何曾别有天，吾心和处即昭然。昭然莫向穹苍觅，帝所清都在目前。"王义山《斋居杂兴》："道理须从妙处寻，静中观物了吾心。一时俯仰成朝暮，万变纷纭几古今。蠖屈蛇伸非矫揉，鸢飞鱼跃自升沉。莫随名利相牵引，方寸胶舟泥寸涔。"

一四七、人情岂相远哉

刘文静〔一〕、裴寂〔二〕俱唐室〔三〕功臣，然首建大义皆文静之谋，非寂敢望也。高祖〔四〕厚寂而薄文静者，文静以其功，寂以其谄耳。人情岂相远哉？

注释

〔一〕刘文静：字肇仁，唐朝宰相、开国功臣。
〔二〕裴寂：字玄真，唐朝开国功臣、宰相。
〔三〕唐室：指唐朝。
〔四〕高祖：指唐高祖李渊，字叔德，唐朝开国皇帝。

译文

刘文静、裴寂都是唐朝的功臣，但一开始倡议举大义起兵的都是文静的谋划，不是裴寂能比的。唐高祖厚待裴寂而薄待文静，文静是凭借他的功劳，裴寂是凭借他的谄媚而已。人情难道会相差很远吗？

点评

祖谦在下文中说："功已往而易忘，谄方至而易感。"功劳已经过去了容易忘记，谄媚刚刚到来容易感受，这是古今领导人的通病，也是人性的共性，即使是英明如李渊，也不免如此。但刘文静后来的边缘化以致最终被杀，恐怕也有兔死狗烹之意。朱熹《情》："谓之情者无他思，只是吾心初动机。又把动时分析出，人当随发察其几。"姚勉《乌鹊吟》："鹊噪人所怜，乌啼人所唾。谓鹊能报喜，谓乌常送祸。乌啼鹊噪何心然，孰为此者皆其天。预言祸至使人避，比鹊以乌乌更贤。欲忠于人反嗔己，喜谀恶直常如此。君不见九龄去国甫相，崇侯得君比干死。"王令《鸦鸣》："庭前佳树绿阴成，树杪飞鸦去就轻。自顾主人无败德，岂嫌尔口有凶声。平生直道常多祸，两耳清风一听鸣。辄莫为人轻自动，须知弹射易忘生。"殷葆诚《伍员》："回首昭关路已遥，沉冤未雪恨难消。悲凉身世余长剑，落拓生涯付短箫。剩有雄图吞越国，空留遗恨咽江潮。前膺后种浑相似，鸟尽弓藏叹寂寥。"姚莹《凤阳怀古》："汉家丰沛郁相望，虎跃龙飞又凤阳。五百里中占地气，一千年后再兴王。天资自是殊宽急，国祚终教有短长。谁道韩彭更冯李，后先鸟尽叹弓藏。"华镇《题画鹰》："高飞远走可人情，上蔡东青旧有名。谁在华堂餍鼎俎，自甘平野掠柴荆。心忧狐兔纷难尽，眼看豺狼恣不平。莫倚丝绳金缴美，弓藏鸟尽汝须惊。"

一四八、人臣之忧，在于谏之未善，不在于君之未从

古今以人君拒谏为忧，吾以谓未知所忧也。首〔一〕人君之恶者，拒谏居其最，置〔二〕是而不忧，将何忧？曰君之拒谏可忧，而非人臣之所当忧也。君臣同体，君陷于恶，臣不为之忧，将谁忧？曰君有君之忧，臣有臣之忧，未闻舍己之忧而忧人之忧者也。人臣之忧，在于谏之未善，不在于君之未从，谏之道难矣哉！诚之不至，未善也；理之不明，未善也；辞之不达，未善也；气之不平，未善也；行之不足以取重于君，未善也；言之不足以取信于君，未善也。坐以待旦，夜以继日，其所忧者唯恐吾未尽谏之之道，亦何暇〔三〕忧其君之从与拒乎？不忧术之未精，而徒忧病之难治，天下之拙医也。不忧算〔四〕之不多，而徒忧敌之难胜，天下之庸将也。

注释

〔一〕首：排列在第一位，标举。也可理解为"揭发"。

〔二〕置：放置、放着。
〔三〕何暇：哪里有闲暇。
〔四〕算：谋划、计划。

译文

古往今来的人臣都担忧君主拒绝接纳自己的劝谏，我以为这是不知道什么是应该忧虑的。标举君主的罪恶，拒谏是其中最大的罪；舍弃这个而不忧虑，将忧虑什么呢？我的回答是，君主拒绝纳谏是值得忧虑的，但不是作为臣子的所应当忧虑的。君臣本是一个共同体，君主陷入罪恶，臣子不为此忧虑，将为谁忧虑？回答是，君主有君主的忧虑，臣子有臣子的忧虑，没有听说舍弃自己的忧虑而去忧虑别人的忧虑的人。臣子的忧虑，在于进谏的不完善，不在于君主的不听从。进谏之道是很难的啊！诚恳不到了极致不算完善，道理不表述明白不算完善，辞意不表达畅达不算完善，心气不平和不算完善，行为不被君主看重不算完善，言语不被君主取信不算完善。一夜坐着直到天亮，白天不够晚上接着干，所忧虑的是生怕还没有穷尽进谏君主的方法，怎么可能有工夫去忧虑他的君主听从还是拒绝？不忧虑医术不精湛，而只忧虑病人的病难治，这是天下的庸医。不忧虑谋划不够，而只忧虑敌人难以战胜，这是天下的庸将。

点评

孟子曰："行有不得，反求诸己。"人的一生，会遇到各种各样的问题和挑战，然而，外在发生的一切，皆是源自内在。过了自己这关，万事迎刃而解。变化是无穷的，方法是无限的，只有放下执着，不被自我之见所遮挡，利用每一次失败，逆向推理，反省自己的不足，寻找自己的弱点；记录下来，认真修正，避免下次再犯。当你认真面对和修正时，错误会逐渐缩小，能力会逐渐增强。在修正自身的过程中，其实你就是在完善做事方法，一点点接近正确之路。陈淳《和陈叔余韵以勉之》："此道何曾远，吾儒自有珍。反求皆在我，中画岂由人。利善分须白，知行语未陈。若能祛旧见，明德日惟新。"徐鹿卿《喜雨偶韵》："田里欢传岁有秋，已占休证叶龟畴。连朝霡雨忻从欲，一念通神只反求。暂向岭边宣主泽，每先天下为民忧。藩方久袖为霖手，百万苍生愿未酬。"

一四九、谏在臣，听在君

谏，吾职也；听，君职也，吾未能尽其职，乃欲越其职以必君之听，其可乎？祭在人，飨[一]在神；谏在臣，听在君。有孔子而鲁不治者，谏在孔子而听在鲁侯[二]也；有孟子而齐不治者，谏在孟子而听在齐王也。

注释

〔一〕飨（xiǎng）：同"享"，享用、享受。
〔二〕鲁侯：鲁国国君。

译文

进谏，是我的职责；听谏，是国君的职责，我不能尽自己的职责，却想跳过这个职责来要求君主一定要听从我，这行吗？祭祀在于人，享用与否在于神；进谏在于臣，听谏在于君。有孔子在但是鲁国还是不能够达到治平，是因为进谏在于孔子而听谏在于鲁侯；有孟子在但是齐国还是不能达到治平，是因为进谏在于孟子而听谏在于齐王。

点评

孔子至圣，孟子亚圣，真善谏者也，而鲁、齐不治，不害其为至圣、亚圣，尽其在我的职分而已。邵雍《十分吟》："所谓十分人，须有十分事。事苟不十分，终是未完备。事父尽其心，事兄尽其意。事君尽其忠，事师尽其义。"李昴英《肇庆府倅王庚应平反广府帅司冤狱诗以纪其事》："人生天地间，本是同胞出。贵贱与贤愚，分殊而理一。上帝立君师，朝廷设官职。凡百有司存，各欲尽其责。一或无人心，何以顺天则。"陆游《试笔》："清谈数语犹疑过，平地徐行亦虑危。酌酒浅深须在我，更衣单复要随时。"邵雍《龙门道中作》："物理人情自可明，何尝戚戚向平生。卷舒在我有成算，用舍随时无定名。满目云山俱是乐，一毫荣辱不须惊。侯门见说深如海，三十年来掉臂行。"王义山《和康节天意为人二吟》："鸟兽不可与同群，人道无亏方是人。已分工夫须尽我，学中本领在明伦。川云意思乾坤外，杯酒襟怀天地春。识得眼前真道理，世间何事切吾身。"

一五〇、道有枢，言有会

道有枢〔一〕，言有会〔二〕，柁〔三〕移则舟转，轮运则车行，夫岂在于用力耶？

注释

〔一〕枢（shū）：门的转轴，也可理解为开合、活动。又由此引申为主开发的机关，还指事物中心的或重要的部分。

〔二〕会：会归、关键。

〔三〕柁（duò）：同"舵"。

译文

道术有枢纽，言语有关键，舵拨动了船就运转，轮子转动了车就运行，难道在于用力气吗？

点评

要善于抓住重点，抓牢关键，抓好转机。杜甫的《前出塞其六》云："挽弓当挽强，用箭当用长。射人先射马，擒贼先擒王。杀人亦有限，列国自有疆。苟能制侵陵，岂在多杀伤。"在两军对战中，如果把敌人的主帅擒获或者击毙，其余的兵马则不战自败。比喻在解决事情上应抓住关键，解决主要矛盾，其他的细节便可以迎刃而解。王廷陈《咏怀》："两仪立枢要，万事具纪纲。智士运机权，一童驱百羊。羽重金或轻，尺短寸有长。壮夫苟失据，反为竖子伤。独茧引六鳌，纤缴连双鸽。操持贵不谬，得失讵有常。始悟制人术，岂在多与强。"叶适《送陈粮料》："万里渥洼出，行天绝比伦。能参大关键，莫用小精神。钟鼎身虽贵，箪瓢道未贫。梅情兼雪意，留住恰芳春。"尹志平《西江月》："浅见有知有识，深通无悟无迷。了然顿觉入希夷。此是男儿正智。　达道岂离方寸，明心何在天西。终朝闲坐细寻思。裂转机关便是。"

一五一、人之嗜进而不知止，未有不由子孙累者

人之嗜进而不知止，未有不由子孙累者。一身之奉易足也，一身之求易借也，其所以嗜进而不知止者，特欲为子孙无穷之计耳！吾身不能常存，主眷不能常保，身未没、眷未衰之时，厚集权宠以遗后之人，一失此机，子孙将何所庇乎？此所以爵愈高而心愈躁，禄愈丰而心愈贪也。

译文

人嗜好进取而不知道停止，没有不是由于子孙的牵累的。一个人生活所需的俸禄很容易满足，一个人的需求很容易供给，他们之所以嗜好进取但不知道停止，只不过想要为子孙后代作无穷无尽的谋划而已！我个人不能长久地存在，主上眷爱不能永远保有，人还没有死，眷爱还未减弱的时候，厚厚地聚敛权利和恩宠来留给子孙后人，一旦失去这种机会，子孙将有什么庇护？这就是爵位越高而内心越躁动，俸禄越丰厚而内心越贪婪的原因。

点评

爱子孙是天性，但不可过，不可偏，不可局限于执着于物质财富的保障。释怀深《拟寒山寺》："人生不满百，常怀千岁忧。犹嫌金玉少，更为子孙求。白日晓还黑，绿杨春复秋。无过富与贵，不奈水东流。"李纯甫《刘宋》："六十衰翁血打围，深山赤手搏熊罴。子孙只解相鱼肉，辛苦知他为阿谁。"罗邺《长城》："当时无德御乾坤，广筑徒劳万古存。谩役生民防极塞，不知血刃起中原。珠玑旋见陪陵寝，社稷何曾保子孙？降虏至今犹自说，冤声夜夜傍城根。"刘克庄《贫居自警》："客过吾庐语至晡，旋营盐酪刈薪刍。酒兼麟脯不时有，饭与鱼羹何处无。力穑勿忘家世俭，堆金能使子孙愚。俗儿未识贫中乐，妄议书生骨相臞。"

一五二、以损而兴，以满而灭

人之所以多求位与宠者，不过欲子孙用之不尽耳，抑[一]不知吾尽取其位，安得余位以遗子孙乎？吾尽取其宠，安得余宠以遗子孙乎？敬仲[二]所以不处齐卿之位者，恐其位之尽也；不当夜宴之宠者，恐其宠之尽也。齐敬仲每[三]有不尽之怀，故其子孙亦每有不尽之泽，是辞一卿之秩[四]而开一世之基，辞一夕之宴而得数百年之眷，深矣哉，敬仲托其子孙于齐也！至于田和[五]席[六]敬仲之业，既满而溢，篡窃齐国，六七传而遂亡。以损而兴，以满而灭，岂非盈者天地鬼神之所共恶耶？

注释

[一]抑：可是、但是、然而。

[二]敬仲：即陈完，陈国（今河南周口市淮阳区）人，春秋时陈国陈厉公之子，字敬仲（一说敬是谥号）。鲁庄公二十二年（前672），陈国爆发内乱，陈完逃到齐国，为避难改为田氏。齐桓公想让陈完做卿，陈完说："我作为寄居在外之臣，有幸能不做劳苦之役，就是您给我的恩惠了，我不敢担任高官。"敬仲曾招待齐桓公饮酒，桓公很高兴。天晚了，桓公说："点上烛继续喝酒。"敬仲辞谢说："臣只知道白天招待君主，不知道晚上陪饮。不敢遵命。"在陈完传承到第五代时有实力来拉拢民心，控制齐国国政，结果在第八代时演出了一幕"田氏代齐"的历史剧。

[三]每：常常。

[四]秩：俸禄，也指官的品级。

[五]田和：妫姓，田氏，名和，陈完的九世孙。公元前391年，田和自立为齐君。放逐齐康公于海岛，使食一城，以奉姜姓之祀。齐康公十九年（前386年），田和被周安王册封为诸侯，姜姓齐国为田氏所取代。田和正式称侯，仍沿用齐国名号，世称田齐，以示别于姜姓齐国，史称"田氏代齐"。田齐成为战国七雄之一。

[六]席：继承、凭借、倚仗。

译文

人们之所以索求爵位和恩宠，不过是想子孙用之不尽而已，却不知道我尽取了所有的爵位，怎么有剩下的爵位留给子孙？我尽取了所有的恩宠，怎么有剩下的恩宠给子孙？敬仲之所以不接受卿位，是害怕他的爵禄就此而享尽；不敢接受夜晚宴饮的恩宠，是害怕他的恩宠会没有了。敬仲常有"不尽"的怀想，所以他的子孙常有不尽的恩泽，这是辞却一个卿位的爵禄而开创一世的基业，辞却一晚上的恩宠而得到几百年的眷顾。很深远啊，敬仲在齐国寄托他子孙的思考！至于田和承借敬仲的基业，满足之后就开始外溢，篡夺窃取齐国，传了六七代就灭亡了。因减损而兴起，因为满盈而衰亡，满与尽难道不是天地鬼神所共同厌恶的？

点评

《道德经》第四十二章，"故物之或损之而益，或益之而损。"在老子看来，在普通人眼里，求财求名，越多越好，是一个"益"，是增加的过程。而求道的过程就是一个"损"，是减损的过程。很少有人愿意"损己"，所以得道太难了。损、益在《周易》里分列四十一、四十二卦，文王把这两卦合起来讲：损下益上为损，损在前，教导君王用民之财力应有节制；损上益下为益，教导君王损己为民，先天下而后己。孔子籀《易》，至于损卦益卦，未尝不废书而叹，戒门下弟子曰："二三子，夫损益之道，不可不审察也。""益之始也吉，其终也凶。损之始凶，其终也吉。损益之道足以观天地之变，而君者之事已。"（马王堆帛书《要》）宋代方回《寄魏鹤台并呈虚舟》援北宋"丰、亨、豫、大"盛极而覆的史事论及损益之道："损益相因俯仰间，人才世事颇相关。熙丰消息黄龙府，濂洛源流白鹤山。此道不随高岸改，吾徒宁作野云闲。世家但保书灯在，莫羡云霄玉笋班。"许月卿从个人立身处世论"损益"，其《用名世弟韵》："大圭白璧男儿事，小酌青灯兄弟情。倚阁烟云生另浦，高林风月满疏棂。人生工业何损益，外物本心须重轻。志节始终非易事，退之犹自怵天刑。"

一五三、用过其量，见险不止，未有能全者也

君子之立朝，使君有慊〔一〕心则可，使君有厌心则不可。乐岁之肉如藿〔二〕，凶岁之藿如肉，富家之帛如布，贫家之布如帛：贵生于不足而贱生于既足也。势盈位极为君所厌，身且不保，而况子孙乎？宋〔三〕刘湛〔四〕之事文帝〔五〕，其始帝与语，视日早晚，惟恐其去；其后亦视日早晚，惟恐其不去。文帝既厌湛，而湛独宠冒，宜其不免于诛也。使湛之当文帝惟恐其去之时翻然引去，则文帝之与湛常有无穷之思，是知爱极则移，高极则危。由古至今，用过其量，见险不止，未有能全者也。用过其量者固召衅〔六〕而集祸矣。

注释

〔一〕慊（qiàn）：通"歉"。不足的、不满。

〔二〕藿（huò）：豆类植物的叶。

〔三〕宋：这里指南北朝时南方刘裕建立的宋朝，也称刘宋。

〔四〕刘湛：字弘仁，建立南朝宋的功臣之一。少有大志，不尚浮华，常以管仲、诸葛亮自比。高祖皇帝刘裕死后，长子刘义符继立，昏暴淫乱，两年后被执政大臣徐羡之、谢晦等人废掉，另立刘义隆为帝。文帝刘义隆即位初，刘湛为侍中。刘义康为彭城王时，刘湛是彭城长史，深得刘义康的信任。刘义康专主朝政，刘湛势倾朝野，元嘉十七年（440）十月，因阴谋立刘义康为帝，宋文帝捕杀刘湛和他的三个儿子。

〔五〕文帝：宋文帝刘义隆，小字车儿，南朝宋第三位皇帝，424年—453年在位，宋武帝刘裕第三子。

〔六〕衅：祸患、祸乱。

译文

君子立身于朝廷，让国君有不足之心是可以的，让国君有满足之心却是不可以的。丰年的肉像藿菜一样，凶年的藿菜就像肉一样，富贵之家的帛就像布一样，贫困人家的布就像帛一样：珍贵是由不足而产生的，而低

贱是由于充足而产生的。势力隆盛、爵位尊贵是国君所厌恶的，个人尚且不能保住，何况子孙？宋时刘湛侍奉文帝，开始文帝与刘湛谈话，观看日影的早晚，生怕他离去；后来也看日影的早晚，生怕他不去。文帝已厌恶刘湛，而刘湛恃宠而不节制，他不免于被诛杀是必然的。假使刘湛当文帝生怕他离去的时候毅然离去，那么文帝就常常会有无尽的思念，这便是知道爱到极点就会转移，高到极点就会危险。从古至今，运用得过了头，看见危险却不停止，没有能够保全的人。运用得过了头本来就会招来血灾，聚集祸患。

点评

保持饥饿，保持愚笨。一切的错误和失败，都是过度运用意志和能力的结果。"月满则亏，水满则溢。"月亮圆的时候就开始向缺损转变，水满了就会溢出来，比喻事物盛到极点就会衰落。"过犹不及"，事情做得过头，就跟做得不够一样，都是不合适的。王洋《赠恭侍者》："学有千门路，恭为百行初。谦和人爱得，放傲腹空虚。树大求斤斧，皮柔易卷舒。请君观巨海，万水岂能如。"俞汝尚《过淮阴侯庙》："当时谋战不谋安，将众多多是祸端。万垒在前攻掠易，四方无事保全难。晓堂钟鼓修淮祀，古壁旌旗拥汉官。天下息肩兵革定，一瞻祀宇一长叹。"周端臣《栖霞岭》："九折崎岖入杳冥，苍崖中断见云生。着身高处不知险，回首省时方始惊。半岭雷奔空石堕，满山花发晓霞明。世间岂是无平地，何事吾侬爱此行。"

一五四、未出则人恐失我之贤，既出则我恐失人之望

谢安[一]之隐东山也，晋国[二]慕之者惟恐其不起也，及其既出，高崧[三]谓之曰："卿高卧东山，诸人每言安石不肯出将如苍生何？苍生今将如卿何？"安有愧色。盖天下望安之出久矣，一旦为苍生而起，则寒者求衣，饥者求食，不获者求得，今之责我者皆昔之慕我者也。未出则为人所慕，既出则为人所责；未出则人恐失我之贤，既出则我恐失人之望。忧乐劳逸岂可同日而语耶？然则岂特用过其量者固为不可语，即人与位相称者亦未易处也。

注释

〔一〕**谢安**：字安石，东晋时期政治家、军事家。自少以清谈知名，屡辞辟命，隐居会稽郡山阴县之东山，后谢氏家族于朝中之人尽数逝去，他才东山再起，历任征西大将军司马、吴兴太守、侍中、吏部尚书、中护军等职。在淝水之战中，谢安作为东晋一方的总指挥，以八万兵力打败了号称百万的前秦军队，使晋室得以存续。战后因功名太盛而被孝武帝猜忌，被迫前往广陵避祸。

〔二〕**晋国**：指东晋王朝。

〔三〕**高崧**：字茂琰，东晋官员，曾任丹阳尹、光禄大夫，封建昌伯。

译文

谢安隐居东山，晋朝仰慕他的人惟恐他不起用，等到他出来以后，高崧告诉他说："你在东山高高地躺卧着，人们常说如果安石不肯出来，将拿天下的老百姓怎么办？今天，天下的老百姓将拿你怎么办？"谢安有羞愧的脸色。大概天下盼望谢安出来已经很久了，一旦因为天下百姓而起用，那么受冻的人来索求衣物，挨饿的人来索求食物，没有获得的要求得到，现在责难我的人都是往日仰慕我的人。没有出来就被人仰慕，出来以后就被人责难；不出来，人们害怕失去我的贤能，出来以后，我又害怕让众人失望。忧愁快乐和劳累安逸怎么可以同日而语？既然如此，那么难道只是才智用得过头的人不行？即使人与位置相称，也不容易自处。

点评

才职虽相称，绩效未必副人之望。而因种种内外条件的限制，名不副实原本就是大概率事件。所以任职履责不可不全心全意勉力为之，鞠躬尽瘁，死而后已。杜甫《蜀相》："丞相祠堂何处寻，锦官城外柏森森。映阶碧草自春色，隔叶黄鹂空好音。三顾频烦天下计，两朝开济老臣心。出师未捷身先死，长使英雄泪满襟。"陆游《病起书怀》："病骨支离纱帽宽，孤臣万里客江干。位卑未敢忘忧国，事定犹须待阖棺。天地神灵扶庙社，京华父老望和銮。出师一表通今古，夜半挑灯更细看。"彭汝砺《和千乘先生诗》："蓬荜犹淹济世图，独持经术振群愚。困穷自古饶贤者，功业于今属丈夫。天下久思安石起，时人争笑孟轲迂。何时币聘来莘亩，伫听嘉言上禁途。"

卷八

一五五、清明在躬，志气如神。嗜欲将至，有开必先

物莫不有先〔一〕：础〔二〕先雨而润，钟先霁〔三〕而清，灰先律〔四〕而飞，蛰〔五〕先寒而闭，蚁先潦〔六〕而徙，鸢〔七〕先风而翔。阴阳之气，浑沦磅礴于覆载〔八〕之间，而一物之微，先见其几，如券契符钥，无豪厘〔九〕之差，何也？通天地一气，同流而无间者也。一物且然，而况圣人备万物于我乎？圣人备万物于一身，上下四方之宇，古今往来之宙，聚散惨舒〔一〇〕，吉凶哀乐，犹疾痛疴〔一一〕痒之于吾身，触之即觉，干之即知。清明在躬，志气如神。嗜欲将至，有开必先。仰而观之，荣光德星〔一二〕，欃枪〔一三〕枉矢〔一四〕，皆我吾心之发见也。俯而察之，醴泉〔一五〕瑞石，川沸木鸣，亦吾心之发见也。玩而占之，方功义弓〔一六〕，老少奇耦〔一七〕，亦吾心之发见也。

注释

〔一〕先：先兆。

〔二〕础：垫在柱下的石礅。

〔三〕霁（jì）：雨过天晴。

〔四〕律：律管，亦称"律琯"，是用竹管、铜管或玉管制成的定音器具。《六韬·五音》："夫律管十二，其要有五音：宫、商、角、徵、羽。"古代亦用作测候季节变化的器具，古人称作"以管候气"，全称叫"律管吹灰候气法"，把12支竹制律管置于密室，充以葭莩灰，节气一到（太阳运行到某节点），地气就会从特定的律管中迅速上升，推动葭莩灰飞出，这就是"候气术"。

〔五〕蛰（zhé）：动物冬眠，藏起来不吃不动。

〔六〕潦（lào）：古同"涝"，雨水过多，水淹。

〔七〕鸢（yuān）：一类小型猛禽的通称。

〔八〕覆载：天为覆，地为载，指天地。

〔九〕豪厘：同"毫厘"。

〔一〇〕惨舒：汉张衡《西京赋》："夫人在阳时则舒，在阴时则惨，此牵乎天者也。"后以"惨舒"指忧乐、宽严、盛衰等。

〔一一〕疴（kē）：病。

〔一二〕德星：古以景星、岁星等为德星，认为国有道、有福或有贤人出现，则德星现。

〔一三〕欃（chán）枪：彗星的别名，古人认为是凶星，主不吉。

〔一四〕枉矢（wǎng shǐ）：星名。郑玄："枉矢者，取名变星，飞行有光，今之飞矛是也。"《史记·天官书》："枉矢，类大流星，蛇行而苍黑，望之如有毛羽然。"古人认为是凶星，主不吉。

〔一五〕醴（lǐ）泉：甘甜的泉水。

〔一六〕方功义弓：指四种占卜方式，方，占卜有关方位的事。功，占卜有关功效的事。义，占卜有关适宜的事。弓，指射覆类占卜，在瓯、盂等器具下覆盖某一物件，让人猜测里面是什么东西。

〔一七〕老少奇耦（jī ǒu）：老少，指《易经》卦象中的老阳老阴、少阳少阴。奇耦，指卦象象数所显示的单数和双数。

译文

事物没有不先有预兆的，石墩在下雨前就湿润，钟在雨停之前就很清爽，灰尘在律管破封之前就开始飞动，动物在寒冷来临之前就开始冬眠，蚂蚁在水涝之前就开始迁徙，鸢鸟在风来到之前开始飞翔。阴气和阳气，在天地之间融合成一片，气势磅礴，然而，事物的精妙可以先从细微的迹象中看出来，就像债券契约以及兵符钥匙一样契合，没有丝毫的差错，为什么？因为天地之间是一气相通的，共同流转而没有什么间隙。事物尚且能这样，何况圣人把世间万物都具备在我这里呢？圣人把万物具备在我这里，上下四方的空间，古往今来的时间，聚合分散，惨淡舒卷，吉祥凶险，悲哀欢乐，这就像我身上的疾病疼痛和沉疴瘙痒一样，一触摸到就会感觉到，一扰动就会知道。清澈澄明在自身，意志就像神灵一样。嗜好和欲望将要来临，有所开启，必定会有先动起来的预兆。抬头观察，预兆吉祥的荣耀之光和美德之星，预兆凶险的欃枪星和枉矢星，都是我内心所发现的。低头观察，预兆吉祥的甘甜泉水、美丽石头，预兆凶灾的河流沸腾、树木呼啸，也都是我内心的发现。玩味占卜，不论是占卜方位和事功，还是占卜事宜和射覆之类，不论是老阳、少阳，还是老阴、少阴以及八卦象数的奇偶，这些都是我内心的发现。

点评

《孟子·尽心上》说："万物皆备于我矣。反身而诚，乐莫大焉。"世界上万事万物之理已经由天赋予我，在我的性分之内完全具备了，如果向内探求，到达天人合一的至诚境界，便会感到莫大的快乐。儒家主流学派认为宇宙是一个全息的宇宙，天、地、人之间是全息关联和对应的统一整体：在宇宙整体中，一切事物都具有时空全息性；同一个体的部分与整体之间、同一层次的事物之间、不同层次与系统中的事物之间、事物的开端与结果、事物发展的大过程与小过程、时间与空间，都存在着相互全息的对应关系；每一部分中都包含着其它部分，同时它又被包含在其它部分之中；物质普遍具有记忆性；全息是有差别的全息。人的身心是宇宙万事万物的全息投影，人心如镜如水，当清澈澄明之时，达到天人合一的境界，宇宙万事万物的投影就会显现具象出来，因此要认识世界、改造世界，与其向外求索，不如向内探求，可以收到事半功倍的效果。吕祖谦曾师从湖湘学派的胡宏，今录存胡宏诗二首，以资哲思。《次刘子驹韵·其二》："心由天造方成性，逐物云为不是真。克得吾身人欲去，清风吹散满空云。"《和刘子驹存存室》："动中涵静是天机，静有工夫动不非。会得存存存底事，心明万变一源归。"林之奇也是吕祖谦的导师，《和王龟龄不欺堂·其一》也很得"天人合一"的意趣："心外何曾别有天，吾心和处即昭然。昭然莫向穹苍觅，帝所清都在目前。"

一五六、名为龟卜，寔为心卜，名为蓍筮，实为心筮

未灼[一]之前，三兆已具；未揲[二]之前，三《易》[三]已彰。龟既灼矣，蓍[四]既揲矣，是兆之吉，乃吾心之吉；是《易》之变，

乃吾心之变。心问心答，心叩心酬，名为龟卜，寔[五]为心卜，名为蓍筮[六]，实为心筮。水中之天，即水上之天也，鉴中之面，即鉴外之面也；蓍龟之心，即圣人之心也。天天相对，面面相临，心心相应，混融交彻，泯然无际，败甲朽株云乎哉？故曰圣人不烦卜筮。在圣人观之，拂龟布蓍，已为烦矣，况区区推步[七]揣摩之烦耶。

注释

〔一〕**灼**（zhuó）：烧、炙。古代烧、炙龟甲以占卜吉凶。

〔二〕**揲**（shé）：古代数蓍草以占卜吉凶。

〔三〕**三《易》**：古有"三易"之说，夏代的《连山》、商代的《归藏》、周代的《周易》，并称为三易，此处指为三种占卜的方法。

〔四〕**蓍**（shī）：蓍草，多年生草本植物，茎有棱，叶子披针形，羽状深裂，花白色，结瘦果，扁平。我国古代用它的茎占卜。

〔五〕**寔**（shí）：通"实"，确实、实在。

〔六〕**筮**（shì）：以八卦用类似数学的方式作占算。

〔七〕**推步**：推算天象历法。古人谓日月转运于天，犹如人之行步，可推算而知。也指推测命运。

译文

还没有烧灼龟甲之前，各种先兆就已经具备了；还没有数列蓍草之前，各种占术的结果都已显示出来了。龟甲烧灼了之后，蓍草数列了之后，这种先兆的吉利，是我的内心很吉利；这种《易》的变化，是我内心的变化。内心提问内心回答，内心叩求内心酬复，名义上是龟甲卜兆，实际是内心卜兆，名义上是蓍草占兆，实际上是内心占兆。水中映照的天，就是水上面的天；镜子里面的脸，就是镜子外面的脸；蓍草龟甲的心，就是圣人的心。天与天相对，脸与脸相邻，心与心相应，混合融和，交往会通，融为一体，没有间隙，腐烂的龟甲和腐朽的蓍草能说什么呢？所以说圣人不需要占卜。在圣人看来，给龟甲拂去灰尘，或摆布蓍草，已经很繁琐了，更何况琐碎的推算和揣测是那样烦心。

点评

　　宇宙万事万物投影于人的意识，犹如天映于潭水，脸映于明镜。能明水中天，即能明水上天，能明镜中脸，即能明镜外脸，能明心中万事万物，即能明心外万事万物。邵雍《试笔》："心在人躯号太阳，能于事上发辉光。如何皎日照八表，得似灵台高一方。家用平康贫不害，身无疾病瘦何妨。高吟大笑洛城里，看尽人间手脚忙。"《先天吟》："先天事业有谁为，为者如何告者谁。若谓先天言可告，君臣父子外何归。眼前伎俩人皆晓，心上功夫世莫知。天地与身皆易地，己身殊不异庖牺。"金履祥《奉和鲁斋先生涵古斋诗》："圆融无际大无余，万象森然本不瘫。百圣渊源端有在，六经芳润几曾枯。人于心上知涵处，古在书中非远图。会到一源惟太极，包牺原不与今殊。"

一五七、聚于左氏之书则多，散于二百四十二年则希阔

　　窃意其卜筮之数，约而计之，犹不啻〔一〕数万也，左氏〔二〕载其验于书者，才数十事耳。是数十事者，聚于左氏之书则多，散于二百四十二年之间，则希阔寂寥，绝无而仅有也。

注释

　　〔一〕不啻：不只。
　　〔二〕左氏：指《左传》的作者左丘明。

译文

　　我私下认为他们占卜的数量，总到一起来算，应当不只有几万，左丘明在史书上记载的那些灵验的，才只有几十件事而已。这几十件事，聚在一起，放在左丘明的书里显得很多，分散到春秋时代两百四十二年间那就很少了，稀少得只有那么一点点。

点评

基本的数量统计，即可探知事实真相的大概。所以说数学是一切科学之母。所谓占卜，即占断，就是将哲理建个模型，以此推断，并无神秘，也无百分之一百的验证。陆游《五韵》："万事有常理，中智皆能知。祸福如白黑，不待诹蓍龟。疾患初萌芽，未有旦夕危。每能自省察，百鬼安能窥？一息生百疾，速死乃自诒。"崔涂《友人问卜见招》："何必问蓍龟，行藏自可期。但逢公道日，即是命通时。乐善知无厌，操心幸不欺。岂能花下泪，长似去年垂。"方回《见寄》："身历干戈百战尘，休官仍似布衣贫。每看事有难行处，未见心无不愧人。秋稔粥馆犹可继，夜凉灯火已堪亲。闭门读易吾谋决，莫用蓍龟问鬼神。"

一五八、蓍龟者，心之影也

妄者见其妄，僭者见其僭，妖者见其妖，皆心之所发见耳。蓍龟者，心之影也，小大修短，咸其自取。伛〔一〕者曲，而躄〔二〕者跛〔三〕，夫岂影之罪哉？

注释

〔一〕伛（yǔ）：曲（背）、弯（腰）。
〔二〕躄（bì）：同"躄"，两足不能行走。
〔三〕跛（bǒ）：腿或脚有病，很难站正。

译文

不虚妄的人看见虚妄，僭越的人看见僭越，妖人看见妖怪，都是内心所发现的而已。蓍草龟甲，是内心的影子，大小长短，都是缘于自己。驼背的人影子弯曲，瘸子的影子拐腿，这难道是他们的影子的过错吗？

点评

"是心之外，岂复有所谓蓍龟者耶？"我们内心之外难道又有所谓能推算预测的蓍草龟甲吗？邵雍《首尾吟·其一百三十四》："尧夫非是爱吟诗，诗是尧夫赞易时。士昧固难分体用，人灵岂不异蓍龟？吉凶只向面前决，动静何烦心上疑。由此敢开天下口，尧夫非是爱吟诗。"廖行之《题苏璩觉斋》："不随凿枘辨方圆，安用蓍龟考未然。万物由来皆备我，寸心既尽即知天。见几那俟拈花手，乐道浑忘绝易编。自得诚明千古学，谁能证此具精专。"

一五九、百礼废而一礼存，犹可以推旧典

百人醉而一人醒，犹可以止众狂。百礼废而一礼存，犹可以推旧典。

译文

一百个人醉了然而有一个醒着，还可以制止众人的疯狂。各种礼仪废弃然而有一种礼仪保存下来，还可以推行以前的典章制度。

点评

文化传承不绝，仅存一缕，只此一缕足以发扬光大。陆游《冬夜读书示子聿》："圣师虽远有遗经，万世犹传旧典刑。白首自怜心未死，夜窗风雪一灯青。"薛昂若《题赠》："校中训毕赴官中，课后又能勤办公。学礼学诗坚德性，多才多艺不居功。"王柏《送赵素轩去婺守为本道仓使》："人物乾淳旧典型，满腔全是远庵仁。来时懒作三刀梦，去日留为一道春。千里桑麻深雨露，双溪风月更精神。出门父老欢迎处，犹有文公旧郡民。"

一六〇、铁钺有弊，笔锋益强

身可杀而笔不可夺，铁钺[一]有弊，笔锋益强，威加一国，而莫能增损汗简[二]之半辞。终使君臣之分，天高地下，再明于世，是果谁之功哉？

注释

〔一〕铁钺（fū yuè）：指斫刀和大斧；腰斩、砍头的刑具；帝王赐予的专征专杀之权。

〔二〕汗简：以火炙竹简，供书写所用。竹简。古代用来书写文字的竹片，亦借指著述。借指史册、典籍。

译文

个人生命可以被杀害但记载史书的笔却不可以被夺去，刀斧有损破的时候，但笔锋却更加强势，有的人威权能凌驾在整个国家，而没有人能增加或损减史书的半句话。最终使君臣的名分，犹如上面的天和下面的地，再次明确显现于世，这究竟是谁的功劳呢？

点评

古之史官，犹如今之媒体，文化传统赋予他们直书无隐恶溢美的权力，可以说是政权、神权之外的第三权力中心，承担传承文明的重大使命，实为中华文明一大优秀的传统。宋代杨亿《笔》诗一首云："月兔湘筠巧制全，何人大手称如椽。禁中铃索夜批诏，阁上芸香昼草玄。墨妙三分惭入木，华衮一字重编年。史官遗直真堪畏，千载独持生杀权。"华岳《读史》："史笔如衡须正持，莫教浮诞出无稽。已成帝业从烹父，未将王师休杀妻。秦逸号眠为抱虎，刘狂名舞作闻鸡。麟经削后无全笔，磨玷吾当问白圭。"冯山《重和》："群俊争求一字褒，诸公清识晋山涛。蓬仙寥落谁人继，史笔纵横自古豪。胜爵频倾知得隽，剧谈无极坐忘劳。勉行无负题评意，东蜀斯文价已高。"

一六一、中国所以不沦于夷狄者，皆史官扶持之力也

呜呼！文、武、周公之泽既竭，仲尼〔一〕之圣未生，是数百年间，中国所以不沦丧者，皆史官扶持之力也。昧谷饯日〔二〕之后，旸谷宾日〔三〕之前，暮夜晦冥，群慝〔四〕并作，苟无烛以代明，则天下之目瞽〔五〕矣。春秋〔六〕之时，非有史官司公议于其间，则胥〔七〕戎〔八〕

胥虐，人之类已灭，岂能复待仲尼之出乎？史官非特有功于仲尼之未出也。使其阿谀畏怯，君举不书，简编^{〔九〕}失实，无所考信，则仲尼虽欲作《春秋》^{〔一〇〕}以示万世，将何所因乎？无车则造父^{〔一一〕}不能御，无弓则后羿^{〔一二〕}不能射，无城则墨翟^{〔一三〕}不能守。大矣哉，史官之功也！

注释

〔一〕仲尼：孔子，字仲尼。

〔二〕昧谷饯日：昧谷，又称"禹谷"，古代中国传说中西方日入之处（西方日落的地方，日落而天下昏黑，故曰昧谷）。饯日，给太阳饯行，即送走太阳。

〔三〕旸（yáng）谷宾日：古时认为是日出的地方。宾日，迎接太阳。

〔四〕慝（tè）：奸邪、邪恶。

〔五〕瞽（gǔ）：本义为瞎眼。

〔六〕春秋：指中国东周前半期历史阶段，史称"春秋时期"，即自公元前770年至公元前476年这段历史时期。

〔七〕胥（xū）：皆、都，大家互相之间。

〔八〕戕（qiāng）：杀害、残害。

〔九〕简编：指书籍。

〔一〇〕《春秋》：我国第一部编年体史书，也是周朝时期鲁国的国史，由孔子修订而成，它是中国古代儒家典籍"六经"之一。

〔一一〕造父：嬴姓，赵氏始祖。周穆王时为驾车大夫。古有传说，造父为助周穆王平徐偃王乱，驭八匹千里马载周穆王，自中原昆仑丘西王母处返回，一日千里。后造父以此功受封赵城。

〔一二〕后羿（yì）：本称羿，是中国古代神话传说中的人物，善于射箭，曾助尧帝射落九日，只留一日。

〔一三〕墨翟（mò dí）：他是春秋末期战国初期宋国人，墨家学派创始人和主要代表人物，被后世尊称为"墨子"。中国古代思想家、教育家、科学家、军事家。

译文

啊呀！文王、武王和周公的恩泽已经衰竭，孔子这个圣人还没有诞生，这几百年之间，中国之所以没有沦为夷狄，都是由于史官扶持的力量。在太阳落下之后，到太阳升起之前，傍晚、午夜以及天还没有亮的时候，各种妖孽都兴起了，如果没有蜡烛来照明，那么天下人的眼睛都如同瞎了。春秋时代，如果没有史官在其间掌管公正的评议，那么大家互相戕害，互相虐待，人类都已经灭绝了，难道还能等到孔子出来吗？史官不只是在孔子还没有出来的时候有功劳，假使他们阿谀奉承，害怕胆怯，君主有所举动而不记载，记载历史失实，没法考证让人信服，那么孔子即使想作《春秋》来展示给后代万世，将依据什么呢？没有车那么造父就不能驾御，没有弓箭那么后羿就不能射击，没有城池那么墨子就不能守卫了。伟大啊，史官的功劳！

点评

司马迁认为，史学的功能为"究天人之际，通古今之变"。因此史官的职责是要讲确切、真实、不感情用事，区别真实的和虚假的，确定的和不确定的，以及可疑的和不能够接受的。无论利诱威胁，无论憎恨爱好，都不能使他们背离真实。梁启超在《中国历史研究法》一书中，就开宗明义地写道："史者何？记述人类社会赓续活动之体相，校其总成绩，求得其因果关系，以为现代一般人活动之资鉴者也。"借助史学，人们可以总结曲折经历，积累丰富经验教训，以资现实，以利将来。孔子认为"《春秋》之义行，则天下乱臣贼子惧焉"。史学具有鼓舞、教育的作用，能振奋民族精神，陶冶民族情操。历史不仅是知识中很有价值的一部分，而且还打开了通向其他许多部分的门径，并为许多科学领域提供了材料。学史可以增加各种知识，扩展视野，提高思维能力。王禹偁《读史记列传》："西山薇蕨蜀山铜，可见夷齐与邓通。佞幸圣贤俱饿死，若无史笔等头空。"吴龙翰《读十七全史岁久而彻》："灯火青编结兴长，可能历历记兴亡。董狐笔底风霜重，班马书边兰蕙香。往事输赢棋几局，浮名今古纸千张。重重公案休拈起，中有灵台定否臧。"

一六二、已开则不能复闭，已教则不可复悔

已开则不能复闭，已教则不可复悔。授贼以刃，而禁其杀人，世宁有是理耶？

译文

已经开启了就不能再封闭了，已经示范了就不能再后悔了。兵器给了强盗，却想禁止他杀人，世界上难道会有这种道理吗？

点评

开弓没有回头箭，说出去的话泼出去的水。文同《邛州俯听三省堂》："将欲言治人，必先由正身。身正人自治，此化行如神。总总群圣书，论说尤谆谆。后贤守为法，不敢忘逡巡。"胡曾《汴水》："千里长河一旦开，亡隋波浪九天来。锦帆未落干戈起，惆怅龙舟更不回。"

一六三、私日胜则心日狭，心日狭则毒日深

私日胜则心日狭，心日狭则毒日深，其末流安得不至此哉？

译文

自私日日增长，那么心胸日日变狭窄，心胸日日变狭窄，那么怨毒就逐日加深，到最后怎么会不到这样的境地呢？

点评

狭窄生阴暗，阴暗生邪毒。宋代杨时《枕上》："小智好自私，小德常自足。自私开人贼，自足心有目。瑕瑜不相掩，君子此良玉。默默枕上思，戒之在深笃。"陆游《秋思绝句》："胸次本来容具区，自私盆盎一何愚！片帆忽逐秋风起，聊试人间万里途。"

一六四、私生于爱，而割爱者莫如私，天下未有私而能爱者也

所防在外，而祸发于内；所防在人，而祸发于身：祸机在此，而不在彼。是数君之杀其族，吾未尝不悯〔一〕其虚受丘山之恶，而实无锱铢〔二〕之益也，哀哉！呜呼！私生于爱，而割〔三〕爱者莫如私，天下未有私而能爱者也。

注释

〔一〕悯（mǐn）：哀怜、忧愁。
〔二〕锱铢（zī zhū）：指很少的钱或很小的事情。
〔三〕割：通"害"，伤害。

译文

所防范的在外面，然而祸害却发生在内部；所防范的在别人，祸害却发生在自身：祸害的先机在这里，而不在那里。这几位君主杀害他们的族人，我未尝不怜悯他们白白得到了山丘一样厚重的罪恶，但实际上却没有得到一点一滴的好处。可悲啊！啊呀！自私是出于偏爱，而伤害所偏爱的没有比得上自私，天下未尝有偏私而能真爱的。

点评

偏私则必过分，过分则爱极反而成害，害成而恨生，恨生而怨报。所以，因为偏私，爱即为害，即为恨，即为怨。柳宗元《种树郭橐驼传》："虽曰爱之，其实害之；虽曰忧之，其实仇之。"陆游《新秋以窗里人将老门前树欲秋为韵作小诗》："小智每自私，大患缘有身。孰能忘彼己？吾将友斯人。"邵雍《利名吟》："利名都不到胸中，由此胸中气自冲。既爱且憎皆是病，灵台何日得从容。"薛季宣《县有父子讼者走以鲁人之法听之喜其改悔而作》："父子本天性，情缘私爱暌。宁留今夕忍，无作望思悲。克己归仁礼，回心即孝慈。同年千古意，圣相不吾欺。"

一六五、懦者，事之贼也；弱者，盗之招也

骄者，乱之母也；疑者，奸之媒也；懦者，事之贼也；弱者，盗之招也。四者有一焉，皆足以亡其国。

译文

骄傲是变乱的根源；犹疑是奸诈的媒介；怯懦会败坏事情，柔弱会招来盗贼。这四者如果有一种，就足以亡国。

点评

人生立业大病无非骄、疑、懦、弱四字。关于"骄"，李昴英《送演侄三首·其二》："五常百行异其名，腔子源头一个诚。数马似愚宁过谨，悬鱼虽矫却真清。宽和爱众众同爱，骄倨轻人人所轻。诗好何如勋业好，旗常元不载诗声。"陶安《首尾吟二十首·其十六》："达观万象付评量，历代人才志气扬。佐国大家钟鼎贵，开边能将甲兵强。乘时立见功名显，持满无如礼法将。骄傲谦恭悬绝甚，达观万象付评量。"关于"疑"，钱澄之《端州杂诗·其十》："堵公亦是济艰材，曾抚荆南万马回。心恃旧恩兵可用，疑生诸将志先灰。檄援江右无时去，围困长沙竟不开。试听楚人中夜泣，招魂千里为谁哀。"罗万杰《江上落花五首·其二》："东风原自妒妖娇，醉压琼枝漫寂寥。乍暖乍寒魂漠漠，疑狂疑怯影摇摇。情高已逐游人去，梦短那堪过客招。回首江城欲暝色，夕阳何处听吹箫。"关于"懦"，孙承恩《鉴古韵语五十九首·其三十·元帝成帝》："汉业何缘替，元成二帝来。懦柔难自植，昏惑讵能回。戚里叨天柄，朝廷养祸胎。莽新行篡窃，元不咎平哀。"金代元好问《岐阳三首·其三》："眈眈九虎护秦关，懦楚孱齐几上看。禹贡土田推陆海，汉家封檄尽天山。北风猎猎悲笳发，渭水萧萧战骨寒。三十六峰长剑在，倚天仙掌惜空闲。"关于"弱"，史浩《童丱须知·其五·膳羞八篇》："物因相胜还相啖，弱者多为强者亨。勿谓天教充食类，斯人岂为虎狼生。"何绛《珠崖杂咏·其六》："海燕层崖结素房，安居未就饱人肠。覆巢小事君休讶，弱肉人间尽食强。"朱诚泳《舞风杨柳》："灞陵桥畔晚依依，摇荡春光力尚微。汉燕身轻斜鞯袖，白蛮腰瘦不胜衣。长条偏藉吹嘘力，弱质难禁剪拂威。寄语章台休摆乱，风流态度有时归。"既已履公任职，替

天行道，则须刚果自立，庄敬自强。李荩《公车马上口占》："万籁无声四野空，一天星斗月明中。马蹄蹀躞行多路，剑气光芒拂晓风。弱质经霜形自改，羼躯傲雪气逾雄。始知日近长安远，努力前途岂惮穷。"邵雍《至论吟》："民于万物已称珍，圣向民中更出群。介石不疑何尽日，知几何患未如神。若无刚果难成善，既有精明又贵纯。祸福兆时皆有渐，不由天地只由人。"

一六六、骇世之论本欲天下之畏，而适以起天下疑

以言警世者，不可为骇世之论。骇世之论本欲天下之畏，而适以起天下之疑。有是恶则有是祸，吾恐正言之，未足以警动流俗也。于是甚言其祸，务使可怪可愕，以震耀一时之耳目，抑不知闻者骇吾言，将退而徐求其实，见其祸未至于是，则吾说有时而穷。

译文

以言语警告世人的，不应当有那些惊世骇俗的议论。惊世骇俗的议论本来是想让天下人害怕的，但恰好因此而引起天下人的怀疑。有罪恶就有祸害，我恐怕正面说出来，不足以惊醒、触动一般的人。于是过分地强调其中的祸害，从各方面使它怪异惊奇，来震撼炫耀当时众人的耳目认知，但却不知道听到的人对我的话感到害怕，将会回去推求其中的真实情况，发现所说的祸害并没有到这种地步，那么我的话就会有说不下去的时候。

点评

说话要平实。所谓平实，即平易而朴实。根据于事实，契合于事实，谨严于事实。老子说："信言不美，美言不信。"华而不实的用语，过多地使用形容、描绘词语，大量地堆砌辞藻，过度的夸饰强调，等等，虽能引人耳目，但轻者让人有卖弄、浮夸的感觉，重则让人产生对真实性的怀疑，甚至怀疑动机的真诚，说的话也就很难让人信服，而且说话时所抱的目的就无法实现。孔子说："言必诚信，行必忠正。"在言语表达上，要如苏东坡所言："发纤秾于简古，寄至味于淡泊。"简古与淡泊，即简洁、朴实、平淡、清纯。陈

著《为单君作八首·其七》："浮世憧憧为底忙，百年光景等风狂。乾坤自隘胸襟豁，言语无多意思长。但觉高歌同夜酌，未应别赋写春伤。吾侪渐喜无人识，自做无名草木香。"高攀龙《戊午吟·其十七》："言行须从拟议成，不从拟议失权衡。拟言本自三缄慎，议动繇于百炼精。率意岂真为率性，争先或恐是争名。须知变化方为易，变化原从拟议生。"

一六七、死于宴安者，天下皆是也

毒之杀人多者深乎？抑杀人寡者深乎？无愚智，无老幼，皆知杀人多者之毒深也。世之死于鸩者，千万人而一人耳；死于宴安者，天下皆是也。

译文

杀害很多人的毒药厉害，还是杀害人少的毒药厉害？无论愚蠢聪明，无论年老年幼，都知道杀害人多的毒性就深。世上死于鸩毒的，千万个人中只一人而已；死于安逸享乐的人，到处都是。

点评

"梦到华胥安逸处，不知天地有惊雷。"生于忧患、死于安乐的史实不胜枚举。管仲告齐桓公曰："宴安鸩毒，不可怀也。"安逸享乐是鸩毒，不应当留恋。章太炎《国家论》："习于宴安，而肌骨不如昔日之坚定。"薛蕙《杂诗·其二》"富贵使心惑，嗜欲致行妨。宴安损性灵，美疢生膏肓。"苏颂《寄题宗室世泽太博修性斋》："人情安逸或骄昏，君子操修有本原。结宇近同间燕处，题颜深警圣贤言。游心最乐群书富，寓目无穷百卉繁。治世右文风教洽，彬彬儒雅遍宗藩。"

一六八、盖戒险则全，玩平则覆也。生于忧勤，死于宴安

地之于车，莫仁于羊肠[一]，而莫不仁于康衢。水之于舟，莫仁于瞿唐[二]，而莫不仁于溪涧。盖戒险则全，玩[三]平则覆也。生于忧勤，死于宴安，厥[四]理明甚，人所以不知畏者，特习之而不察耳。端居[五]之暇，尝试思之使吾志衰气惰者谁欤？使吾功隤[六]业废者谁欤？使吾岁月虚弃者谁欤？使吾草木同腐者谁欤？使吾纵欲忘反而流于恶者谁欤？使吾弛备忘患而陷于祸者谁欤？自弃之根，皆宴安之为也。是宴安者，众恶之门。以贤入者，以愚出。以明入者，以昏出。以刚入者，以懦出。以洁入者，以污出。杀身灭国，项背[七]相望，岂不甚可畏耶？

注释

[一]羊肠：又称"羊肠阪"，是太行陉中最险要的路段。
[二]瞿唐（qú táng）：亦作"瞿唐峡""瞿塘峡"，峡名，为长江三峡之首，也称夔峡。
[三]玩：习惯、忽视。
[四]厥（jué）：相当于"其"。
[五]端居：平常居处。
[六]隤（tuí）：同"颓"，败坏。
[七]项背：颈项与背脊，形容人多拥挤，连续不断。

译文

地面对于行车，没有比羊肠阪更仁慈的了，没有比康庄大道更为不仁慈的。水面对于行舟，没有比瞿塘峡更仁慈的了，没有比小小的溪流更为不仁慈的了。因为在危险处保持戒备就可以安全了，在平坦处掉以轻心就会被颠覆。在忧患勤劳中生存，在安逸享乐中死亡，这个道理非常明白，

人们之所以不害怕，只不过是习惯了而没有觉察到罢了。平时闲暇的日子，曾尝试着思考：使我的意志衰弱志气堕落的是谁呢？使我功绩败坏事业废弃的是谁？使我岁月虚度的是谁？使我和草木一同腐烂的是谁？使我放纵欲望忘记返回而流入罪恶的是谁呢？使我放松警惕忘记祸患而陷入祸患的是谁呢？自暴自弃的根源，都是安逸享乐。所以安逸享乐是各种罪恶的大门。以贤能进去的，以愚蠢出来；以明白进去的，以昏聩出来；以刚毅进去的，以怯懦出来；以洁净进去的，以污秽出来。杀灭身心，灭亡国家，就像颈项与背脊连续不断，一个接一个，难道不是很可怕吗？

点评

孟子曰："生于忧患，死于安乐。"处在忧虑劳苦中可以使人或国家生存，处在安逸享乐中可以使人或国家消亡。欧阳修："忧劳可以兴国，逸豫可以亡身。"忧虑劳苦才可以振兴国家，图享安逸必定祸害终身。李道纯《允执厥中》："得造玄微笃力行，堂堂大道坦然平。纵横妙用中心定，危者安而微者明。"吴与弼《晓枕作》："危者平兮易者倾，圣谟宜敬不宜轻。独怜暮景无多了，笃实新功敢暂停。"王渐逵《送沈希周·其一》："危机潜伏正须闲，主敬工夫得最难。莫谓良知还便了，良知尤隔一重关。"陆游《高枕》："高枕闲看古篆香，世间万事本茫茫。偶亡塞马宁非福，太察渊鱼恐不祥。每与诸儿论今古，常思百世业耕桑。危机正在黄金印，笑杀初心缪激昂。"韩淲《弈棋》："水竹光中戏弈棋，棋中妙处有谁知。对人不到一盘满，信手拈来几著奇。活法要须能自悟，危机何用苦寻思。此心虚静元无物，莫使颠冥胜负时。"

一六九、善择宴安者，谁如君子哉

呜呼！世之招祸者，祸虽不同，同发于宴安，未尝有二毒。世之致福者，福虽不同，同出于忧勤，未尝有二涂。宴安，人所爱也；忧勤，人所憎也。爱其所憎，而憎其所爱，则几矣。宴安，人所趋也；忧勤，人所避也。趋其所避，而避其所趋，则几矣。虽然，君子之耳目鼻口与人无异也，其爱憎趋避亦与人无异也，苟众人之所谓宴安者，果可乐，则君子先据之矣。其所以去彼而取此者，见众人之宴安，放肆偷惰，百殃并集，其心焦然不宁，乃忧勤之大者耳。君子外虽若忧勤，中有逸乐者存，自强不息，心广体胖〔一〕，无人非，无鬼责，其安殆若泰山而四维之也。然则善择宴安者，谁如君子哉？故自众人之宴安言之，则当曰宴安鸩毒不可怀也；自君子之宴安言之，则当曰宴安良药不可忘也。药之与毒曷尝有定名哉？

注释

〔一〕心广体胖（pán）：指人的心胸开阔，外貌安详。

译文

啊呀！世上招来祸患的人，祸害虽然不一样，但都是由安逸享乐而引发的，不曾有第二种毒药。世上招致福气的人，福气虽然不一样，但都是由忧患勤劳而引发，不曾有第二种道路。安逸享乐是人们所爱好的；忧患勤劳是人们所憎恶的。爱那些憎恶的，憎恶那些所爱的，那就差不多了。安逸享乐是人们所追求的；忧患勤劳是人们所逃避的。追求那些所逃避的，逃避那些所追求的，这就差不多。虽然如此，君子的耳朵眼睛鼻子嘴巴和别人并没有什么不同，他们所爱好憎恶追求逃避的和别人也没有什么不同，如果众人所谓的安逸享乐果真很快乐，那么君子早就占据了。他们之所以放弃那些而追求这些，是看见众人安逸享乐，放纵肆虐，偷安堕落，各种灾难都聚集了，他们的心焦躁不安，这不过是更大的忧患勤劳罢了。君子外表虽然像是忧患勤劳，但其中存有让人快乐的东西，让人坚强不止，心胸宽广，体态安闲，没有他人的非难，没有鬼神责罪，他们的安稳差不多就像泰山而四面还有大纲维系加固着一样。既然这样，那么善于选择安逸享乐的，谁比得上君子们呢？所以从众人的安闲享乐来说，就应当说安闲享乐和鸩毒一样不可留恋；从君子的安闲享乐来说，就应当说安闲享乐如良药一样，不能忘怀呀。良药和毒药何尝有固定的名称呢？

点评

　　人生观价值观之外，还有一个享乐观的问题。兴趣爱好的校正和培养一如价值观的确立，不应掉以轻心，而应倍加重视。古今圣贤往往以苦为乐，以劳为乐，以攻坚克难为乐，所以能做出事业来，像范仲淹则能以忍穷为乐，以后天下之乐为乐，所以既能传教又能办事。唐白居易《看嵩洛有叹》："今日看嵩洛，回头叹世间。荣华急如水，忧患大于山。见苦方知乐，经忙始爱闲。未闻笼里鸟，飞出肯飞还。"远公《伤悼前蜀废国》："乐极悲来数有涯，歌声才歇便兴嗟。牵羊废主寻倾国，指鹿奸臣尽丧家。丹禁夜凉空锁月，后庭春老谩开花。两朝帝业都成梦，陵树苍苍噪暮鸦。"陈普《孟子禹汤文武周公》："千圣相承惟道一，忧勤惕厉意尤深。至诚之理元无息，有息良非天地心。"邵雍《桃李吟》："桃李因风花满枝，因风桃李却离披。惨舒相继不离手，忧喜两般都在眉。泰到盛时须人蛊，否当极处却成随。今人休爱古人好，只为今人生较迟。"

一七〇、政之所及者浅，俗之所持者深

　　观政在朝，观俗在野〔一〕。将观其政，野不如朝；将观其俗，朝不如野。政之所及者浅，俗之所持者深。此善觇〔二〕人之国者，未尝不先其野而后其朝也。

注释

　　〔一〕野：指民间，不当政的地位，与"朝"相对。
　　〔二〕觇（chān）：看，偷偷地察看。

译文

　　在朝廷观察政治，在民间观察风俗。要观察一个国家的政治，民间不如朝廷；要观察它的风俗，朝廷不如民间。政治所触及的肤浅，风俗所维持的深厚。这就是考察别人国家的人，没有不把民间排在前面而将朝廷排在后面的原因。

点评

汉朝崔寔在《政论》中说："夫风俗者,国之脉诊也。"应劭《风俗通义·序》"为政之要,辨风正俗最其上也。"风俗是一种历史形成的心理积淀,是特定社会文化区域内历代人们共同遵守的行为模式或规范。社会政治文化的历史积累决定社会风俗的表现,由风俗可以观察政治得失。常纪《又和篔字韵》:"竟借田家宿,来观万户秋。采风询野客,得句惠诗流。语抵十年读,尘消一面谋。荒村惭市远,徒赏近邻篔。"陆游《排闷》:"人间岁月莽悠悠,老大悲伤只涕流。民餍糟糠宁细事,俗忘节义更深忧。潦归宿麦犹难望,雪少同云未易求。自叹此生真已矣,且偷暇日弄孤舟。"陆游《祭灶与邻曲散福》:"已幸悬车示子孙,正须祭灶请比邻。岁时风俗相传久,宾主欢娱一笑新。雪鬓坐深知敬老,瓦盆酌满不羞贫。问君此夕茅檐底,何似原头乐社神?"

一七一、善政未必能移薄俗,美俗犹足以救恶政

盖善政未必能移薄俗,美俗犹足以救恶政。自武〔一〕而成〔二〕,自成而康〔三〕,历三世而商〔四〕人利口靡靡之俗未殄〔五〕。自高〔六〕而惠〔七〕,自惠而文〔八〕,历三世而秦人借锄谇语〔九〕之俗犹存。以政而移俗,其难如此,汉氏之东,至于桓、灵〔一○〕,其恶极矣。然政乱于上,而俗清于下,奸雄豪猾犹知畏义,未敢遽取焉。桓、灵之时,汉禄已终矣。建安〔一一〕之际,复延数十年之祚〔一二〕者,非汉之力也,实流风遗俗扶持之力也。

注释

〔一〕武:周武王。
〔二〕成:周成王。
〔三〕康:周康王。
〔四〕商:商王朝。

〔五〕殄（tiǎn）：断绝、竭尽。

〔六〕高：汉高祖。

〔七〕惠：汉惠帝。

〔八〕文：汉文帝。

〔九〕借锄谇（suì）语：父亲到儿子家借锄头，被儿子嘲讽谩骂。古人常用这个事例来说明秦国的民心浇薄。

〔一〇〕桓、灵：东汉桓帝、灵帝，在他们居帝位时，朝廷政争激烈，外戚、宦官轮番专权，政治极为腐败。

〔一一〕建安：东汉献帝建安时期，始而军阀混战，继而曹操专权，但曹操并未取代汉朝的帝位。

〔一二〕祚（zuò）：指帝位。

译文

因为善政未必能使下层的风俗改变，好的风俗却足以挽救暴政。从周武王到周成王，从周成王到周康王，经过了三代，但商代的遗民还喋喋不休，萎靡的风俗还没有消灭干净。从汉高祖到汉惠帝，从汉惠帝到汉文帝，经历了三代，然而秦朝父子因为借锄头谩骂的风俗还存在。用政治改变风俗，就是如此困难。东汉的时候，到了汉桓帝、汉灵帝时期，汉朝廷的恶政已经到了极点了。然而社会上层政治混乱，但社会下层风俗还清淳朴实，奸诈的豪杰还知道敬畏礼义，不敢突然篡权。汉桓帝、汉灵帝的时候，汉朝的福禄气数已经尽了。建安的时候，还延续了几十年命数，不是汉朝当时政治的力量，其实是前代遗留下来的风俗扶持的力量。

点评

由自然条件的不同而造成的行为规范差异，称之为"风"；而由社会文化的差异所造成的行为规则之不同，称之"俗"。风俗对社会成员有一种非常强烈的行为制约作用。有了好的风俗，违背刑法的人自然就减少了；如果风俗不修，风气败坏，即使严刑峻法也很难一时就能使风气端正，所以风俗与国家的兴衰息息相关。李曾伯《自和·其一》："百尺城头著画阑，当年气欲压人寰。天机野马浮游外，世事沙鸥浩荡间。俗靡风颓畴底柱，功成身退盍循环。君看方册中前鉴，办取轻帆及早还。"邵雍《和绛守王仲贤郎中》:"为郎得绛分铜虎,见寄诗中非浪夸。地土尚传唐草木,山川犹起晋云霞。园池富有吟供笔,风俗淳无讼到衙。太守下车民受赐,一心殊不负官家。"

一七二、独有养其礼义之风俗以遗后人,犹可恃之以复振

周公〔一〕、伯禽〔二〕培〔三〕其风俗于数百年之前,而其效见于数百年之后,其规模远矣哉!子孙之不能常贤也,国之不能常安也,法之不能常存也,政之不能常善也,固也,虽圣人亦未如之何也。是数者,既未如之何,独有养其礼义之风俗以遗后人,使衰乱之时,犹可恃之以复振,四邻望之而不敢谋。

注释

〔一〕周公:即姬旦。周武王建立周朝政权后,封弟弟周公姬旦于鲁地,建立鲁国。

〔二〕伯禽:姬姓,名禽,周公旦长子,周朝诸侯国鲁国第一任国君。当时周公旦受封鲁国,但因周公旦在镐京辅佐周成王,故派伯禽代其受封鲁国。伯禽在位四十六年去世,死后其子鲁考公继位。伯禽在位时期,平定徐戎叛乱,坚持以周礼治国,使鲁国政治、经济出现了新局面,成为周王朝控制东方的一个重要邦国。

〔三〕培:培植、培养。

译文

周公、伯禽在几百年前培植它(鲁国)的风俗,而其效果在数百年之后被看到,他们的规划宏图很久远啊!子孙不能一直都很贤能,国家不能长久地安稳,法律不能永远都很完善,这是必然的,即使是圣人对此也是没有办法的。这几点,既然没有办法,只有培养国家社会的礼义风俗,留给后人,使得在衰乱的世代还可以再以此为依靠复兴振作,邻国看到了但不敢算计它。

点评

以礼治国，实质是在政权体系之外培植基层社会组织以维持和保障礼法秩序，为社会规则的运行提供切实的社会力量支持，其关键是发挥基层社会组织的积极作用。伯禽在位四十余年，坚持使用周礼治理鲁国，鲁国成为周礼保存者和实施者的典型和样板，在立国之初就奠定了丰厚的周文化基础，根深蒂固的礼乐传统，对鲁国社会产生了巨大的影响。鲁人都知道礼有"经国家，定社稷，利后嗣"的功能，因而他们认识到"服于有礼，社稷之卫也"，"无礼必亡"，对周礼怀有极大热忱，使得鲁国形成了谦逊礼让的淳朴民风，而在后来礼崩乐坏的时代，鲁国实际已经是积弱之国，却依然是天下道义的象征，许多国家依然纷纷至鲁来修朝礼。公元前256年，鲁灭于楚。然而鲁国的礼乐传统经孔门师徒的弘扬，已更加深入到人们的意识深层，它并没有因为鲁国的灭亡而丧失。明代章懋《谒文丞相祠》："篝灯夜坐读书台，怀古令人不寐来。世远唐虞文未丧，俗经秦汉事堪哀。周公礼乐真王佐，管氏功名只霸才。千古是非昭简册，岂容踪迹共尘埃。"于慎行《贺平阴刘元阳新授四氏学掌教》："闻君待诏出长安，儒服新裁委貌冠。鲁国诸生皆圣裔，汉家博士是朝官。桥门暮雨阴槐市，讲席春风自杏坛。回首乡间殊未远，北堂鱼笋致非难。"

一七三、求已坏之政甚难，因已成之俗甚易

求已坏之政甚难，因已成之俗甚易。今风俗尚能救政事之疵，而政事反不能因风俗之美，是风俗不负鲁，而鲁其负风俗也。悲夫！

译文

挽救已经败坏的政治很难，依靠已经形成的风俗很容易。现在风俗还能够挽救政治的瑕疵，然而政治却反而不能依靠良好的风俗，这是风俗不辜负鲁国的政治，而鲁国的政治辜负了它的风俗。可悲啊！

点评

鲁国在西周时为强大的藩国，到东周时期，也即春秋时代，上层政治历经长幼之乱、公卿争权等，致使国势渐趋衰弱，最终被强大的楚国所灭亡，但周礼长期熏陶浸染的流风余绪未绝于民众日常生活，依然起着维系社会正常运转的作用。米芾《题麟凤碑》："非篆非科璞已雕，形容振振与萧萧。曾因忠厚方周德，坐想吁谟览舜韶。汉德已衰还应蓐，鲁邦既弱不为妖。虚斋自是惊人玩，不胜雄狐逐怒雕。"林光《阅事有感》："桃溪李径绿参差，争妒南枝胜北枝。抱瓮疲来空自笑，栽花老去欲成痴。人逢利害偏堪识，俗到浇漓不受医。留取一樽延寿酒，秋风黄菊在东篱。"张方平《登泰山太平顶》："区区鲁国争蜗角，蠢蠢齐城磔猬毛。万壑相倾知地险，浮云忽散觉天高。苍烟自古埋尘世，红日中宵破海涛。七十二君迷旧迹，空教秦汉侈心劳。"

卷九

一七四、天下之理，有深可怪者

天下之理，有深可怪者，倒挽九牛而不能举秋毫，吁，可怪也！洞视百里而不能见岱华，吁，可怪也！高脱乱世之祸而不能免治世之诛，吁，可怪也！

译文

天下的事理，有些是非常奇怪的。有倒拉多头牛的力气，却不能举起极细小的毫毛，唉，真是奇怪啊！能洞察百里目标却看不到高大的泰山和华山，唉，真是奇怪啊！能高超摆脱动乱时代的灾祸却不能避免太平盛世的杀害，唉，真是奇怪啊！

点评

因为力只有转变成势能，才能产生作用。势能是状态量，不是属于单独物体所具有的，而是相互作用的物体所共有的，是由物体各部分之间的相对位置所确定正向或负向的能量，虽然"微忽"，却或许正决定着性质与效果。"劝君莫作等闲看，毫发差殊事已非。"杨爵《闲作四首·其一》："斯道弥漫贯古今，幽窗正好整囚襟。毫厘乖谬天机远，一念虚明上帝临。礼用事时为复礼，心惩失处见真心。存亡操舍皆由我，默默须从方寸寻。"韩元吉《鸢》："排风决起闹群儿，势力由来一线微。天上鹓鸾徒似耳，却惊遮日傍云飞。"温庭筠《题李卫公诗二首·其二》："势欲凌云威触天，权倾诸夏力排山。三年骥尾有人附，一日龙须无路攀。画阁不开梁燕去，朱门罢扫乳鸦还。千岩万壑应惆怅，流水斜倾出武关。"

一七五、举措任情，猎狂妄行，蹈于大戮

自谓人莫我若，举措任情，猎狂〔一〕妄行，蹈于大戮〔二〕。彼恃其功，此恃其智，其得祸实出一辙，亦何暇相是非哉？

注释

〔一〕猎狂：恣意发狂。

〔二〕戮（lù）：杀。

译文

自认为没人比得上我，故行为任性恣意，踩踏被杀的红线。那一个倚仗军功，这一个倚仗智慧，他们的祸端实际都出于一路，又哪有空闲互相争辩对与错呢？

点评

不自畏者招祸，不自满者受益，有一分谦退，便有一分受益处；有一分矜张，便有一分挫折来。谦让之智斯为大智，谦让之勇实为大勇。李从谦《观棋》："竹林二君子，尽日竟沉吟。相对终无语，争先各有心。恃强斯有失，守分固无侵。若算机筹处，沧沧海未深。"沈周《落花五十首·其四十四》："打失园林富与荣，群芳力莫与时争。将春托命春何在，恃色倾城色早倾。物不可长知堕幻，势因无赖到轻生。闲窗戏把丹青笔，描写人间懊恼情。"董纪《何必》："恃才何必傲当时，谍谍空言用莫施。磁石引针偏胜玉，干将补履不如锥。商君变法终危己，赵括谈兵竟覆师。独有华山浓睡汉，未来兴废亦先知。"

一七六、其福也，所以为祸也；其智也，所以为愚也

渭汭之捷〔一〕，虢公〔二〕方自喜其师之胜，而不知亡国之机已藏于一胜之中矣；虢公之亡，舟之侨〔三〕方自喜其言之验，而不知杀身之机已藏于一验之中矣。其福也，所以为祸也；其智也，所以为

愚也。虢公以福召祸，舟之侨以智召愚。使虢公无功之可矜，舟之侨无智之可负，则国不丧，而身不盾[四]矣。先王功眇[五]天下，而日有危亡之忧，非欲自抑也，所以居其功也；智眇天下，而自处于匹夫匹妇之后，非欲自晦也，所以居其智也。

注释

〔一〕渭汭之捷：渭汭，渭水入黄河处，在今陕西省华阴市东北。鲁闵公二年春，虢公在此战胜犬戎，因此心理膨胀，气焰嚣张。

〔二〕虢公：虢公丑，当时的虢国国君出自姬姓，名丑，公爵，故称公。

〔三〕舟之侨：春秋时期虢国大夫，在假虞伐虢之战中看到虢国大势已去，遂由虢国入晋。在城濮之战中为晋文公戎右，城濮之战大胜的晋军回师打算渡河，负责船只事宜的舟之侨却不在，他的职务又被日后的晋国正卿士会担任。等到晋师回国献俘之后，舟之侨被杀，以正军法。

〔四〕盾：通"遁"，消亡、消失。

〔五〕眇：古同"渺"，远，高。

译文

渭汭战斗的胜利，虢公正在高兴自己军队的胜利，却不知道亡国的苗头已潜伏在这一胜利之中。虢公的败亡，舟之侨正在高兴自己的预见灵验，却不知道被杀的苗头已经隐藏在这一灵验之中了。福祐成为祸患，智慧变成愚蠢。虢公以福祐招来祸患，舟之侨以智慧得到愚蠢。假使虢公没有功劳可以骄傲，舟之侨没有智慧可以自负，那么国家不会灭亡，自身也不会灭亡了。上古的先王功高天下，却每天操有危亡的忧患，这不是要自我压抑，而是正确对待自己的功劳；智高天下，却把自己放在平民百姓的后面，这不是要自我掩藏，而正是使自己居处于真正智慧的境地。

点评

自我控制是智者的本能。强者都有一个如何正确对待自己的问题。智与愚、祸与福、得与失同根同门，正如门的一开一合，只在一转半转之间，怀抱敬畏的诚心，只有始终保持冷静、清醒，才能趋吉避凶。许衡《赠窦先生行·其一》:"功名准自英贤立,得失防闲去就分。"陈杰《天人》:"天上分明暗,人间浪喜嗔。及鱼唊本妄,得马福非真。酒薄还围赵,渠成适利秦。圣贤惟任道,两不系天人。"黄庭坚《梦中和觞字韵》:"天教兄弟各异方,不使新年对举觞。作云作雨手翻覆,得马失马心清凉。何处胡椒八百斛,谁家金钗十二行。一丘一壑可曳尾,三沐三熏取刳肠。"金大绶《和曾大司成砺志诗》:"谁识乾坤一此身,巍然俯仰本同尊。敛来位育端倪在,拓去中和气化温。业到尽头惟敬止,功初下手本诚存。至今尧舜心犹在,六籍章章可讨论。"

一七七、我方忧人,而不知人已忧我

项梁[一]胜秦而骄,宋义[二]料其必败,不旋踵而梁果覆其军焉。当是时,宋义之名盖楚国,怀王[三]奇其智,位之以上将,兵未叩秦,酣宴骄纵,竟毙于项籍[四]之手。项梁之亡,即虢公之亡也;宋义之死,即舟之侨之死也。凡人之相非,未始有极。虢公之胜,舟之侨在其旁而议之,回视侨之旁已有议之者矣;项梁之骄,宋义在其旁而议之,回视义之旁已有议之者矣。我方忧人,而不知人已忧我;我方料人,而不知人已料我,是殆可长太息也。噫!舟之侨、宋义之失,今世皆能议之矣;议二子之失者,亦安知果无人复议其旁耶?

注释

〔一〕项梁:楚国名将项燕之子,西楚霸王项羽的叔父。陈胜起义后不久,项梁借势起兵,将楚地多路起义兵马吸纳到麾下,不断发展壮大,成为反秦起义军中首屈一指的巨头人物。在陈胜死后,拥立熊心登位为楚怀王,楚军在多个战场取得胜利,由于反秦形势大好,项梁有了骄傲自大的心理,在大意之下被增兵后的秦将章邯于夜晚偷袭,最终在定陶县兵败身死。

〔二〕宋义:原为楚国令尹,秦末农民起义爆发后,六国复辟,投到楚将项梁麾下。项梁大败秦军后轻视秦军,显露出骄傲的神色,宋义认定项梁必会失败。不久秦将章邯大败楚军，项梁战死。后楚怀王任宋义为大将军。章邯攻赵时，宋义奉楚怀王命令，统兵解救，因屯兵观望不进，想坐山观虎斗，项羽发动兵变，将其斩杀。

〔三〕怀王：楚义帝熊心，芈姓，熊氏，名心。楚怀王熊槐之后，在楚国灭亡后，隐匿民间为人牧羊。项梁起事后，立熊心为楚怀王，以从民望。与诸将约，先入关中者为王。项羽矫杀宋义，在巨鹿之战中大败章邯，熊心被迫以项羽为上将军。刘邦先入关中，项羽使人还报熊心。熊心答复照原约办，项羽因此怨恨熊心，于是佯尊熊心为义帝，徙于长沙郴县，而暗中令英布等人将其弑杀。

〔四〕项籍：字羽，秦朝末年政治家、军事家，楚国名将项燕的孙子。

译文

项梁因为屡次战胜秦军而自傲，宋义预料到他要败亡，不久项梁果然全军覆没。这个时候，宋义名满楚国，楚怀王惊奇他的才智，任用他为上将军。但军队还没有攻打秦国，他就因沉湎酒宴和骄傲自大，竟然被项羽杀死。项梁的败亡，就是虢公的败亡；宋义的死灭，就是舟之侨的死灭。大凡人互相非难，没有完结的时候。虢公打胜仗的时候，舟之侨在他旁边议论，回头看自己的旁边，已经有议论自己的人了；对于项梁的骄横，宋义在他旁边议论，回头看自己旁边，已经有议论自己的人了。自己正担心别人，却不知道有人已经替自己担心了；自己正猜测别人，却不知道有人已经猜测自己了。这大概值得深长地叹息吧！噫！舟之侨和宋义的过失，现在的人都能议论；议论他们二人过失的人，怎么会知道果真没有人在旁边议论他们呢？

点评

人贵有自省之觉、自议之勇、自讼之诚、自料之谋、自知之明、自警之智、自戒之断。李复《自讼》："前善后随非，失于任私意。短长莫可欺，明者未免蔽。改过心每悼，责人夫何易。芸苗舍己田，无获亦蹈厉。"陈棠《闻播州报捷》："功成莫是欲心骄，媚子贪人满市朝。民瘼覆盆无白日，天威何处不商飙。伤弓惊鸟千林寂，涸辙枯鱼一水遥。共道关梁非上意，可堪狐鼠尽为妖。"杜范《书于立斋自戒并示诸子》："晦以昭明德，怯以成勇功。用拙巧莫尚，持静动攸宗。惟柔养真刚，自下升高崇。虚可使实积，小乃与大通。守约博有归，味淡甘无穷。万里以是观，一心须自融。"

一七八、所用非所养，所养非所用

所用非所养，所养非所用，使亲者处其安，而使疏者处其危，使贵者受其利，而使贱者受其害，未有不蹈懿公〔一〕之祸者也。

注释

〔一〕懿公：卫懿公，名赤，姬姓，春秋时期卫国第十八任国君，公元前668年—公元前660年在位。卫懿公继位后，终日只知奢侈淫乐，喜好养鹤，竟赐给鹤官位和俸禄，并给鹤配有坐的车子，因此遭致臣民怨恨。后来赤狄攻打卫国，国人都说："让鹤去抵御狄人，鹤实际上享有俸禄官位，我们哪里能打仗！"大臣们也说："国君爱养鹤，可以让鹤去迎击狄人。"卫懿公兵败被杀。

译文

任用的并不是平时豢养的人，所豢养的并不是那临事任用的人，使亲近的人都处在安稳的位置，却使疏远的人都处在危险的位置，使尊贵的人享受利益，却使卑贱的人遭受灾害，没有不重蹈懿公的祸事的。

点评

"所用非所养，所养非所用"，则虽有所养而无所用，国力靡散，不能振发，这是为政大忌。但以现代眼光审视，"谈天""雕龙""奇技淫巧"之类，实为大有用之学，"谈天"，即谈论天地阴阳学说，探讨的是宇宙自然的科学以至哲学；"雕龙"，即讲说如何进行逻辑推论与修饰文辞的学说。"奇技淫巧"更是直接的科学技术，应大养特养，而以无用加以贬斥，是传统主流儒学的一大缺失。但要有所用则必先要有所养，有所养则必有所用，大原则没有错。这里的"养"，应是重点的养。关键是重点养什么，怎么重点养的问题，如何发挥重点养的效能。姜特立《田文》："田文养士天下无，撞钟列鼎倾金珠。入关几作秦囚拘，当时贵客如樲棫。仓皇脱死托小夫，嗟哉所养非所需。"吴伟业《汴梁》："冯夷击鼓走夷门，铜马西来风雨昏。此地信陵曾养士，只今谁解救王孙。"吴泳《送鲜于帅三首·其二》："时事牵连卒未休，三边烽火又惊秋。养鹰未得鹰扬力，豢虎终怀虎视忧。面势只缘前局误，肘方合向古人求。玉关不是无兵守，上策人心要急收。"

一七九、合之者，欲其两全也；争之者，欲其一胜也

物之相资者，不可相无；物之相害者，不可相有。两不可相无，则不得不合；两不可相有，则不得不争。合之者，欲其两全也；争之者，欲其一胜也。将全其两，勿偏于一；将胜其一，勿分于两。心不可偏，故调一于两间者，谓之智；心不可分，故依违于两间者，谓之奸。盖两者并立，然后有两者之间；两者既不并立，指何地而为两者之间哉？彼未尝有间，而我乃欲处其间，是知依违者，非奸也，愚也。

译文

事物双方能相互资助的，不可以互相缺失；事物双方互相残害的，不可以相互并存。双方不可以互相缺失的，就不能不联合起来；双方不可以相互并存的，就不能不竞争起来。双方联合起来的，想双方都保全；双方斗争的，想自己一方获胜。如果想保全两者，不会偏袒任何一方，如果要一方胜利，不会双方同等对待。人心不可偏袒，在事物两者之间寻求调和点，称得上是明智；人心要求不可平等对待双方，却在两者之间犹疑不决的，就叫作奸诈。大概双方对峙存在了，方才有两者的当中。两者既然并不对峙，还指什么地方可算做两者的中间呢？事物没有两者之间，我却仍然想处于两者之间，从而知道犹豫不决，不是奸诈，而是愚笨。

点评

策略的奥妙就在区别对待。事物之间存在"相资"与"相害"两类不同性质的关系，就要用不同的方法去应对，这就是智慧。赵炅《逍遥咏·其十八》："真空达得便须休，二起生三一上求。谩说希夷来遂古，还知造化不同流。伏藏密旨机关内，合会非常本自由。若遇逢师亲口诀，才年返少保千秋。"徐钧《胡广》："六朝黄发老三公，固位依违善取容。真是乡原为德贼，如何至德比中庸。"王令《靡靡》："源源世俗尚依违，靡靡风流日正微。吾病未能终是是，人言何似喜非非。况当天下难能地，欲拨恹人未发机。要格君心是知术，不然应合买山归。"

一八〇、当两全而欲使一胜，则其一终不能独胜

当两全而欲使一胜，则其一终不能独胜。当一胜而欲使两全，则其两必不能俱全，亦审之而已矣。

译文

当两方是相互资生存全的关系时，想使一方胜利，这一方终究不能单独胜利。当两方是相害只能一方胜利的关系时，想使两方都保全，必然不能两方都保全，人们也应该认真地审视吧。

点评

事物矛盾的性质不同，预后的发展趋势和结果必然不同，因此作定性分析判断是确定正确策略的首要前提。范成大《偶书》："出处由人不系天，痴儿富贵更求仙。东家就食西家宿，世事何缘得两全。"方逢振《庚寅人日雨夕，大雷电激而成霓，阳专而阴，不胜寒》："龙马交战相长雄，一胜一负互始终。二气协击威力穷，凝冰迸出焦火中。跳丸飞炮怒打空，一夜白尽千头峰。"徐元杰《梦神人，曰公当以是字名庵，觉来赋是庵诗》："审是须防自是偏，四通八达路平平。伊周孔孟是心一，尧舜汤文是道传。善恶正邪书里月，行藏用舍性中天。圣贤万语千言订，个字来从太极先。"

一八一、疾变则术变也

医之于疾，未尝敢偏助一藏[一]之气，使之独胜，兢兢然导养均调，俱不相伤然后止。至于治痈疽[二]，则溃肌流血无所爱，岂非身与痈疽，绝不可两全耶？其视五藏，则若骄子，惟恐有毫发之忤；其视痈疽，则若仇敌，惟恐有毫发之存，是非前怯而后勇也，疾变则术变也。况当国家危疑之时，其可一其术而不知前后之变也耶？是知立乎父子之间，合和而使之两全，柔者可能也；立乎邪正之间，别

白〔三〕而使之一胜，刚者可能也。然用其柔于邪正之间，则懦而召奸；用其刚于父子之间，则激而生祸。以前为后，以后为前，乱不旋踵〔四〕。自非〔五〕权移于铢两秒忽〔六〕之中，机转于俯仰笑嚬〔七〕之际，孰能不差毫厘，而缪〔八〕千里哉？

注释

〔一〕藏：通"脏"，内脏。
〔二〕痈疽（yōng jū）：毒疮，皮肤的毛囊和皮脂腺成群受细菌感染所致的化脓性炎症。
〔三〕别白：分辨明白。辩白、辩说。
〔四〕旋踵（xuán zhǒng）：掉转脚跟，比喻时间极短。
〔五〕自非：倘若不是。
〔六〕秒（miǎo）忽：又作"秒曶"，是极小的量度单位，多形容甚少、甚微。
〔七〕嚬（pín）：皱眉。
〔八〕缪（miù）：通"谬"，错误。

译文

医生对于疾病，并不曾有偏重一面独补一脏的元气使它独胜的，而是小心翼翼地引导休养均衡协调，都不相互伤害然后才停止。至于治毒疮症，就是溃烂了肌肉，流淌了血液，也没有什么爱惜的，难道不是因为身体与痈疽断然不可两全吗？医生对待五脏，好像宠爱自己的儿子一般，只恐怕有一丝儿拂违着；他看痈疽，却好像冤家仇人一般，只恐怕有一丝一毫的留存。这并不是起先懦弱而后来英勇，而是因为疾病有了变化，医治也要有所变动。况且在国家危难的时候，怎么可以拘泥于固定的方法而不懂得前后变通呢？因此知晓站在父子之间，融洽调和双方使得他们两方面都安全，用柔性温和的手段是可行的；站在邪与正之间，辨别清白而使他们一方面胜利，用刚性强硬的手段是可行的。但是在邪与正之间用柔性温和手段，那么就会因懦弱而招致奸邪；在父子之间用刚性强硬的手段，那么就会因过激而产生祸患。把前当作后，把后当作前，叛乱很快就会到来。倘若不是权变于极其微小的事物之中，随机应变于抬头低头与皱眉的片刻之间，谁能不会因为有毫厘的疏忽差失而导致千里之远的谬误呢？

点评

　　本段列举了对抗性矛盾和非对抗性矛盾两类不同性质的问题，提出要以不同性质的方法策略去应对。不同性质的矛盾要有不同性质的方法去解决。周昙《再吟》："攻城未下惜先分，一旦家邦属四邻。徒逞威强称智伯，不知权变是愚人。"释正觉《与辨庵主》："夹山钩上得芳鳞，不作当年棒喝嗔。直向动前分手眼，端能化外拨机轮。是须眉底有筋汉，方契寰中无舌人。彻照自宗知细密，任从天下乐忻忻。"徐元杰《赠欧阳奇父偕弟益卿赴省》："中朝耆旧半沦亡，忧爱胡为畎亩忘。我病不禁心痛折，天灾惟有涕流滂。救时议论须知体，医国文章要识方。期子声名相照映，好风天际雁成行。"

一八二、两刃之下，人不容足

　　两刃之下，人不容足；两虎之斗，兽不容蹄。骊姬〔一〕、申生〔二〕之际，夫岂中立之地哉？势已新而方守其旧，势已改而方守其初，用前术应后势，克〔三〕之所以败也。

注释

　　〔一〕骊姬：本是骊戎首领的女儿，公元前672年，被晋献公虏入晋国成为献公的妃子，她使计离间了献公与申生、重耳、夷吾父子兄弟之间的感情，并设计杀死了太子申生，制造了骊姬倾晋的内乱。

　　〔二〕申生：晋献公与夫人齐姜所生，被立为太子。齐姜死后，晋献公在众妾之中提拔自己喜欢的骊姬为夫人，并生下儿子奚齐。骊姬为使其子奚齐成为继承人，随后开始诋毁太子申生。公元前656年，最终在骊姬的多次阴谋陷害之下，太子申生在新城曲沃自缢而死。

　　〔三〕克：即里克。

译文

　　两把争斗的刀锋下，是不能容人立足的；两只老虎相争的当中，是不能容野兽停留的。在骊姬和申生之间，难道是中立的地方么？形势已经改变了，却还要守着他的旧方法；形势已经变化了，却还要守着他的最初的观念，用从前的策略应付后来的形势，这就是里克失败的原因了。

点评

在政治斗争中选边站是必然，要的是立场坚定，旗帜鲜明，但更须知变应变，而大是大非观、大价值观则不能变。贯休《阳春曲》："为口莫学阮嗣宗，不言是非非至公。为手须似朱云辈，折槛英风至今在。男儿结发事君亲，须学前贤多慷慨。"释延寿《山居诗·其十四》："进退应须与智论，浮萍自在为无根。扫门何太抛途辙，解佩犹能弃渥恩。草径旋封迷旧迹，苔阶乱织露新痕。不唯此景供游赏，无限烟萝尽一吞。"王冕《遣兴》："种禾莫存莠，种树莫引萝。引萝苦其树，存莠伤其禾。营营百年内，变灭成几何？结交苟不择，中道生怨窝。可信一寸水，能起万丈波。"王安石《代答》："破车伤马亦天成，所托虽高岂自营。四海不无容足地，行人何事此中行。"元稹《有所教》："莫画长眉画短眉，斜红伤竖莫伤垂。人人总解争时势，都大须看各自宜。"

一八三、揖客而击贼，同一臂也，岂闻其相夺哉

誉亲而詈[一]仇，同一舌也；揖[二]客而击贼，同一臂也，岂闻其相夺哉？《大学》[三]之说："所恶于上，毋以使下；所恶于下，毋以事上；所恶于右，毋以交于左；所恶于左，毋以交于右。"上下左右之间；皆欲两全而不伤，何其恕也！至其论小人，则以谓"仁人放流之，迸[四]诸四夷，不与同中国"，又何其不恕也？呜呼！昔之达者，盖知之矣。

注释

〔一〕詈（lì）：骂，责骂。

〔二〕揖（yī）：拱手行礼，也指古代的拱手礼，礼待、礼遇。

〔三〕《大学》：原是《小戴礼记》第四十二篇，相传为春秋战国时期曾子所作，实为秦汉时儒家作品，是一部中国古代讨论教育理论论述的重要著作。

〔四〕迸（bèng）：散走。

译文

赞扬亲人和咒骂仇人，用的是同一个舌头；礼待宾客和打击盗贼，用的是同一条手臂。难道听说过它们相互争斗吗？《大学》中说："在上面有所嫌憎的，不可以使唤下面；在下面有所嫌憎的，不可以侍奉上面；在右边有所嫌憎的，不可以去交接在左边的；在左边有所嫌憎的，不可以去交接在右边的。"在上面下面和左边右边的中间，都要各方相互保全而不相互妨害，这是多么地宽恕啊！至于它论说到小人，却又说："仁慈厚道的人要驱逐那些小人，把他流放在四面边疆，不让他们同住在中原这一块地方。"又是多么地不宽恕啊！呜呼！从前明白事理的人，大概是知道（其中原因）的。

点评

褒扬与贬斥、团结与排斥、宽恕与惩罚都是一体两面的统一体。坚持正确，反对错误，宽恕以争取同盟，打压以消弱邪恶，明白事理的人知道必须结合起来，智谋深沉的人懂得如何更好地结合起来。李百药《谒汉高庙》："瑞气朝浮砀，祥符夜告丰。抑扬驾人杰，叱咤掩时雄。缔构三灵改，经纶五纬同。干戈革宇内，声教尽寰中。"刘宰《兰花韵》："破除百卉发孤芳，造化工夫有抑扬。平易堂中无个事，一枝相对吐清香。"赵昺《赐马廷鸾》："春秋万古一权衡，笔削昭然揭日星。道贯百王垂大法，义先五始定常经。是非褒贬寓深意，理乱安危烛未形。内夏外夷归一统，烨然治象炳丹青。"释延寿《山居诗其三十七》："息业怡神道最孤，藏名匿迹合良图。冥心难使龙神见，出语须教海岳枯。云驻庵前疑有意，鸟鸣庭际似相呼。资持随分安排了，最急应须与道俱。"

一八四、功因乱而立，名因功而生

王者之所忧，伯[一]者之所喜也；伯者之所喜，王者之所忧也。王者忧名，伯者喜名，名胡为而可忧耶？不经桀之暴，民不知有汤；不经纣之恶，民不知有武王。使汤、武幸而居唐、虞[二]之时，无害可除，无功可见，汤自汤，武自武，民自民，交相忘于无事之域，则圣人之志愿得矣。功因乱而立，名因功而生，夫岂吾本心耶？是故云霓之望[三]，非汤之盛也，乃汤之不幸也；壶浆之迎[四]，非武王之盛也，乃武王之不幸也。伯者之心异是矣。凡王者之所谓不幸，乃伯者之所谓大幸也。王者恐天下之有乱，伯者恐天下之无乱。乱不极则功不大，功不大则名不高。将隆其名，必张其功；将张其功，必养其乱。

注释

〔一〕伯：通"霸"，诸侯的盟主。
〔二〕唐、虞：上古尧帝号陶唐氏，舜帝号有虞氏。
〔三〕云霓之望：比喻迫切地盼望。语出《孟子·梁惠王下》："民望之，若大旱之望云霓也。"有民众盼望大救星之意。
〔四〕壶浆之迎：《孟子·梁惠王上》："箪食壶浆，以迎王师。岂有它哉？避水火也。"百姓用箪盛饭，用壶盛汤来欢迎他们爱戴的军队；形容军队受到群众热烈拥护和欢迎的情况。

译文

施行王道的国君所忧患的，正是创造霸业的国君所喜好的；创造霸业的国君所喜好的，正是施行仁政的国君所忧惧的。行王道的人忧惧名声，创造霸业的人嗜好名声。名声为什么可以忧惧呢？因为不经过夏桀的暴政，民众就不知道有汤王；不经过商纣王的凶残，民众就不知道有周武王。假使汤王、武王幸运地生在唐尧虞舜的时候，没有忧患可以铲除，没有功劳可以显现，汤是原本的汤，武王是原本的武王，百姓是原本的百姓，他们和百姓在安静无事的地方相互遗忘，那么圣人的梦想就已经实现了。功劳是因为动乱而建立的，名声是因为功劳而产生的，这难道是我本来的心意吗？所以像大旱之时盼望云霓这种对汤王的盼望，并不是汤王的盛誉，而是汤王的不幸，奉献浆汤的迎接，并不是武王的盛誉，而是武王的不幸。然而创造霸业的人的心思与此不同。凡是行王道的人所认为的不幸，正是创造霸业的人所认为的大幸。行王道的人只恐怕天下有动乱，创造霸业的人却惟恐天下没有动乱。动乱不发展到极点，那么功劳就不大，功劳不大那么名声就不会高。要抬高他的名声，就必须扩大他的功劳；要扩大他的功劳，就必须蓄养动乱。

点评

历朝历代，唯恐天下不乱者都大有人在。特别是有势有力的既得利益中的人，他们大都想象自己能在动乱中扩张既得利益而成最后最大的赢家，无圣人民胞物与的胸襟，无贤人悲天悯人的情怀，"一将功成万骨枯"，他们只想象自己是"一将"之上的幸存者，而不是千万枯骨中的一骨。李世民《赐萧瑀》："疾风知劲草，板荡识诚臣。勇夫安识义，智者必怀仁。"曹松《己亥岁二首（僖宗广明元年）·其一》："泽国江山入战图，生民何计乐樵苏。凭君莫话封侯事，一将功成万骨枯。"曾琏《鸿沟和吕圣功韵》："王霸兴亡劫几尘，鸿沟依旧锁寒云。不将帝业追三代，只把河山割半分。故垒已随流水尽，归鸦空带夕阳曛。西风立马频回首，那忍猿声隔岸闻。"何梦桂《和抱瓮冯提学》："吁嗟世事落黄间，倦矣人间行路难。流水已随钟子老，仙舟徒美李膺观。从来豪杰为时出，到底功名耐久看。大厦将成要梁栋，雪深方见玉龙寒。"

一八五、向使绝之于萌芽，则名安得如是之著耶

先饥而后食之，则其食美；先渴而后饮之，则其饮甘。今吾坐养其乱，待其社稷〔一〕已颓，都邑已倾，屠戮已酷，流亡已众，然后徐起而收之，拔于危蹙〔二〕颠顿之中，置于丰乐平泰之地。是邢、

卫[三]之君无国而有国，邢、卫之民无身而身也。深仁重施，殆将浅九渊而轻九鼎矣。故其功名震越光耀，赫然为五伯首。向使绝之于萌芽，则名安得如是之著耶？

注释

〔一〕社稷：本指土神和谷神，后用来泛称国家。

〔二〕危蹙（cù）：危迫。

〔三〕邢、卫：指春秋时期的邢国和卫国，齐桓公二十七年（前659）春，齐、宋、曹三国之君各率本国兵马共同救邢。齐桓公帮助邢国把都城迁到靠近齐国较为安全的夷仪（今聊城西南）。不久狄人又侵犯卫国，齐桓公考虑到卫国已是君死国灭，需要重新建国，便于第二年（前658）春在楚丘帮助卫国筑新城，使卫国在黄河南岸重建国都。

译文

先让他饥饿然后把食物给他吃，那么他吃起来就甘美；先让他口渴然后把水给他喝，那么他喝起来就觉得甘甜。现在我等待着蓄养他国的祸乱，等到他的国家根基已经坍塌，大都小邑已经倾废，屠杀残戮已经到了极点，流亡的百姓已经众多了，然后才慢慢地起来去收拾局面，从危亡和颠簸之中把它救助解脱出来，安置在丰饶安乐太平的境地。这就使得邢、卫两国的国君从没有国家而有了国家，邢卫的人民从没有安身之地而有了安身之地。深厚的恩惠，重大的施舍，大概要比九渊还深、比九鼎还重了。所以他的功劳名声震动光耀，显赫地做了春秋五霸的第一霸。假如从潜在祸乱刚开始发生时就去铲除它，那么名声怎么能够有这样显著呢？

点评

"事经盘错才方见，诗到羁穷句始工。"齐桓公在邢、卫两国被狄族侵占两年之后才出兵去救援，显然不是出于基于价值理念的王道而是出于权谋计较的霸道。在政治道德上固然已次王道一等，在智慧上也明显是一大缺陷。但在春秋之世，图强争霸之时，则不失为上策。孟郊《赠主人》："斗水泻大海，不如泻枯池。分明贤达交，岂顾豪华儿。海有不足流，豪有不足资。枯鳞易为水，贫士易为施。"许景衡《乐寿驿诗》："迢迢古驿倚城隈，使者当年几往来。慷慨谁无致君意，急难方见济时才。自知兵气终须慑，更觉天书不浪开。堂上遗尘何处去，太平父老独徘徊。"郭祥正《闻宣州王左丞被召还阙拟送》："熙宁治迹俨如新，圣主今朝用旧臣。松冒秋霜方见节，玉经炉炭始知真。具瞻尽喜周公入，论道谁先孟子醇。试作云霖苏旱暵，西疆犹有未来人。"

一八六、此王、伯之辩也

人乍见孺子将入于井，怵惕恻隐〔一〕之心不期而生，此人之真心也。真心一发，森不可御，岂暇计其余哉？有人于此，谓彼未入于井而全之，其功浅；既入于井而全之，其功深。缩手旁观，俟〔二〕其既坠，及褰裳〔三〕濡足〔四〕而救之，则其父母必以为再生之恩，乡邻必以为过人之行，义概凛凛，倾动闾里〔五〕。回思前日未入井以救之者，父母不谢，乡邻不称，若大不侔〔六〕。然则为孺子计者，宁遇前一人耶？宁遇后一人耶？噫！此王伯之辩也！

注释

〔一〕**怵惕恻隐**（chù tì cè yǐn）：既担心害怕，又同情怜悯。

〔二〕**俟**（sì）：等待。

〔三〕**褰裳**（qiān cháng）：褰，提起；裳，古代指遮蔽下体的衣裙。

〔四〕**濡**（rú）**足**：玷污了脚。

〔五〕**闾**（lú）**里**：古代城镇中有围墙的住宅区，这里借指邻居。

〔六〕**侔**（móu）：相等、齐等。

译文

现在人偶然看见小孩子将要跌落到井里去，一种惊惧的怜爱的心情就油然而生，这是人的真心。真心一经发生，力量强大而不能抵制，难道还有工夫计较其他的事情吗？假设有一个人在这个时候，认为那孩子还没有跌入井中便去保全他，自己的功劳是很小的；已经跌落井中再去保全他，这件功劳便很大了。于是便袖手旁观，等到他跌落井中，方才提起衣裳溅湿腿脚去救助他，那么孩子的父母一定认为他具有使人再生的恩德，乡里邻居也一定会认为他有高出众人的品行，于是他义气凛然，名声震动了乡里。回头看，假设以前在没有落井之前救助孩子的人，孩子的父母不会感谢他，乡邻不会称赞他，和现在相比截然不同。但是为孩子考虑，是愿意遇到前一种人？还是愿意遇到后一种人呢？唉！这就是行王道的人和创造霸业的人的区别啊！

点评

上医治未病，圣人消乱萌。王道履坦途，英雄行险道。"曲突徙薪亡恩泽，焦头烂额为上客。"李商隐《汉南书事》："几时拓土成王道，从古穷兵是祸胎。"司马光《长垣道中作》："极目王畿四坦然，方舆如地盖如天。始知恃险不如德，去杀胜残已百年。"韩淲《观钱氏庙》："王伯规模有事功，偏方乘间得争雄。彼时应笑人成败，覆辙争知个个同。"张至龙《点史》："水草山花各自春，闲居常谨坐船身。忠言似药偏医国，好句如金不疗贫。王霸兴亡难讳史，彭殇寿夭不由人。感来莫计更深浅，只见苍头换烛频。"戴亨《长城吊古》："祖龙冀立万年基，鹿马盈庭祚已移。蹈海仙船人远遁，防胡力政计空奇。榆关障岭通辽蓟，碣石波涛控岛夷。中外一家归圣化，宁知王者大无私。"陆游《读史》："夜对遗编叹复惊，古来成败浩纵横。功名多向穷中立，祸患常从巧处生。万里关河归梦想，千年王霸等棋枰。人间只有躬耕是，路过桑村最眼明。"

一八七、法未出之前，营度布置如彼其劳也，忧疑皇惑如此其危也

将以天下之事而责之一人之身，本数末度[一]，弛张[二]废置，品丛日杂，参错填溢[三]，非立谈之间所能决也，必精思熟虑，用心不知其几，然后粗能通其本原；博问广询，阅人不知其几，然后粗

能熟其利害；历岁逾时，费日不知其几，然后粗能成其纲纪[四]。法虽备矣，未尝试而骤欲布之天下，从欤违欤，欣欤戚欤，有效欤无效欤，是皆未可前定也。用法者方且怵然[五]疑，栗然[六]惧，必待事果便，国果治，然后敢自安。法未出之前，营度布置如彼其劳也；法既出之后，忧疑皇惑如此其危[七]也。呜呼！难矣哉！

注释

〔一〕本数末度：事情的根本和具体的枝端。
〔二〕弛张：宽严收放。
〔三〕参错填溢：参校纠正。填，充实。溢，满出。
〔四〕纲纪：纲常秩序。
〔五〕怵然：害怕的样子。
〔六〕栗然：悚惧的样子。
〔七〕危：忧危，心中不安。

译文

如果把天下的事情责求到一个人的身上，事情的根本与枝端，法令制度的开合收放废兴宽严，品类繁多细琐的日常杂事，参校纠正，填补缺口，不是短暂的时间就能解决的，必须深思熟虑，不知道用了多少心思，然后才大致能通晓它的本原；广博地询问，不知道经历了多少人，然后才大致能熟悉它们的利与害；经历许多岁月与时日，花费的时间不知道有多少了，然后才大致能形成它的规模与秩序。法律虽然具备了，没有经过尝试，就想立刻公布于天下，服从还是违抗，高兴还是忧戚，有效还是无效，这些都不能预先确定下来。使用法令的人刚开始警惕地犹疑着，惊恐地害怕，必然等到事情果然进展顺利，国家果然得到善治，然后自己才敢安心。法令没有发布之前，营谋推算部署措置是像那样的辛苦；法令公布以后，犹疑惶恐是像这样的忧危不安。唉呀！真是太艰难了。

点评

权力即责任。将权力集中于一个人身上，这个人其实很累。治大国如烹小鲜，慎重来自使命感和责任感。履职任责，先讲态度，后讲能力。首先要以积极的态度应对繁复的矛盾，勤奋不息，任劳耐烦，居安思危，防微杜渐，注重细节，追求完美。陈普《禹汤文武周公》："千圣相承惟道一，忧勤惕厉意尤深。至诚之理元无息，有息良非天地心。"乾隆《读贞观政要》："懿德嘉言在简编，忧勤想见廿三年。烛情已自同悬镜，从谏端知胜转圜。房杜有容能让直，魏王无事不绳愆。高山景仰心何限，字字香生翰墨筵。"

一八八、必尝习字，然后知宝钟、王之贴

工之巧者不肯授人以其法，琴之妙者不肯授人以其调，固有服役终身而莫得其传者矣。使幸而得之，其喜为如何，其感为如何。治国之法，非一工一琴比也。今数公治国之良法，表里纤悉，左氏尽发其秘于书，学者一开卷而尽得之，反不知贵重，岂不怪耶？必尝习画，然后知珍顾、陆[一]之图；必尝习字，然后知宝钟、王[二]之帖。持以示田舍翁，则诋[三]为败素腐楮[四]耳。苟未尝留意治体[五]，亦安知数公之遗法可贵哉？

注释

[一] 顾、陆：顾，顾恺之（348—409），字长康，东晋杰出画家、绘画理论家。陆，陆探微（？—约485），吴县（今苏州）人。南朝刘宋时期画家，在中国画史上，他是正式以书法入画的创始人。

[二] 钟、王：钟，钟繇（yáo），字元常，三国时期曹魏重臣、著名书法家。王，王羲之，字逸少，东晋书法家，有"书圣"之称。

[三] 诋（dǐ）：毁谤。

[四] 楮（chǔ）：落叶乔木，树皮是制造桑皮纸和宣纸的原料，常用作纸的代称。

[五] 治体：治理国家的根本，体统。

译文

　　精妙的工匠不肯传授他的技艺，善于抚琴的人不肯传授他的音调，本来就存在终身为徒而没有得到老师传授的人。假使他幸运地得到了传授，会喜欢到何种地步，会感动到何种地步啊。治理国家的方法，不是一项工匠技艺一项琴艺所能相比的。现在多位前辈良好的治国方法，里外都详尽完备，左丘明已经把它们的秘密揭发呈现在书卷里，学者一打开书就能得到，反而不知道宝贵看重，难道不是很奇怪么？必须曾经学过画，然后才能知道珍藏顾恺之、陆探微的绘画；必须曾经练过字，然后才能知道宝重钟繇、王羲之的字帖。把它们拿给平民百姓欣赏，那么他们只会诋毁为残破的布和腐败的废纸而已。如果没有留意过治理国家的根本，又怎么懂得前人遗留下来的方法的珍贵呢？

点评

　　行行有门道，术业有专攻。内行看门道，外行看热闹。身在宝山不识宝，只因自己见识少。实践出真知，见识因体会。孟郊《劝学》："击石乃有火，不击元无烟。人学始知道，不学非自然。万事须己运，他得非我贤。青春须早为，岂能长少年。"王慎中《论学示友人杂诗》："筌以求鱼蹄取兔，兔鱼初不在筌蹄。画舟访剑将何得，买椟还珠亦太迷。牝马健行知作用，潜龙不拔识端倪。古圣我思心实获，美人遥在一方西。"周沐润《咏古》："不是劝农还，安知稼穑难？括田唐使者，搜粟汉都官。天下非秦越，朝端必范韩。诸君颂阶泰，莫废注危竿。"唐寅《版筑求贤图》："圣主求贤按画图，顿将天秩畀胥徒。精神不是能玄会，颜色安知非滥竽。"

一八九、已喻而不改耶，是不当谏也

　　谏之用在于君未喻〔一〕之前，而不在于君已喻之后，此人臣事君之常法也。然君已喻而不谏，其名一，其实二。已喻而不为耶，是不待谏也；已喻而不改耶，是不当谏也。既曰喻矣，其犹不改，何也？怵其利而冒〔二〕其害也。

注释

〔一〕喻：知晓、了解、明白。

〔二〕冒：触犯、冒犯。

译文

谏说应该用在国君没有明白事情之前，而不应该用在国君已经明白之后，这是做臣子的侍奉国君常用的方法。可是国君已经明白了却不进谏，它名义上是一样的不进谏，其实却有两种情况。国君已经知道而不做，是不须等到进谏；国君已经明白而不改正（缺点），是不应当进谏。既然说已经知晓了，他还不改正，为什么呢？因为害怕利益的损失而甘心接受它的害处啊。

点评

不是不做，有不能做，不是不能做，而是不愿做，不是不愿做，而是经过时势利益情理的权衡，不得不放弃去做，这是政策抉择中的常态之一。韩愈《君子法天运》："君子法天运，四时可前知。小人惟所遇，寒暑不可期。利害有常势，取舍无定姿。焉能使我心，皎皎远忧疑。"梅尧臣《感兴》："既负天下望，必忧天下责。每闻谏诤辞，苦意多矫激。心存义勇赤，气与虹霓白。所论言必从，岂若水投石？阴邪日已销，事理颇已得。莫将经济术，抑郁向胸臆。"

一九〇、兵事上神密

兵事上神密，泄他人之军事，犹不免诛，况伯国节制之师，岂容人辄乱之乎？

译文

军事高度重视神秘保密，泄露他人的军事，已经是罪不容诛，何况是霸主政令严明的军队，岂能容忍有人随便捣乱？

点评

韩非曰："事以秘成，语以泄败。"兵以诈立，最讲机权。所以法令森严，而以保守秘密为首要。徐钧《崔浩》："智谋断国灼蓍龟，自比留侯果是非。一死人言缘史事，谁知谋泄为南归。"温庭筠《题李卫公诗》："蒿棘深春卫国门，九年于此盗乾坤。两行密疏倾天下，一夜阴谋达至尊。肉视具僚忘匕箸，气吞同列削寒温。当时谁是承恩者，肯有余波达鬼村。"刘绎《送彭香九太史入京》："小住蓬莱返故庐，两番读礼十年书。一生大事修家裕，千载功名许国初。温树阴高多秘密，皇华路远要纡徐。无穷德业原忠孝，直送青云老眼舒。"

一九一、兵先自见不胜之兆于冥冥之中，安得不知难而止乎

弈者举棋才三四，敛手而甘拜者，国棋也；倒奁〔一〕空枰〔二〕，大败涂地，争犹不止，则棋之下者耳。仲〔三〕，国棋也。先自见不胜之兆于冥冥之中，安得不知难而止乎？是故智者之败在心，愚者之败在事；智者之败在神，愚者之败在形；智者之败同室不知，愚者之败国人皆知。使仲必待舌弊力屈，然后始肯处于不胜之地，亦何以为管仲哉？

注释

〔一〕奁（lián）：装棋子的盒子。
〔二〕枰（píng）：棋盘。
〔三〕仲：管仲，姬姓，管氏，名夷吾，字仲，辅佐齐桓公成为春秋五霸之首。对内大兴改革、富国强兵；对外尊王攘夷，九合诸侯，一匡天下，被尊称为"仲父"，齐桓公四十一年（前645）病逝。管仲是中国古代著名经济学家、哲学家、政治家、军事家，被后人尊称为"管子"。

译文

下棋的人才下了三四步，就罢手甘拜下风的，这是善于下棋的国手；把满盒的棋子用光，空着棋盘，大败涂地，还兀自争论不休，这是棋术低下的劣手。管仲，就像是棋界中的国手了。他在冥冥之中预先见到不能成功的兆头，怎能不知难而止步呢？所以聪明的人败在心里面，愚蠢的人败在事情上；聪明的人败在神思上，愚蠢的人败在形迹上；聪明人失败，即使同室的人也不知道，愚蠢人失败，整个国家都知道了。假使管仲一定要等到口干舌燥，力气也用尽了，才甘心处于不能胜利的地位，又凭什么能成为（大谋略家）管仲呢？

点评

知损为大智，止损为大能。能及时知损果断止损，非目光如炬一眼能见终局者不能，非勇决天地能剜疮断腕者不能，实属大智大勇。董必武诗曰："愚公未惜移山力，壮士须怀断腕观。"释清远《以偈美世奇首座》："有道只因频退步，谦和元自惯回光。不知已在青云上，犹更将身入众藏。"卢殷《黄雀行》："穿屋穿墙不知止，争树争巢入营死。林间公子挟弹弓，一丸致毙花丛里。小口黄雏未有知，青天不解高高飞。虞人设网当要路，白日啾嘲祸万机。"邵雍《代书寄前洛阳簿陆刚叔秘校》："洛城官满振衣裾，尘土何由浼远途。道在幸逢清日月，眼前应见旧江湖。知行知止唯贤者，能屈能伸是丈夫。归去可妨趁残水，三吴还似向时无。"徐元杰《题静轩》："主静非专在静时，至于动处亦随之。圣贤学问惟知止，敬义工夫要夹持。所养勿忘由勿助，其中何虑又何思。莫教鹘突名轩意，物诱情迁几坐驰。"白居易《放言五首·世途倚伏都无定》："世途倚伏都无定，尘网牵缠卒未休。祸福回还车转毂，荣枯反复手藏钩。龟灵未免刳肠患，马失应无折足忧。不信君看弈棋者，输赢须待局终头。"

一九二、名曰佚乐，未有不资小人者

名曰佚乐[一]，未有不资小人者；名曰小人，未有不贪权势者。

已许其纵佚乐，而禁其近小人，是授人以田而夺其耒耜〔二〕也；已容其近小人而禁其夺吾权，是与盗者同处而恶其攘窃〔三〕也。世宁有是理耶？

注释

〔一〕佚乐：悠闲安乐，放纵玩乐。

〔二〕耒耜（lěi sì）：古代一种像犁的翻土农具。这里用作农具的统称。

〔三〕攘（rǎng）窃：盗窃、抢夺。

译文

既然说是放纵玩乐，就没有不任用小人的；既然说是小人，就没有不贪图权势的。已经许诺他放纵玩乐，却禁止他亲近小人，这就像授给别人田地却夺走他的农具；已经容许他亲近小人了，却禁止他侵夺我的权力，这就好像和盗贼住在一起，却厌恶他的抢夺偷窃。世上难道有这种道理吗？

点评

要办事就得借助别人，借助别人就得让渡权力，让渡权力就难免别人借权以生事。为免生事，必要在源头上限制办事，在过程中限制权力。故无必要之事（特别是私事）必省必禁，办事过程必监必督，或可差强人意。至于逸乐之类，则既要自律以克念，也须他律以禁行。陆游《即事》："了事如何省事奇，无心始觉有心痴。三更急雨打窗破，正是拥炉危坐时。"邵雍《谢傅钦之学士见访》："长莫长于天，大莫大于地。天地尚有极，自余安足计。世态非一朝，人情止于是。以至立殊功。无非借巨势。适会在其间，慎勿强生事。"邹浩《读庄子人间世》："厄言吾久得南华，每一开编一叹嗟。尘表物从何处去，人间世自莫能加。不知养虎但生事，未始有回真作家。此意于今妙相契，却惭书读谩盈车。"王涧《送田元长接伴高丽告奏使》："圣朝万里息烽烟，冀马吴牛尽稳眠。蜗国弄兵贪裂地，蚁臣将命恳呼天。政须老手不生事，故遣吾髯更著鞭。想到鸭江文字饮，德星清对两诗仙。"

一九三、能希君之意者，必能盗君之权

舆台阉寺〔一〕辈能希〔二〕君之意者，必能盗君之权；不能盗君之权者，亦必不能希君之意。

注释

〔一〕舆台阉寺：指驾车侍卫以及其他从事内务勤杂的人员。
〔二〕希：理解、迎合。

译文

那些驾车侍卫以及其他从事内务勤杂人员能迎合君王心意，必定能窃取君王的权力，不能够窃取君王权力的，也必定不能迎合君王的心意。

点评

因为亲近，所以能了解；因为了解，所以能迎合；因为迎合，所以能窃取；因为窃取，所以能生出无穷事端。管好身边人极为重要。邵雍《即事吟》："事到患来频，何由得任真。就新须果敢，从善莫因循。盗亦自有道，人而或不仁。义缘无定体，安处是行身。"包何《赋得秤送孟孺卿》："愿以金秤锤，因君赠别离。钩悬新月吐，衡举众星随。掌握须平执，锱铢必尽知。由来投分审，莫放弄权移。"周昙《博陆侯》："栋梁徒自保坚贞，毁穴难防雀鼠争。不是主人知诈伪，如何柱石免欹倾。"周昙《隐公》："今古难堤是小人，苟希荣宠任相亲。陈谋不信怀忧惧，反间须防却害身。"张九成《论语绝句·君子何尝去小人》："君子何尝去小人，小人如草去还生。但令鼓舞心归化，不必区区务力争。"

一九四、王道之外无坦途，仁义之外无功利

是知王道之外无坦途，举皆荆棘；仁义之外无功利，举皆祸殃。

译文

因此可知在王道之外，没有平坦的道路，到处都是荆棘；在仁义之外没有什么功名利禄，到处都是祸患灾难。

点评

善良是远见，仁义是最高的策略。苏轼《和刘道原寄张师民》："仁义大捷径，诗书一旅亭。相夸绶若若，犹诵麦青青。腐鼠何劳吓，高鸿本自冥。颠狂不用唤，酒尽渐须醒。"唐庚《金牛驿》："由来仁义行终稳，到了权谋术易穷。才见诈牛收剑外，已闻真鹿走关中。"金朋说《五季梁主》："弑君杀父乱纲常，弟戮其兄促灭亡。上下交骗仁义绝，背违天理应难昌。"方回《题金明府平易堂》："桑畴麦陇颂声欢，竟说琴书政事宽。方寸惟知存岂弟，丝毫不肯作艰难。爱民何啻如儿子，行路休教避长官。来往星源凡几岭，从今都作坦途看。"于石《读史》："今来古往一封疆，虎斗龙争几帝王。百二山河秦地险，八千子弟楚天亡。朝廷有道自多助，仁义行师岂恃强。往事废兴何处问，寒烟衰草满斜阳。"

卷十

一九五、甚小人之恶者，宽小人之恶者也

甚小人之恶者，宽小人之恶者也；多小人之罪者，薄小人之罪者也。小人之怀恶负罪者，其心未尝一日安也。一旦为人所发，情得计露，手足失坠，何辞之敢争？其所以旅拒〔一〕不服者，抑有由矣。是非小人之罪也，治小人者之罪也。治小人者，疾之太过，求之太深，谓："正指其罪恶，无所附益〔二〕，未足以深陷小人。"由是于本恶之外，复增其恶以甚之；于本罪之外，复增其罪以多之。小人始悻然〔三〕不服，虽旁观者亦怃然〔四〕有不直君子之心矣。所谓小人者，方患无以自解也，日夜幸吾一言之误、一字之差，乘隙以破吾之说。今吾乃故为溢毁无实之辞，使彼得以藉口〔五〕，是遗〔六〕小人以自解之资也。彼之恶本实，因吾增之，反变实恶为虚恶；彼之罪本实，因吾增之，反变实罪为虚罪。则为小人者，惟恐君子增加之不多耳。呜呼！君子何苦坐〔七〕一伪而丧百真？小人亦何幸借一诬而解百谪乎？

注释

〔一〕旅拒：聚众抗拒、违抗。
〔二〕附益：增加、增益，附会、夸大其辞。
〔三〕悻（xìng）然：怨恨愤怒的样子。
〔四〕怃（wǔ）然：怅然失意、惊愕失望的样子。
〔五〕藉口：借口。
〔六〕遗（wèi）：给予、赠送。
〔七〕坐：因为、由于。

译文

过于责备小人罪恶的人，正是宽解小人罪恶的人；妄自增添小人的罪名的人，正是减轻小人的罪名的人。那心怀恶意，担着罪名的小人，他的心一天也未曾安稳过。一旦被人发觉，真相大白，计谋败露，将手足无措，还有什么言辞敢来争辩呢？他之所以抗拒不服，也是有原因的。这就不是小人的罪过，而是惩治者的罪过了。惩治小人的人，痛恨之心太深，要求太苛刻，说："只指责他的罪恶，而不附加点罪名，是不能够严厉打击小人的。"于是在他的本恶之外，再增加点恶迹使它更严重；在他的本罪之外，再增加点罪名使它更繁多。正因如此，小人才怨恨不服，即使是旁观者，心中也怅然，有认为君子没有道理的想法。那些小人，正在担忧没有办法可以自我解脱，日日夜夜巴望我有一句话的错失，有一个字的差讹，然后好乘隙而入，攻破我的说法。现在我却有意捏造过分毁谤，缺乏真实的言语，使他们得着了借口，这是送给小人自我解脱的资本了。他的罪恶本来是确实的，因为我增加了些，反倒把实恶变成了虚恶；他的罪行本来是确实的，因为我增添了些，反倒把实罪变成了虚罪。那么做小人的，惟恐君子给他们增加的罪恶不多呢。唉！君子何苦因为一点虚假而丧失了众多真实？小人又是那么幸运借着一点诬妄而解脱了众多谴责呢？

点评

解决所谓"小人"问题，贵在"用心平而见解明"，以事实为依据，以法律为准绳，方能受得了天下的责疑，经得起历史的考验。吕祖谦《如伤为韵》："携李国西门，道里去天咫。讼庭人摩肩，客馆舟衔尾。凉燠变须臾，怵听复骇视。心平理自见，周道本如砥。"刘克庄《绝句韵·廉使端如秤样平》："廉使端如秤样平，行台非以刻为明。未论汉吏摇山力，且听尧民击壤声。"陆游《戏题》："走马平欺刺绣坡，放船横截乱丝涡。从来倚个心平稳，遇险方知得力多。"赵汝绩《送蔡廉父赴赣僻》："同游两见菊花时，忍对西风话别离。官远人应观所主，心平事必得其宜。急汊进进常思退，公事惺惺要带痴。执手羞为儿女语，此言或可当箴规。"

一九六、取所当取，帑藏自不能容；但治所当治，奸宄自不能遁

大商坐肆〔一〕，持权衡而售物。铢〔二〕而铢焉，两〔三〕而两焉，钧〔四〕而钧焉，石〔五〕而石焉，人交手授物，无敢出一语者。苟阴加权衡，而罔利〔六〕所赢〔七〕者，仅若毫发，众皆竞弃之，将立为沟中瘠〔八〕矣。权衡已定，加则为贪；罪恶已定，加则为滥。是故取货财者取所不当取，则当取者必反不能取；治小人者治所不当治，则当治者必反不能治。但取所当取，帑藏〔九〕自不能容；但治所当治，奸宄〔一○〕自不能遁。又何必曲取而过治也哉？

注释

〔一〕坐肆（sì）：开店做生意。
〔二〕铢（zhū）：古代重量单位，二十四铢等于旧制一两。
〔三〕两：古代重量单位，二十四铢为一两，十六两为一市斤。
〔四〕钧：古代的重量单位，三十斤是一钧。
〔五〕石（dàn）：古代计量单位。三十斤为钧，四钧为石。
〔六〕罔利：渔利。
〔七〕赢：获利，利润。
〔八〕瘠（jí）：瘦弱、瘦瘠，腐肉、腐烂的尸体。
〔九〕帑（tǎng）藏：国库，指钱币、财产。
〔一○〕奸宄（guǐ）：犯法作乱的坏人。

译文

大商人经营店铺，拿着秤卖东西。铢就是铢，两就是两，钧就是钧，石就是石，买卖货物，没人敢说什么。假如暗地里在秤上做了手脚，得到的盈利，只不过像一毫毛发那样微乎其微，而众人将都竞相唾弃他，他将会马上成为沟渠中的腐肉。衡量标准已经确定，增加就是贪婪；恶行罪名已经确定，

再增加就是过度。因此，拿货物、财物的人，如果拿走了本不该拿的，那么该拿的反而必定拿不到；惩治小人的人，如果惩治了本不当惩治的，那么该惩治的反而必定惩治不了。只拿你应当拿的，国库自然充实得装不下；只惩治你应当惩治的，作乱的坏人自然遁逃不了，又何必不正当地拿取或过度惩治呢？

点评

孟德斯鸠《论法的精神》谈及中国人缺少诚信与契约精神，也用的是拿秤买卖东西的例子。祖谦此段大有将经商的契约精神推及社会各个领域之意，难能可贵。大标准贵在公平，而本质在于诚实守信。王安石所谓："自古驱民在信诚，一诺为重千金轻。"康德："诚实比一切智谋更好，而且它是智谋的基本条件。"失去了诚信，等同于毁灭自己。所以古人讲究"苟菲采时皆有道，权衡分处且无情"。廖行之《和益阳赵宰》："驭吏胡为术，临民若用情。两难诚具美，双璧重连城。威爱无偏举，权衡自适平。吏忠民更乐，协气日流横。"陈耆卿《读商君传》："大信之信本不约，至诚之诚乃如神。欲识唐虞感通处，泊然无物自相亲。"王令《孟子》："孟子不肯比伊尹，仲尼方可期文王。圣贤自得固厚重，庸俗好似已较量。微生喜以佞面诋，臧氏恶非礼所当。惜哉二子不自重，以人可否何不详。"

一九七、君子之用刑，当听其自犯，而不置我于其间

影者，形之报也；响者，声之报也；刑者，罚之报也。高下轻重，咸其自取，岂有一形而两影，一声而两响者哉？君子之用刑，当听其自犯，而不置我于其间。多与之为多，寡与之为寡，苟不胜其忿而以私意增之，是我之刑而非刑之刑也。伐人国，覆人族，残人身，而参之以我，吁！危哉！以小人而谤君子，谓之诬；以君子而增小人之罪，亦谓之诬。小人之诬君子，全体之诬也；君子之诬小人，一事之诬也。小大虽殊，然终同归于诬而已矣。君子方疾小

人之为诬,而复效其为诬,亦何以责彼哉?

译文

影子,是形体的回应;回声,是声音的回应;刑罚,是处分的回应。高与下、轻与重,都是由自己决定的,难道有一个形体却有两个影子,一次声音却有两处回声的吗?君子使用刑罚,应当根据犯人的罪行,而不能加入自身的情感。罪行严重就严加惩罚,罪行轻微就稍加惩罚,如果不能抑制忿怒而凭着私意增加罪名,那么是自己个人的刑罚,而不是刑罚的刑罚了。讨伐别国,覆灭他族,残害他人的身体,却加入自己的情感,唉!危险啊!小人毁谤君子,称之为诬陷;君子增加小人的罪名,也称之为诬陷。小人的毁谤君子是整体的诬陷;君子的增加小人的罪名,是一时一事的诬陷。大小虽然不同,然而终究是同归一样性质的诬陷罢了。君子正痛恨小人的诬陷,却又仿效他们来诬陷,又拿什么来责备小人呢?

点评

主观意志情绪是事业的大敌。孔子讲"勿意,勿必,勿固,勿我","意、必、固、我",根结在"我",戒于"勿我",达于"无我",不将私意杂念加于立身立业的淳正本心,依凭事实,循从事理,则事成如转环,功成如摧朽,何至于挫折困顿?何至于蹈险履危?辛弃疾《重午日戏书》:"青山吞吐古今月,绿树低昂朝暮风。万事有为应有尽,此身无我自无穷。"曾丰《触目》:"无我那虞物所侵,从教物与我相寻。云头翻墨任浓淡,山顶波蓝随浅深。春色若空疑有著,天工虽巧实无心。可怜杜宇空多泪,更笑黄鹂强好音。"邵雍《旋风吟》:"安有太平人不平,人心平处固无争。棋中机械不愿看,琴里语言时喜听。少日挂心唯帝典,老年留意只羲经。自知别得收功处,松桂隆冬始见青。"

一九八、心切于求,则目眩于视也

人之求堕簪〔一〕者,簪横吾之前,或瞀〔二〕乱而不能见,簪曷尝自匿〔三〕哉?心切于求,则目眩〔四〕于视也。

注释

〔一〕簪（zān）：簪是由笄发展而来的，用来绾定发髻或冠的长针。

〔二〕瞀（mào）：眼睛昏花、迷糊。

〔三〕匿（nì）：隐藏，隐瞒。

〔四〕眩（xuàn）：眼花，视物不清，引申指迷惑、迷乱。

译文

人们有寻求掉落的簪子的，簪子就横在我的面前，有时却目光迷乱而看不见，簪子又何曾自己躲藏了呢？内心急切地要寻求，那么眼睛在看的时候就昏花了。

点评

心理情绪影响身心功能的发挥，拿破仑说："能控制好自己情绪的人，比能拿下一座城池的将军更伟大。"成功的最大敌人是缺乏对自己情绪的控制。杨简："有心切勿去钩玄，钩得玄来在外边。"陈普《具体而微》："道体本来无限量，其间细大竞差殊。只争思勉些微累，意必之心未绝无。"方回《送白廷玉常州教》："世间可读不多书，岂但撑肠似蠹鱼。小技仅能攻浅近，大言徒用骋高虚。道心切戒偏妄助，议事毋先计毁誉。我学暮年方见此，毗陵博士比何如。"

一九九、怠善而长奸者，莫如徇时之说

怠善而长奸者，莫如徇时之说。是说之行于世，不知其几年矣。持之有故也，举之有证也，辨之有理也，无惑乎倾天下而从之也。

译文

怠慢良善而助长奸伪的，没有哪个能比得上"顺从时势"这种言论了。这种言论在世上流行，不知道有多少年了。立论有根据，列举有明证，分析有理由，难怪它招引得全天下的人都追随响应它了。

点评

　　紧跟时代的变化，紧随时代潮流是件好事，但在时尚流行中也容易失去方向，失去原则，失去初心，迷失自我，就会失去自己。坚定理想信念，遵循大道规律，守我初心，进退有原则，因时适势，取舍讲策略，应是一条优选路线。陈著《十月九日醉中》："人生欲满十分难，得七分安便是安。鸟信天公终不死，龙行云路本来宽。须知老眼今如古，肯徇时情暖换寒。说与儿曹能解意，相看一笑倚阑干。"汪元量《寄赵青山同舍档》："谢傅东山喜劫棋，刘生南岳怕联诗。君侯自有通身胆，用舍行藏且顺时。"顾逢《舟中偶成》："江海船行东复西，风蒲高挂一樯危。往来逆顺休相讶，逆者还须有顺时。"曾国藩《寄郭筠仙浙江》："无穷志愿付因循，弹指人间三十春。一局楸枰虞变幻，百围梁栋藉轮囷。苍茫独立时怀古，艰苦新尝识保身。自愧太仓縻好爵，故交数辈尚清贫。"

二〇〇、抑其恶所以全其身，爱小人者，孰有加于治世乎

　　治世者，小人失志之时也；乱世者，小人得志之时也。为小人祷〔一〕者，必祝其遇乱世而毋遇治世，抑不知事有大缪不然者。小人之在治世，片言犯义则镌谯〔二〕至，跬步〔三〕触法则谴责来，含毒蓄险，郁不得吐，信乎其不得志也。然抑其恶所以全其身，爱小人者，孰有加于治世乎？严师之箠楚〔四〕，慈母之呵叱，吾见其恩，而不见其仇也。乱世则反是矣，贪大者家亦大，诈高者位亦高，群欢〔五〕辈嚻〔六〕，竞于为恶，不至于覆宗绝祀〔七〕不止也。有饵焉以馨〔八〕其钩，有锦焉以华其阱，安得不诱而纳之死地乎？

注释

　〔一〕祷：宗教徒或迷信的人求神保佑，请求、盼望。

〔二〕镌谯（juān qiáo）：诘责。

〔三〕跬（kuǐ）步：半步，跨一脚，引申至举步、迈步，也被用于形容极近的距离、数量极少等。

〔四〕箠（chuí）楚：鞭杖之类刑具，亦以称鞭杖之刑。

〔五〕欢（huān）：喧哗。

〔六〕嚣：嘈杂、吵闹、喧哗。

〔七〕覆宗绝祀：毁坏宗庙，断绝后代。

〔八〕馨（xīn）：散布很远的香气。

译文

太平盛世，是小人失意的时代；动乱时代，是小人得志的时代。替小人祈祷的人，一定祝他遇到乱世而不要遇到盛世，却不知道这在事理上是大错特错，完全不是这样的。小人处在盛世，有半句话触犯了道义，斥责就到了；有半步触犯了法律，谴责就来了，他内心含着怨毒和险恶，却抑郁不能吐露，确实是不得志的。但是遏止了他的罪恶，正是保全了他的性命，爱护小人的，还有哪样能超过盛世呢？严师的责打，慈母的呵斥，我只见到他们的恩爱，却不见他们的仇恨。乱世就不是这样了，贪心大的家产也大，诈术高的地位也高，大家喧嚣叫嚷，竞相为恶，不弄到倾覆宗庙、断绝香火不肯罢休。有钓饵使鱼钩馨香，有丝绸使陷阱华丽，怎么不诱人并把他置于死地呢？

点评

在价值观混乱的年代，滔滔浊世，蝇营狗苟于物欲享受，"贪大者家亦大，诈高者位亦高"，殊不知物即香饵，欲即陷阱，昂然阔步，蹈危触机而懵然不知，大可叹息。"须知香饵下，触口是铦钩。"于石《感兴》："游鱼闻饵香，宁悟钩入口。不忍一朝饥，竟落渔人手。捕雉必以媒，相呼欣得偶。失身罗网中，乃为媒所诱。嗟哉二物微，智不料其后。飞潜一失所，虽悔复何咎。矧为物之灵，而不慎所守。饥渴能害心，交游多卖友。"黄庭坚《叔父钓亭》："槛外溪风拂面凉，四围春草自锄荒。陆沉霜发为钩直，柳贯锦鳞缘饵香。影落华亭千尺月，梦通岐下六州王。麒麟卧笑功名骨，不道山林日月长。"韩琦《腊日出猎》："习平礼乐存形器，要阅兵须有杀生。故备奸戎伴斩伐，唯于畋猎可申明。妖狐胆裂逃终戮，老鹘拳高下必精。大获未能矜小得，几何人不哂吾行。"

二〇一、天下之祸，恃人而不自戒者居其最

天下之祸，恃人而不自戒者居其最；天下之辱，为人所恃而不能保者居其最。

译文

天下的祸患，依靠他人而不自己戒备的，居于最严重的地位；天下的耻辱，被人依靠却不能保全他的，居于最重大的地位。

点评

自立自强者雄，自恃自助者天助。有自立自强的意志，懂得管理和安排自己，才是最强大的力量。方回："为问何凭游海内，唯应所恃在胸中。"元稹《兔丝》："人生莫依倚，依倚事不成。君看兔丝蔓，依倚榛与荆。荆榛易蒙密，百鸟撩乱鸣。下有狐兔穴，奔走亦纵横。樵童斫将去，柔蔓与之并。翳荟生可耻，束缚死无名。桂树月中出，珊瑚石上生。俊鹘度海食，应龙升天行。灵物本特达，不复相缠萦。缠萦竟何者，荆棘与飞茎。"杨寿杓《对酒》："虮虱处裈间，亦曰此邦国。吮人血与膏，快意五鼎食。昏昏自朝暮，逐逐日蕃息。运尔机械心，竭尔蠕动力。因人以为生，生死在反侧。杀身行自取，蠢哉剥肤贼。"杜范《书于位斋自戒并示诸子》："晦以昭明德，怯以成勇功。用拙巧莫尚，持静动攸宗。惟柔养真刚，自下升高崇。虚可使实积，小乃与大通。守约博有归，味淡甘无穷。万里以是观，一心须自融。"

二〇二、是溺人者，非水也，舟师也

人之泛舟，恃舟师而不戒，酣寝沉醉，以溺于水。是人固有罪矣，然岸傍之人罪之可也，舟师罪之不可也。彼由谁致祸，而犹敢罪之耶？是溺人者，非水也，舟师也。

译文

乘船的人，依靠划船的人而不自己戒备，醉酒沉睡，因而淹死在水里。这种人固然是有过错的，但岸边的人责备他，是可以的；划船的人责备他，却是不可以的。他是因谁才遇难的呢，还敢来责备他吗？

点评

契约信用，人际最重。遵约守信，也为人际国际交往根本原则。齐桓公既为中原霸主，坐视追随同盟的小国灭亡，却不能去救助，依附的未必就有福祚，而忤怒敌对势力的顿时就有祸患，这就是为渊驱鱼，为丛驱雀。徐夤《蜀》："虽倚关张敌万夫，岂胜恩信作良图。能均汉祚三分业，不负荆州六尺孤。绿水有鱼贤已得，青桑如盖瑞先符。君王幸是中山后，建国如何号蜀都。"王慎中《平蛮凯歌》："善决奇谋成败顷，坚持大信赏罚间。云烟扫荡归虚壑，草木昭回穷发山。"龚鼎孳《寄彭禹峰方伯酬燕京留别韵》："得时鹰隼岂卑栖，行省威名播狄鞮。屡折围棋千帐静，橄成横槊万山低。军中转粟青天上，使者论功大夏西。柔远古惟恩信重，年来象马倦霜蹄。"

二〇三、世未有因罪其人，而并罪其书者也

一犬吠形，百犬吠声，而仁义之道荒矣。是皆以君子自名者之罪也。以君子自名者，诚不足恃矣。天下安可以此人之不可恃，而遂疑此道之不可恃耶？将之覆军者相继，天下不疑兵书之难行；医之杀人者相望，天下不疑医书之难用。世未有因罪其人，而并罪其书者也。

译文

一只狗是看到了形状而叫，而一百只狗却是因为听到了这只狗的叫声而叫起来，而仁义之道就因为这种现象而荒废下来了。这都是自称君子的人的罪过。以君子自称的人，的确不足以依靠，但天下怎么可以因这个人

的靠不住，就怀疑这一套圣贤的理论也是靠不住的呢？打败仗的将军虽然接连不断，但天下并没有怀疑说兵书是难以践行的；医生治死了病人的事虽然时常发生，但天下并不怀疑说医书是难以使用的。世上并没有因怪罪某个人，而怪罪他所学习的书的。

点评

理论的正确与否并不等同于践行结果的好坏。因为在理论与践行的结果之间，还要看能否联系实际深入调查研究、讨论推演、准确决策等等，还有一个践行是否准确到位的问题，其中的关键是什么人去践行的问题。赵公豫《冷泉亭》："泉不因人热，渊源自古今。名流耽韵致，智士悦清音。径有烟霞趣，亭无鸟鼠侵。浮生徒碌碌，谁自涤凡心。"孟郊《寓言》："谁言碧山曲，不废青松直。谁言浊水泥，不污明月色。我有松月心，俗骋风霜力。贞明既如此，摧折安可得。"王质《小隐诗》："瘦水微皱渐复槽，秋枫脱叶下江皋。王杨卢骆青冥上，不废江河废尔曹。"邵雍《观易吟》："一物其来有一身，一身还有一乾坤。能知万物备于我，肯把三才别立根。天向一中分体用，人于心上起经纶。天人焉有两般义，道不虚行只在人。"

二〇四、有所爱，则有所蔽；有所蔽，则有所忘

爱而知其恶者，天下之至善也，亦天下之至不善也。凡人之情，有所爱，则有所蔽；有所蔽，则有所忘。不蔽不忘，卓然知其恶于深爱之中，惟天下至公者能之。何以反谓之大不善乎？知而远之，善之善也；知而近之，不善之不善也。

译文

喜爱他又知道他的恶，是天下最大的善，也是天下最大的不善。人之常情，有所喜爱，便有所遮蔽；有所遮蔽，便有所忘记。既不遮蔽又不忘记，在深爱中又清醒地知道他的恶，只有天下最公明的人才能做到，为何反而说这是最大的不善呢？知道了便远离他，这是好中之好；知道了仍去亲近他，

这是不好中的不好。

点评

使贪使愚，用奸用恶，本是政治家操弄权术的看家本领，但也是一套高难度动作，分寸限度的掌控可判能力的高下、事业的成败，以道德绳索去捆绑不如以智慧尺度去衡量。李若川《杂咏》："瞽者不视色，聋者不听声。观其动作间，视听由心生。一心苟有蔽，耳目绝聪明。"元稹《遣兴》："爱直莫爱夸，爱疾莫爱斜。爱谟莫爱诈，爱施莫爱奢。择才不求备，任物不过涯。用人如用己，理国如理家。"姜特立《出处》："士贵重其身，出处各有道。一为己私蔽，丧却千金宝。我非真勇者，归意良草草。迷路方多岐，几人能辨早。"陈淳《明道堂诗》："秉彝同是得天生，道在其中本自明。气为禀来微有蔽，欲因感处复多萌。磨砻须到十分粹，克治全教一味清。从此洞然无别体，真元辉露日光星。"

二〇五、道无待，而有待非道也

道无待，而有待非道也。待之名乌乎生？以彼待此曰待，以此待彼亦曰待。一彼一此，而待之名生焉。未有彼待彼者也，未有此待此者也。雨在天，稼在田，判然二物也，语人以稼待雨，可信也；帛在机，衣在身，判然二物也，语人以衣待帛，可信也？

译文

道是无所倚待的，如果有所倚靠，就不算是道了。待的名目是如何生出来的呢？那一个倚待这一个叫作待，这一个倚待那一个也叫作待。一个那一个，一个这一个，倚待的名目就生出来了。没有那一个倚待那一个、这一个倚待这一个的道理。雨在天上，庄稼在地里，是迥然不同的两种事物。对人说庄稼倚待雨才能生长，这是可信的；布帛安在织机上，衣服穿在身上，是迥然不同的两种事物，对人说衣倚待布帛而制成，这是可信的吗？

点评

　　事物既是倚待关系，必是独立的不同事物。但不同的事物并不都是倚待关系。存在单方面的倚待关系，也并不等同于存在相互的倚待关系。但万事万物也可分为有倚待关系与无倚待关系两大类。有倚待关系与无倚待关系互相交错构成万象森严的宇宙。杨义《真吟诗》："无待太无中，有待太有际。大小同一波，远近齐一会。鸣弦玄霄颠，吟啸运八气。奚不酬灵液，睸目娱九裔。有无得玄运，二待亦相盖。"苏轼《观鱼台》："欲将同异较锱铢，肝胆犹能楚越如。若信万殊归一理，子今知我我知鱼。"王守仁《别方叔贤》："道本无为只在人，自行自住岂须邻？坐中便是天台路，不用渔郎更问津。"

二〇六、心外有道，非心也；道外有心，非道也

　　若语人曰："吾待目而视，待耳而听。"则世固已疑而不信矣。是何也？目，我之目，非借他人之视也；耳，我之耳，非借他人之听也。我视则视，我听则听，本非有待也。虽然，是固非有待之待，犹未免无待之待也。目虽离娄〔一〕，不能自保其不瞽〔二〕；耳虽师旷〔三〕，不能自保其不聩〔四〕。是虽无待于他人，而犹待于血气，尚非我之所得专也。举天下之物，我之所独专而无待于外者，其心之于道乎？心外有道，非心也；道外有心，非道也。心苟待道，既已离于道矣。待道且不可，况欲待于外哉？古之学者为己，非以人不足为也；通天下无非己，不见有人之可为也。其动，其静，其语，其默，未有由乎人者。饬躬〔五〕厉行〔六〕，非以扬名也；别嫌明微，非以避谤也；简赋省刑〔七〕，非以求民也；深谋远虑，非以防患也。本无所待而作，亦岂有待而止哉？有所慕而作者，外无慕则不作也；有所畏而止者，外无畏则不止也。曰作曰止，皆待于外而不出于我。则吾之为善，

既无本矣。无本之水,朝满夕除;无本之善,朝锐夕堕。是乌可恃耶?

注释

〔一〕离娄（lóu）：传说中视力特强的人。

〔二〕瞽（gǔ）：有眼珠而瞎。

〔三〕师旷：春秋时晋国乐师,善于辨音。

〔四〕聩（kuì）：耳不别五声之和曰聋,生而聋曰聩。

〔五〕饬躬：犹饬身,整饬自身端正行为。

〔六〕厉行：厉同"砺",砥砺自己的品行。

〔七〕简赋省刑：简省赋税,省去刑罚。

译文

如果对人说："我倚待眼而看,倚待耳而听。"那么世人就一定疑惑不信了。什么缘故呢?眼睛,是我的眼睛,不是借他人而看的;耳朵,是我的耳朵,不是借他人而听的,我想看就看,想听就听,本来是没有什么要倚靠的。虽然这不是我所倚靠,但仍未免是无所倚靠中的倚靠,因为即使是离娄的眼睛,也不能自己保证它不瞎;即使是师旷的耳朵,也不能自己保证它不聋。这些虽然不倚靠他人,却仍有倚靠于血气,所以还不是我所能专有的。列举天下的事物,我自己独自专有而不待于外物的,不就是思想规律吗?思想之外有独立存在的规律,就不是思想了;规律之外有独立存在的思想,就不是规律了。思想如果要倚靠规律,那么就已经背离了规律了。倚靠规律尚且不可以,何况是要倚靠外物呢?古代的学者求知只为自己,这并不是以为他人不足为;因为全天下没有不是我自己的,没看见有谁可为。他的动静语默等日常行为,没有一样是因为他人。端正自己砥砺品行,不是为了传扬名声;辨别嫌疑,表明隐微,不是为了避免毁谤;轻赋税、简刑罚,并不是邀求民心;深谋远虑,并不是为了防备祸患。本来是没有什么倚待而做的,难道会因有什么倚待而停止吗?有所企慕才肯作为的,等到外面没有可企慕的了,就停止下来了;有所畏惧方才停止的,等到外面没有可畏惧的,就又开始了。所说的作为和停止,都是倚靠于外物而不是出于自身的。那么我做善事,已经是没有本源了。没有本源的水,早晨时虽然满盈,傍晚就干涸了;没有本源的善,早晨时虽然奋勇,等到傍晚时就懈怠了,这怎么能够靠得住呢?

点评

没有思想认识之外的规律,也没有规律之外的思想认识。思想按自身的规律认识规律,规律被思想所认识才成其为规律。心与道一体,即心与物一体,也即心与理一体。吕祖谦试图以此论证,人思想意识的理性自觉才是善行的大本大源,才是持久行善的不竭动力。杜范《陈常簿埙》:"心理同一辙,世学何多门。倡徒各有植,成性非两存。羽之到圣处,心小道自尊。工夫未易熟,毁誉何足论。"王守仁《咏良知》:"人人自有定盘针,万化根源总在心。却笑从前颠倒见,枝枝叶叶外头寻。"刘克庄《对卷》:"妙在心通与理融,卓然有见是英雄。大儒晚作韩考异,往哲曾非墨尚同。折角争希郭有道,剃眉求似狄梁公。可怜老学孤无助,月落参横读未终。"王义山《赠邓可欺》:"萌一欺心理便亏,久之天定胜人为。买臣负担行吟日,韩信低头出胯时。自怯终于强者弱,不争是乃胜之基。彼来欺我自欺耳,只要我心无自欺。"

二〇七、残编腐竹,何足以制桓公耶

噫!为善果待于外,使自古无史官,诸侯无史籍,将放意而不复为善耶?不导其君以心制物,而反以物制心,是以外而制内也。幸而桓公以好名之心易好利之心,仅从管仲之谏。若桓公好利之心胜好名之心,则残编腐竹,何足以制桓公耶?

译文

唉!做善事的果真要有待于外在,那么假使自古以来没有史官,各国诸侯没有史册,就要任意放纵不再做善事了吗?不能引导君主用心去制服外在的东西,却反而用外在的东西来抑制内心,这是用外部来压制内部了。幸好齐桓公用好名之心替换了好利之心,而听从了管仲的谏议。如果桓公的好利之心胜过了好名之心,那么史册的残编腐竹,怎么能够压制了桓公呢?

点评

　　一切行为都源于心念，所以自控自律是首要的，即使是他律也是通过自律来起作用的。但他律更具刚性，更易把握，更有约束力。通过史官在史籍的记载来对人特别是君主的行为进行制约，是儒家主张的首要他律形式，只是实际效果并不尽如人意。在这个问题上，儒家的缺陷在于，并未因此思考、探索、试行更实在、更精细、更有效的他律形式，而只回头强调自控自律，实际情况是往往不免流于虚玄，制心的种种工夫大多归于空疏无效。林之奇《癸未冬至》："尘劳终日谩区区，竟是乾坤一腐儒。半世饱知荣与辱，新冬顿觉我为吾。关防向后存心误，检点从前制行粗。理欲从今罢研究，无工夫处是工夫。"刘克庄《答陈槺伯》："圣处分明世鲜知，古人岂是异肝脾。谓鳌可钓无传法，视虱如轮有悟时。老子梦中还说梦，郎君诗外试求诗。向来柱立埋腰雪，妙在心通不在师。"

二〇八、史，心史也；记，心记也

　　至理无外，藩[一]以私情，蔀[二]以私智，始限其一身为内，而尽弃其余为外物。乃若圣人之心，万物皆备，尚不见有内，又安得有外耶？史，心史也；记，心记也。推而至于盘盂之铭[三]，几杖之戒[四]，未有一物居心外者也。

注释

〔一〕藩：篱笆，屏障、保卫。
〔二〕蔀（bù）：搭棚用的席，遮蔽。
〔三〕盘盂之铭：铸刻在盛水器具上称述功德或警戒自己的铭文。
〔四〕几杖之戒：刻写在桌几和手杖上的警戒之言。

译文

　　极致的道理没有外在。用个人的情感来隔绝，用个人的机智来遮盖，只把自己一人看作是内在，而全部抛弃了其他的东西，认为它们是外在的。

如果像圣人的心那样，万物都备全了，尚且看不到内在，又怎能有外在呢？史，是自己心灵的历史；记载，是自己的心灵的记载。推广开去到那盘盂的铭文，几杖的箴诫，没有一件东西是居于心外的。

点评

　　心念总是变动不居，即使是以统一的圣人标准来自控自律，也不能长期稳定地发挥效用，这更强化了儒家对自控自律首要性的认识，而不能正确认识到自律对人的行为的控制力在实践上的薄弱，不能认识到必须开拓丰富他律的设置来强化自律。既然内外统一，为什么认识不到重外在的他律即是重内在的自律，因此必须开拓丰富他律的设置来强化自律呢？大致而言，是因为对人格理想设置得太完美，人格期望设置得太高。李纲《志宏见和西轩诗再赋前韵》："休将内外别游观，一处安时在处安。画虎若成那类狗，牧羊已熟不须栏。芥瓶历历光明现，华藏重重境界宽。笑指庭前花树子，为言欲作么生看。"人群中，全凭自控自律而能"成""熟"者，到底能有几人？内在的"成""熟"还要靠外在的"安"一起规范。文天祥《别弟赴新昌》："十载从游久，诸公讲切精。天渊分理欲，内外一知行。立政须规范，修身是法程。对床小疏隔，恋恋弟兄情。"王守仁《别诸生》："绵绵圣学已千年，两字良知是口传。欲识浑沦无斧凿，须从规矩出方圆。不离日用常行内，直造先天未画前。握手临歧更可语？殷勤莫愧别离筵。"

二〇九、一战之威，而百年不敢近边鄙者，善谋也

　　奸民狎[一]，官府则多讼；戎狄狎，边鄙[二]则多难。一日之惩，而终身不敢入官府者，善政也；一战之威，而百年不敢近边鄙者，善谋也。

注释

　　[一]狎（xiá）：亲昵而不庄重。
　　[二]鄙：郊外的远处，边远之地。

译文

对奸邪之民亲昵而不严肃，官府的诉讼就多；对戎狄外族亲昵而不严肃，边境祸难就多。一次惩治，而使人终身不敢再进官府的，这是善于管理；一次战役的威慑，而使人百年不敢靠近边境的，这是善于谋划。

点评

对扰乱法治的人要严打，严打就是善治。对违背盟约的外邦要严打，严打就是善谋。严打，注重的是心理的威慑。王贞白《入塞》："玉殿论兵事，君王诏出征。新除羽林将，曾破月支兵。惯历塞垣险，能分部落情。从今一战胜，不使虏尘生。"王守仁《回军九连山道中短述》："百里妖氛一战清，万峰雷雨洗回兵。未能干羽苗顽格，深愧壶浆父老迎。莫倚谋攻为上策，还须内治是先声。功微不愿封侯赏，但乞蠲输绝横征。"

二一〇、恕之与怒，相反而相生者也

恕生侮，侮生怒，恕之与怒，相反而相生者也。

译文

宽恕产生侮辱，侮辱又生出恼怒，宽恕和恼怒，正是相反却又相生的关系。

点评

"月以霜尊严，云得天高妙。"宽恕不该宽恕的人，宽恕会被认为是软弱而受侮辱，受侮辱则必生恼恨，宽恕与恼恨，虽相反而相生，事有必至，理有固然。诸葛亮曰："恩加则知威，威加则知恩，恩威并用，然后济矣！"蔡襄《孙武篇》："入官无所解，因笑得君怜。岂知孙武子，自欲逞威权。"邵雍《王公吟》："王公大人，天下具瞻。轻流薄习，重损威严。此尚未了，彼安能兼。非唯失道，又复起贪。顶戴儒冠，心存象教。本图心宁，复使心闹。譬如生子，当求克肖。不教义方，教之窃盗。"周端臣《古断肠曲》："破除艰尽是恩情，却怕恩生怨亦生。思念不休心惑乱，梦惊人语似郎声。"华岳

《有触述怀》："英雄还要识英雄，不识英雄总是空。投鼠在人当忌器，见鸿非我独弯弓。情从忠佞分轻重，事戒恩威戾始终。说与翠微休截截，三缄从此更须工。"

二一一、小治之于未侮之前，伤少而怨浅

小治之于未侮之前，伤少而怨浅；大治之于积侮之后，伤多而怨深。孰厚孰薄，孰宽孰猛，必有能辨之者矣。

译文

在没有受辱之前稍加惩治，那么伤害少，而怨恨也浅；在积攒了羞辱后再严加惩治，那么伤害多而怨恨也深。哪个厚，哪个薄，哪个宽柔，哪个猛烈，一定有能分辨出来的人。

点评

小洞不补，大洞吃苦。要降低成本，唯有见事早，下手先。应璩诗："细微可不慎，堤溃自蚁穴。媵理早从事，安复劳针石。哲人睹未形，愚夫暗明白。曲突不见宾，焦烂为上客。"张载《君子行》："君子防未然，见机天地先。开物象未形，弭灾忧患前。公旦立无方，不恤流言喧。将圣见乱人，天厌惩孤偏。窃攮岂予思，瓜李安足论。"陆游《戊辛说沉黎事有感》："亭障曾无阅岁宁，频闻夷落犯王灵。孤城月落冤魂哭，百里风吹战血腥。瘴重厌看茅叶赤，春残不放柳条青。焦头烂额知何补，弭患从来贵未形。"岳珂《秋夕有感》："从来难辨是几微，谈者虽多觉者希。小隙便须防蚁穴，大寒何必泣牛衣。无旁掣肘方成事，不早抽头即过机。莫道不才明主弃，也曾撄颔触天威。"

二一二、吾尝论纵戎狄者有二

吾尝论纵戎狄者有二：骄之使不吾忌，待其自堕术中者，诈者

之事也，为阱以陷兽者也；宽之使知吾不足忌，遂敢肆其贪噬者，懦者之事也，开门以招盗者也。古今之纵戎狄者，揣其情，研其实，不出二说而已矣。前一说，圣人不忍为也；后一说，圣人不肯为也。

译文

我曾经说过，放纵戎狄的方法有两种，使他骄横而不忌惮我，等到他自己掉入圈套中，这是欺诈者的事，是挖好陷阱让野兽陷入；宽容他使他知道我不足忌惮，于是敢放肆贪婪，这是懦弱者的事，是敞开门庭招引盗贼。古往今来放纵戎狄的人，我揣摩他们的心情，研究他们的实情，实不出于这两种说法。前一种方法圣人不忍心去做，后一种方法圣人又不肯去做。

点评

应对外部威胁的根本方法，在于安不忘危，不断增强自身的综合国力，形成强大威慑。重用才智之士，也是增强心理震慑的要件之一，如汲黯在淮南而淮南王不敢将谋反付诸实施，诸葛亮死后司马氏才稍伸其志，镇国重器首推智能之臣。施枢《读真西山奏疏》："戎狄从来不可凭，谁令汉祖议和亲。连衡休易从游说，厝火当忧卧积薪。黯在淮南谋自寝，亮亡司马志方伸。本强始见遏冲折，信是经纶直要人。"华岳《和戎》："纳币求成事已非，可堪函首献其畀。一天共戴心非石，九地皆涂血尚泥。反汉须知为晁错，成秦恐不在於期。和其自有和其策，却恐诸公未必知。"许梦青《有感》："时事难言满目非，是谁颠倒庙堂几。神州忽使成残缺，天下何堪问瘦肥。纵有和戎无别策，应知覆辙有危机。海隅多少英雄泪，洒向长空作雨飞。"

二一三、岂非平居自视无善之可为，不得不出此耶

筑山于平地者，以其无山也。使居泰华之傍，必不筑也。凿沼于平地者，以其无沼也。使居江海之傍，必不凿也。平地无山，故版筑[一]而强为山；平地无沼，故疏凿而强为沼。彼矫激[二]而强为

骇世〔三〕之行者，岂非平居自视无善之可为，不得不出此耶？

注释

〔一〕版筑：我国古代修建墙体的一种技术，指筑土墙，把土夹在两块木板中间，用杵捣坚实，就成为墙。

〔二〕矫激：犹诡激，奇异偏激，违逆常情。

〔三〕骇世：是指震惊当世。

译文

在平地上堆筑假山的，是因为那里没有山，假使他住在泰山、华山的附近，一定不会堆筑的。在平地上挖凿水池的，是因为那里没有水池。假使他住在江海的附近，一定不会挖凿的。因为平地上没有山，所以才堆筑勉强为山；因为平地上没有水池，所以才疏通挖凿勉强为池。那内心急切而勉强做出惊世之举的，难道不是平常自认为没有什么善事可做，而不得不出此下策吗？

点评

"无故而为骇世之行，求名之尤者也。"无缘无故地作出惊世骇俗的举动的，是迫切地追求名声的人。圣人贵素朴，智人不骇俗。李商隐："初生欲缺虚惆怅，未必圆时即有情。"邵雍《为善吟》："人之为善事，善事义当为。金石犹能动，鬼神其可欺。事须安义命，言必道肝脾。莫问身之外，人知与不知。"戴炳《自况》："多贤徒作守钱奴，伏腊无忧便有余。世路本夷休自险，人情太密反成疏。非图报施方为善，岂为功名始读书。门外良田堪种秫，自牵黄犊试犁锄。"艾性夫《临汝书院落成诸公有诗用韵》："鱼跃鸢飞喜落成，鹅湖鹿洞共峥嵘。世无孔孟乾坤熄，学到周程日月明。议论高虚终害道，圣贤平实不争名。光风霁月元无迹，分付庭前草自生。"

二一四、世俗乃叹善之难遇，何其反也

一岁之间自春至冬，一日之间自朝至暮，一国之间自君至民，

一身之间自顶至踵〔一〕，无时非善，无物非善，周流充塞，随在随满。今乃谓"遇善则可为，不遇善则不可为"，吾不知择何物为善，弃何物为不善耶！吉人为善，惟日不足。世俗乃叹善之难遇，何其反也！

注释

〔一〕踵（zhǒng）：脚后跟、脚。

译文

一年之间从春到冬，一天之间从早到晚，一国之间从君到民，一身之间从头到脚，没有什么时候不是善的，没有哪件事物不是善的。善事周流循环，充塞天地，随着存在之物而盈满。如今却说遇善的可以去做，不遇到善的就不可以去做，我不知道选择哪件事作为善事，舍弃哪件事作为不善的事。善人做善事，唯恐时间不够用。世俗之人却感叹善事难遇，这是多么的不同啊！

点评

做善事的机会随处都有，但要善于寻找。做善事是一种道德资本，也是社会信用资本的积累，因此要善于捕捉机会抢着做。陈普《桃天》："一树夭夭灼灼华，满前万善意无涯。春风比屋宜家子，谁识枢机在一家。"陆游《闻鸡鸣自警》："为善孳孳进德新，鸡鸣每念舜何人。此身强健直须勉，一日会当无此身。"刘克庄《进德》："进德功夫有浅深，一毫间断即差参。醉无谬误明持敬，怒亦中和见养心。为善岂须朋友责，积勤常若父师临。向来岁月悠悠过，垂老方知痛自箴。"

二一五、尚不见精，何者为粗？尚不见纯，何者为驳

为善而欲遇善，善岂在外耶？君子明乎善者，天理混然，生生不息，不知有善之可择也，不知有不善之可弃也。尚不见精，何者为粗？尚不见纯，何者为驳〔一〕？虽极世所谓至高之节如尧舜之揖

逊〔二〕，亦世俗自为之名耳。

注释

〔一〕驳：驳杂、庞杂。
〔二〕揖逊（yī xùn）：犹揖让。

译文

做善事却想遇到善，善难道是外在的吗？明白善的君子，知道天理是浑然一体，生生不息的，不知道善是可以选择的，也不知道有可以抛弃的不善。还没有见到精，什么是粗呢？还没有见到纯粹，什么是驳杂呢？即使是世人所说的最高尚的气节，如尧舜的谦虚让贤，也是世俗之人自己命名的罢了。

点评

"谈经训诂词章外，论道精粗巨细中。"善与恶都是比较而言，而比较的标准，也属外生至内化，内在的根本就是道，并无善恶，圣人之所以为圣，只在一心任道而已。叶法善《善恶二根不实偈》："善既从心生，恶岂离心有。善恶是外缘，于心实不有。舍恶送何处，取善令谁守？伤嗟二见人，攀缘两头走。若悟本无心，始悔从前咎。"陈普《学诗》："先知老嫩辨精粗，又识寒酸与富腴。要落前人旧窠臼，也须作我大规模。英豪好是不缘酒，妥帖岂须由捻须。最好尧夫击壤集，胸中闲气一毫无。"

二一六、彼自见其损一金之难而骇尧舜忘天下之易

步趋也，言语也，饮食也，寝息也，皆人日用之常也，而兀者〔一〕独羡人之步趋，以为不可及。岂步趋果难于言语食息之属哉？自兀者观之，则然也。尧舜之事，布在天下，若礼乐，若法度，若征伐，若巡狩〔二〕，若历试〔三〕，若揖逊，皆因理之固然，本未尝置轻重于其间也。则所谓揖逊者，特尧舜万事中一事耳。世俗指其一事为高，

而忽其余事为常者，无他焉，彼自见其损一金之难，而骇尧舜忘天下之易，遂夸大以为至高之节，矫情而效之。此宋襄公之徒所以每不绝于世也。噫！尧舜之揖逊，尧舜曷尝自知其高哉？以世俗之心度之，则高耳。然则非特"幽囚野死"之毁为以利心量圣人也，诵尧舜揖逊以为高者，正所谓以利心量圣人也。

注释

〔一〕兀（wù）者：断去一足的人。
〔二〕巡狩（xún shòu）：天子出行，视察邦国州郡。
〔三〕历试：屡试，多次考验或考察。

译文

走路、说话、饮食、休息，这都是人的日常活动，而只有一条腿的人独独羡慕别人的走动，以为是不可企及的。难道走路果真难于说话、饮食、休息之类吗？从只有一条腿的人的角度来看，就是这样的。尧舜的事迹遍布天下，如礼乐，如法度，如征伐，如视察邦国州郡，如多次考察考试，如让贤，都是因循着道义上的原本样子，本来没有在其中分什么轻重。那么所说的让贤，只不过是尧舜无数善事中的一件罢了。世俗之人只指着这一件事以为高尚，而忽视了其他的事情，以为只是平常。这没别的原因，他看到自己捐弃一点财物的困难，所以就惊骇尧舜推让天下的简单了，于是把它夸大为最高的节操了，且虚情假意地仿效它。这就是宋襄公之流不断出现在世上的原因。唉！尧舜的逊位让天下，尧舜何尝自己知道它是高尚的呢？以世俗之人的心意衡量他，就高尚了。这样的话，并不仅仅是"幽囚野死"之类的诋毁，才是以功利之心来衡量圣人，颂扬尧舜让贤，认为这是高尚的，正是所谓的以功利之心来度量圣人。

点评

境界不同，所见风景殊绝。三观不现，难以相互认同。认知域限制了人的判断。以后世家天下的习惯认知，就难免将上古共主联盟时代通过选举更替共主的制度性常态视为怪异。陈傅良《和徐魏叔见寄三绝》:"独向心源识背趋,岂于身外较精粗。凄其下视人间世,朝市区区地一夫。"邵雍《诫子吟》:"善恶无它在所存,小人君子此中分。改图不害为君子,迷复终归作小人。良药有功方利病,白圭无玷始称珍。欲成令器须追琢,过失如何不就新。"陈淳《示儿定孙二绝》:"丈夫尚志志高明,勿效卑卑世俗情。从上一条平坦路,千贤万圣所通行。"

卷十一

二一七、抑不知天下之势，不盛则衰；天下之治，不进则退

天下之为治者，未尝无所期〔一〕也。王期于王〔二〕，伯期于伯〔三〕，强期于强〔四〕。不有以的〔五〕之，孰得而射之？不有以望之，孰得而趋之？志也者，所以立是期也；动也者，所以赴是期也；效也者，所以应是期也。泛然而议，卒然而行，忽然而罢，汗漫〔六〕荒忽〔七〕，无所归宿者，是岂足与为治哉？故期者，圣君贤臣所以先天下之治者也。期固为治之先，亦或为治之害。自期于强者，至强则止，欲挽之使进于伯，不可得也；自期于伯者，至伯则止，欲挽之使进于王，不可得也。何则？其素所期者止于如是也。强而止于强，伯而止于伯，是特安于小耳。虽不足肩盛世而追遐轨〔八〕，然下视弱国陋邦，其所获不既多矣乎？谓之无志则可，谓之有害则不可也。抑不知天下之势，不盛则衰；天下之治，不进则退。强而止于强者，必不能保其强也；伯而止于伯者，必不能保其伯也。驱骏马而驰峻坂，中间岂有驻足之地乎？

注释

〔一〕期：期望。

〔二〕王：战国时期指称以德行仁义使天下归顺的政治事业为王业。

〔三〕伯：通"霸"，战国时期指称借仁义之名以武力征服天下的政治事业为霸业。

〔四〕强：战国时期指称富国强兵以威慑征服的政治事业为图强。

〔五〕的：箭靶的中心目标。

〔六〕汗漫：漫无标准；不着边际。

〔七〕荒忽：反复多变。

〔八〕遐轨（xiá guǐ）：古人之遗迹、前人之法度。

译文

　　天下讲求治理的人，未尝是没有期望的。行王道的期望实现王道，创霸业的期望成就霸业，图强的期望能够富强。没有箭靶竖起，向哪里射箭呢？没有招牌挂起，向哪里可以投奔？志向是用来树立这个期望的，行动是用来奔赴这个期望的，功效是用来对应这个期望的。若是随意地议论，仓猝地去行动，又忽然作罢，空泛多变，没有目标和归宿，这样的人怎么值得和他一起讲求治理呢？所以期望，这是圣明的君主、贤良的臣子治理天下首先用来放在前面的。期望固然是治理的先决条件，但有时候会成为治理的危害因素。自己期望富强的，到达富强便止住了，想拉拽着他前进到霸业的地步，也是不可能做到的；自己期望霸业的，到达霸业就止住了，想拉拽着他前进到王道王业的地步，也是不可能做到的。什么缘故呢？因为他平时所期望的，就限于这些了。期望富强便止于富强，期望霸业便止于霸业，这只不过是满足于小小的成就罢了。（有人认为）虽然不足以担负盛世的伟业，追蹈先哲的轨范，但是向下和弱小鄙陋的国家相比，它拥有的不是已经很多了吗？说他没有志向可以，说他有害则是不可以的。却不知道天下大势，不兴盛便会衰败；治理天下，不前进便会退步。期望富强便止于富强的，必定不能保住它的富强；期望霸业便止于霸业的，必定不能保住它的霸业。驱策骏马驰骋在险峻的山坡，这中间难道还有停脚的地方吗？

点评

　　目标产生动力，目标决定动力。目标产生路径，目标决定路径。"取法乎上，仅得其中。"领导一个国家要确立一个高远的理想目标以凝聚民心，激发动力。陈普《和黄云甫韵》："志欲钻研探三原，圣言争奈远如天。爬沙愧我迟而钝，穿石输君敏且专。方识立身须广大，也知去道每轻儇。若将中正在正鹄，砥镞磨锋必入旃。"袁说友《会文堂》："束带峨冠集会文，郡侯着语到诸君。平居讲习须朋友，退食工夫在典坟。士学何先先尚志，书生务业业惟勤。鹍鹏他日扶摇上，共致云霄庆策勋。"刘绎《吴林五茂才课诸曾孙，初启家塾见赠二首，次韵和之》："取法须从最上头，为山一篑岂能休。松高荫远留余庆，玉润薪传忆旧游。小草滋荣沾雨化，大材盘屈待岩搜。相期励志勤蒇裘，定见深耕自有秋。"

二一八、所期既满，其心亦满

所期既满，其心亦满。满则骄，骄则怠，怠则衰。近则来宰孔之讥[一]，远以召五公子之乱[二]。孰知盛之极乃衰之始乎？吾尝譬桓公之功业，葵邱[三]未会之前，犹自朔[四]至望[五]之月也，浸[六]长而浸盈；葵邱既会之后，犹自望至晦[七]之月也，浸缺而浸尽。盖未满则有增，既满则招损而已，尚安能复增乎？甚矣！人心之不可满也。桓公非不知满之可戒也，所期既满，其心不得不满也。使桓公所自期者不止于伯，讵[八]肯至伯而满哉？桓公之罪，在于自期之时，而不在于既满之时也。

注释

〔一〕宰孔之讥：葵邱之会，齐桓公有骄矜之气，周朝的官员宰孔先行回朝，路上遇到去参加会盟的晋献公，便劝说他不必去，认为齐桓公不致力于德行而致力于征伐，下一步恐怕要攻打晋国了。

〔二〕五公子之乱：齐桓公死后，五个庶生的儿子争夺君位，发生动乱。

〔三〕葵邱：也写作"葵丘"。葵丘会盟，发生在春秋时期，诸侯大国争霸，兼并战争频仍。公元前651年，齐桓公在葵丘大会诸侯，参加会盟的有齐、鲁、宋、卫、郑、许、曹等国的国君，周襄王也派代表参加，对齐桓公极力表彰。这是齐桓公多次召集诸侯会盟中最盛大的一次，标志着齐国的霸业达到顶峰，齐桓公成为中原的首位霸主。

〔四〕朔（shuò）：阴历每月的初一称为"朔"，最初古人是以新月初现为一月之始的。

〔五〕望：古代的历法把每月十五日（月圆时）叫作"望"。
〔六〕浸（jìn）：逐渐。
〔七〕晦（huì）：每月的最后一天。
〔八〕讵（jù）：表示反问，意指超出预言范围或谈论范围的情况。

译文

所期望的已经满足，他的心愿也满足了。满足便会骄傲，骄傲便会懈怠，懈怠便会衰落。近的说便招来了宰孔的讥讽，远的说便招致了五位庶公子的祸乱，谁能知道，兴盛的极点就是衰落的开始呢？我曾经譬喻桓公的功业，在葵丘之会以前，就像从初一到十五的月亮，渐渐生长，渐渐圆满；葵丘之会以后，就像从十五到月末的月亮，渐渐缺损，渐渐完尽。大概是因为未曾圆满便会增加，已经圆满便只能减损吧，难道还能再增加吗？人的心愿不可以满足，这确实是很重要的啊！桓公并非不知道自满是应当戒备的，只是所期望的已经满足，他的心愿也不得不满足了。假使桓公自己期望的不止于霸业，又怎肯达到霸业就满足了呢？桓公的过错，在于开始自我期望的时候，而不在于已经满足期望的时候。

点评

目标期望，既是激励，也是设限。容易满足既定目标期望的实现，几乎是人的通病，也为多种生物学实验所证明，如瓶中跳蚤现象、天花板现象等。陆游《寓言》："济剧人才易，扶颠力量难。为谋须远大，守节要坚完。气与秋天杳，胸吞梦泽宽。方知至危地，自有泰山安。"刘鉴《月岩》："世事从来满则亏，十分何似八分时。青山作计常千古，只露岩前月半规。"黄毓祺《望远》："高天欲问阿谁应，道远无媒恨不胜。望似挽强宁易满，期如射覆本难凭。残灯鼯鼠翻盆惯，败壁蟏蛸结网能。痛定他年搔白首，风波聊亦记吾曾。"孙应时《送池子文》："巾山秋思俯晴江，樽酒怀人惜异邦。千里谁能携客枕，一灯还此对寒窗，圣门莫忘心期远，文鼎何妨笑力扛。去去成名深自警，白云飞处倚门双。"

二一九、吾是以知自期之不可小也

雨骤而沼溢,非雨之罪,凿沼者之罪也;酒暴而卮〔一〕翻,非酒之罪,造卮者之罪也。沼之所受有常限,卮之的容有常量,人之所期有常愿。逾〔二〕其限,过其量,塞其愿,虽不欲满,而不自知其满矣。我不为沼,何忧乎十日之霖?我不为卮,何忧乎千酿之醴〔三〕?桓公素不以伯自期,则下视伯功亦蚊虻之过前耳,吾是以知自期之不可小也。进伯而至于王,极天下之所期,无在其上者,其亦可以息乎?曰:"王道果可息,则禹之孜孜〔四〕,汤之汲汲〔五〕,文之纯亦不已〔六〕,何为者耶?"

注释

〔一〕卮(zhī):古代盛酒的器皿。
〔二〕逾:越过、超过。
〔三〕醴(lǐ):甜酒。
〔四〕禹之孜孜:大禹的勤奋不知疲倦。《尚书·皋陶谟》引禹说:"予思孜孜。"
〔五〕汤之汲汲:商汤的努力追求。
〔六〕文之纯亦不已:周文王的朴实淳厚不停息。《诗经·周颂·维天之命》云:"于乎丕显,文王之德之纯。"

译文

雨下得太猛急了,池沼便涨溢出来了,这不是雨的罪过,而是挖凿池沼的人的罪过;酒倒得太猛急了,酒杯便翻倒下去了,这不是酒的罪过,而是制造酒杯的人的罪过。池沼所容纳的有一定的限度,酒杯所容纳的有一定的分量,人们所期望的也有一定的愿景。逾越了限度,超过了分量,达成了愿景,虽然不想满足,但不知不觉中便满足了。如果自己不挖凿池沼,又何必忧愁多日的雨水?如果自己不制造酒杯,又何必忧愁那大量的甜酒?如果桓公平时不把霸业(而把更高远的愿景)作为自己的期望,那么看着霸业,也不过像蚊虻飞过面前罢了。我由此可知,对自己的期望是不可以太低小的。如果从霸业前进到王道王业，极尽了天下所期望的，也没有再处于它上面的了，从此他就可以停歇了吗？我说："达到了王道王业果真就可以停歇的话，那么禹帝的勤奋不倦，汤王的努力追求，文王的纯一专注不停息，是为了什么呢？"

点评

事业无终点，奋斗永远在路上。传统的政治愿景，霸业之上有王业，王业之上有帝业，帝业之上还有皇业。后世称皇称帝者最多也只达霸业的层次，未可比美禹汤文武的事业，更不用说理想中文明极治的羲皇事业。目标愿景的设置，直接关系到事业的兴衰成亡，也直接关系到对自我人格理想的定位。伟大人物总是在效法天地生生不已的精神，聚焦远大目标纯一专注地不断进取奋斗。胡寅《和洪秀才》："自昔超群者，无非远大猷。要令心似镜，莫遣气横秋。末学多墙面，深窥异瞽眸。君看颜氏子，何以过商游。"戴亨《伯夷叔齐庙》："云山高峻水流长，清圣名争日月光。逃国衣冠同揖让，采薇歌曲忆羲皇。齐桓竞霸雄风尽，唐帝征辽故垒荒。地下应逢吴泰伯，可堪携手说兴亡。"金履祥《代简汪明卿》："闻道君居向紫岩，为渠征役未遑安。从来古语贫为累，岂谓今时富亦难。六十里间无一字，几多心事付三叹。秋来好着新鞭策，要把规模远大看。"何文季《送邵省元》："血汗文场日未东，秋香压倒万花丛。几年豹隐山中雾，一息鹏抟海上风。魁业正须期远大，微官岂足论穷通。龙门有客来相访，为说忧时鬓已翁。"

二二〇、正始者，万事之本也

正始者，万事之本也。始其始而不终其始者，盖有之矣；不始其始而能终其始者，理之所必无也。吾未闻种稗而得谷者也，吾未闻植棘而得楉〔一〕者也，吾未闻造醯〔二〕而得醪〔三〕者也，吾未闻网鱼而得禽者也，吾未闻学墨〔四〕而得儒者也，吾未见图伯而得王者也。失其始而求其终，理之所必无也。自古及今，失于始而蹈祸衅者，岂惟一人耶？

注释

〔一〕槚（jiǎ）：古书上指楸树或茶树。

〔二〕醯（xī）：醋。

〔三〕醪（láo）：浊酒。

〔四〕墨：墨家，诸子百家之一，约产生于战国时期。创始人为墨翟（墨子）。墨家是一个纪律严密的学术团体，其首领称为"钜子"，其成员到各国为官必须推行墨家主张，所得俸禄亦须向团体奉献。墨家的主张是：人与人之间平等的相爱（兼爱），反对侵略战争（非攻），推崇节约、反对铺张浪费（节用），重视继承前人的文化财富（明鬼），掌握自然规律（天志）等。后期墨家在逻辑学方面有重要贡献，开始向科学研究领域靠拢。

译文

端正开始，是万事的根本。有良好的开端却没有好的结束的，大概是有的；没有良好的开端却有好的结束的，在道理上必定是不存在的。我没有听说过种稗却得谷的，我没有听说种棘却得槚的，我没有听说造醋却得到酒的，我没有听说过捕鱼却得到飞禽的，我没有听说过学习墨家的学说却得到儒家的学问的，我没有见过图谋霸业却成就王业的。错失了（好的）开始却追求（好的）结果，道理上是必定没有的。从古到今，因错失（好的）开始而遭遇祸患的，难道只是一个人吗？

点评

种瓜得瓜，种豆得豆。初心愿景的正大高远，是伟大政治事业的基石。陈普《人不可以无耻》："耻字在人为甚大，根心羞恶不容无。所存所失分歧路，为跖为尧遂两途。"齐已《寄文秀大师书》："道终归正始，心莫问多歧。"张栻《元日》："古史书元意义存，春秋揭示更分明。人心天理初无欠，正本端原万善生。"袁燮《郊外即事》："乍从尘土俯澄泓，莹彻心神眼倍明。天下渊泉有如此，流清端的自源清。"褚载《晓感》："晓鼓冬冬星汉微，佩金鸣玉斗光辉。出门各自争歧路，至老何人免是非。大道不应由曲取，浮生还要略知机。故园华表高高在，可得不如丁令威？"

二二一、失之于始,良平不能为之谋

失之于始,良、平〔一〕不能为之谋,仪、秦〔二〕不能为之辩,孙、吴〔三〕不能为之战,墨翟、田单〔四〕不能为之守,百补千营,终亦必败而已矣。

注释

〔一〕良、平:汉高祖刘邦的谋臣张良、陈平。
〔二〕仪、秦:战国时期的纵横家张仪、苏秦。
〔三〕孙、吴:春秋战国时军事家孙武、吴起。
〔四〕墨翟、田单:墨翟,墨家创始人,善用以思想动员、严密组织和制作机械,防守城池;田单:战国时期的齐国将领,坚守孤城即墨,抵抗燕军,最终恢复齐国。

译文

错失在开始,张良、陈平不能为他谋划,张仪、苏秦不能为他争辩,孙武、吴起不能为他征战,墨翟、田单不能为他守卫,百般补救,千般经营,也必然会失败。

点评

下好先手棋,走好第一步。良好的开始是成功的一半。艾性夫《观棋》:"挽先歧路不容差,形定心忙寂不哗。仙客莫嫌春昼短,东风落尽海棠花。"曹俊《感事》:"秣陵杨柳又依依,芳草青春战马肥。镇静可能观后效,羁縻枉自说先机。逃诛马谡终亡邑,失计陈平莫解围。灞上棘门成底事,英雄痛惜泪沾衣。"王翰《题高以正正心斋诗卷》:"镜里灵台本湛然,不知何处得云烟。河源既浊流难洁,竿表先倾影亦偏。若向静时无隔蔽,不容动处指嬾妍。羡君有志窥贤圣,霁月光风共此天。"

二二二、见其无始尚欲扶持之者,君子之恕也

见其无始而绝之者,君子之正也;见其无始尚欲扶持之者,君

子之恕也。父母之于子，虽其始不尊教戒，已在宪网，已在缧绁，自非甚不可救，父母之心岂遽已乎？经度赴援，使得末减其罪，降重为轻，亦父母之所屑为也。君子视天下，犹父母之视子也。虽见其已失于始，苟未至于势穷理绝，亦岂惜一举手之力乎？

译文

见他没有良好的开端便弃绝他的，这是君子的正当行为；见到他没有良好的开端仍要扶持他的，是君子的恕道。父母对于孩子，他虽然开始不遵从教诫，已经触犯法网，已经陷入监狱，如果确实不是不可解救，父母的心怎么会立刻停止解救呢？多次挽救，使他的罪刑稍稍减免，变重为轻，也是做父母的认为值得去做的。君子看待天下，就像父母看待孩子，虽然看到他已经错失了开始，假如还未到穷途末路、灭绝天理，又怎么会吝惜举手之劳呢？

点评

"东隅已逝，桑榆非晚。"早年的时光虽然已经逝去，珍惜将来的岁月，还为时不晚。惩前毖后，恕过救人。曾丰《方稚川恕斋五绝》："求仁亦多途，取近惟一路。内恕以及人，知君用心处。"一静镇百纷，一恕生百顺。儒门对人处世都讲一个"恕"字诀，"絜短仁斯在，求仁恕是方。""不道山中无宰相，要从恕上做功名。"释居简《酬乐清陈簿雪中平反》："用恕存存坐照奸，奸如挟纩弗知寒。天虽有二无偏覆，网既开三亦甚宽。疑欲惟轻刑自省，死终弗怨枕方安。雪中小试阳和力，天地生成却不难。"

二二三、千钧之重，加铢两而移

天下之理，果可有毫发之过耶？千钧之重，加铢两而移，信矣哉！

译文

天下的道理，果真可以有丝毫的过头吗？已承受了千钧的重量，加上铢两的分量便要变动，确实如此啊！

点评

"桑田海水相更迭，蝉翼千钧有重轻。"真理与谬误之间只有不到一根发丝的距离。所谓关键少数，数量虽少，质量却很大。质量虽小，势能却大。时乎位乎，因势而论。苏轼《雪诗》："万石千钧积累成，未应忽此一毫轻。寒松瘦竹元清劲，昨夜分明闻折声。"陈普《行所无事》："天理须殊本自然，自然天道合无天。一毫小智生穿凿，所性之真已弗全。"李诩《张春野训果儿有作韵酬之》："此心提醒要惺惺，百万军中鼓吹鸣。才有一毫私意蔽，便应千变恶机形。斋持务使神明守，培养先从定静生。圣训昭昭如白日，毋劳旁事短长铭。"戴复古《静斋张敏则舍人赠诗，因用其韵为酬》："胸次诗书一派清，学如耕稼到秋成。十年闭户存吾道，万事无心逐世情。叶落花开关气数，山长水远是功名。摩挲老眼看新贵，九鼎鸿毛孰重轻。"

二二四、类乎类乎，其天地万物之枢乎

一气运行乎天地之间，灾祥祲[一]兆，未始不以其类应也。丽[二]于上，峙于下，群[三]于中，同本同生，同体同流[四]，未有一物之不类，未有一物之不应。类乎类乎，其天地万物之枢乎？有明类，有晦类，有旁类，有互类，有远类，有反类。

注释

〔一〕祲（jìn）：不祥之气，妖氛。
〔二〕丽："俪"，同"成双""成对"，指一方附着另一方。
〔三〕群：聚合成群。
〔四〕流：品类。

译文

　　元气运行在天地之间，灾害、吉祥以及不祥的兆头都未曾不从它们的同类感应出来。在上面成对结伴，在下面对峙并立，在中间聚合成群，它们有共同的本原，共同滋生发展，它们有共同的本体，共同的品类流变，没有一种事物没有同类，没有一种事物不回应同类。类属，它是天地万物的枢纽吗？有天然显明的类别，有隐晦不清的类别，有间接靠近的类别，有相互交错的类别，有深远联系的类别，有前后逆反的类别。

点评

　　重视类比思维是中华传统思维的一大特色。《易经》的最大特点就是用类比逻辑来推论研究事物的规律。类比源于观察法，是人类最原始、最直接、最简单、最实用，也是运用最广泛、效能最强大的思考方法。张方平《赠终南李道人》："神仙灵药自然功，五色光中一气通。借问参同相类法，何如相类即参同。"赵光义《逍遥咏》："道妙怀真纪异常，人间天上若存亡。潜机物类多中觑，纳取虚无定久长。碧落遨游归洞府，黄金不买自馨香。参同契合诸经说，精魄夺来烂紫光。"

二二五、类与类，相与为类。类之中复分其类焉

　　类与不类，相与为类。类之中复分其类焉。毫而析之，缕而陈之，虽合天下之人皆为研〔一〕、桑〔二〕，空渭滨之竹皆为筹算〔三〕，亦有所不能计，贯之以理则一而已矣。千妍万丑，无二镜也；千柯万叶，无二木也；千殊万别，无二类也。一而万，万而一者也。

注释

　　〔一〕研：指计研，春秋时期范蠡的老师，善于筹算，长于经商。
　　〔二〕桑：指桑弘羊，汉武帝时的大臣，善于筹谋理财。
　　〔三〕筹算：古代刻有数字的竹筹，用于计算。

译文

类与不类，相互为类，在类属中又有分类。如果条分缕析，即使全天下的人都像计研、桑弘羊那样善于计算，即使伐尽渭水河畔的竹子都做成计数的筹算，也不能计算得完。但用道理来贯通它，一个道理就够了。千千万万个人的美与丑不需要两个镜子来看，千根枝万片叶不是长在两棵树上，千差万别也不是属于两个类属。一就是万，万就是一。

点评

事物虽然千差万别，其实却本源同一。事物万变不离类，类中有其宗，得宗以知类。老子曰："既得其母，以知其子，复守其母，没身不殆。"天下万物皆有原始，始是天下万物之母。既已得知其母，就可以此知其子；即知其子，又回复守其母，终身就不会有危险。"母"即"宗"，"宗"即"母"，天下自然万物的生长和发展有一个总的根源，人应该从万物中去追索这个总根源，把握原则。人们认识天下万物但不能离开总根源。何以知其根源？以"类"知之，从类比中参其同一，分析综合它们的共同点，即可知其"母"、知其"宗"，从而认识把握事物的本质及规律。项安世《次韵朱通判寄示盘龙山观瀑诗》："百尺山头下玉龙，吾人到此得参同。河来积石昆仑顶，日出蓬莱碧海东。直自阴阳随处有，强分泉火本来空。君看击石还呵砚，燥湿先生一性中。"赵光义《逍遥咏》："大底缘由比类深，难中此道费光阴。若知浊浪澄清水，不达浮生认白金。走作真珠藏妙理，究推神室好相寻。功成稳审时间用，变转无穷重古今。"

二二六、贯一理而通之者，圣人也

贯一理而通之者，圣人也；名一说而执一类者，瞽〔一〕、史〔二〕也。

注释

〔一〕瞽（gǔ）：古代乐师。古代以目盲者为乐官，故为乐官的代称。
〔二〕史：史官。

译文

把一种道理贯穿通行的，是圣人；明白一种学说就只掌握一类学说的，是乐官和史官。

点评

圣人是通才，瞽、史是专才。将个别的经验类推一般的认识，从特殊性中认识到普遍性，将相对真理升华为绝对真理，是圣人所以成为圣人的本能。齐己《言诗》："毕竟将何状，根元在正思。达人皆一贯，迷者自多歧。"陈普《博学反约》："事理纷纷未易穷，其间脉络要通融。能于博处知其约，渐次收功一贯中。"陈普《大成》："任与清和犹是器，偏于所执不相通。大成之德该全体，万理同归一贯中。"

二二七、天地之应，未尝不以其类也

说至于此，天下之论其定矣乎？未定也。天地之应，未尝不以其类也。泛谓之灾，而不知其所由灾；泛谓之怒，而不知其所由怒，何其汗漫[一]而无统也！一人之身，痛发于股[二]，则知其在股；痛发于肱[三]，则知其在肱；痛发于腹，则知其在腹；痛发于心，则知其在心。讵[四]有蹙頞[五]呻吟而不知痛之所在者乎？

注释

〔一〕汗漫：漫无标准，浮泛不着边际。
〔二〕股：大腿。
〔三〕肱（gōng）：胳膊由肘到肩的部分。
〔四〕讵（jù）：表示反问，表示超出预言范围或谈论范围的情况。
〔五〕頞（è）：鼻梁、鼻根、眉心。

译文

言说到了这种地步，天下的论调确定下来了吗？没有确定。天地间的感应，没有不出于自己的类别的。泛泛地称之为灾害，却不知道灾害从何而来；泛泛地称之为怒，却不知道为何发怒，怎么这样的空泛没有统绪啊！一个人的身体，腿痛便知道痛在腿上，臂痛便知道痛在臂上，腹痛便知道痛在腹部，心痛便知道痛在心上，难道有皱着眉头痛苦呻吟，却不知道病痛在哪儿的人吗？

点评

既然天地万物都以类相应，则可以类比类推而知万物。安念祖《影》："常伴修容日日新，天然类应有前因。抚躬自在光明地，慎独偏来指顾亲。相对忘言知友己，凭空写照不求人。劝君尔我毋争辩，到处关怀总一身。"姬翼《西江月·觉性从来具足》："觉性从来具足，天真本自完全。浮生多被眼睛瞒。并月空花缭乱。　八识元从孰起，六根本是谁般。豁然打破这疑团。吾道分明一贯。"

二二八、身有历象而不废羲和之历象，尧之所以为尧也

天地万物皆吾体也，惟圣人不为私意小智所间，全体混然，大而无际。一星一云之祲，一川一阜之变，历然如疾痛之在身，无不知其所自起，锱锱铢铢[一]，不紊[二]不乱，岂若世之汗漫者哉？是圣人历象[三]在身，而不待羲和[四]之历象，玑衡[五]在身，而不待璇玉[六]之玑衡。然尧不信己而信历象，舜不信己而信玑衡，岂所谓制行以人不以己耶？非也，身有历象而不废羲和之历象，尧之所以为尧也；身有玑衡而不废璇玉之玑衡，舜之所以为舜也。彼谓制行以人不以己者，果足以知尧舜哉？

注释

〔一〕锱锱铢铢：锱铢，指很少的钱或很小的事情。

〔二〕紊（wěn）：混乱。

〔三〕历象：日、月、星辰运行的天象。

〔四〕羲和：羲氏与和氏，是当时掌管天文四时的家族，中国最早的天文学家和历法制定者。

〔五〕玑衡：璇玑玉衡，古代观察星斗的仪器，如浑仪，是以浑天说为理论基础制造的、由相应天球坐标系各基本圈的环规及瞄准器构成的古代天文测量天体的仪器。

〔六〕璇（xuán）玉：亦作"琁玉"，美玉。

译文

天地万物都是我的身体，而只有圣人不被私自的意图和小聪明所蒙蔽，整体浑然，广大而没有边际。一星一云的灾兆，一山一河的变异，明白清楚像身上的病痛一样，没有不知道它出自何处的。锱锱铢铢，丝毫不会差，难道会像世上那些论调空泛的人吗？所以天象就在圣人的身上而不需依靠羲氏与和氏观测的天象；玑衡就在自己身上而不需要依靠外在的璇玑玉衡。然而尧不相信自己却相信天象，舜不相信自己却相信玑衡，难道是所谓的不由自己来限制行为而让他人来限制行为吗？不是这样的。自身有天象却不废除羲氏和氏的天象，这正是尧之所以成为尧的原因；自身有玑衡却不废除璇玑玉衡，这正是舜之所以成为舜的原因。那些以为尧舜不自己限制却让别人来限制行为的人，真的能了解尧舜吗？

点评

圣人自觉于自律仍不废他律，能先验于事为而不废实验；能通感物应而不废校察，能心正是非而勤谨于比类参证。姚勉《和龚宗谕五绝》："己私克尽融天理，表里通明月在壶。"夏竦《奉和御制读史记诗·陶唐明历象》："陶唐明历象，茂气与天通。举正分星度，归余定岁功。孟陬名不殄，南正道弥隆。自此垂三代，循环协大中。"王翰《正心堂》："昔人经制有规箴，名扁公堂作正心。方寸不欹天地位，气机才动鬼神临。无私自觉琴书乐，有止何劳簿领寻。分手属君崇此志，他年阶下有棠阴。"欧阳修《青松赠林子》："青松生而直,绳墨易为功。良玉有天质,少加磨与砻。子诚怀美材,但未遭良工。养育既坚好,英华充厥中。于谁以成之,孟韩荀暨雄。"

二二九、已夺者可予,已予者不可夺

予夺之际,犹辞受之际也。已受者可辞,已辞者不可受;已夺者可予,已予者不可夺。

译文

予夺之间就像辞受之间一样。已经接受的可以辞掉,已经辞掉的却不可以再接受;已经夺走了的可以再给予,已经给予了的不可以再夺走。

点评

予夺辞受之间,必循人情物理,有必然必须不得不然的规则,自觉感通而遵循,守中执一,方能达自由之境。陈普《天吏》:"生杀存亡我敢专,德刑予夺出诸天。曰天所命惟其理,夫岂谆谆告语然。"楼钥《曾无逸郎中名燕居曰和三,续社有诗次韵》:"通地通天只个中,千岐虽别大都同。两家偶尔流传盛,一贯临之内外融。欲境扫开心在我,浮云散尽月当空。感而通者从来话,不感须知自有通。"

二三〇、君子无苟辞,知其不可复受也

君子无苟辞,知其不可复受也;君子无苟予,知其不可复夺也。理不当辞,在我何愧?始辞而卒受之,则愧心生焉。理不当予,在彼何怨?始予之而卒夺之,则怨心生焉,吾尚欲释有愧为无愧,岂可反使无愧为有愧乎?吾尚欲平有怨为无怨,岂可反使无怨为有怨乎?

译文

君子不会苟且推辞，因为知道不可以再接受了；君子不会苟且给与，因为知道东西不能再夺回来了。情理上不当推辞，在我又有什么可惭愧的？起初推辞而最后接受，那么惭愧的心意便萌生了。情理上不当给予，在他又有什么可以怨恨？起初给予他而又突然夺走，那么怨恨的心意便萌生了。我正要化惭愧为无愧，又怎能反而使无愧变成有愧呢？我正想平息怨恨为无怨，又怎能反而使无怨变成有怨呢？

点评

刘克庄《送强甫赴惠安六言十首》："予夺平生足矣，痛痒以身体之。薙本何须先拔，蒲鞭不可妄施。"予夺辞受，关乎利害得失，关乎心理的危微渺忽，贵能设身处地，多作换位思考，多作如己体谅，务使处事得其宜，应物得其情，对人得其心。赵光义《缘识》："石室巢新燕，人心在眼前。飞云高去影，败叶拥流泉。取舍凭谁定，升沉勿自专。守贫知大道，盛事好攀缘。"

二三一、圣贤之辞受予夺，非众人所能识也

圣贤之辞受予夺，非众人所能识也。物在彼，则谓之辞受；物在我，则谓之予夺。一名而二实者也。辞受既不可中悔，予夺其可中悔乎？予夺固不可中悔，若土地广轮之博，爵秩[一]印韨[二]之崇，犹人情之所重者，不能坚决[三]，尚有说也。

注释

〔一〕**爵秩**：指爵禄。
〔二〕**印韨**（fú）：即"印绶"，印绶。绂，古代系印纽的丝绳，亦指官印。
〔三〕**决**：诀别、辞别。

译文

圣贤的推辞、接受、给予、夺取，不是平庸的众人所能辨识的。事物在彼方，就称之为推辞接受；事物在我方，就称之为给予夺取。同一个名谓，却有两种实质。推辞与接受既然不可以反悔，给予与夺取就可以反悔吗？给予和夺取固然不可以反悔，像土地、爵位这些崇高的东西，尤其被人们看重，不能坚决辞别，更是有说法理由了。

点评

不可回复再来的事，务必要审重对待，再三斟酌，得其所然，基于道义，决于人心。失而不可复得者，不可轻易失去。韩愈《君子法天运》："君子法天运，四时可前知。小人惟所遇，寒暑不可期。利害有常势，取舍无定姿。焉能使我心，皎皎远忧疑。"苏轼《和陶拟古》："锄田种紫芝，有根未堪采。逡巡岁月度，太息毛发改。晨朝玉露下，滴沥投沧海。须芽忽长茂，枝叶行可待。夜烧沉水香，持戒勿中悔。"

二三二、舜当其可与，视天下如敝屣

舜当其可与，视天下如敝屣；当其不可与，视敝屣如天下。

译文

舜在应当给予的时候，看待天下如同破旧的鞋子；在不应当给予的时候，便看待破旧的鞋子如同天下一般。

点评

陈宝琛《次韵苏庵九日作》："桑田海水相更迭，蝉翼千钧有重轻。"轻重贵贱取决人的价值标准，价值标准又因时因情而定，价值观才是万物可与和不可与的坐标。陈普《天爵》："天爵在人非我有，重轻取予系于人。要知良贵人难夺，德义尊荣本自身。"邵雍《送王伯初学士赴北京机宜》："丈夫志气盖棺定，自有雄图系重轻。去路不能无感旧，到官争忍便忘情。闲时语话贵精密，先事经营在太平。谁谓御戎无上策，伐人谋处不须兵。"

二三三、殆非人力之能为也，机之发于天者也

天下之物，有置之则不可见，动之则不可御者，殆非人力之能为也，机之发于天者也。

译文

天下的事物，有放置它就看不见，触动它就不可抵御的，这大概不是人的力量所能做到的，而是变化的机运生发于天道规律吧。

点评

天下事事物物的变化根本的是内在的规律在起作用。所谓"机发"即具备了符合规律起作用必然需要的条件。苏寿元《水退》："不向静中观物理，更于何处觅天机。"认识事物的规律，就认识了事物生发的机运。游次公《秋虫》："一气动芒汤，鸣虫应清商。天机发天籁，托彼恐与螿。凄然起秋声，感我彻肺肠。幽思不自识，远兴来何方。"朱浙《与闻起弟》："作意归来莫著疑，故园松菊自依依。此心漫道无通塞，万物从来有是非。歧路经多谙世故，人情阅尽见天机。耕原姻娅过逢地，休向樽前赋式微。"

二三四、君臣也，父子也，夫妇也，兄弟也，朋友也，五者天下之大机也

兄弟阋于墙〔一〕，斗很忿詈〔二〕，手足之欢无复存矣。他日俱出，途人殴其兄，为弟者忘向之怨，勃然往求之，是心安从生耶？兄弟之爱，天也。斗阋之时，其机伏而不见，初未尝亡也，一旦遇途人之辱以动吾之机，是机一发，奋厉劲烈，海可倒，山可移，金石可贯，岂薄念细怨所能遏〔三〕耶？君臣也，父子也，夫妇也，兄弟也，朋友也，五者天下之大机也。私欲梏〔四〕之，小智蔽〔五〕之，封絷〔六〕固密，其机若不可复还也，或叩焉，或触焉，其机立应，目不容瞬，掣〔七〕

其梏，决其藩，千封万絷，剥落解散，固有破百年之人伪于一息之间者矣。

注释

〔一〕兄弟阋（xì）于墙：比喻内部纷争，特别是亲近之人由于龃龉而起的倾轧。

〔二〕忿詈（fèn lì）：因愤怒而骂。

〔三〕遏（è）：阻止、断绝。

〔四〕梏（gù）：古代刑具，即木制的手铐。

〔五〕藩：篱笆、屏障。

〔六〕絷（zhí）：用绳子拴捆，拘禁。

〔七〕掣（chè）：拽、拉、抽。

译文

兄弟们在家中闹矛盾，争斗詈骂，手足之情不复存在了。他日一起出外，外人殴打兄长，做弟弟的顿时忘了以前的怨恨，勃然大怒，前去救援。这种心意是从哪里生生出来的呢？兄弟之间的友爱，是天然生成的。自家互相争斗的时候，他们的互爱的机运隐藏着看不见，却本是没有失去的，一旦遇到外人的羞辱就触动兄弟互爱的机运，这种机运一经发动，强劲猛烈，排山倒海，金石可穿，哪里是微薄琐细的怨忿所能遏止的呢？君臣、父子、夫妇、兄弟、朋友，这五种人伦关系是天下最大的机运。用私心利欲去束缚它，用小聪明去防护它，封系得坚固严密，机运好像不能再回来了，而一旦有人触动它，机运便立刻回应，眨眼间，便挣脱桎梏，打破藩篱，所有的封系都剥落解散，本来就有在瞬息之间破除多年的人情伪饰的事啊。

点评

君臣、父子、夫妇、兄弟、朋友，这五种人伦关系，自有人类以来，在自然形成的基础上加以文明道德的设置，结合内化而成社会成员规律性的必然，可称为天性，已具不可违逆抗拒的必然之势能，自有自主变化的机运伏藏其中。陈普《劝学歌》："太极肇判两仪生，其中人为万物灵。人亦天地一物耳，独以道义超众形。立为三才中宇宙，发挥天地经人伦。兹事初非外铄伐，毫发皆奋七尺身。"吕希哲《绝句》："礼仪三百复三千，酬酢天机理必然。寒即加衣饥即食，孰为末节孰为先。"王守仁《睡起写怀》："江日熙熙春睡醒，江云飞尽楚山青。闲观物态皆生意，静悟天机入窅冥。道在险夷随地乐，心忘鱼鸟自流形。未须更觅羲唐事，一曲沧浪击壤听。"

二三五、以人蔽天犹可也，以人乱天不可也

以人蔽天犹可也，以人乱天不可也。蔽者，其天尚存，方开之以天，而遽[一]投之以人，匿[二]邪于根，浃[三]毒于髓，本原之地为所汩乱[四]，吾不知何时而能去也。心不受病，受病则其狂不可制；真不受伪，受伪则其恶不可除。制心之狂，除真之恶，果终无术而不可解耶？

注释

〔一〕遽（jù）：匆忙、急，立即、赶快。
〔二〕匿：隐藏。
〔三〕浃（jiā）：湿透。
〔四〕汩（gǔ）乱：扰乱、混乱。

译文

用人欲蒙蔽天机，还是可以的；用人欲扰乱天机，却是不可以的。不论怎么蒙蔽，天机还是存在的。如果刚触动天机，就急忙掺杂以人欲，使邪恶藏匿于根源，毒素浸入于骨髓，根源的地方被搅乱了，我不知道这些东西什么时候才能被除去。心不能承受病，病了便狂乱不可制止；真实不容纳虚伪，容纳虚伪，那么邪恶便不可除去。制止心的狂乱，除去真实的邪恶，果真没有方法而不能解除吗？

点评

"动天之机者，不可杂之以人。"天机本于规律的必然性，只有符合规

律的客观必然性才能动发。李端临《感怀》："草木有本性，扶干自然直。鸢鱼有天机，何处着智力。"能把握利用天机者，也只是在符合事物的规律必然性而已。主观意志情绪的掺杂只会干扰对事物规律必然性的认识和把握。司空图《有感》："自古经纶足是非，阴谋最忌夺天机。留侯却粒商翁去，甲第何人意气归。"吕岩《七言》："一本天机深更深，徒言万劫与千金。三冬大热玄中火，六月霜寒表外阴。金为浮来方见性，木因沉后始知心。五行颠倒堪消息，返本还元在己寻。"

二三六、观治不若观乱，观美不若观恶

观治不若观乱，观美不若观恶。自古及今，踩践残贼，而终不可亡者，乃天理之真在也。登唐虞〔一〕之朝者，举目皆德政；陪洙泗〔二〕之席者，入耳皆德音。纵横交错，无非此理；左顾右盼，应接不暇。果何自以窥天理之真在哉？至于居乱世，遇恶人，所见者莫非横逆〔三〕，所闻者莫非诐淫〔四〕。所谓天理，疑若殄灭〔五〕而靡有孑遗〔六〕矣。然横逆诐淫之中，天理间发，时见一斑，岂非是理之真在欤？

注释

〔一〕唐虞：指上古尧帝开创的陶唐朝和舜帝开创的虞朝。
〔二〕洙泗（zhū sì）：即洙水和泗水。古时二水自今山东省泗水县北合流而下，至曲阜北，又分为二水，洙水在北，泗水在南。春秋时属鲁国地。孔子在洙泗之间聚徒讲学，后因以"洙泗"代称孔子及儒家。
〔三〕横逆：横流逆行，谓突破常规、强暴无理的举动。指耍赖皮或无理取闹之人。
〔四〕诐淫（bì yín）：佞辞淫说。
〔五〕殄（tiǎn）灭：消灭、灭绝。
〔六〕靡有孑（jié）遗：没有剩余，没任何一个人能逃脱旱灾的侵害。

译文

　　观察太平治世不如观察乱世，观察美好的不如观察丑恶的。从古到今，遭受叛臣乱贼的踩践而最终没有灭亡的朝代，是真正天理所在的。登上唐尧、虞舜的朝廷，满眼看到的都是德政；陪从在孔子孟子洙泗那边席位上的人，听进耳朵的都是德言。纵横交错，都是这种道理；左顾右盼，看都看不过来，从哪里才能窥探到天理的真正存在呢？至于生长在乱世，遇到邪恶的人，那么所见的，无非都是叛逆骄横的行径；所听到的，无非都是淫乱悖逆的言语。所说的天理，使人怀疑它好像已经消灭无遗了。但是在骄横叛逆淫乱中，天理仍间或显现，时见一斑，难道不正是体现这天理的真正存在呢？

点评

　　没有比较就没有伤害，没有比较就没有优越，没有比较也很难探求到真理。在比较中观察容易见识真相。钱澄之《续哀》："道在乱离见，交从钩党亲。"于石《抱膝吟》："治乱古来有，英雄今岂无。人情云聚散，世态草荣枯。事定见天理，时艰识丈夫。山川渺何许，烟雨暗平芜。"杜荀鹤《恩门致书远及山居，因献之》："时难转觉保身难，难向师门欲继颜。若把白衣轻易脱，却成青桂偶然攀。身居剑戟争雄地，道在乾坤未丧间。必许酬恩酬未晚，且须容到九华山。"

二三七、圣人迎其善端，而推之，而广之，而大之

　　圣人迎其善端，而推之，而广之，而大之，沛然若决江河，莫之能御。

译文

　　倘若有圣人迎导这个好的开端，将它推广发扬光大，那善心充沛浩荡，好像江河决口，没有能抵御得了的。

点评

做善事好事就是积累资本。圣人就是发其善心争做好事,将做好事件件积累做成伟大事业的人。真德秀《寿杨和父》:"大生皆自微阳起,百善端从一念基。身欲宁时须主静,几才动处要先知。"陈普《时雨之教》:"善教惟迎欲发机,神方启沃妙乎时。沛然化境无留滞,弄月吟风自不知。"

二三八、故学者不忧良心之不生,而忧良心之不继

与生俱生者,谓之良心,毁之而不能消,背之而不能远,虽甚无道之人,是心或一日而数起也。是心既起,有以继之,则为君子;无以继之,则为小人。继与不继,而君子、小人分焉。故学者不忧良心之不生,而忧良心之不继。

译文

和生命同时生出来的,叫作良心,毁坏它却不能消亡,背弃它却不能远离,虽然是十分无道的人,这种心思尚可能一天冒出几次呢。这种良心生起之后,有能承继它的,就是君子;没能承继它的,就是小人。承继与不承继,而君子和小人便分别出来了。所以,求学的人,不担忧良心的不生发,而担忧良心的不能承继。

点评

王遂《闻杜鹃有感》:"人物同为气所乘,良心露处即良能。"吕祖谦的"良心",即"良知",王阳明的"良知",或也本于吕祖谦的"良心"。王阳明《咏良知》:"人人自有定盘针,万化根源总在心。却笑从前颠倒见,枝枝叶叶外头寻。"良心良知也须时时摒除蔽蒙,培护扩充。陈普《尽心知性》:"心具良知所性根,若非穷理亦能昏。心须物格无余蕴,藩蔽开除本体存。"王渐逵《送沈希周》:"危机潜伏正须闲,主敬工夫得最难。莫谓良知还便了,良知尤隔一重关。"洪咨夔《谨次老人至节韵》:"但见阴阳递斡流,谁知阳

本未尝休。善端继继无穷脉，元化生生不尽头。杜牧浪将箝劝读，少陵空为线添愁。何如静坐观其复，一点灵台造物游。"刘绎《晤宁白仙话感》："十载回思患难时，怜君义侠共驱驰。重谈世事嗟成败，细验人情见盛衰。未必地舆全有据，即论天道岂难知。从来祸福凭方寸，造化何心任转移。"

卷十二

二三九、无间则仁，有间则暴

无间则仁，有间则暴。无间则天下皆吾体，乌得而不仁？有间则独私其身，乌得而不暴？幽明[一]也，物我也，混混[二]同流而无间者也。喜同一喜，喜触于心，则幽明物我不约而皆喜；怒同一怒，怒触于心，则幽明物我不约而皆怒。判而为惨舒[三]、休戚、爱憎、哀乐之情；别而为盈虚、予夺、损益、是非之理；散而为祸福、利害、安危、死生之变。彼动则此应，彼发则此知，未尝有间也。昔之仁人，所以视民如伤者，岂以冥冥之不可欺，昭昭之不可犯哉？幽明物我，通为一体，不见有可伤之地也。既伤于民，亦伤于身，既伤于身，复伤于神。噫！知此者，其知仁之方乎？

注释

〔一〕幽明：泛指天下无形和有形的事物。
〔二〕混混：水流丰大不断的样子。
〔三〕惨舒：悲伤与舒心。

译文

心中没有私欲间隔的，做事就会仁厚；心中有私欲间隔的，做事就会残暴。没有私欲间隔，那么天下万事万物都与自我浑融为一体，哪里还会有不仁厚呢？有私欲间隔，那么私心就专注在个人身上，怎能不残暴呢？天下万物中有形的和无形的，外物和自我都如同流水一样绵绵不绝，是没有什么东西能阻挠的。欣喜是同一个欣喜，欣喜触发在内心，则天下事物，有形的和无形的，外物和自我，都不经过预约便会同感欣喜；恼怒是同一个恼怒，恼怒触发在心里，则天下事物，有形的和无形的，外物和自我，都不经过预约便会同感恼怒。分判开来便是伤感舒心、安闲忧戚、喜爱嫌憎、哀伤快乐的感情；辨别起来便是盈满虚空、给与夺取、减损增加、是非曲直的道理；进一步说就是忧患福泽、利益祸害、平安危险、生存死亡的变化。那边有变动，这边就有响应；那边一发作，这边就会感知，这从不会有什么间隔。以前心地仁厚的君主，之所以抚恤百姓就好像疗理自身伤病一样，难道是因为隐匿的神灵不可欺瞒，显明的事理不可触犯吗？大概是因为天地万物，有形的和无形的，外物和自身浑融一体，并没有看见它们有可以伤害的地方。既然伤害了百姓，也就伤害了自身；既然伤害了自身，也就伤害了神灵。唉！明白这个道理的人，大概是理解仁道的方法吧？

点评

朱熹《尤溪县学观大阁》："应观物我同根处，剖破藩篱即大方。"从本源处理解，万物大同，从本源处感知，万物一体。张伯端《人我》："我不异人，人心自异。人有亲疏，我无彼此。水陆飞行，等观一体。贵贱尊卑，首足同己。我尚非我，何尝有你。彼此俱无，众泡归水。"楼钥《曾无逸郎中名燕居曰和三，续社有诗次韵》："通地通天只个中，千歧虽别大都同。两家偶尔流传盛，一贯临之内外融。欲境扫开心在我，浮云散尽月当空。感而通者从来话，不感须知自有通。"

二四〇、不仁则不觉，不觉则不合

不仁则不觉，不觉则不合。幽明不合，而有人与神之间焉；物我不合，而有人与己之间焉。遂以为苟便于身，何耻乎媚神；苟媚于神，何恤乎害人。以妄传妄，以伪传伪，然后嚚淫[一]怪诞之说兴，然后莙蒿[二]凄怆[三]之妖作，然后阴诡[四]侧僻之祀起，然后衅涂[五]刵剔[六]之乱生。

注释

〔一〕嚣淫：喧嚣淫荡。

〔二〕焄蒿（xūn hāo）：祭祀时祭品所发出的气味，后亦用指祭祀。

〔三〕凄怆：悲伤、悲凉。

〔四〕阴诡：诡异。

〔五〕衅（xìn）涂：古代血祭新制的器物。杀牲，用其血涂于器物缝隙中来祭祀。

〔六〕刳剔（kū tī）：剖杀，割剥。是专门用来对付怀孕妇女的刑罚，让行刑者活生生地剖开受刑者肚皮，取出婴孩，场面极其痛苦。这里指剖腹剔胎的暴行。

译文

没有仁厚之心就不能觉知，没有觉知就不能浑融一体。天地万物有形的和无形的不能浑融，那么人和神之间便有了隔膜；外物和自我不能浑融一体，那么，外物和自我便也有了隔膜。于是人就认为如果自身得到了方便，哪里还需要虔诚地膜拜神灵呢？如果膜拜了神灵，哪里还需要体恤百姓呢？以虚妄传扬虚妄，以虚伪传扬虚伪，然后过分荒谬的说法就兴盛起来，然后死亡和凄惨的祸事就发作了，然后阴险狡诈不光明正大的祭祀就兴起了，然后用血涂物和剖腹剔胎的暴行就产生了。

点评

仁者爱人。有仁爱意念的觉醒，去其一己私念，推己而及人，推人而及物，而后能民胞物与，人我无间，物我一体。王十朋《放生池》："畏死贪生物我同，仁心要在扩而充。江湖鱼鳖知多少，尽在恩波浩渺中。"朱熹《仁》："心无私滓与天同，物我乾坤一本中。随分而施无不爱，方知仁体合言公。"徐积《饥仙》："粮虽不足气常充，真是根源久是功。真久不惟能养气，幽明亦可感而通。"金履祥《立斋静佳楼和王吉州韵》："层楼新扁表新功，个里工夫自不同。俨若思时居此敬，寂然静处感而通。山窥南北浮岚小，月转西东灏气充。更植楼前佳玉树，君家槐荫比车攻。"

二四一、在此有毫芒之塞，则在彼有寻丈之间

天下之理，有通有塞，其通耶，八荒〔一〕之外，六合〔二〕之内，幽明物我，上际下蟠，不见其间，孰非吾仁者哉？其塞耶，虽汲汲〔三〕以爱人利物为志，朝三省而日九思，然在此有毫芒之塞，则在彼有寻丈〔四〕之间。

注释

〔一〕八荒：八方荒远的地方。
〔二〕六合：指上下和四方，泛指天地或宇宙。
〔三〕汲汲（jí jí）：形容心情急切，努力追求。
〔四〕寻丈：古代的长度单位，指八尺到一丈之间的长度。

译文

天下的事理，有通达的也有阻塞的，如果通达，在八方荒远之外，在上下四方之内，天地万物有形的和无形的，外物和自我，上边的天界和地下的万物都看不见有什么阻隔，哪一处不充溢着自身的仁爱呢？如果阻隔，虽然急切地把爱人利物当作自己的志向，每天早上一而再再而三地反省自身，一天三复四温反复思考探索，可是，因为在此有了细微如毫毛的阻塞，那么彼处就有如八尺一丈的间隔了。

点评

"方寸函太极，宇宙皆吾仁。"推我心之仁爱而广之，广我心之仁爱而大之，则仁爱可及宇宙万物。而其要在去我之私意私念，则广大通达而无间隔。释智圆《心交如美玉》："心交如美玉，经火终不热。面交如浮云，顷刻即变灭。对坐成参商，咫尺成胡越。"赵蕃《静春堂》："游子如蜂蝶，纷纷讵识春。先生静中观，物物寓吾仁。"陈普《夜气》："气无所帅任崩奔，东鹜西驰利欲昏。人事才停机械息，天心无间本真存。"李吕《师正堂》："物我虽殊理本同，算来身教易为功。表端岂但日间影，德盛应如草上风。作字心君生笔下，照人眸子验胸中。平生得力今拈出，尤见操存合至公。"

二四二、欲仁者，不于其仁，于其通；去暴者，不于其暴，于其塞

发于其身，害于其事；发于其事，害于其政，民有不得其死者矣。一念之毒，流金铄石；一念之驶，奔走电霆。虽未尝以兵杀人，实以心杀人；虽未尝用人以祭社之神，而实用人以祭心之神也，其视宋襄辈何以大相过乎？通者，仁之门也；塞者，暴之门也。是故欲仁者，不于其仁，于其通；去暴者，不于其暴，于其塞。

译文

（这种阻隔的念头）从心里生发出来，便会危害事情，从事情上生发出来，便会危害政治，百姓弄得万分痛苦却求死不得。一个念头的毒害，就好像能熔化金子和销毁石头；一个念头闪过，好像电闪雷鸣。虽然未曾用兵器杀人，而实际是用心机杀人；虽然未曾用活人来祭祀土地神，而实际是用活人去祭祀心中的神灵了。怀有这种念头的人和宋襄公这般人相比，有什么大差别吗？通达，是仁慈的门径；阻塞，是残暴的门径。所以想要仁爱的人，不在于仁爱的行为，而在于通达浑融；想要除掉残暴的人，不在于去除残暴的行为，而在于去除心中的阻塞。

点评

仁爱本我心固有，敝在阻塞，贵在广达，以通而济。曾丰《寄题盘山云峰通济桥》："何人彼岸幻长虹，接引众生入大通。彼此本来无间断，度人了后勿论功。"徐元杰《咏以人与天地万物为一体刻印章诗》："三才中立圈形均，昧者拘拘利乃身。不道有身皆有血，岂应知我不知人。其间一物容亏性，是即四肢顽不仁。洞洞八荒皆我阔，豁然窥见等天真。"尹志平《减字木兰花·怀仁抱义》："怀仁抱义，五帝三皇因此治。抱义怀仁，天下生灵一体亲。勤参道德，建国成家为法则。道德勤参，更与修身作指南。"

二四三、出于人之所共疑，则其患浅；出于人之所共信，则其患深

昔之善用兵者，托于神怪以使其众，虽苟收一时之胜，其患有遂流于后世而不可解者矣。然所托者，出于人之所共疑，则其患浅；出于人之所共信，则其患深。卜偃之牛声〔一〕，田单之禽翔〔二〕，陈胜之书帛〔三〕，樊崇之探筹〔四〕，皆托神怪以谲〔五〕众者也。是其说妖诞不经，可以欺愚者而不可以欺智士，可以欺小人而不可以欺君子，可以欺一时而不可以欺后世，亦何足与深辨哉？

注释

〔一〕卜偃之牛声：即郭偃，是春秋时期晋国大夫，兼春秋时期晋国的卜官。不但有高超的占卜技巧，而且知识广博，头脑清醒，智谋过人。能根据当时的政治形势，结合自然现象进行正确的预言引导，晋文公新卒，棺柩有声如牛，卜偃借此事说国君命令要求攻打秦国可得大捷。次年爆发秦晋殽之战，秦穆公大败。

〔二〕田单之禽翔：田单，战国时期齐国名将。乐毅率领五国军队，攻打齐国。危亡之际，田单坚守即墨，命令城里百姓每家吃饭的时候必须在庭院中摆出饭菜来祭祀他们的祖先，飞鸟都被吸引得在城内上空盘旋，并飞下来啄食物。燕人对此感到奇怪，田单因此扬言说："这是有神人下来教导我。"于是命令城中人说："会有神人来做我的老师。"并以一名士兵为神师，每当发布约束军民的命令，一定宣称是神师的旨意。后以火牛阵大破燕军，收复失地七十余城。

〔三〕陈胜之书帛：陈胜，字涉，陈胜和吴广组织起义，经过一番谋划，借鬼神"威众"，用朱砂在一块绸帕上写了"陈胜王"三个大字，塞到渔民捕来的鱼肚子里。戍卒们买鱼回来吃，发现了鱼腹中的"丹书"，都觉得惊奇。陈胜在戍卒们心中的威望就更高了。

〔四〕樊崇之探筹：樊崇，字细君，西汉末年赤眉军首领。樊崇等将军准备立帝事宜，候选人有七十多位，于是让人写好书札作中帝符号，放进竹制盒中，按候选人个数放札（只有一枚为帝札）。规定摸札要依年龄顺序，从大到小依次摸出示众。刘盆子在候选人中年龄最小，只能等最后一札。札一枚枚摸出，都

是空札，唯有最后一枚为帝札，于是立刘盆子为帝。

〔五〕谲（jué）：不说直话，绕着弯说话。

译文

从前善于用兵的人，假托神奇怪异的事物来驱使众人，虽然暂时取得一时的胜利，他的祸患却也便流传到后世使人不可解除了。然而所假托的东西，出自人们所共同疑惑的，那么它的祸患就浅近；如果出自人们所共同信奉的，那么它的祸患就深远了。卜偃利用晋文公棺柩里的牛声去攻击秦国，田单假托众鸟聚集城头说明有神人助齐，陈胜假托鱼腹里面的书帛蛊惑士卒，樊崇假托探筹的方法来让刘盆子当皇帝收服人心，这些都是假托神奇怪异的事情来欺骗众人。这种言说，荒谬怪诞，经不起推敲，可以欺骗愚昧的人却不可以欺骗有智慧的人，可以欺骗小人却不可以欺骗君子，可以欺骗一时却不可以欺骗后世，这难道还需要认真地去辨析它吗？

点评

借神道以设教是一把双刃剑，迷人还自迷，欺人还自欺。北宋末，郭京以一小卒，伪称身怀道教法术，能施道门"六甲法"，用七千七百七十七人布阵，可生擒金将退敌，钦宗及不少大臣等深信不疑，乃授以官职，并赐以金帛数万。及开汴京宣化门出战，他坐城楼作"六甲"之法，树旗绘"天王像"，金兵击败其"六甲神兵"，这是演成靖康之耻的重要环节。洪仁玕自述中谈及太平天国立拜上帝教是为了"蓄万心于一心"。这类迷信活动在一时一地一部分人中，确实能起到"蓄万心为一心"的作用，但它也迷惑了神道以设教者自身，使其无法认清时局，做出科学决策。而流毒漫延，累世不绝，近世又有如义和团等，真可叹也。姜特立《说神篇》："天道若不神，何以惊物而惧人。君道若不神，何以号令鼓万民。故对人以是而设教，奄有四海，为天下君。"邱炜萱《庚子感事》："六甲神郭京，田单奉卒丁。侯僮殇勿可，宛若见何灵。扰扰来乌鬼，喧喧闹黑经。可怜丹凤诏，原不出王廷。"黄遵宪《初闻京师义和团事感赋》："九百《虞初》小说流，神施鬼设诩兵谋。明知篝火均狐党，翻使衣冠习狗偷。养盗原由十常侍，诘奸惟赖外诸侯。竹筐麻瓣书团字，痛哭谁陈恤纬忧？"梁鸿志《感事》："帛书牛腹不能神，篝火狐鸣更罔人。陇上辍耕皆帝力，沙间偶语尽王臣。六师渐靡谁张楚，三论粗工竞过秦。莫问前朝旧孤寡，眼中健者亦沾巾。"

二四四、不过欲借天之神，借武王之重，取众人之共信者诳胁其民而使之战耳

宁庄子^{〔一〕}之意，不过欲借天之神，借武王之重，取众人之共信者诳^{〔二〕}胁其民而使之战耳，滹沱^{〔三〕}之济，非果能前知其冰也，济适与冰会也；伐邢之役^{〔四〕}，非果能前知其雨也，师适与雨会也。逢其适然，而人遂以为必然，宁庄子之说遂行于后世矣。

注释

〔一〕宁庄子：春秋时代卫国大臣，姬姓，名速。

〔二〕诳：本义指的是欺诈性言辞，蛊惑人心的言辞。引申义为欺骗、迷惑。

〔三〕滹沱（hū tuó）：即滹沱河，在河北省西部。史书记载东汉光武帝刘秀创业时，被追到滹沱河渡口时没有渡船，生死存亡之际，河面很快结冰，刘秀得以逃脱。滹沱河的冰为刘秀成就霸业立了首功。

〔四〕伐邢之役：僖公十九年（前641）秋，卫军进攻邢国，但师出无名，这时卫国大旱，为祭祀山川而占卜，不吉利。宁庄子说："从前周室发生饥荒，打败了商朝就丰收。现在正当邢国无道，诸侯没有领袖，上天或者是要让卫国进攻邢国吧！"卫君听从了他的话，征集军队时就下了雨。

译文

宁庄子的本意，不过是想假借上天的神灵，假借武王的重望，拿民众共同信仰的东西来欺骗和胁迫那些民众而使他们作战罢了。顺利地渡过滹沱河的河水，不是真的能预知它上面会结冰，而是渡河时，恰好遇到它结冰了；伐邢的战役不是真的能预知上天会下雨，而是调集军队时，恰逢它下雨罢了。把恰逢的偶然的事情当作必然，宁庄子的谬说于是便流行到后世了。

点评

惊偶然的巧合为神奇，只是未知其所以然，而附会迷信所以盛行。智者神道以设教，权变以成一时的事为，或可默许，而蔓延天下后世，实不能脱愚弄民众的罪责。罗隐《董仲舒》："灾变儒生不合闻，谩将刀笔指乾坤。偶然留得阴阳术，闭却南门又北门。"韩愈《题木居士》："火透波穿不计春，根如头面干如身。偶然题作木居士，便有无穷求福人。"文天祥《滹沱河》："过了长江和大河，横流数仞绝滹沱。萧王麦饭曾仓卒，回首中天感慨多。"

二四五、天下之情，不见其速，未有见其迟者也

天下之情，不见其速，未有见其迟者也。浴焉而食，食焉而茧，茧焉而缫〔一〕，缫焉而织，历数月而后得帛，凡蚕者皆以为固然，不闻厌其迟也；耕焉而种，种焉而耘，耘焉而获，获焉而舂〔二〕，历终岁而后得粟，凡农者皆以为固然，不闻厌其迟也；身修而后家齐，家齐而后国治，国治而后天下平，是犹自浴而至织，自耕而至舂，一阶一甋〔三〕，岂可妄躐〔四〕哉？由三代以前，亦未闻有厌其迟者也。

注释

〔一〕缫（sāo）：把蚕茧浸在沸水里抽出丝。
〔二〕舂（chōng）：把东西放在石臼或乳钵里捣去皮壳或捣碎。
〔三〕甋（shì）：台阶旁边砌的斜石。
〔四〕躐（liè）：超越。

译文

天下的事情，没见过快速的，就见不到迟慢的。人们用盐水洗浴了蚕种再给它喂食桑叶，吃了桑叶才可以做茧，做成茧才可以抽丝，抽丝后才可以织绸，经过几个月的工夫才能得到绸缎，凡是养蚕的人都认为应该这样，没听说过他们厌烦事情做得缓慢的；农夫翻耕过土地才可以播种，播了种

子才可以除草,除了草才可以收割,收割后才可以用臼杵舂米,经过一年的时间才能得到粮食,凡是农夫都认为应该这样,没听说过他厌烦事情做得缓慢的;先提高自身的修养才可以严正家庭,严正家庭后才可以治理国家,国家治好后才可以平定天下,这如同从洗浴蚕种到纺织蚕丝,从翻耕土地到用臼杵舂米,一步一阶,难道可以随意越过吗?在夏商周三代以前,也没听说过有厌烦缓慢的。

点评

欲速则不达。事物的发展变化自有它内在的规律,该过的程序必须过,该踏的节奏必须踏。陈普《冬华一夜霜》:"天地生万物,节度各有常。毫发不可乱,奉时以行藏。不惟寡悔吝,尤可免折伤。倘不如所受,一一皆自戕。"王安石《求全》:"求全伤德义,欲速累功名。玉要藏而待,苗非揠故生。未妨徐出昼,何苦急堕成。此道今亡矣,嗟谁可与明。"张栻《送定叟》:"事业无欲速,燕逸不可求。速成适多害,求逸翻成忧。"

二四六、后世其诋薄以为迟钝迂阔者,乃其所恃以生者也

天下之所以有侥幸而得帛者,以蚕妇阴为之织也;天下之所以有侥幸而得粟者,以农夫阴为之耕也。如使天下尽厌耕织,焚其机,斧其耒[一],则虽有巧术,何从而取帛?虽有巧计,何处而得粟?皆将冻于冬而馁[二]于涂矣。彼侥幸而收功利,岂真其力哉?亦圣人之遗泽,三纲五常[三]之犹未亡者,阴有以扶持之也。向若圣人皆效后世之欲速,蹶[四]其根,涸[五]其源,以争旦暮之利,则大经大法殄灭[六]无遗,人之类不能自立于中国久矣。当是时,城皆戎狄之城,吾亦无城之可争;地皆禽兽之地,吾亦无地之可夺。虽有欲速之心,果何所用其速哉?然则后世其诋薄[七]以为迟钝迂阔者,

乃其所恃以生者也。无贤者，则不肖者不能独立；无智者，则愚者不能独存。彼其相戕[八]相贼，岁消月铄[九]，而戴发含齿[一〇]之属，终不可尽者。意者其中必有所恃也。所恃者果专在圣人乎？曰："否！"

注释

〔一〕耒（lěi）：古代的一种农具，形状像木叉。

〔二〕馁（něi）：饥饿。

〔三〕三纲五常：封建礼教所提倡的人与人之间的道德标准。三纲指父为子纲、君为臣纲、夫为妻纲。五常传说不一，通常指仁、义、礼、智、信。

〔四〕蹶（jué）：动乱、扰乱，这里指挖掉。

〔五〕涸（hé）：失去水而干枯。

〔六〕殄（tiǎn）灭：消灭、灭绝。

〔七〕诋薄：毁谤贬低、轻视。

〔八〕戕（qiāng）：杀害、伤害。

〔九〕铄（shuò）：熔化（金属）、销毁。

〔一〇〕戴发含齿：多用作退一步说，表示也还是人或如果是人。

译文

天下所以有侥幸得到绸缎的人，是因为有蚕妇默默地为他们纺织；天下所以有侥幸得到粮食的人，是因为有农夫在默默地为他们耕种。如果天下人都厌烦耕种纺织，焚烧织机，劈坏耒耜，那么虽然有巧妙的方法，从哪里得到绸缎呢？虽然有巧计，又从哪里得到粮食呢？恐怕人们都将在冬天受冻，在路途上挨饿了。那些侥幸地得到这些好处的，难道真是他们自己的力量吗？这也是圣人遗留下来的恩泽和三纲五常的伦理还没有消亡的部分在默默地帮助维持着他们。如果圣人都要效仿着后世这样贪求快速，挖掉事物的根本，枯竭事物的源头，用来争夺片刻短暂的利益，那么那些神圣的经典和法制都将灭绝无余了，人类早就不能存在于中原大地了。那个时候，城池都将是戎狄的城池了，我们也没有城池可以争夺；土地都将是禽兽的土地，我们也没有土地可以相争夺了。虽然有贪求快速的心思，果真又在哪里用得上呢？照这样看来，那么后世共同贬低看轻的，认为迟钝迂阔的，正是人们所赖以生存的。没有贤能的人,那么不贤能的人就不能独自生存;没有智慧的人,那么愚蠢的人就不能独自存在。他们互相戕害,互相残杀,年年清灭,月月销毁,但人类却始终不会完尽,料想其中一定有所依赖的。他们所依赖的,果真只在于圣人吗?我的回答是:"不是的。"

点评

　　此段已悟及民众的生产力才是支撑社会文明的基础。民众与圣人是相互依赖的关系。在圣人出现之前,民众早已生存生活于天地之间,圣人的出现,推进了文明秩序的建立,但文明秩序的建立又必须以民众的生产力为基础为根本。吕祖谦以坚决的语气,鲜明地否定了民众对圣人单方面依赖的观点,是对民本思想的突破性强调,是破除圣人迷信的思想大解放。张乔《江楼作》:"凭槛见天涯,非秋亦可悲。晚天帆去疾,春雪燕来迟。山水分乡县,干戈足别离。南人废耕织,早晚罢王师。"曾巩《上杜相》:"天扶昌代得忠良,坐以材谋镇庙堂。万里声名开学校,四方根本劝农桑。从容贤路通江海,慷慨公心贯雪霜。谦让黑辕归太早,空令终古爱余芳。"

二四七、君子忧我之弱,而不忧敌之强;忧我之愚,而不忧敌之智

　　君子忧我之弱,而不忧敌之强;忧我之愚,而不忧敌之智。国为敌所陵而不能胜者,非敌之果强也,罪在于我之弱也;为敌所陷而不能知者,非敌之果智也,罪在于我之愚也。强者,弱之对也,我苟不弱,则天下无强兵;智者,愚之对也,我苟不愚,则天下无智术。后之为国者,终岁忧敌之强,而未尝一日忧我之弱;终岁忧敌之智,而未尝一日忧我之愚,使其移忧敌之心而自忧,则谁敢侮之哉?

译文

　　君子忧患自身的怯弱，而不忧患敌方的强大；忧患自身的愚昧，而不忧患敌方的智慧。国家被敌方侵犯却不能战胜，不是因为敌方强大，罪过在于自身的怯弱；被敌方欺诈而不能知晓，不是因为敌方果真有智慧，罪过在于自身的愚昧。强大，正是怯弱的对立面，自身如果不怯弱，那么天下就没有强大的军队；智慧，正是愚昧的对立面，自身如果不愚昧，那么天下就没有智谋法术了。后来治理国家的人，常年忧患敌方的强大，却不曾有一天忧患自身的怯弱；常年忧患敌方的智慧，却不曾有一天忧患自身的愚昧。假使他改变忧患敌方的心理为忧患自身，那么还有谁敢欺侮他的国家呢？

点评

　　自胜者强，自强者胜。有以自立于不败之地，而后可言强言胜。修明政治，发展经济，重用贤能，可以不败。查慎行《即事》："万古一棋局，言平最不平。獭窥鱼穴静，鸠伺鹊巢成。物性论强弱，天机近斗争。但教风作质，有触自忘情。"徐夤《偶题》："闲补亡书见废兴，偶然前古也填膺。秦宫犹自拜张禄，楚幕不知留范增。大道岂全关历数，雄图强半属贤能。燕台财力知多少，谁筑黄金到九层？"

二四八、天下之事未有不由己者

　　天下之事未有不由己者。善者己也，极其善则为尧、为舜、为禹、为汤者，亦己也；败者己也，极其败则为桀、为纣、为幽、为厉者，亦己也。前无御者，欲圣则圣；后无挽者，欲狂则狂。

译文

　　天下的事情没有不出于自己的，成功的只在于自身，把这成功推到最高的境界使自己成为尧、舜、禹、汤的，也在于自己；失败也在于自身，失败到了极端的地步，使自己成为夏桀王、商纣王、周幽王、周厉王的，也在于自己。向前进步，没有能阻拦的人，自己想成为圣人就成为圣人；向后退步，没有能挽留的人，自己想成为狂人就成为狂人。

点评

内因是决定因素。关键在于自己的主观努力，自觉自奋自强，何事不能成。陆游《读袁公路传》："成败相寻岂有常，英雄最忌数悲伤。芜蒌豆粥从来事，何恨邮亭坐箦床？"于石《读史》："志士匡君贵善谋，古来直笔有春秋。孔明扶汉可吞蜀，仁杰兴唐乃死周。成败由人天不管，功名遗恨水空流。束之未相姜维将，二子宁无身后忧。"杨民仁《咏马陵山项王庙》："空留庙像费新雕，垓下悲歌史笔描。豪气消亡虞女剑，精骑散尽楚声箫。分封六国谋何拙，自王关中意亦骄。成败岂由天所定，乌江渡口水潇潇。"释延寿《山居诗》："万事从来只自招，安危由己路非遥。笙歌韵里花先落，松桧枝间云未消。数下磬声孤月夜，一炉香蒻白云朝。谁人会我高楼意，门掩空庭思寂寥。"

二四九、所忧固在于己，而不在于人也

古之所谓量力者，盖有说矣！养而未充也，为而未成也，修而未备也，于是量力而未敢轻动焉。吾之所以未动者，非忧彼之强，忧我之弱也；非忧彼之智，忧我之愚也。所忧固在于己，而不在于人也。养已充，为已成，修已备，则有所不动，动而无敌。今之伸岂不由向之屈乎？苟以龌龊[一]自保为量力，则人将自安于弱而终于弱矣，自安于愚而终于愚矣。噫！堕[二]天下之力者，独非量力之论欤？

注释

〔一〕龌龊（wò chuò）：气量狭小。
〔二〕堕：损毁、败坏。

译文

　　古代所说的量力而行，原来是有说法的！自身的修养还不充分，自身的行为还不成熟，自身的修为还不完备，于是就要量力而行不敢轻举妄动。自身所以不敢行动，不是忧患敌方强大，而是忧患自身的怯弱；不是忧患敌方的智慧，而是忧患自身的愚昧。所忧患的固然是在于自身，而不在于别人。自己的修养已经充足，行动已经成熟，修为已经完备，那么如果不行动便罢，一有所行动，就战无不胜。如今的伸展扩张不就因为先前量力而为，委屈以充实完备自己吗？如果把拘谨狭小的自求保全看作是量力而行，那么人便将安处于怯弱的地位并终结于怯弱了，自安于愚昧的地位而终结于愚昧了。唉！毁坏天下人的力量的，难道不正是"量力而行"这种论调吗？

点评

　　既要量力而行，又要积极充实力量后量力而行。邵雍《量力吟》："量力动时无悔吝，随宜乐处省营为。须求骐骥言乘马，亦恐终身无马骑。"刘过《呈陈总领》："商蚷驰河河可凭，精卫填海海可平。物情大忌不量力，立志亦复嘉专精。"刘绎《郡城保卫局即事》："谈笑从容笔有芒，书生慷慨说干将。可能制梃家家喻，只要空拳户户张。学制本难操使割，及锋何必善为藏。从来兵甲威天下，总在人和势自强。"

二五〇、欲验宋襄言古道之是非，当先观宋襄料今事之中否

　　舆薪[一]之不见，而自谓能见秋毫者，愚也，责其不见者，亦愚也；撞钟之不闻，而自谓能闻蚋[二]飞者，愚也，责其不闻者，亦愚也。信之在前，责之在后，不见舆薪者方自誉其目之明，人固已不信之矣，岂非待其真不见秋毫而始责之乎？不闻撞钟者方自誉其耳之聪，人固已不信之，岂非待其真不闻蚋飞而后责之乎？古之难知如秋毫也，蚋飞也，今之易知舆薪也，撞钟也，欲验宋襄[三]言古道之是非，

当先观宋襄料今事之中否。

注释

〔一〕舆薪（yú xīn）：满车子的柴，比喻大而易见的事物。

〔二〕蚋（ruì）：一类与蚊子和家蝇相近的、极小的吸血蝇类的总称。

〔三〕宋襄：即宋襄公，名兹甫，子姓，宋氏，春秋时期宋国第20位国君，春秋五霸之一。公元前650—公元前637年在位，在位14年。周襄王十四年（前638）初冬，宋襄公与楚国人在泓水边上作战。宋襄公固执遵守所谓的古代帝王作战的礼节，从而失掉了良好的战机，结果被楚军击败。

译文

满车的薪柴看不见，却说自己能看见极细小的事物，这是愚蠢的人，而责备他看不见的人也是愚蠢的；撞钟的声音都听不到，却说自己能听到蚊子的飞鸣，这是愚蠢的人，而责备他听不见的人也是愚蠢的。相信他在前面，责备他在后面，看不见满车薪柴的人在夸耀自己目光敏锐时，人们固然已经不相信他了，难道还非要等到他真的看不见极细小的事物时才去责备他吗？听不见撞钟声音的人在夸耀自己耳力敏锐时，人们固然已经不相信他了，难道还非要等到他真的听不到蚊子的飞鸣才去责备他吗？古代事情的难以知晓，就像秋毫一样细小的事物和蚊子一样轻细的哼鸣，现今时事的容易知晓就如满车的薪柴和撞钟的声音，要检验宋襄公所说的古代帝王用兵的方法正确与否，应该首先观察他预料当前事情的准确与否。

点评

"观其料今事之疏，即可验其谈古道之谬。"观看他预料现今时势事态如此粗疏，就可以检验他谈论古代道理的荒谬了。信息情报较为明白清晰的事都见不审，断不准，做不实，何况繁难复杂的情况。陆游《杂兴》："庖丁悟养生，轮扁议读书。彼特一技尔，圣智有不如。"徐瑞《次韵寄题严氏寻古斋》："马图龟画未是易，龙文鸟章岂其书。能穷有象有数外，始识无声无臭初。身从浩劫得所赋，神游太虚以为居。吾人寻古傥悟此，以后观今非古与。"邵雍《追和王常侍登郡楼望山》："四贤当日此盘桓，千百年人尚寻颜。天下有名难避世，胸中无物漫居山。事观今古兴亡后，道在君臣进退间。若蕴奇才必奇用，不然须负一生闲。"

二五一、兵者生于人之不服也

德不能服，是以有兵，则兵者生于人之不服也。彼既不服矣，豨纵豕突[一]，亦何所不至？我乃欲从容揖逊以待之，适遗之禽耳，吾恐帝王之兵不如是之拙也。古之誓师者曰"殄歼乃仇"[二]，曰"取彼凶残"，凛然未尝有毫发贷[三]，其所宽者，惟弗迓克奔[四]而已。奔而归我，是以弗击，苟推锋而与之争一旦之命，胡为而纵之哉？是纵降者，帝王之兵；纵敌者，宋襄之兵也，乌可置之一域耶？

注释

〔一〕豨（xī）纵豕突：像野猪受惊而乱奔。比喻人之横冲直撞，流窜侵扰。
〔二〕殄歼乃仇：歼灭你们的仇人。
〔三〕贷：宽恕。
〔四〕弗迓（yà）克奔：不得暴虐杀害肯来投奔的敌人。迓，抵御、迎击。

译文

仁德不能够服人，因此产生了兵事，那么兵事的发生是因为人们不服从的缘故。他们既然不服从，好比野猪一样横冲直撞，流窜侵扰，还有什么事做不到的呢？我却要从容不迫谦虚退让，用这种礼仪去对待他们，正好是让自己自投罗网，恐怕帝王的用兵不像这样笨拙吧。古代出兵誓师时说"歼灭你们的仇敌"，说"俘获那凶残的人"，这种严肃威迫的话没有丝毫的宽恕，它所宽恕的，只是那些投降的人罢了。投奔而来归顺我的，便不去攻打他；倘若兵刃相向，生死争斗时，怎么会放纵他呢？可见宽纵投降的人是帝王的用兵；宽纵敌人，这是宋襄公的用兵，怎么可以把二者相提并论呢？

点评

　　用兵最讲顺我者生，逆我者死。对敌人的宽纵就是对自己的残忍。范成大《题夫差庙》："纵敌稽山祸已胎，垂涎上国更荒哉。不知养虎自遗患，只道求鱼无后灾。梦见梧桐生后圃，眼看麋鹿上高台。千龄只有忠臣恨，化作涛江雪浪堆。"张之万《咏史》："鸿门宴罢约鸿沟，成败机关误项刘。百二河山秦苑火，八千子弟楚人羞。干戈赤县驱亡鹿，冠盖乌江葬沐猴。闻到拔山歌一曲，凄凄垓下水东流。"

二五二、天者，人之所不能外也

　　天者，人之所不能外也。信者固信，不信者亦信；从者固从，不从者亦从。使不信者果能不信，是可外也，可外非天也；使不从者果能不从，是可外也，可外非天也。

译文

　　天道是人类不能脱离的。相信的人固然相信，不相信的人也得相信；服从的人固然服从，不服从的人也得顺从。假使不相信的人果真不相信它，这是可以例外了，可以例外的，就不是天道了；假使不顺从的人是果真不顺从它，这是可以例外了，可以例外的，就不是天道了。

点评

　　人在天地之间，生老病死，荣辱兴衰，无不是天道规律在起作用。赵禥《赏春》："珠帘翠幕千门晓，丽日和风万国春。乍雨乍晴虽莫测，无非天地发生仁。"胡宏《天道吟》："一气安然不强为，大强先去少强随。本来把定真消息，不是迂愚却是谁。"汪遵《项亭》："不修仁德合文明，天道如何拟力争。隔岸故乡归不得，十年空负拔山名。"

二五三、实未尝有出天之外者也

抑不知天大无外，人或顺或违，或向或背，或取或舍，徒为纷纷，实未尝有出天之外者也。顺中有天，违中有天，向中有天，背中有天，取中有天，舍中有天，果何适而非天耶？

译文

却不知天道是极大而没有不在其中的，人们或者顺从或者违背，或者倾向或者背离，或者利用或者舍弃，只弄得乱糟糟的，实际上是没有超出天道外的。顺从的里面有天道，违背的里面有天道，倾向的里面有天道，背离的里面有天道，利用的里面有天道，舍弃的里面有天道，果真哪一处不是天道呢？

点评

有事物则必有产生这一事物的天道规律，产生了某一事物则必有相应的天道规律在起作用。陈普《有物有则》："大而天地无边际，细入无伦极眇绵。一器之中涵一理，随其所在莫非天。"邵雍《天人吟》："羲轩尧舜虽难复，汤武桓文尚可循。事既不同时又异，也由天道也由人。"

二五四、无动非天

人言之发，即天理之发也；人心之悔，即天意之悔也；人事之修，即天道之修也。无动非天，而反谓无预于天，可不为大哀耶？

译文

可见言语的发生就是天道的发生，人心的悔悟就是天意的悔悟；人事的修整，就是天道的修整。没有一处举动不是天道，却反说这和天道没有什么关系，这难道不让人感到很悲哀吗？

点评

语默举止，悔吝忧乐，无非心理规律在起作用，而心理规律又产生于天道规律。人是规律必然性的奴隶，似乎可悲；人又能不断认识必然的规律而利用这种必然规律，因此不断获得自觉自由，又觉可喜。邢仙老《诗赠晚学李君》："无言隐几闭松扃，万古襟怀独自灵，点笔时研三郑篆，弹冠尝动一簪星。青童去撼南山木，野客来寻北帝经。天道不须窥牖见，满门山岳自青青。"吴潜《出郊韵》："冥鸿本拟与鸡连，一笑西风沆瀣前。放步退来元有地，从头算去莫非天。可怜高举抟风翮，争似低飞饮露蝉。若使危机能彻底，盈虚消息岂其然。"魏了翁《送行诗韵》："人生行止莫非天，去国重来十七年。学自孔颜期有是，道非尧舜敢陈前。忧时正念梁瓯缺，视己当如赵璧全。若得时清身不辱，尽教人道是登仙。"

二五五、善观天者观其精

善观天者观其精，不善观天者观其形。

译文

善于观察天象的人观察到它的内在精蕴，不善于观察天象的人只观察到它的外在行迹。

点评

王守仁："闲观物态皆生意，静悟天机入窅冥。"观察事物要透过现象找本质，根据变化认识规律。方岳《春思》："无何桃李又成荫，水抱孤村岸岸深。径草不锄随意绿，要观天地发生心。"魏了翁《次韵李参政龙鹤山庐》："天公富万有，秋事不曾贫。静阅岁时信，动观天地仁。"王义山《斋居杂兴》："道理须从妙处寻，静中观物了吾心。一时俯仰成朝暮，万变纷纭几古今。蠖屈蛇伸非矫揉，鸢飞鱼跃自升沉。莫随名利相牵引，方寸胶舟泥寸涔。"林希逸《观物》："天旋底背东西日，月正河平昼夜潮。空里华生空里灭，静中声起静中消。移舟远浦疑山走，汲水清溪觉岸摇。人世自迷颠倒见，达观何事不逍遥。"

二五六、习其教，渐其俗，思其治

先王之泽，入人之深，虽至于世降道散，犹相与诵说歌咏而不衰。出于学士大夫之谈者，教之余也；出于故家遗老之传者，俗之余也；出于田夫野父之口者，治之余也。习其教，渐其俗，思其治，向望怀想，而不能自已，亦其势之当然。

译文

先王的恩泽，渗透到人心的深处，虽然到了时代更替、天道失统的时候，人们仍然相互论说讴歌咏叹没有断绝。出于学士大夫的谈论的，是礼教上的余流；出于旧族遗老的传说的，是风俗上的余流；出于农夫野老口里谈论的，是政治上的余流。学习圣人的礼教，沾染先王的风俗，神往先王的政治，仰慕向往而情不能自行停止，也是势所必然的。

点评

"制度移民俗，文章变国风。"统治者为民众实实在在做好事，民众不会忘记。史浩《宫室》："大禹卑宫自一身，能令四海叙彝伦。雕墙峻宇垂丕训，更有遗风及后人。"王十朋《召公》："鼠牙雀角岂能欺，召伯聪明听不疑。南国政成公已去，甘棠长结后人思。"

二五七、以国祸为不切于身者，是谓大不忠

诸侯视王室如家，而国则其身也。以家祸为不切于身者，是谓大不孝；以国祸为不切于身者，是谓大不忠。

译文

诸侯看待代表中央朝廷的王室如同自己的家庭一样，而自己的诸侯国就像自己的身体。认为家庭的祸患不会关切到自己的身体的，这是大的不孝；认为诸侯国的祸患不会关切到自身的，这是大的不忠。

点评

皮之不存，毛将焉附？主干已折，枝叶必萎。维护了整体利益，局部利益才有最好的保障。邵雍《家国吟》："邪正异心，家国同体。邪能败亡，正能兴起。"黄节《再过北海》："池塘春草伤王泽，园柳鸣禽惜物华。谁觉一湖湖水竭，国亡枯落及莲花。"赵蕃《送吴提刑赴召》："连朝欲作送公诗，以颂悬知孰愈规。万事要当明本末，一身切莫计安危。老农不过除莨稗，良药安能弃术芝。勿谓常谈便轻鄙，献言端自戒新奇。"郁达夫《秋兴》："桐飞一叶海天秋，戎马江关客自愁。五载干戈初定局，几人旗鼓又争侯。须知国破家何在，岂有舟沉橹独浮？旧事崖山殷鉴在，诸公努力救神州。"

二五八、物之相召者，捷于风雨

物之相召〔一〕者，捷于风雨。地夷而人华者，公刘之治豳〔二〕也，以华召华，不旋踵而有文武之兴王；地华而人夷者，晋帝之纳款〔三〕也，以夷召夷，不旋踵而有耶律之俘虏。是知居夷而华者，必变夷为华；居华而夷者，必变华为夷。物物相召者，未尝不以其类也。

注释

〔一〕相召：召，即召唤。同类者相互召引、呼应。

〔二〕公刘之治豳（bīn）：公刘，姬姓，名刘，"公"为尊称，是古代周部落的杰出首领，生卒年不详。公刘虽然处在戎狄地区，却致力于耕种，到处察看土地性能，因陕西长武县有三水相拥，风水极好，就在此落脚，创建豳国部落，从漆水、沮水渡过渭水，伐取木材以供应用。于是，外出的人有资财，定居的人有积蓄，民众仰仗他过上了好日子。各族人感念他的恩德，大多迁到这里，拥护和归顺他。周朝事业的兴起就是在这里开始的，所以诗人创作歌诗乐章称颂他的德行。

〔三〕晋帝之纳款：五代时后晋的石敬瑭为了称帝，向契丹族的耶律德光自称"儿皇帝"以寻求支持。在他死后，后晋很快灭亡，他的儿子出帝被耶律德光俘虏。

译文

物类的相互召引呼应，比风雨还要快速。在外夷的地方却居住着中华的民众，这是公刘治理豳地，用中华的名义感召中华的民众，很快便有文王和武王兴盛起来称王；处在中华的地方却服从外夷的，这是后晋的高祖向契丹归顺投诚，用外夷的名义去感召外夷，很快便有了后晋的出帝被耶律德光俘虏了去的祸事。由此可知，生活在外夷的地方却能倾向中华的，一定能够改变外夷而成为中华；生活在中华的地方却倾向于外夷的，一定能够改变中华而成为外夷。各种事物的相互召引呼应，没有不应于同类的。

点评

相互感召呼应是事物普遍存在的运动变化方式，社会生活中的感召呼应，关键在于对价值观的认同。对于人类社会而言，认同以何种价值观为主导的文化体系，决定历史的未来走向。刘敞《螳螂》："玄蝉无所营，风露正凄清。执翳机何密，当车勇自轻。将迷黄雀患，已变玉琴声。得丧还相召，南华所以惊。"嵇康《六言诗·智慧型用有为》："法令滋章寇生，纷然相召不停。大人玄寂无声，镇之以静自正。"欧阳修《和梅龙图公仪谢鹇》："有诗鹤勿喜，无诗鹇勿悲。人禽固异性，所趣各有宜。朝戏青竹林，暮栖高树枝。咿呦山鹿鸣，格磔野鸟啼。声音不相通，各以类自随。"陈师道《虞美人草》："幽草默通神，旧题虞美人。长言方度曲，应节若翻身。律吕声相召，云龙气自亲。无情犹感会，不独在君臣。"

二五九、旷百世而相合者，心也

旷百世而相合者，心也；跨百里而相通者，气也。

译文

相隔百世却能相互契合的，这是心；地跨百里却能相互感通的，这是气。

点评

形而上的意识能跨越形而下的束缚，不受时间空间的限隔。暗物质的能量才是联系贯通万物的网络。胡寅《和陈生》："此道存亡仁不仁，遗编所载岂其真。若非象外冥心契，宁向环中得意新。玉麈有文堪悟道，锦囊无句不藏春。箪瓢倘可分留客，更欲闻君一语亲。"赖世观《悟道》："混元一气界三千，日月流行转大天。动植飞潜循自性，人生代谢几多年。惟留品节名长在，空费英雄策万全。世事做完空手去，后身未了续前缘。"

二六〇、既为夷俗，戎狄自至

既为沮泽，潦水自归；既为膻肉，蝼蚁自集；既为夷俗，戎狄自至。

译文

已经成了蓄水的沼泽，那没有源头的水自然就归流其中；已经成了腥臊的腐肉，那些蝼蛄蚂蚁自然要聚集过来；已经成了外夷的风俗，那么戎狄自然会到来。

点评

"风声气习自相感召，以默而驱之，潜而趋之，盖有不能自已者矣。"风俗民情相互感召，默默地驱使，潜在的影响那是客观存在的，这大致是群体生活中历史的惯性和从众效应在起作用吧。玉芝禅师《游灵谷寺》："长廊春寂花初落，万木云深鸟自归。"刘跂《房中作》："文物燕人士，衣冠汉典仪。举知缯絮好，深厌血毛非。形势今犹古，规模夏变夷。谁言无上策，会是有天时。"郭翼《送卢公武应召北上》："前朝图史已全收，诏起丘园重纂修。用夏变夷遵礼乐，大书特笔法《春秋》。金台墨泻朝挥洒，银烛花消夜校雠。进卷内廷承顾问，鹄袍端立殿西头。"

二六一、善恶无定位，华夷无定名

善恶无定位，华夷无定名，一渝礼义，旋踵戎狄，彼被发野祭之际，固已为戎矣，岂行百年而始为戎乎？

译文

中华和外夷没有固定的名分，一旦改变礼义，便很快变为戎狄一般了，他们披散着头发在野外祭祀的时候，固然已经变成戎人了，难道还要等到一百年后才开始变成戎人吗？

点评

杨万里："今古战场谁胜负，华夷险要岂山川。"国与国的界别不在民众的外在形象，而在基于生存利益的国家主流意识形态。出生于哪个国家不重要，认同哪个国家的文明秩序更重要。善与恶的分界也只看思想行为认同什么价值观。陈岩《双峰庵》："江南九子云深处，亦有新罗国里人。用夏变夷夷变夏，世间毕竟是谁真。"邵雍《诫子吟》："善恶无佗在所存，小人君子此中分。改图不害为君子，迷复终归作小人。良药有功方利病，白圭无玷始称珍。欲成令器须追琢，过失如何不就新。"

二六二、天下之可畏者，莫大于吾心之夷狄

十九年掘鼠牧羊于北海之滨，而未尝少改苏武[一]之汉也；承乾[二]身未离唐宫，而已纯乎突厥[三]矣。天下之可畏者，莫大于吾心之夷狄，而要荒[四]之夷狄次之。

注释

〔一〕**苏武**：字子卿，西汉时期杰出的外交家，天汉元年（前100），奉命以中郎将持节出使匈奴，被扣留。单于想使他投降，就囚禁苏武，置于大地窖内，不供给吃喝。碰到下雪天，苏武卧着嚼雪，同毡毛一起吞下，几日不死。匈奴人以为他是神人，就将苏武迁至北海（今贝加尔湖），让他放公羊，说等公羊生小羊才可归汉，没有供应粮食，他只能掘野鼠所储藏的果实吃。苏武历尽艰辛，留居匈奴十九年，持节不屈，至汉昭帝始元六年（前81）方获释归汉，拜典属国。

〔二〕**承乾**：即李承乾，字高明，唐太宗李世民嫡长子，唐太宗即位，册立皇太子，得知魏王李泰夺嫡之念，日益狂悖骄躁，不敬师长。李承乾羡慕突厥

的生活方式,贞观十五年,私引突厥群竖入宫。贞观十六年(642),试图暗杀李泰失败后,图谋不轨的事情败露,在唐太宗的苦心保全下,废为庶民,流放于黔州。

〔三〕突厥:历史上活跃在蒙古高原和中亚地区的民族集团的统称,也是中国西北与北方草原地区继匈奴、鲜卑、柔然以来又一个重要的游牧民族,自北朝至隋、唐,长期与中原王朝抗衡。

〔四〕要荒:要,要服;荒,荒服。古称王畿外极远之地,亦泛指远方之国。

译文

苏武在北海之滨牧羊十九年,只能靠捕捉老鼠充饥,但是却一点都没有改变汉朝的礼节;唐太宗的儿子承乾身体虽然没有离开唐朝的宫殿,但已经完全变成了突厥人了。天下最可怕的事情,没有大过自身内在的价值观认同了夷狄,而地处遥远边荒的夷狄还是次要的。

点评

古称华夷之别,更是先进文明与落后文明之别。古代圣贤以为价值观的先进才是真先进,价值观认同的落后那是真落后。剔除历史族群偏见,这样的认识还是有相当的真理性的。顾炎武《十九年元旦》:"平明遥指五云看,十九年来一寸丹。合见文公还晋国,应随苏武入长安。驱除欲淬新硎剑,拜舞思弹旧赐冠。更忆尧封千万里,普天今日望王官。"陈普《仁者无敌》:"仁人所在人心萃,鱼爵丛渊固自归。天命到头还不外,东征西怨岂容违。"

二六三、爱浅者,其虑略;爱深者,其虑详,理也,亦势也

谋于涂〔一〕者,不若谋于邻;谋于邻者,不若谋于家。非远则愚,而近则智也。爱浅者,其虑略;爱深者,其虑详,理也,亦势也。四海九州之人,卒然相遇,倏然〔二〕相遭,犹断梗枯槎〔三〕偶相值于大泽之陂〔四〕。恩何从而生,爱何从而发哉?问焉而不对者有矣,

间有对者，谩〔五〕对也，非真对也；叩焉而不应者有矣，间有应者，谩应也，非真应也。操两可之论，近足以免我之累，远足以逃彼之责，则自以为得计矣，其为人谋而忠者，盖千万而一遇耳。乃若家人妇子则不然，同分义，均休戚，其反覆谋议于家庭者，非相为赐也，如手足之赴头目，不知其然而然也。内无所隐，故其情真；外无所饰，故其语真。以真遇真，恳款〔六〕恻怛〔七〕，往往得利害之真焉。彼家人妇子之智，非果逾于他人也，智者之略固不如愚者之详也，故家人妇子之谋，智虑有所不及，聪明有所不逮，则付之无可奈何而已矣，岂肯侥幸苟免，而怀不尽，如涂人之为耶？

注释

〔一〕涂：同"途"，道路。
〔二〕倏（shū）然：迅疾的样子。
〔三〕槎（chá）：树木的枝丫。
〔四〕陂（bēi）：这里指水边、水岸。
〔五〕谩（màn）：轻慢。
〔六〕恳款：恳切忠诚，亦指恳切忠诚之情。
〔七〕恻怛（cè dá）：哀伤。犹恻隐、恳切。

译文

和路人谋议的，不如和邻里谋议，和邻里谋议的，不如和家里人谋议。并不是关系疏远的人就愚昧，亲近的人就聪明，而是感情浅薄的人，他的考虑粗疏；感情深厚的人，他的考虑周详，这是情理之中的，也是情势的必然的。来自四海九州的人们，偶然遇到，倏然相逢，犹如两截折断的草茎枯木偶然在浩淼湖泽的水边相遇。恩惠从哪里产生，感情从哪里生发呢？询问他却不回答的人是有的，偶尔有回答的，也是随便回答，并不是认真回答。拜见他却没有回应的人是有的，偶尔回应，也是随便回应，并不是严肃的回应。持着模棱两可的论调，眼下足以避免牵累自己，将来足以逃避他的责任，便以为很聪明了。认真忠诚地为别人谋议的人，大概千万人里才能碰上一个吧。至于家里的人，妻子儿女就不一样了，因为和我共有名分义务，共同分担喜乐和忧愁，所以反复和家人谋议的人，并不是相互之间为了得到实惠，这好比是四肢听从头脑和耳目，自然而然就这样去做了。在内心没有什么隐讳，所以感情真挚，在外边没有什么伪饰，所以言语真实。以真情对待真话，诚恳同情忧伤，往往能得到真切实质的利害关系。家人妇子的智力并非真的超过他人，而是聪明人的粗疏难及愚笨人的周详。所以家人儿女的谋议，如果智慧谋虑有所不及，聪明有所不到，那么随之于无可奈何罢了，难道肯侥幸苟免，竟有所保留，像路人那样做吗？

点评

利害一致，情真意切者方能尽心尽力。与感情相比，共同的利害机制，更能保障尽心尽力的奋斗。王守仁："莫倚谋攻为上策，还须内治是先声。"欲尽人之智力为自己服务，就要打造利益的共同体，加以仁德情感的联络。林占梅《勉五舍弟》："功名自重求非妄，物欲能蠲害不侵。见义须逾谋利意，待人勿用作文心。立身曾子常三省，励志程公著四箴。愧我绮年耽逸乐，诗书功望阿连深。"李之仪《次韵邦老见贶》："高风畴昔在烟霞，末路芝兰属当家。一句转身元的确，千条差路任纷华。才疏意广虽难契，语款情真特见嘉。只恐平明便分手，相看更待月西斜。"方回《闲书》："草木归根白露零，寒螀欲蛰动酸吟。每惊世事如翻手，难保人生不负心。旷野嗟嗟三献玉，权门诩诩四知金。旧来梁上称君子，犹自潜形伺夜深。"

二六四、未有薄其诚于先而厚其谋于后者也

思之苟，生于情之疏；情之疏，主于义之薄。土薄则无丰殖，云薄则无甘霖，钟薄则无震声，味薄则无珍膳，未有薄其诚于先而厚其谋于后者也。

译文

　　思虑的苟且疏忽，是出于感情的疏远；情义的疏远，主要在于恩义的微薄。土地贫瘠便没有丰硕的出产，云薄便没有充沛的雨量，钟薄便没有悠远的震鸣，味薄便没有佳肴，没有诚意浅薄在先而有真诚谋议在后的。

点评

　　唯能以至诚之情义厚结人心，方能得人心尽人谋竭人力，同心同德，深谋远虑，戮力同功。至诚要表现于恩义，恩义很大程度上体现于利益的给予和共享。邵雍《恩义吟》："恩深者亲，义重者君。恩义两得，始谓之人。"阮瑀《琴歌》："奕奕天门开。大魏应期运。青盖巡九州。在东西人怨。士为知己死。女为悦者玩。恩义苟敷畅。他人焉能乱。"曾几《挽陈丞相》："有望临人山泰华，无私待物器权衡。两朝礼貌缘同德，多士凭依为至诚。"陆游《书生》："书生事业苦难成，点检常忧害至诚。梦寐未能除小忿，文辞犹欲事虚名。圣言甚远当深考，古义虽闻要力行。汉世陋儒吾所斥，若为青紫胜归耕？"

卷十三

二六五、大胜小，强胜弱，多胜寡，兵家之定论也

　　天下有常胜之道。大胜小，强胜弱，多胜寡，此兵家之定论也。大有时而败于小，强有时而败于弱，多有时而败于寡，岂所谓常胜者或不可常耶？非然也。用兵以力相加也，使各极其力，则小终无胜大之理，弱终无胜强之理，寡终无胜多之理。惟恃大、恃强、恃多，堕废其力而不能用，则与无力者同，顾不如小者、弱者、寡者犹有毫末之力也。以吞舟之鱼而俯视蝼蚁，其小大之相去，岂止相十百而相千万哉？砀〔一〕而失水，反为蝼蚁之食，人以为小胜大也。抑不知得水则鱼大而蚁小；失水则鱼小而蚁大。置其形而论其力，则是大胜小而非小胜大也。强弱众寡之相胜皆此类也。故曰大胜小，强胜弱，多胜寡，兵家之定论也。

注释

〔一〕砀（dàng）：同"荡"，摇动、摆动。

译文

　　天下有通常的胜利道理。大的战胜小的，强的战胜弱的，多的战胜少的，这是兵家定论。大的有时候会败给小的，强的有时候会败给弱的，多的有时候会败给少的，难道常胜的也可能不永远获胜吗？不是这样的。用兵作战的时候是互相使用力量的，假使双方都尽力，那么小者终究没有战胜大者的可能，弱者终究没有战胜强者的道理，少者终究没有战胜多者的道理。只因仗着大，仗着强，仗着多，导致自己的实力堕落废弃而不能使用，于是等于完全没有实力了，尚且不如那些小的、弱的、少的还有一点点力量。

从可以吞掉船只的大鱼的角度来看蝼蚁，它们的小与大，相差难道还只是十几倍上百倍或成千上万倍吗？而大鱼一旦冲荡到岸边失去了水，反而成了蝼蚁的美食，人们以为是小的胜了大的。但却不知道如果有水，那么鱼是大的而蝼蚁是小的；如果失去了水，那么鱼是小的而蝼蚁是大的。把它们形体放到一边来讨论它们的实力，那么这是大的胜了小的而不是小的胜了大的。强与弱、多与少之间的相互胜利都是这样的。所以说，大的胜小的，强的胜弱的，多的胜少的，这是兵家的定论。

点评

实力决定成败。有智慧才有实力，实力在不同的时空条件中是有不同的变化的。不懂得在何时何地何种条件下运用多少实力，等于没有实力。赵光义《逍遥咏》："逍遥通大道，物象古从今。一气无穷极，三才妙更深。愚迷皆自缚，圣境可周寻。消息存亡理，先忧力不任。"邵雍《感事吟》："为善大宜量力分，知几都在近人情。人情尽后疑难入，力分量时事自平。"邵雍《观物吟》："莺蝉体既分，安用苦云云。气盛有余力，声销无异闻。时来由自己，势去属他人。莫作伤心事，伤心不益身。"

二六六、盖居为舜所移，而舜未尝为居所移也

昔者舜自侧微而登至尊，木石不能使之愚，鹿豕[一]不能使之野，耕稼不能使之劳，陶渔不能使之辱，袗衣[二]鼓琴不能使之逸，牛羊仓廪[三]不能使之奢，盖居为舜所移，而舜未尝为居所移也。

注释

〔一〕豕（shǐ）：野猪。
〔二〕袗（zhěn）衣：绣有花纹的华贵衣服。
〔三〕仓廪（lǐn）：贮藏米谷的仓库。

译文

过去舜从边缘卑微的地位而升到帝王的位置，木头石块不能使他愚昧，

鹿和猪不能使他变得野蛮，耕种稼穑不能使他劳累，制陶打鱼不能使他受辱，穿华贵的衣服享受动听的音乐也不能使他安逸，拥有牛羊满圈粮食满仓也不能使他奢侈。这是因为居处环境被舜改变了，而舜不曾被居处环境改变。

点评

舜彻底改造提升了主观世界，自觉控制了主观世界，所以不但不会被客观环境所影响，而能改变客观环境。冯道《偶作》："莫为危时便怆神，前程往往有期因。须知海岳归明主，未必乾坤陷吉人。道德几时曾去世，舟车何处不通津。但教方寸无诸恶，狼虎丛中也立身。"邵雍《为人吟》："为人须是与人群，不与人群不尽人。大舜与人焉有异，帝尧亲族亦推伦。人心龃龉一身病，事体和谐四海春。心在四支心是主，四支又复远于身。"

二六七、冥冥之中，其先固已了然而不可掩，岂必待见形而后悟哉

见奔而谓之败，见间而谓之仇，见惫而谓之疾，何其见之晚也！未奔之前有先败焉，未间之前有先仇焉，未惫之前有先疾焉。冥冥之中，其先固已了然而不可掩，岂必待见形而后悟哉？

译文

发现奔逃才说是失败了，发现被离间才说是仇敌，发现疲乏无力才说是有病，怎么会发现得这么晚呢？在没有奔逃之前有失败的先兆，在没有被离间之前有仇敌的先兆，在不疲惫之前有得病的先兆。真相还处于昏暗之中的时候，征兆早已经十分明了、不可掩盖了，难道一定要等到它们显形了才醒悟吗？

点评

事情的发生总是有征兆的。"明者远见于未萌，智者避危于无形；祸因多藏于隐微，而发于人之所忽。"应璩《诗》："细微可不慎，堤溃自蚁穴。

膝理早从事，安复劳针石。哲人睹未形，愚夫暗明白。曲突不见宾，焦烂为上客。"韩琦《上巳视惬山新堤》："元巳西津禊饮中，筑防因视惬山雄。调夫虽扰三农业，御水犹希一篑功。曲突虑微方绝患，开门轻敌是招戎。岸边观者应相笑，遭贼徒弯过后弓。"石介《寄赵庶明推官》："四十年来赞太平，君王耳畔管箫声。定襄地域俄连震，莱牧男儿忽议兵。明日边烽高百尺，同时御府出三旌。将军请用多多算，能向当初见未萌。"

二六八、生天下之善者，出于敬；生天下之恶者，出于慢

抑不知生天下之善者，出于敬；生天下之恶者，出于慢。一笾一豆[一]之相去，其为礼也微矣，严之而不敢犯者，敬心存也。是心苟存，将无所不敬，推而上之，至于守君臣、父子、夫妇之分，为世大法者，同一敬也。忽之而无所顾者，慢心生也。是心苟生，将无所不慢。推而下之，至于乱君臣、父子、夫妇之分，为世大戒者，同一慢也。是故今日谨一笾一豆者，即他日谨君臣、父子、夫妇之分者也；今日易一笾一豆者，即他日易君臣、父子、夫妇之分者也。

注释

〔一〕一笾（biān）一豆：一只笾，一只豆。笾豆，古代祭祀及宴会时常用的两种礼器。竹制为笾，木制为豆。

译文

却不知道天下良善的产生，是出自恭敬；天下罪恶的产生，是出自怠慢。祭祀时的一笾和一豆之间的差别，在礼制上是很细微的！严肃而不敢冒犯它们，这是存有恭敬的心。只要这颗心还存有，那么没有什么不恭敬的。向上推，一直到君臣、父子、夫妇之间的名分，作为世人最大伦理的，都是一样的恭敬。忽视这些细微礼节而没有什么顾忌的人，怠慢的心就产生了。

只要这样的心产生出来,就没有不怠慢的。向下推,一直到扰乱君臣、父子、夫妇的名分,作为世人最大警诫的,都是这同一种怠慢。所以现在谨守一笾一豆礼制的人,就是以后谨守君臣、父子、夫妇名分的人;现在怠慢一笾一豆礼制的人,就是以后变换君臣、父子、夫妇名分的人。

点评

立身应世务须严肃认真,谨守法度规矩。维护法度规矩的严肃性,就是维护法度规矩的神圣性。看人首先要看他对规则是否有敬畏之心。陈瓘《杂诗》:"大抵操心在谨微,谬差千里始毫厘。如闻不善须当改,莫谓无人例可欺。忠信但当为己任,行藏终自有天知。深冬寒日能多少,已觉东风次第吹。"陈普《小星》:"名分存存不敢忘,衾裯来往岁星光。尊卑高下虽天秩,小纪终须属大纲。"金朋说《持敬斋吟》:"恭己时存养,敬以充四端。唯狂能克念,作圣抑何难。"张栻《叶夷中屡以书求予记敬斋,予往年尝为亲旧为记及铭矣,今独成两绝句寄之》:"聪明用处翻多暗,机巧萌时正自痴。若识圣门持敬味,临深履薄更何之。"沈瀛《一斛珠》:"致知格物。初学工夫参圣域。天高地远无穷极。欲造精微,莫若守惟一。　纯全天理明如日。都缘人欲来相惑。且将持敬为先入。若能持敬,真个是神力。"吴泳《送范仁叟解褐西归并简定叟》:"子馆于予恰九春,临分更欲问云津。良心易放当持敬,精交无穷要汲新。刍狗科名应是梦,貂蝉宦业竟成尘。世间公议难磨灭,第一还须作好人。"

二六九、吏必先明法

吏必先明法,然后可以责人之窬〔一〕法;士必先明礼,然后可以责人之窬礼。

注释

〔一〕窬(yú):捷径、通道。从院墙爬过去,多指偷窃行为。

译文

官吏必定先要自己明白法律，然后才可以责备别人犯了法；士人必定要自己先明白礼仪，然后才可以责备别人越过了礼制。

点评

官吏执法，秀士执礼。不明法何以执法？不明礼何以执礼？以己之昏昏，怎能使人昭昭？古贤称好的官吏为法吏，以明吏不可不明法，不可不执法。现实中有执政为官的，每每组建法律顾问团以资咨询，大值推赞。王十朋《障岩》："岩如法吏面清冷，石似端人真直方。谁解移兹障边境，犬羊安敢肆猖狂。"苏颂《送句判官赴大理详断》："廷尉咨贤佐谳刑，辟书连上得翘英。时推黄霸持平久，众伏倪宽定奏成。尺竹泛疑资审劾，惠文弹治要详精。从来法吏多阴德，勉务哀矜助圣明。"苏辙《送傅宏著作归觐待观城阙》："胶西前辈郑康成，千载遗风及后生。旧学诗书儒术富，兼通法律吏能精。还家彩服频为寿，得邑河壖喜有兵。民事近来多迫促，弦歌聊试武城声。"李觏《送知军曹比部移虔州》："要知贤者善居官，法自严明性自宽。黠吏欲欺难作计，愚民初惧久方安。狱辞大小情皆见，市物公私价一般。农力不闻供土木，穷闾犹得免饥寒。"韦骧《安远道中》："晚穿乱水踏敧危，晓度空山瘴雾飞。今日戒途甘险阻，古来谋事重依违。行询野叟观其欲，静究州图记所非。走遍封疆收定议，黄花时节合东归。"

二七〇、治欲之法有窒而无开，治忿之法有惩而无肆

多而不可满者，欲也；锐而不可极者，忿也。治欲之法有窒而无开，治忿之法有惩而无肆。处己是法也，处人亦是法也。

译文

再多也不能使它满足的是欲望，再锋利也不能到达极点的是愤恨。治疗欲望的方法是阻塞而不要开启，治疗愤恨的方法是惩戒而不要放纵。对待自己是这样的方法，对待别人也是这样的方法。

点评

人是一堆欲望的集合体，欲望禁绝为难，导正为易，导正为难，转移为易。忿怒也在一念中，惩忿为难，转念为易。关键的还是要解决观念上的认识问题。以骷髅腐肉视美色，以烂肠销骨视美食，以毒品温水（煮蛙）视逸乐，可以寡欲；以虚舟飘瓦视之，以蛮触蜉蚁视之，以夏虫三季人视之，忿怒可以不生。陆游《杂咏》："冰霜难与夏虫语，晦朔岂容朝菌知。忿欲至前能小忍，人人夯内有期颐。"陆游《自规》："忿欲俱生一念中，圣贤本亦与人同。此心少忍便无事，吾道力行方有功。碎首宁闻怨飘瓦，关弓固不慕冥鸿。老翁已落江湖久，分付余年一短篷。"

二七一、先王尊权位以示天下，所以严万世之巨防也

忿欲譬则火，然畏火之怒，而投薪以济之，则其势随投而随炽。忿欲譬则盗，然畏盗之怒，而授刃以济之，则其势随授而随增。薪者，火之资也。刃者，盗之资也。权位者，忿欲之资也。假其资而望其止，天下宁有是也？先王尊权位以示天下，所以严万世之巨防也。何人而无欲？何人而无忿？忿欲方兴，局于无权无位而不得展，足将行而复驻，手将举而复敛，口将言而复默，念将生而复消。有溪壑贪惏〔一〕之欲，郁勃〔二〕炮燔〔三〕之忿，莫不限于权位之巨防而止，止则回，回则有趋于善者矣。

注释

〔一〕贪惏（lán）：贪婪、不知足。
〔二〕郁勃：形容气势旺盛或充满生机。
〔三〕炮燔（fán）：烧烤。

译文

愤恨和欲望可以比喻为火，如果害怕火，就投放薪柴来救火，那么火势将跟着你的投放而更旺盛。愤恨和欲望可以比喻为盗贼，如果害怕盗贼，却把刀给他，那么盗贼的势力将随着你给他刀而增加。薪柴是火的凭借，刀刃是盗贼的凭借，权位是愤恨和欲望的凭借。给他资本却想让他停止，天下难道有这样的事情吗？先王向天下展示权位的尊重，就是为了使千秋万世能有严格的防守。哪个人没有欲望？哪个人没有愤恨？愤恨与欲望正兴起，局限于没有权力和地位，不能够放开手脚，想实行但又停步下来，想要拿起但又放下，想要说但又沉默起来，刚有想法又消停了。有深溪沟壑一样的贪婪的欲望，有旺盛蓬勃的愤恨，无不是限于权力和地位的界限因而停止，停止就会返回，返回来，就有可能向善的方向发展。

点评

限制权力，也即有限授权，可有效防止因治事之权而衍生的欲望扩张，在行为基础上制止腐败。这是一个唯物主义的观点，是儒家政治理论的一个重大突破。郑用锡《一纸炉》："纸爇银铛巧制高，纯青火里煮松涛。趋炎到底成灰易，多事抽薪止沸劳。"刘克庄《绳技》："公卿黠似双环女，权位危于百尺竿。身在半天贪进步，脚离实地骇傍观。愈悲登华高难下，载却寻橦险不安。谁与贵人铭座右，等闲记取退朝看。"

二七二、严吾权位之巨防，使忿欲者窘于无资

严吾权位之巨防，使忿欲者窘于无资，气衰力怠，道穷途绝，怅怅然而无所归。虽吾不使之趋于善，而彼自不得不趋于善。然则权位者，真先王闭忿欲之巨防也欤？先王以是为忿欲之防，后世以是为忿欲之资，何其反也？

译文

严守我权力和地位的巨大关防，让有愤恨和欲望的人没有凭藉，力气衰竭，方法穷尽，生气但没有什么发泄的途径。虽然我不使他趋向于善，而他自己不得不归向于善。既然如此，那么权力和地位果真是先王闭塞愤恨和欲望的巨大关防吗？先王把这个作为愤恨和欲望的关防，后世的人却以此为发泄愤恨和欲望的资本，为什么会相反呢？

点评

在王权社会，权力是最好的兴奋剂，地位是实现欲望的平台。将王权体系中各个层级职位的权力清单厘定清楚，严格遵守，严格实行有限授权，明确规定能做什么不能做什么，以防止当权者欲望的扩张而产生腐败，是王权设计者的初心。明确授权，即明确限权。章孝标《饥鹰词》："遥想平原兔正肥，千回砺吻振毛衣。纵令啄解丝绦结，未得人呼不敢飞。"王同祖《秋日金陵制幕书事》："点尽官军点到民，三千新遣殿司兵。流移更讲关防策，预结强丁戍列营。"龙昌期《咏门》："枢动本为荣辱主，常因户外细推寻。乾坤出入无穷象，夷狄关防有限心。掩到善人非远大，开当古道自高深。九成载举箫韶奏，穆穆无凶合在今。"

二七三、将以饱其欲，适以滋其欲

将以饱其欲，适以滋其欲；将以散其忿，适以张其忿。

译文

想要让他的欲望饱和，却正好使他的欲望滋长；想要使他的愤恨消散，却正好使他的愤恨扩张。

点评

限制欲望的扩张，还是要在制度的刚性上下功夫。要有限授权，列明权力清单，厘定权力边界，强化界限刚性，严正关防督察。朱熹《养性》："性初不假增加力，养字原非别用功。只要关防并省察，莫要私意害其中。"林之奇《癸未冬至》："尘劳终日谩区区，竟是乾坤一腐儒。半世饱知荣与辱，新冬顿觉我为吾。关防向后存心误，检点从前制行粗。理欲从今罢研究，无工夫处是工夫。"马之纯《栅塘》："六朝何处立都城，十里秦淮城外行。上设浮航如道路，外施行马似屯营。关防直可防津渡，缓急徒能御盗兵。非是后来谋改筑，如何今日作陪京。"王守仁《病中大司马乔公有诗见怀，次韵奉答》："一自多歧分路尘，堂堂正道遂生榛。聊将肤浅窥前圣，敢谓心传启后人。淮海帝图须节制，云雷大造看经纶。枉劳诗句裁风雅，欲借盘铭献日新。"

二七四、因人之善，见己之恶；因人之恶，见己之善

明于观人，暗于观己，此天下之公患也。见秋毫之末者，不能自见其睫；举千钧之重者，不能自举其身。甚矣，己之难观也！人皆知以己观己之难，而不知以人观己之易。同是言也，彼言之则从，我言之则违，其必有故矣。同是事也，彼为之则是，我为之则非，其必有故矣。因人之善，见己之恶；因人之恶，见己之善，观孰切于此者乎？

译文

明于观察别人，暗于观察自己，这是天下人的共同毛病。可以看见秋天里动物毫毛末端的人，却看不见自己的睫毛；可以举起千钧之重的人，却不能举起自己的身体。自己看清自己实在是太难啊！人们都知道以自己观察自己很困难，但却不知道以别人观察自己很容易。同样是一句话，他说了人家就听从，我说了别人却违背，其中必定有个原因。同样是一件事，他做了就是对的，我做了却是错的，其中必定有个原因。因为别人的善行，看见自己的恶行；因为别人的恶行，看见了自己的善行，观察的方法有什么比这个方法切实？

点评

　　要看清事实，透视本质，就要全面地看问题；要全面地看问题首先要多个角度看问题；要多个角度看问题，首先要换个角度看问题。张耒《赠无咎》："贤愚譬观形，美丑不自见。医肱待三折，剑铁要百炼。磨君古青铜，汰简寄明辨。一智出千愚，食芹敢忘献。"薛季宣《春秋作》："我不知人人我知，体交无味亦何为。朝阳鸣凤翔千仞，却是梧桐实未离。"释宗杲《喻郎中观我庵》："万物备于我，我观卒未休。智者返观我，纵横得自由。"林希逸《身外》："身外荣枯时与命，眼前好恶古犹今。不须指拟文章力，且要消除人我心。贫甚可无餐玉法，闲多好和玩珠吟。春残任待花饶笑，竹几蒲团味自深。"

二七五、必有大凋落然后有大发生，必有大摧折然后有大成就

　　天之生物，自蘗〔一〕而条，自华而实，特造化之小者耳。霜焉雪焉，劲烈刻励，翦〔二〕击其枝叶，剥伤其肌理，然后能反膏收液，郁积磅礴〔三〕，发而为阳春之滋荣，此天下之大造化也。必有大凋落然后有大发生，必有大摧折然后有大成就。

注释

　　〔一〕蘗（niè）：树木砍去后又长出来的新芽，泛指植物由茎的基部长出的分枝。

　　〔二〕翦（jiǎn）：同"剪"。指把羽毛修剪整齐，把羽毛齐根剪去。

　　〔三〕磅礴：形容气势盛大，广大无边。

译文

　　上天创生万物，从开始萌蘗到长成枝条，从开花到结果，只是造化很小的方面而已。霜雪强劲暴烈，刻薄激励，裁剪吹击它们的枝叶，剥伤它

们的肌肤皮理，然后它们才能返还膏脂，收藏汁液，积蓄磅礴之力，发展成为春天的繁茂的枝叶，这是上天的大造化。必定要有大的凋零然后才有大的萌发和生长，必定要有大的摧残折磨然后才有大的成就。

点评

生命总是在压抑、挫折、摧残中茁壮成长。"凡不能毁灭我的，必将使我强大。"司空图《白菊》："莫惜西风又起来，犹能婀娜傍池台。不辞暂被霜寒挫，舞袖招香即却回。"《偶题三首·其一》："浮世悠悠旋一空，多情偏解挫英雄。风光只在歌声里，不必楼前万树红。"施梅樵《慰樱航》："暂蹶霜蹄莫怨嗟，定无神骏困泥沙。猜疑蛇影杯中酒，变幻人情镜里花。天以艰难增阅历，身经挫折敛浮华。明知公冶原非罪，萤语任他鬼一车。"

二七六、登五伯之盛烈者，一警之力也

回万里之迷途者，一呼之力也。疗十年之废疾者，一针之力也。登五伯之盛烈者，一警之力也。

译文

让迷失了万里道路的人返回的，就是靠一次叫喊的力量。救治患了十年的疾病，靠的就是一次针灸的力量。成就五霸兴盛伟大的功业，靠的是一次警醒的力量。

点评

关键节点上的一次努力，足以扭转全局，改变历史进程。重耳流亡到了齐国，齐桓公以厚礼招待他，并把公族的一个少女齐姜嫁给重耳，重耳满足了安逸的生活，慢慢忘记了自己的鸿鹄大志，也没有离开齐国的意思。后来妻子齐姜和赵衰等人用计灌醉了重耳，用车载着他离开了齐国。重耳平息了怒气，继续前行。重耳回国即位后，原来追杀过他的寺人披请求进见，文公令人训斥他，并且拒绝接见，披回答说："小臣以为君王这次返国，大概已懂得了为君之道。如果还没有懂，恐怕您又要遇到灾难。对国君的命

令不能有二心，这是自古传下来的制度。除掉国君所憎恶的人，就看自己有多大的力量，尽多大的力量。您当时是蒲人或狄人，是国君的敌人，对于我又有什么关系呢？从前齐桓公放弃射钩之仇，而让管仲辅佐自己，您如果改变桓公的做法，又何必辱蒙您下驱逐的命令？这样，要逃走的人就会很多了，岂只受刑的小臣我一人？"于是文公接见了披，他把即将发生的叛乱报告了文公。晋文公粉碎了叛乱，稳定了政局。纵观重耳的理想抱负，虽然有时候被蒙蔽，一次夺去，一次警醒，当初的本心马上返回，后悔并改过，可见晋文公本身有这样的资质，必然称霸，这并非全部是各位臣子的功劳。王十朋《晋文公》："逆旅栖栖十九年，五蛇夹负遂升天。却惭不及齐威正，卿相由无管仲贤。"释怀深《拟寒山寺》："人生如下棋，机巧未尝已。劫劫只图生，忙忙惟怕死。路头既错了，心眼亦虚弃。不荐这一着，对面若千里。"吕希哲《绝句》："强记师承道古先，无穷新意出陈编。一言有补天颜动，全胜三军贺凯还。"钱谦益《后秋兴》："由来国手算全棋，数子抛残未足悲。小挫我当严警候，骤骄彼是灭亡时。中心莫为斜飞动，坚壁休论后起迟。换步移形须着眼，棋于误后转堪思。"

二七七、天下之学者，皆知不用力之害，而不知用力之害

　　至理之所在，可以心遇而不可以力求。断编遗简，呻吟讽诵，越宿已有遗落，至于途歌里咏，偶入吾耳，则虽终身而不忘。天下之理固眩于求，而真于遇也。理有触于吾心，无意而相遭，无约而相会，油然自生。虽吾不能以语人，况可以力求乎？一涉于求，虽有见，非其正矣。日用饮食之间，无非至理，惟吾迫而求之。则随得而随失。研精极思，日入于凿，曾不知是理交发于吾前，而吾自不遇。是非不用力之罪也，乃用力之罪也。天下之学者，皆知不用力之害，而不知用力之害。苟知力之不足恃，尽黜其力，而至于无所用力之地，则几矣。

译文

　　最高真理所在的地方，可以用心去感遇，但不能靠力量勉强去求索。断烂书卷残遗的简策，朗读背诵，过了一个晚上就会有遗忘，至于路边与里巷的歌谣，偶尔进入我的耳朵，那么即使终身也不会忘记。天下的道理本来就由于强求而昏暗不明，由于偶然相遇而领悟得更真切。道理与我的心相接触，无意中相遇，没有约定而相会，自然而然地发生了。即使我自己也不能说给别人，何况用力去强求呢？一旦和强求有关，虽然有所见地，已经不是正确的了。日常的生活饮食当中都有大道理，若是我迫切地强求这些道理，那么一边得到一边又跟着失去。费尽心思，努力研究，每天进入穿凿附会的境地，却不知道道理在我面前交替展现，而我自己没有遇到。这不是不用力的过错，而是用力的过错。世上的学者都知道不用力的害处，却不知道用力的害处。如果知道力量是不可以依靠的，尽量废弃力量，而到达不需要用力量的地步，那就差不多了。

点评

　　理须悟而觉，故称觉悟；理须自悟而觉得，故称自得。有如"踏破铁鞋无觅处，得来全不费工夫"，"众里寻他千百度，蓦然回首，那人却在灯火阑珊处"，"有意栽花花不发，无心插柳柳成荫"，具有突发性、诱发性、偶然性的特点，"悟入之理，正在工夫勤惰间耳"。思维的突变或飞跃，正从不染着一般的概念或除去一般的有意有心有力有气的虚静澄明中产生。戴复古《两家》："诗本无形在窈冥，网罗天地运吟情。有时忽得惊人句，费尽心机做不成。"贯休《野居偶作》："高淡清虚即是家，何须须占好烟霞。无心于道道自得，有意向人人转赊。风触好花文锦落，砌横流水玉琴斜。但令如此还如此，谁美前程未可涯。"徐瑾《偶书》："明中悟理造忱诚，性觉通真风即行。生不生来空是境，有无有处化为城。荣枯现梦因缘想，色相求心妄执情。名与实亡都在道，盲聋苦学漫营营。"王安石《古松》："森森直干百余寻，高入青冥不附林。万窍风生成夜响，千山月照挂秋阴。岂因粪壤栽培力，自得乾坤造化心。廊庙乏材应见取，世无良匠勿相侵。"

二七八、圣人欲以诗之平易，而救五经之支离也

二帝三王之《书》〔一〕，羲文孔子之《易》〔二〕，《礼》〔三〕之仪章，《乐》〔四〕之节奏，《春秋》〔五〕之褒贬，皆所以形天下之理者也。天下之人不以理视经，而以经视经。刳剔离析，雕绘〔六〕疏凿之变多，而天下无全经矣。圣人有忧焉。泛观天壤之间，虫鸣于秋，鸟鸣于春，而匹夫匹妇，欢愉劳佚，悲怒舒惨，动于天机不能已，而自泄其鸣于诗谣歌咏之间，于是释然喜曰：天理之未凿者，尚有此存，是固匹夫匹妇胸中之全也。遽取而列诸《书》《易》《礼》《乐》《春秋》之间，并数而谓之六经，羁臣〔七〕贱妾之辞，与尧舜禹汤文武之格言大训并列，而无所轻重。圣人之间，盖将举匹夫匹妇胸中之全经，以救天下破裂不全之经，使学者知所谓诗者，本发乎闾巷草野之间，冲口而发，举笔而成，非可格以义例而局以训诂〔八〕也。义例训诂之学至《诗》而尽废。是学既废，则无研索扰杂之私以累其心，一吟一讽，声转机回，虚徐容与〔九〕，至理自遇，片言有味，而五经皆冰释矣。是圣人欲以诗之平易，而救五经之支离也。孰知后世反以五经之支离，而变《诗》之平易乎？

注释

〔一〕《书》：指《尚书》，是我国第一部上古历史文件和部分追述古代帝王事迹著作的汇编。

〔二〕《易》：指《易经》，是阐述天地世间万象变化的古老经典，是博大精深的辩证法哲学书。"易更三圣"，是说我们的祖先伏羲氏开始画八卦，周文王演绎八卦，孔子发挥易学的精义。这是讲易的作者。

〔三〕《礼》：指《礼记》，是中国古代一部重要的典章制度选集，书中内容主要是先秦的礼制，体现了先秦儒家的哲学思想。

〔四〕《乐》：指《乐记》，是一部具有比较完整体系的音乐理论著作，它总结了先秦时期儒家的音乐美学思想。

　　〔五〕《春秋》：是我国第一部编年体史书，也是周朝时期鲁国的国史，据传是由孔子修订而成的。《春秋》用于记事的语言极为简练，然而几乎每个句子都暗含褒贬之意，被后人称为"春秋笔法""微言大义"。

　　〔六〕雕绘：雕刻绘饰。

　　〔七〕羁（jī）臣：意思是羁旅流窜的臣子。

　　〔八〕训诂：译解古汉语词义，分析古代书籍中的语法、修辞现象。从语言的角度研究古代文献，帮助人们阅读古典文献。

　　〔九〕容与：悠闲自得的样子。

译文

　　记录二帝三王的《尚书》，伏羲、文王、周公和孔子流传的《易经》，《礼》里面的礼仪制度，《乐》里面的音乐节奏，《春秋》里所传达的褒贬态度，都是为了把天下的真理显现出来。天下的人不按道理来看待经典，而以经典来看待经典，割裂分散与雕琢附会的变乱很多，这样天下就没有完整的经书了。圣人因为有忧患，于是普遍地观察天地之间，看到虫子在秋天鸣叫，鸟儿在春天鸣叫，而一般的男女有欢乐忧愁和悲哀愤怒，触动了天性，无法抑制，因而把他们相应的鸣叫发泄到诗歌民谣中去，于是放心而愉快地说：天理没有被人穿凿附会，还保留着这些诗歌民谣，这就是一般的男女心中完整的经书。迫不及待地选取并把它们放在《尚书》《周易》《礼》《乐》和《春秋》之间，一并算作六经，羁旅中的臣子和卑贱的姬妾的话语，和唐尧、虞舜、大禹、商汤、文王、武王的警世格言以及伟大的训示放在一起，这并没有小看圣人的意思，而是想拿一般男女心中的完整的经书，去挽救天下破裂而不完整的经书，让学者知道所谓的诗歌本来就是出现在里巷田野之间，随口而发，随笔而写，不可以用一定的训释条例来约束它，或者用琐碎的解释来局限它了。训释条例和琐碎的解释出现了，那么诗歌就全部废弃了。这些义理条例和训诂的学问废弃了，那么就没有费尽心思的杂乱私念拖累他的内心了，每次吟咏，声音婉转，机趣回荡，缓慢从容，真正的道理自然而然地会遇到，片言只语都很有味道，因而五经中的疑难也一下子得到解决了。这是圣人想用诗歌的简单平易来挽救五经的支离破碎。谁知道后世的人，反而用五经的支离破碎来改变诗歌的简单与平易呢？

> 点评

　　一切经典都来源于民众的生活实践。文学源于生活，哲学也源于生活，一切学问的经典无不根源于百姓日用。《毛诗·大序》记载："诗者，志之所之也。在心为志，发言为诗。"南宋严羽《沧浪诗话》云："诗者，吟咏性情也。"诗歌饱含着作者的思想感情与丰富的想象，语言凝练而形象性强，具有鲜明的节奏，和谐的音韵，富于音乐美，而这一切都本于作者的性情，是作者天性对于物景的感应，所以最富有反应天道物理的性灵。张洵佳所谓"诗本性灵随意转，语含天籁自然工"。龚自珍《杂诗》："欲为平易近人诗，下笔清深不自持。洗尽狂名消尽想，本无一字是吾师。"袁甫《和韩履善韵》："谈经说史谩支离，大道宁容小智窥。山峙川流俱是妙，鸢飞鱼跃两忘机。识天乃乐天之乐，非我安知我不知。细读新诗消息好，桃花见后更无疑。"程颢《秋日偶成》："闲来无事不从容，睡觉东窗日已红。万物静观皆自得，四时佳兴与人同。道通天地有形外，思入风云变态中。富贵不淫贫贱乐，男儿到此是豪雄。"

二七九、诗因于事，不迁事而就诗。事寓于诗，不迁诗而就事

　　盖尝观春秋之时，列国朝聘皆赋诗以相命。诗因于事，不迁事而就诗。事寓于诗，不迁诗而就事。意传于肯綮〔一〕毫厘之中，迹略于牝牡〔二〕元黄〔三〕之外，断章取义，可以神遇而不可以言求，区区陋儒之义例训诂，至是皆败。春秋之时，善用诗盖如此。

> 注释

　　〔一〕肯綮（qìng）：指筋骨结合的地方，比喻要害或关键之处。
　　〔二〕牝牡（pìn mǔ）：指阴阳。泛指与阴阳有关的如雌雄、女男等。
　　〔三〕元黄：即"玄黄"，玄黄是指天地的颜色。玄为天色，黄为地色。

译文

我曾经考察过春秋时诸侯各国的朝会聘礼,都用赋诗的形式相互传达心意。诗歌根据当时的事实,但不改变事实来附会诗歌。把诗歌寄托在事实中,但不改变诗歌来附会事实。意思传达在很关键细微的地方,形迹超脱在是非雌雄青黄黑白之外,截取一段诗歌,取其灵动的含义,可以通过心神来感触,却不可以通过语言来求得,鄙陋儒生的义理条例和训诂在这里都是没用的了。春秋的时候,人们善于应用诗歌,就是这个样子。

点评

诗歌要讲形象思维,主体通过创设意象来表情达意,客体通过意象把握真情实意。禅宗的接机锋,或也源于先秦时社交中对诗歌的运用。对诗歌的理解,要看个体对具体意象的感知和体验。史弥宁《诗禅》:"诗家活法类禅机,悟处工夫谁得知。寻着这些关捩子,国风雅颂不难追。"赵翼《论诗》:"只眼须凭自主张,纷纷艺苑漫雌黄。矮人看戏何曾见,都是随人说短长。"刘志渊《武陵春·警执法》:"人自因言能悟理,得理要忘言。既得鱼时莫执筌。筌执谩着鞭。　闭口藏舌不作解,默默究重玄。专气修心息妄缘。月冷照青天。"

卷十四

二八〇、陷溺而不知非者，皆移于所慕也

虽然，盗跖之风不足以误后世，而伯夷之风反可以误后世。鲁桓之风不足以误后世，而季札之风反可以误后世。凡人之情，既恶之则必戒之，其所以陷溺而不知非者，皆移于所慕也。

译文

虽然如此，盗跖的风范不能使后人迷失，而伯夷的风范反而可以使后人迷失。鲁桓公的风范不能使后人迷失，而季札的风范反而可以使后人迷失。一般人的感情是，如果讨厌它必定会戒除它，那些沉溺其中而不知错误的人，是因为都被自己所仰慕的人改变了。

点评

马援"画虎不成反类犬"，也是因仰慕而迷失的类象之一。不切实际地攀求过高的目标，好高骛远，终无成就，反成笑柄。沉溺于仰慕的事物，仿效矫饰，失其真髓，不但会弄得不伦不类，还会走向反面。更有甚者，所慕之物之景，本是虚无缥缈，无由实证，却矫激以就之，如天国、乌托邦之类，则遗害不可胜言。陈宓《偶题》："奇祸伏所慕，藏身有余珍。"王十朋《鲁隐公》："唐尧授舜由天命，太伯奔吴避圣人。鲁隐效颦端可笑，逊威不正自亡身。"赵蕃《别徐运使》："风声富贵每多偏，造物于公独俾全。笑我效颦忘露丑，不知学步返难前。"赵长卿《临江仙》："十里春风杨柳路，年年带雨披云。柔条万缕不胜情。还将无意眼，识遍有心人。　饿损宫腰终不似，效颦总是难成。只愁秋色入高林。残蝉和落叶，此际不堪论。"

二八一、怨心内积，则林麓未必非幽絷之网

怨心内积，则林麓未必非幽絷[一]之网，涧溪未必非忿激之声也，吾未见此之果胜彼。

注释

〔一〕幽絷（zhí）：囚禁。

译文

怨恨的心情在里面积聚，那么森林与山腰未必不是幽禁拘留的渔网，山涧小溪的水流声未必不是愤恨激烈的声音，我没有发现这些地方果然胜过其他地方。

点评

景由心生。陈著"河海翻飞信有由，相逢莫学楚囚愁"。心态即状态。林泳《杂述》："欲士心胸塞，高人眼目醒。罗浮夜半日，南极海中星。观心无别法，问梦有前人。夜或长于夜，身还外此身。万种由心造，千灵并我生。"林希逸《有警示训》："种种心生种种危，急须毒手下钳槌。要令独坐空斋里，打出人间万弩围。"邵雍《心安吟》："心安身自安，身安室自宽。心与身俱安，何事能相干。谁谓一身小，其安若泰山。谁谓一室小，宽如天地间。"

二八二、生藏于一粒之中，无久无近，遇物则必荣

物之有是根者，遇物必发。一粒之谷，投仓窖[一]，历岁月，混埃尘，焦槁颓败，若无复有生意矣。偶得半犁之土，则芃芃[二]覆块，无信宿之淹[三]，根在焉故也。是根苟存，仓窖所不能腐，岁月所不能隔，埃尘所不能淹。使与土相遇，其生意盖森然而不可御矣。生藏于一粒之中，无久无近，遇物则必荣；恶藏于一念之中，无久无近，

遇物则必发。

注释

〔一〕窖：收藏东西的地洞。
〔二〕芃（péng）芃：形容植物茂密旺盛。
〔三〕淹：淹留、停留。

译文

如果是有根的东西，遇到介质就会发芽。一颗谷粒，投放在仓库与地窖中，历经了漫长的岁月，和尘埃混在一起，焦烂枯槁变得腐败，好像不再有生机了。偶然得到半犁的土块，那么就旺盛地生长而把土块覆盖了，还没有淹留一个晚上，这是由于根存在的缘故。所以只要根存在，仓库和地窖不能使它腐烂，岁月不能使它隔离，尘埃不能使它淹留。假如和土块遇到一起，它便生机盎然而不可抗拒了。生命力藏在一颗谷粒中，不论是很长还是很短的时间，遇到土地就会繁荣地生长；恶念藏在一闪念中，不论是很长还是很短的时间，遇到介质就必定发泄出来。

点评

有根终须发，无种不成栽，关键在是否蕴涵着生命力。何基《杂诗》："善恶分明虽两歧，念端差处只毫厘。怕将私意为天理，所以先民贵致知。"邵雍《诫子吟》："善恶无它在所存，小人君子此中分。改图不害为君子，迷复终归作小人。良药有功方利病，白圭无玷始称珍。欲成令器须追琢，过失如何不就新。"

二八三、君子之论其可恃，岂金石比耶

物莫寿于金石，言于千载之上，而传于千载之下者，皆托金石以不朽。然金有时而销，石有时而泐〔一〕，其所托者，未必真可恃也。一得其托，不销不泐，视古今如旦暮者，果何物？曰：君子之论是也。

天下不见汤之盘，而能诵日新之铭〔二〕者，托于《大学》也；天下不见周之量，而能诵文思之铭〔三〕者，托于《周官》也。是则铭托于汤盘者，反不如托于《大学》之坚；铭托于周量者，反不如托于《周官》之固。君子之论其可恃，岂金石比耶？善托于君子之论，固不朽；恶托于君子之论，亦不朽。

注释

〔一〕泐（lè）：石头依纹理裂开。
〔二〕日新之铭：商朝创立者汤刻在青铜盘子上勉励日新其德的铭文，保存在《大学》中，其词曰："苟日新，日日新，又日新。"
〔三〕文思之铭：周代刻在量具上的铭文，保存在《周官》中，其词曰："时文思索，允臻其极。嘉量既成，以观四国。永启厥后，兹器维则。"

译文

没有东西比金石的寿命更长的，言语记载在金石上，而流传在千年之后，都是依托金石而不朽。但是金属有时候会销毁，石头有时候会碎裂，这些所依托的金石未必真的就可靠。一旦得其所托，就不会销毁的，不会碎裂的，让人把古今看得就像早晚一样的，究竟是什么东西呢？回答是：君子的议论就是这样的。天下看不到商汤的铜盘，但却能够背诵商汤的铜盘上"日新"的铭文，是因为依托在《大学》里面；天下看不到周代器具，但却能背诵周代的器具上"文思"的铭文，是因为依托在《周官》里面。所以铭文依托在商汤的铜盘上的，反而不如依托在《大学》里面的坚固；铭文依托在周代的器具上的，反而不如依托在《周官》里面的坚固。君子的议论，那是值得依托的，这难道是金石所能比的吗？美德依托于君子的议论，固然会不朽；罪恶依托于君子的议论，也会不朽。

点评

君子的议论是如此的重要，其功能设置有似现代的媒体权力。吕祖谦在下文中点出："见辱于君子，万世而不泯。君子所以口诛笔伐于莘门圭窦之间，而老奸巨猾心丧胆落者，恃此权也。"被君子羞辱了，千秋万代都不会泯灭。君子处于穷困的环境中，用笔讨伐用口诛杀，而使那些老奸巨猾的人心惊胆颤，靠的就是这种评判的权力。这是对君子议论权的充分肯定，从历史文化的角度论证了社会人士具有口诛笔伐的权力，确认了这种评判权力的合法性，也充分肯定了这种言论权的社会功能。庾信《奉和永丰殿下言志诗》："立德齐今古。资仁一毁誉。"陆游《冬夜读书示子聿》："圣师虽远有遗经，万世犹传旧典刑。白首自怜心未死，夜窗风雪一灯青。"韩驹《上太师公相生辰诗》："谈笑能令国势强，一时忠义凛秋霜。挽回驭还长乐，直把鸿勋纪太常。问寝东朝宫殿晓，来庭北使塞垣长。辅成孝弟光寰宇，竹帛仍传万世芳。"洪亮吉《赵兵备翼以所撰唐宋金七家诗话见示率跋》："一事皆须持论平，古人非重我非轻。编成七辈三朝集，好到千秋万世名。未免尊唐祧魏晋，欲将自郐例元明。尘羹土饭真抛却，独向毫端抉性情。"

二八四、遇伯乐者，驽骀之不幸

遇伯乐者，驽骀〔一〕之不幸。遇匠石〔二〕者，樗栎〔三〕之不幸。

注释

〔一〕驽骀（nú tái）：劣马。
〔二〕匠石：古代名石的巧匠。
〔三〕樗栎（chū lì）：樗和栎指两种树名，古人认为这两种树的质地都不好，不能成材。后因以"樗栎"喻才能低下。

译文

遇到伯乐，这是劣马的不幸。遇到石木匠，这是樗树和栎树的不幸。

点评

齐王好竽，如能甄别则滥竽不得充数，南郭先生可谓大不幸。汪遵《吴坂》："蜷局盐车万里蹄，忽逢良鉴始能嘶。不缘伯乐称奇骨，几与驽骀价一齐。"柳子文《未试即事杂书》："一一听宫徵，铢铢较短长。品题分玉石，得失异炎凉。中的非无术，知音岂易忘。鱼龙头角老，变化更何方。"

二八五、今日之游于书，他日之游于世，一也

今日之游于书，他日之游于世，一也。游众正之间，则见贪冒者，贱之而不为。游众邪之间，则见贪冒者，慕之而欲为。人正亦正，人邪亦邪，正者难见，而邪者易逢，终必为小人之归而已矣。呼！可畏哉！

译文

今日与史书打交道，以后在现实中交往，都一样。在众多的君子之间交游，那么看见贪婪冒进的行为，就会加以鄙视，而不做这样的事。在众多的邪恶的人之间流连，那么看见贪婪冒进的行为，就会心生羡慕，而想做这样的事。别人正直也随着正直，别人邪恶也随着邪恶，正直的人很难遇见，而邪恶的人容易遇到，终究要以小人为归宿才罢休。咳！真可怕呀！

点评

"蓬生麻中，不扶自直。白沙在涅，与之俱黑。"一个人的成长史就是他的阅读史。初始的阅读和交游铺染了一个人的底色。"素丝皎皎在所染，黄雀飞飞谢少年。"苏颂《寄题宗室世泽太博修性斋》："人情安逸或骄惰，君子操修有本原。结宇近同间燕处，题颜深警圣贤言。游心最乐群书富，寓目无穷百卉繁。治世右文风教洽，彬彬儒雅遍宗藩。"胡寅《和杨秀才》："林下何所乐，游心书史中。时窥言语外，默想圣贤同。沂水有余咏，舞雩多好风。区区守一介，未肯易三公。"

二八六、王者之兴，其德必有以先天下

形势与德，夫岂二物耶？形势犹身也，德犹气也。人未有恃气之充，而置身于易死之地者，亦未有恃德之盛，而置国于易亡之地者。王者之兴，其德必有以先天下，其形势亦必有以先天下，文、武、成、

康之德，天下莫如也；岐、丰、伊、雒[一]之形势，天下亦莫如也。两尽其极，而未尝有所隆杀[二]也。君子无所不用其极者，隆其德而杀其形势，是有时而不用其极矣，乌[三]得为王者之道耶？

注释

〔一〕岐、丰、伊、雒：指岐山，为周朝发祥地；丰镐为周的旧都。文王邑丰，在今陕西西安西南丰水以西。武王迁镐，在丰水以东。其后周公虽营洛邑，丰镐仍为当时政治文化中心。伊，伊水流域，在洛阳附近；雒，即洛阳，周朝定都洛阳。

〔二〕隆杀：尊卑、厚薄、高下。

〔三〕乌：怎么，哪里。

译文

地理形势和德行，这难道是两种东西吗？地理形势就像身体，德行就像精气。没有人倚仗着精气充沛而把身体放置在容易死亡的境地，也没有人倚仗着德行兴盛而把国家放置在容易灭亡的地方的。王者要兴盛，他们的德行必定有超过天下的，他们的地理形势也必定有超过天下的，周文王、武王、成王、康王的德行，天下没有比得上的；岐山、丰邑、伊水、洛阳的地理形势，天下也没有比得上的。两者都达到了极点，而不曾有所偏颇。君子任何时候都要做到极点，提升德行而降低对地理形势的依赖，假如有时候做不到，那怎么算得上王道呢？

点评

圣哲伟大之英杰，方能发山川形势之雄胜，而其法不外在以仁德充润，以智略经营，使政通人和，人尽其智，物尽其用，而占先机，得地利，擅胜权。王十朋《制胜楼》："形胜据天险，金汤无以过。英雄多失守，制胜在人和。"张九龄《奉和圣制度潼关口号》："嶙嶙故城垒，荒凉空戍楼。在德不在险，方知王道休。"周昙《僭号公孙述》："剑蜀金汤孰敢争，子阳才业匪雄英。方知在德不在险，危栈何曾阻汉兵。"李纲《金陵怀古》："六代当年恨最长，兵戈凌灭故城荒。非关霸气多消歇，自是人谋未允臧。王谢风流今寂寞，江山形胜亦凄凉。我来正值兴戎马，慨念东南更惨伤。"

二八七、披其肩背，断其手足，自谓能守气者，吾不信也

形势犹身也，德犹气也。披其肩背，断其手足，自谓能守气者，吾不信也。

译文

地理形势就像身体，德行就像精气。把肩和背剖开，把手和脚砍断，还自以为能守住精气，我不相信。

点评

天时不如地利。明智务实的战略家，必然讲求地理形势之利，加意经营以成全胜之基。吴师道《赤壁图》："沉沙戟折怒涛秋，残垒苍苍战斗休。风火千年消伯气，江山一幅挂清愁。丈夫不学曹孟德，生子当如孙仲谋。机会难逢形胜在，狂歌吊古漫悠悠。"赵翼《赤壁》："依然形胜扼荆襄，赤壁山前故垒长。乌鹊南飞无魏地，大江东去有周郎。千秋人物三分国，一片山河百战场。今日经过已陈迹，月明渔父唱沧浪。"张方平《临淄同刘仲方作》："回合空山万叠苍，磻溪投钓此开疆。儒家俎豆连洙泗，战图戈铤接楚梁。四岳子孙终海屿，诸田意气尽尸乡。不惟仲父能轻重，形胜由来自霸强。"

二八八、缓则信，急则诈，安则信，危则诈

缓则信，急则诈，安则信，危则诈，习俗之情皆然也。

译文

形势缓和就讲信用，危急时就讲权诈，安全时就讲信用，危险时就讲权诈，世俗的情况都是这样的。

点评

信用与权诈都是生存的策略，只是信用的适宜性更广大，权诈应急针对性更强。信用是良知的远见，权诈是道义的灵活，唯圣智悟综合运用之妙。陈淳《示儿定孙二绝》："丈夫尚志志高明，勿效卑卑世俗情。从上一条平坦路，千贤万圣所通行。"白居易《迁叟》："一辞魏阙就商宾，散地闲居八九春。初时被目为迁叟，近日蒙呼作隐人。冷暖俗情谙世路，是非闲论任交亲。应须绳墨机关外，安置疏愚钝滞身。"

二八九、彼孰知君子之道，行乎兵革之间，固有两全而不伤者耶

故无事则为君子，有事则为小人。在国则为君子，在敌则为小人。彼其心以为诚信者，国家闲暇用之以厚风俗则可耳。四郊多垒，此何时也？两阵相向，此何地也？区区之小谋，岂当施于此耶？可以为吾利，虽置敌于害勿恤也。可以为吾福，虽置敌于祸勿恤也。彼孰知君子之道，行乎兵革之间，固有两全而不伤者耶？闻其语，未必信有其人也。闻其名，未必信有其实也。

译文

所以没有事的时候就是君子，有事的时候就是小人。在国内就是君子，在敌人那里就是小人。他们的内心认为，诚信这东西，在国家安全无事的时候用来使风俗醇厚则是可以的。四面都是敌人，周围都是壁垒，这是什么时候了？双方的阵势已经对立起来，这是什么地方啊？小小的计谋，难道应当在这个时候施展吗？可以为我方谋得利益，即使是把敌人置于有害的境地也不应当怜悯。可以为我方谋得福分，即使把敌人置于祸难的境地也不应当怜悯。他们不知道君子的道德，在进行战争当中，难道真有使敌我双方两全而都不被伤害的吗？听到这样的话，未必相信真有这样的人。听到他的名字，未必相信真有这样的事实。

点评

释智圆"君子尚权变,权变贵合道"。原则性与灵活性相结合,战略考量与策略聚焦相结合,灵活性为原则性服务,策略聚焦为战略目标服务。战争是政治的继续。在战争中既要讲军事效果,更要讲政治效益。经权相济,守经达权,全面评估,深入分析,层层剥离,细细区分,分而又分,务致揣情摩意之周全,以求政略策略之精妙。刘基《咏史》:"周昌勇廷诤,子房善奇谋。王陵抗高议,平勃终安刘。经权两不废,道立知亦周。"田登《感兴》:"老生纵长谈,至理良不外。人谋寓经权,天机隐成败。智者俯时艰,贤人期道泰。共持松柏操,雅与岁寒会。"

二九〇、柳下惠见饴曰可以养老,盗跖见饴曰可以黏牡

古语有之,柳下惠见饴〔一〕曰可以养老,盗跖见饴曰可以黏牡〔二〕。

注释

〔一〕饴(yí):饴糖,用麦芽制成的糖。
〔二〕黏牡(nián mǔ):用饴糖黏在门闩上,以便于入室行窃。

译文

古话说,柳下惠看见了糖,就说可以用来养老,大强盗盗跖看见了糖,就说可以方便入室行窃。

点评

人心不同,各如其面。三观不同,各有是非。见解不同,万物的功用也异。陈宓《寄题真希元毋自欺斋》:"本来真是与真非,只为因循逐物移。当面雷同还自笑,此心机动已天知。穷通有命宁由我,邪正唯人更问谁。委曲周防终恐拙,何如直道了无危。"刘兼《诚是非》:"巧舌如簧总莫听,是非多自爱憎生。三人告母虽投杼,百犬闻风只吠声。辨玉且宽和氏罪,诬金须认不疑情。因思畴昔游谈者,六国交驰亦受烹。"

二九一、故君子之学治气而不治言

以君子之言，借小人之口发之，则天下见其邪，而不见其正。以小人之言，借君子之口发之，则天下见其正，而不见其邪。是故《大诰》[一]之篇，入于王莽之笔，则为奸说。阳虎[二]之语，编于孟氏[三]之书，则为格言。是非变其言也，气变则言随之变也。于此有本焉。柯干固未尝改也，春气至，则枯者荣，衰者盛，陈者新，悴[四]者泽。秋气至，则荣者枯，盛者衰，新者陈，泽者悴。气也者，潜乎柯[五]干之中，而浮乎柯干之外者也。惟言亦然。温厚之气加焉，凡劲暴粗厉之言，皆变而为温厚。忿戾[六]之气加焉，凡温醇和易之言，皆变而为烈戾。不动一辞，不移一字，而善恶相去若天渊然。是孰使之然哉？气也。气可以夺言，言不可以夺气。故君子之学治气而不治言。

注释

〔一〕大诰：《尚书》的一篇，是周公姬旦所作的战前动员文告。

〔二〕阳虎：姬姓，阳氏，名虎。春秋后期鲁国人。阳虎原为鲁国季孙氏（季平子、季桓子）家臣，通过控制季孙氏把持了鲁国的朝政。

〔三〕孟氏：孟轲，即孟子，儒家称为"亚圣"。

〔四〕悴（cuì）：忧愁到极点，憔悴。

〔五〕柯（kē）：草木的枝茎。

〔六〕忿戾（lì）：凶暴、猛烈。

译文

拿君子说的话，用小人的口说出来，那么天下人看见的是它的邪恶，而看不见它的正义。拿小人说的话，用君子的口说出来，那么天下人看见的是它的正义，而看不见它的邪恶。所以《大诰》进入王莽的笔下，就成了奸邪的论说了。阳虎说的话编进孟子的书中，就成了格言。这不是改变了他们说的话，口气变了那么言辞也跟着变了。这是有根据的。树枝和树干本没有改变，春天的气息一到，那么枯萎的开始繁荣，衰败的开始兴盛，陈旧的开始变新，憔悴的开始变得有光泽。秋天的气息一到，那么繁荣的开始枯萎，兴盛的开始衰败，新的开始陈旧，有光泽的开始憔悴。气息是潜伏在树枝和树干里面，而飘浮在枝干之外的。言辞也是这样。施加温和宽厚的口气，那么所有强劲暴烈与粗俗严厉的言辞都会变得温和宽厚。施加愤怒怨恨的口气，那么所有的温和醇厚和蔼平易的言辞都会变得激烈刻薄。不变动一句话，不更改一个字，而和善与凶恶之间就像天上地下一样。这是什么原因呢？是精气。精气可以改变言辞，言辞却改变不了精气。所以君子要学习修养精气，而不是学习言辞。

点评

气，可以理解为自组织生命能量，可译为精气，它赋形于自身组织能量，使其成为鲜活的存在。它是事物内在的实质，是事物存在的主导因素。具体到语言上，同样一句话，可以把人说笑，也可以把人说跳，看你将何种精气贯注调配其中。"治言而不治气，虽有正礼大义，反为忿戾之所败，不足以解纷而反以速祸，岂不甚可惜哉？"不修治精气，虽然有正当的礼制和大道理，反而被愤怒乖戾所败坏，不能够解除纷乱，反而加速祸乱，难道不是很可惜吗？邵雍《言语吟》："一语便喜处，千言益怒时。既因言语合，却为语方离。"牛真人《西江月》："本是一团血肉，惺惺全借阳神。起居言语是谁灵。神去更无把柄。　　说出万般名相，教人转入迷津。自从今日悟全真。妙语奇言不信。"蔡沆《春日即事》："人生何事最为亲，不看春容不识真。岸柳细摇多意思，野花初破足精神。精神识后施为别，意思到时言语新。为报同侪须急赏，莫教春去始伤春。"

二九二、彼颜子之不迁怒，果何以异于人哉？亦不夺酕者之智而已矣

所谓迁怒者，非待怒室〔一〕及之然后谓之迁也，非待怒甲及乙然后谓之迁也。怒在于彼，迁之于我，是之谓迁怒。在于彼而迁之

于我，是犹夺人之酖〔二〕而自饮，其不裂腹溃肠者几希。彼颜子〔三〕之不迁怒，果何以异于人哉？亦不夺酖者之智而已矣。

注释

〔一〕怒室：怒于室，即在室内发怒。
〔二〕酖（zhèn）："鸩"的异体字，毒酒，用毒酒害人。
〔三〕颜子：颜回，孔门七十二贤之首，具有不迁连愤怒、不重犯错误等优良品质。

译文

所谓的迁连忿怒，不是等到在家里面的愤恨连带发泄出来才叫迁连忿怒，不是等到愤恨甲连带愤恨乙才叫迁连忿怒。愤怒在别人那里，迁连到我这里就叫迁怒。在别人那里而迁连到我这里，这就好像夺别人的毒药自己喝下去，不裂肚烂肠的人是很少的。颜回不迁怒，究竟和别人有什么不同呢？只不过是有不夺别人的毒药给自己喝的智慧罢了。

点评

愤怒就是拿别人的错误来惩罚自己。不发怒是一种智慧，是一种不伤害自己的智慧。一语透底，切去怒根。邹浩《自叹》："好学颜渊怒不迁，犯而不校古称贤。伊予物触心犹动，空抚陈编倍报然。"真德秀《卫生歌》："天地之间人为贵，头象天兮足象地。父母遗体宜宝之，箕畴五福寿为最。卫生切要知三戒，大怒大欲并大醉。三者若还有一焉，须防损失真元气。欲求长生先戒性，火不出兮神自定。木还去火不成灰，人能戒性还延命。"

卷十五

二九三、盖所运者枢，所贯者的，所据者会也

户有枢〔一〕，言亦有枢。射有的〔二〕，言亦有的。屠有会〔三〕，言亦有会。一得其枢，万户皆开，一破其的，万矢皆废。一中其会，万理皆解。千世之所不能决，百家之所不能定，群说之所不能该〔四〕，圣人折之以一字，而包罗交结，举无所遗。是果何术耶？盖所运者枢，所贯者的，所据者会也。

注释

〔一〕枢（shū）：传统建筑门的转轴或承轴臼，这里引申指事物中心的或重要的部分。

〔二〕的（dì）：箭靶的中心目标。

〔三〕会：交汇、关键。

〔四〕该：同"赅"，包括、概括。

译文

门有轴，言语也有轴。射箭有靶子，言语也有靶子。屠宰有交汇的关键，言语也有交汇的关键。一旦得到其中的枢纽，各种门都可以打开。一旦靶子被射中了，各种箭都可以废弃了。一旦切中交汇的关键纹理，那么各种肌理都解开了。千年都不能决断的，百家都不能定论的，各种学说都不能概括的，圣人用一个字就断定了，而且包罗周全，交织成一个整体，完全没有遗漏，这究竟是什么方法呢？大概所运转的就是枢纽，所贯穿的就是靶子，所控据的就是纽结的关键纹理吧。

点评

立足根本，把握关键，瞄准目标，把握枢纽，切中要害。陆游《书意》：

"整书拂几当闲嬉，时取曾孙竹马骑。故故小劳君会否？户枢流水即吾师。"王洋《和邵尧夫韵示儿侄》："言贵安徐行贵常，与人平淡勿相伤。莫贪顺路行时快，到了回思见去长。克己定知天降福，害人只是自贻殃。长教言行枢机密，此外虚心不用防。"

二九四、至于退舍之事，则谲又深矣

心欲战而形若不欲战，用以报德，用以骄敌，用以感诸侯之心，用以作三军之愤，一世为其所眩惑而不自知。虽明智如左氏者，犹信其"我退楚还，我将何求〔一〕"之语，载之于书。信矣，文公之善谲〔二〕也！

注释

〔一〕**我退楚还，我将何求**：重耳流亡到楚国。楚成王待他如上宾。两人饮酒叙话，忽然楚王问重耳："你若有一天回晋国当上国君，该怎么报答我呢？"重耳回答道："要是托您的福。果真能回国当政的话，我愿与贵国友好。假如有一天，晋楚国之间发生战争，我一定命令军队先退避三舍（一舍等于三十里），如果还不能得到您的原谅，我再与您交战。"四年后，重耳真的回到晋国当了国君，就是历史上有名的晋文公，晋国在他的治理下日益强大。公元前633年，楚国和晋国的军队在作战时相遇，晋文公为了实现他许下的诺言，说"我退楚还，我将何求？"下令军队后退九十里，驻扎在城濮。楚军见晋军后退，以为对方害怕了，马上追击。晋军利用楚军骄傲轻敌的弱点，集中兵力，大破楚军，取得了城濮之战的胜利。

〔二〕**谲**（jué）：欺诈、狡诈。

译文

内心想要打仗而表面上却不想打仗，用来报答人家的恩德，用来使敌人骄纵，用来使诸侯的心感动，用来激扬整个军队的愤怒，一个时代的人都被他蒙蔽了，而自己却不知道。即使像左丘明这样明智的人，还相信"我如果撤退楚国就会回去，我还有什么所求呢"的话，把它载于史册。晋文公的确擅长诡谲之道啊！

点评

兵以诈立，悬权而动。晋文公之擅长不过出于十九年流亡所得之世故，利用人性的弱点，利而诱之而已。楚国之败，在于楚王利欲的扩张。祖谦在开论中点评"至于退舍之事，则谲又深矣"，退避三舍，诱敌深入，可以报恩，可以骄敌，可感动诸侯，可以激励军心，还可以选取有利于我的预设战场，等等，总之可以谋获政治、军事上的诸多有利地位，是大政治家大军事家不传之心诀。华岳《不遇》："英雄不遇勿长吁，苟遇风云彼岂拘。不向关中效萧相，便于江左作夷吾。当知晋霸非由晋，所谓虞亡岂在虞。多少英灵费河岳，锺子不遇独何欤。"魏了翁《泸贡士二十人，端平元年手书增郡国贡士员，泸增二人。是岁贡于东西路转运司者各二人，以五月庚戌，合僚吏宴之于郡之正衙，歌〈鹿鸣〉以遣之》："天地中间着此身，合将位育入经纶。阴阳固自生成我，爵禄安能富贵人。利欲当权心退舍，陂淫得路俗迷律。诸君自此腾骧去，原以先知觉此民。"

二九五、以想为心，何异指尘为地，指沤为海乎

形神相接而梦者，世归之想。形神不接而梦者，世归之因。因之说曰：因羊而念马，因马而念车，因车而念盖，固有收羊而梦鼓吹曲盖者矣。是虽非今日之想，实因于前日之想也，故因与想一说也。信如是说，无想则无因，无因则无梦，举天下之梦，不出于想而已矣。呜呼！万物皆备于我，万理皆备于心，岂以想而有，岂以不想而无哉？耳之所闻者，有限也，然天下之声，皆具于吾耳之中，非可以闻不闻限也。目之所见者，有限也。然天下之色，皆具于吾目之中，非可以见不见限也。心之所想者，有限也。然天下之理，皆具于吾心之中，非可以想不想限也。上天下泽，内华外夷，往古来今，其

巨其细，其晦其明，皆与吾心同流而无间。或感于志气，或动于四体，或发于梦寐，层见错出，轴运机旋，岂待想而后有因，待因而后有梦耶？苟必谓因想而后有梦，则是未想之前胸中本无是物，因想而后有是物也；未想之前胸中本无是理，因想而后有是理也。抑不知心犹地，而想特其一尘耳；心犹海，而想特其一沤耳。以想为心，何异指尘为地，指沤为海乎？是其为论浅狭溃乱，犹未离乎梦中语，反欲证他人之梦，甚矣，其惑也！

译文

　　形体和精神相互接触而做梦，世人把这归结为思虑。形体和精神不接触而做梦，世人把这归结为因缘。因缘是这样说的：因为羊而想到马，因为马而想到车，因为车而想到华盖，本来就有人因为收归羊群而梦到鼓乐吹奏、车栏华盖。这些虽然不是现在的想法，实际是延续以前的想法，所以因缘之说和思虑之说是同一种说法。真的如这种说法，那么没有思虑就没有原因，没有原因就没有梦了，全天下的梦不会超出思虑的范围罢了。唉呀！万事万物我都具备，各种道理我心里都具有，难道因为思考才有，难道不思考就没有吗？耳朵所听见的是有限的，但是天下的声音，都在我耳朵中具备了，不可以用听到没听到来限制。眼睛所看见的有限，但天下的颜色都在我眼中具备了，不可以用看到没看到来限制。心里所想的是有限的，但天下的道理都在我心中具备了，不可以用想到没想到来限制。上面的天，下面的沼泽，内部的华夏，外部的夷狄，过去了的古代，向我们走来的现代，大的小的，昏暗的明亮的，都和我的心意一同流转而没有间隙。或者是由于意志精气而感动，或者是由于四肢而触动，或者是由于睡梦中感发，层层交错地显现，像枢轴一样运转，像机器一样旋转，难道一定要等有思考才会有原因，等有原因才有梦吗？如果一定要说因为思考而后才有梦，那么就是说没有思考之前胸中本来没有这样的东西，因为思考之后才有这样的东西；没有思考之前胸中本没有这样的道理，因为思考而后才有这样的道理。却不知道心就像大地，而思考不过是一粒微尘而已；心就像大海，而思考只不过是一个小水泡而已。把思考当作心，这和把灰尘当作大地、把水泡当作海洋有什么差别呢？这种言论短浅混乱，还没有脱离梦中的语言，反而想去验证他人的梦，这太糊涂了。

点评

此段论及意识的层次。想是心的显现，也即显现的意识，犹如大地扬起的尘土，大海泛起的水泡，而心未显现的部分，犹如土地，犹如大海。弗洛伊德将显现的意识，比喻为海上的冰山，而意识未显现的部分如冰山海平面下的底座，两人的天才比喻非常近似，但祖谦的比喻，指明显意识与潜意识在量上的差距更大，更能揭示潜意识的浩瀚无涯，似更接近意识的真相。"上天下泽，内华外夷，往古来今，其巨其细，其晦其明，皆与吾心同流而无间。"人心是宇宙的全息映现，宇宙有多广阔，人的意识就有多广阔，宇宙有多久远，人的意识就有多久远，宇宙有多丰富纷繁，意识就有多丰富纷繁。人的意识即宇宙的全息，只是显现的意识不是意识的全部，而仅仅是意识大地扬起的一粒微尘，是意识大海泛起的一个水泡。至于梦，则是在睡眠状态中意识显现的微尘水泡而已。释普济《起水陆堂》："一沤大觉海中兴，十趣波涛不暂停。返本还源空觉海，满堂风月雨初晴。"邹浩《偶书》："莫把形骸碍此心，此心真体杳难寻。太虚仅此一沤发，方寸能容万象沉。无佛无人谁是我，不来不去妙常今。更须知有全提在，拄杖纵横云雾深。"

二九六、理本无穷，而人自穷之

理本无穷，而人自穷之。心本无外，而人自外之。

译文

道理本来是无穷的，只不过是人们自己使它穷尽了。心本来是没有内外界限的，只不过是人们自己使它有内外界限了。

点评

意识是宇宙的全息储存，本无内外。万物万事的规律全息储存于意识中，本是无穷，都只因人自身的偏缺才有了限制。邵雍《宇宙吟》："宇宙在乎手，万物在乎身。绵绵而若存，用之岂有勤。"王守仁《次韵为别》："尧舜人人学可齐，昔贤斯语岂无稽？君今一日真千里，我亦当年苦旧迷。万理由来吾具足，六经原只是阶梯。山中仅有闲风月，何日扁舟更越溪？"《咏良知》："人人自有定盘针，万化根源总在心。却笑从前颠倒见，枝枝叶叶外头寻。"

二九七、论不至于极，谈常梦则合，谈非常之梦则败

然医不至于神，治常疾则精，治非常之疾则疏。论不至于极，谈常梦则合，谈非常之梦则败。

译文

但是医术如果没有达到出神入化的境地，治疗一般的疾病是很有效的，治疗不一般的疾病就有漏洞了。学说理论没有达到极高的境地，谈论一般的梦是吻合的，谈论不一般的梦就要失败。

点评

梦是人生大谜，也是宇宙大谜。宇宙之谜不可穷尽，人生之梦不可尽释。生活于特定时空方位的人，能解说梦，但学说理论再高，也只能解个大致。这是梦的魅力，也正是宇宙的魅力。"莫谓天机非嗜欲，须知万物是吾身。"王守仁《别方叔贤》："道本无为只在人，自行自住岂须邻？坐中便是天台路，不用渔郎更问津。"王守仁《书〈悟真篇〉答张太常》："误真非是《悟真篇》，平叔当时已有言。只为世人多恋著，且从情欲起因缘。痴人前岂堪谈梦，真性中难更说玄。为问道人还具眼，试看何物是青天？"

二九八、蟄之以地，束之以人，虽使僭之，亦不能僭也

五人为伍，五伍为两，五两为卒，五卒为旅，五旅为师，五师为军。一军之制，为人万二千五百，损一人则不足，增一人则有余。

大国之三军也，地方百里，而其人仅足以具三军也。次国之二军也，地方七十里，而其人仅足以具二军也。小国之一军也，地方五十里，而其人仅足以具一军也。地有限则人有限，人有限则军有限。虽欲僭侈[一]其军，亦窘于无人而不得骋矣。王者之于诸侯，典祀[二]陵节[三]，所当问也；车服乱常，所当问也；宫室改度，所当问也；乐舞窬[四]数，所当问也。独军旅之制，有所不必问焉。非军旅果轻于典祀、车服、宫室、乐舞也，蹙之以地，束之以人，虽使僭之，亦不能僭也。王纲上举，侯度下修，大不侵小，强不犯弱，则地有常地，人有常人，军有常军，虽欲如晋之僭，岂可得哉？晋之所以能僭六军者，适当周室失政之时，南吞北噬，东攘西略，以斥大其国。增地必增人，增人必增军，野旷则风劲，川涨则舟高，国大则兵众矣，夫何疑耶？既已容其兼并，而反责其军制之僭，是犹多与之财而责其奢，多饮之酒而责其醉也，此吾所谓事有当责而不可责者也。为周室计者，当深绝晋兼并之源，至于军数之多寡，则在周室初无损益焉。周室果能治晋兼并之罪，披其地，夺其人，则善矣。不然，则合为一军者，是众也，晋之强自若也。分为六军者，是众也，晋之强自若也。

注释

〔一〕僭侈（jiàn chǐ）：超越本分，奢侈过度。

〔二〕典祀（diǎn sì）：按常礼举行的祭祀。

〔三〕陵节：超越制度规定的范围。

〔四〕窬（yú）：同"逾"，越过。

译文

五个人编组成一伍，五个伍编组成一两，五个两编组成一卒，五个卒编组成一旅，五个旅编组成一师，五个师编组成一军。一军的建制是一万二千五百人，减少一个人都不够，增加一个人就有多余。大国装备有三个军，幅员一百里的大国，但它的人数仅够凑足三军。次一等国家有两个军，幅员七十里的国家，它的人数仅够凑足两军。小国家有一个军，幅员五十里的国家，它的人数只够凑足一军。土地面积有限那么人口就有限，人口有限那么军队就有限，即使想僭越增加军队，也局限于没有人民而不得随意而为。王者对于诸侯，如果他们典章祭祀超出了礼节，就应当过问；兵车礼服超出了常理，就应当过问；宫殿庭院篡改了制度，就应当过问；礼乐舞蹈逾越了礼数，就应当过问。只有军队的建制，可以不过问。并不是军队真的没有典章祭祀、兵车礼服、宫殿庭院、音乐舞蹈重要，因为土地的限制，人数的限制，即使让他僭越，也不能僭越。上面有王朝的纲常高举着，下面有诸侯的制度在限制着，大的不会侵略小的，强的不会侵犯弱的，则地有一定的面积，人口数量有一定数额，军队有一定数额，即使想像晋国那样僭越，怎么做得到呢？晋国之所以能够僭越六军，正是在周王室政权有失误的时候，向南北不断地吞噬，向东西不断地侵夺，来充实扩大他的国土。土地增加了人口必定会增加，增加了人口数量必定要增加军队，就像郊野空旷那么风就大，河流上涨船就升高，国家大了士兵就会增多，这有什么可怀疑的呢？既然已经容忍他的兼并，反而责备他僭越了军队的建制，这是给人很多财富，而责备他奢侈，让人多喝酒，而责备他醉酒，这就是我说事情有应当责备之处但却不可以责备的原因。替周王室考虑，应当极力断绝晋国兼并的根源。至于军队人数的多少，那对周王室本没有什么利害。周王室果真能够治理晋国兼并的罪行，分割它的土地，剥夺它的人民，那就很好了。否则，就是合并为一军，人还是那么多，晋国照样强大。分割为六军，人同样也是很多，晋国还是一样强大。

点评

生产力低下的时代，土地就相当于经济，相当于兵源，军队的战斗力几乎等同于军队的人数，限制了土地就相当于限制了经济实力和人口基数，也就限制了军事实力。在当今时代，此种认知已显落后，但经济实力和人口基数是军事实力的根源，经济实力和人口基数，是军事实力的最重要的基础也是其最大制约的观点，依然具有生命力。在国家大战略上，富国才能强兵，有人口才有兵源，抓好经济，促进优生优育，始终应是重点工作。赵匡胤、赵普以"制其钱谷，收其精兵，天下自安"的策略，对付方镇割据，起到釜底抽薪的效果，可资借鉴。王缜《宋太祖未遇时与陈希夷对弈图》："蓬蓬万物等毫毛，枉费纵横百战劳。看透人间无敌手，陶唐一着总输高。"缪祐孙《东瓯怀古》："富览亭荒剩郭公，松台日映鳖波红。南朝已是衣冠薮，东海仍开郡县雄。雅韵客儿春草梦，清游逸少藕花风。捷椛守土终贻笑，戡乱还推宋祖功。"杨杰《过鸿沟》："楚汉区区别土疆，谁知盛德胜兵强。乾坤混一归真主，郡国平分亦假王。地底泉源通氾水，道旁碑石属荥阳。如今四海都无外，农入春田失战场。"查慎行《邺中咏古》："自从僭窃起当涂，虎视中原气总粗。大抵奸雄皆好乱，居然割据亦称都。车中不少弹筝客，案上频翻聚米图。十二渠成流泽远，至今土壤号膏腴。"

二九九、位者，万世之公也

居其位而无其德，为身之羞。居其位而黜[一]其礼，为位之羞。身者，一夫之私也。位者，万世之公也。

注释

[一]黜（chù）：废除、取消。

译文

处在那个职位而没有符合那种职位的才德，这是个人的羞耻。处在那个职位而不遵循符合那种职位的礼制，这是职位的羞耻。身体是个人所私有的，职位却是万代所公有的。

点评

国家职位的设置原本是为了管理社会公共事务，礼制规定职位的权力责任，规定相应的政治、经济、文化待遇，也完全是出于管理社会公共事务的需要。这一观点是以天下为公思想的深化。既然出任公职，操持公权，就要遵礼制，讲公德，行公法，务公事。陈普《禅继》："处变安常两不同，圣心天地与为公。要知授受精微处，不问亲疏共一中。"白居易《感兴》："吉凶祸福有来由，但要深知不要忧。只见火光烧润屋，不闻风浪覆虚舟。名为公器无多取，利是身灾合少求。虽异鲍瓜难不食，大都食足早宜休。"李俊民《任仲山谈西府事》："德音到处下情通，喜动山城百岁翁。和气挽回中国化，威声振起外台风。少酬汉使澄清志，不愧周官燮理功。南北封疆归一统，太平立法自河东。"

三〇〇、利则居后，害则居先，此君子处利害之常法也

利则居后，害则居先，此君子处利害之常法也。是故见利而先谓之贪，见利而后谓之廉，见害而先谓之义，见害而后谓之怯，皆古今之定名，未有知其所由始者也。人之于利，忧其怠而不忧其锐，忧其缓而不忧其急，忧其弱而不忧其强，天下岂有忧蚁之避膻〔一〕，忧蚋〔二〕之舍醯〔三〕者耶？

注释

〔一〕膻（shān）：像羊肉的气味。
〔二〕蚋（ruì）：一类与蚊子和家蝇相近的、小的、吸血蝇类的总称。
〔三〕醯（xī）：醋。

译文

有利益就处在后面，有危害就处在前面，这是君子对待利益和危害的正常方式。所以看见了利益而抢先就叫贪婪，看见了利益而处后叫作廉洁，看见了危害而抢先叫作正义，看见危害而后退叫作胆怯，这都是古往今来形成定论的名称，不知道是从什么时候开始的。人对待利益，担心它松懈而不担心它冒进，担心它来得慢而不担心它来得快，担心它微弱而不担心它盛多，天下难道有人担心蚂蚁会避开腥膻，担心蚊虫会舍弃酸醋吗？

点评

趋利避害人人相同，君子小人并无不同。只是君子境界高远，以仁义为大利，小人格局狭小，谨谨于眼前实利。君子的道德修为焕发的是智慧之光。王安石《寓言》："小夫谨利害，不讲义与仁。读书疑夷齐，古岂有此人。其才一莛芒，所欲势万钧。求多卒自困，余祸及生民。"邵雍《旋风吟》："松桂隆冬始见青，蒿莱盛夏说能荣。光阴去后绳难系，利害在有人必争。万事莫于疑处动，一身常向吉中行。人心相去无多远，安有太平人不平。"汪琬《自题小像》："人情穴底争膻蚁，交道灯前扑焰蛾。莫怪杜门常谢客，老来更事比君多。"张耒《自遣》："谁云造化本无情，利害乘除理甚平。莫逐众情生愠喜，君看三四孰亏盈。"

三〇一、君子固不以利自浼，亦不以利自嫌也

君子固不以利自浼〔一〕，亦不以利自嫌也。一国之重，有民人焉，有社稷焉，吾其可避趋利之小嫌，濡滞〔二〕逗挠〔三〕，使为奸寇之所伺乎？

注释

〔一〕浼（měi）：污染。
〔二〕濡滞（rú zhì）：停留、迟滞。
〔三〕逗挠（dòu náo）：因怯阵而避开。

译文

君子固然不以利益而污染自己，也不能因为利益而害怕嫌疑。一个国家很重大，有人民，有社稷，我怎么可以避免追逐利益的小嫌疑，滞留徘徊，让奸诈的盗贼有机可乘呢？

点评

计利当计天下利，求名当求万世名。圣人君子的使命就是为天下民众

谋利益，这是最大的义。如果圣人君子不能为天下民众谋利益，或虽能谋而所谋不周全，就是送给奸诈的盗贼售其奸邪的机会。为天下民众谋利益的事应抢着做，并尽心尽力做好。戴复古《次韵胡公权》："日用无非道，人心实在平。果能行实学，何必问虚名。草木随时态，江山无世情。晚来溪雨歇，一段夕阳明。"魏野《寓兴》："圣人不避嫌，小人不避耻。伊尹放太甲，董贤居高位。嗟嗟若此人，堪爱复堪鄙。"王迈《守漫陵》："西山无物与泉民，底使民如父母亲。凡日用间无不名，满胸子里尽吾仁。我熏知见香犹旧，公涤中和印一新。愿广桐乡依恋意，寒泉秋菊祀千春。"林占梅《勉五舍弟》："功名自重求非妄，物欲能蠲害不侵。见义须逾谋利意，待人勿用作文心。立身曾子常三省，励志程公著四箴。愧我绮年耽逸乐，诗书功望阿连深。"

三〇二、改过而未尽者，在所恕；改过而不尽者，在所诛

为善未尽，犹愈不为；改过未尽，犹愈不改。尧舜之善，非可一日为也；桀纣之恶，非可一日改也。百善而有其一，固可渐自附于尧舜矣；百过而去其一，固可渐自离于桀纣矣。虽然，为善未尽者，君子固矜而进之也，宽而待之也，徐而诱之也。至于人之改过者，君子必用其察焉，改过而未尽者，在所恕；改过而不尽者，在所诛。始发之善端新而未固，已染之恶习旧而难除，是改过未尽者也，是力不足者也。镌〔一〕其毫末以盖邱山〔二〕之愆〔三〕，去其一二以塞众多之议，是改过不尽者也，是诚不足者也。力不足者，犹有时而足焉；诚不足者，前过未尽，今伪已生，是益其过耳，何改过之云乎？曾不如不改之为愈也。

注释

〔一〕镌（juān）：雕刻。

〔二〕邱：同"丘"。

〔三〕愆（qiān）：罪过、过失。

译文

做好事没有做到底，还是胜过不做；改正过错没有改正彻底，还是胜过不改正。尧舜的仁善，不是一天就可以做到的；桀纣的暴恶不是一天就可以改掉的。百种善行而拥有其中一种，原本就可以渐渐地让自己向尧舜靠拢了；百种过错而去掉其中的一种，原本就可以使自己渐渐地远离桀纣了。虽然如此，做好事而没有做彻底，君子原本就会同情并让他更进一步，并宽厚地对待他，慢慢地诱导他。至于改正过错的人，君子必定认真观察，改正过错而尚未改正彻底的人，就要宽恕；改正过错但不想改正彻底的人，就要责备。开始所出现的善良端绪还很新，不稳固，就已经染上了恶习，慢慢变旧而难以除去，这是改正过错尚未改正彻底的人，是意志力不足的人。修饰像毫末一样小的过错，以便掩盖像山丘一样大的过错；改掉其中的一两点错误，以便塞住别人对众多错误的议论，这是诚心不足的人。意志力不足的人，意志力还有时候会足；诚心不足的人，以前的过错没有改尽，现在虚伪又产生了，这是增加了过错而已，怎么说是改过呢？还不如不改更好一些。

点评

有过错不要怕改。改正过错还是避重就轻地掩饰更大的过错，表象近似，而实质完全不同，掩饰过错必定会产生更大的过错。陈淳《改过》："过者动之差，毋容实诸己。才觉必速改，乃不为吾累。"王柏《和得全喜雪韵》："天道流行自有经，一冬常燠大无伦。临期飞雪粗成冷，只隔明朝便是春。窗外晓山高积玉，梦回夜月更铺银。玄冥恰似轮台悔，改过虽新已误人。"陆游《学易》："学古忘衰疾，斋心洗昨非。拳拳奉天理，坦坦息心机。改过先幽隐，收功在细微。耄期犹自警，俯仰惜余晖。"

三〇三、吾是以知改过之不尽者，终无改过之路也

瞑眩〔一〕之药，不可再投；背城之战〔二〕，不可再接。药未投，虽危疾，犹有望其疗；战未接，虽危国，犹有望其胜。一发而不中，则其望穷矣。过而不改者，虽元恶大憝〔三〕，君子犹不忍轻绝，何也？所恃者，改过之术存也。乃若改过而不肯尽，略尔裁抑，苟以欺人，则是改过之术既试而不效矣，夫复何所望耶？积昏所以致明也，积蔽所以致通也，积迷所以致悟也。人心至神，虽懵懵〔四〕罔罔〔五〕，不知过之常改，久闭斯开，久郁斯发，是惟无改，改则若决江河而莫能御矣。三年钟鼓之间，乃所以阴养其一日之修省也。今既知过之当改，反毛举细故，公为欺诞，以窃改过之名，是既累其心于不诚矣。心既不诚，则善端何时而复发耶？本无昏，安得明？本无蔽，安得通？本无迷，安得悟？吾是以知改过之不尽者，终无改过之路也。

注释

〔一〕瞑眩（míng xuàn）：眩晕。
〔二〕背城之战：背靠城池作战，指决战。
〔三〕憝（duì）：恶人。
〔四〕懵（měng）懵：模糊不清、糊里糊涂。
〔五〕罔（wǎng）罔：心神不定。

译文

治人头昏眼花的药不可以再次投放了；背对着城池的决战，不可以再打了。药还没有投放，即使疾病很危险，还有希望治好；战争没有打，即使威胁到国家，还有希望战胜。一旦行动失败了，那么就没有任何希望了。错了而不知道改正的人，即使是罪魁和很可恶的人，君子还是不忍心轻易弃绝他，为什么？所凭借的是改过的方法还在。如果改过而不肯改彻底，略加剪裁抑制，苟且拖延来欺骗人，这是改过的方法已经试过了，但却见不

到效果，这还有什么希望？积累昏暗是为了达到光明，积累闭塞是为了达到通透，积累迷误是为了达到醒悟。人的心十分神妙，即使懵懵懂懂不知道经常改过的人，蒙蔽久了也会开通，淤塞久了也会爆发。这是不改，一旦改正了就像长江黄河决了口一样而没有什么可以抵挡的了。三年鸣钟击鼓的礼乐熏陶，是为了暗暗地修养使他某一天醒悟过来。现在已经知道过错应当改正，反而琐碎地列举一些毫毛一样细小的原因，公然欺骗，来窃取改正过错的名声，这是把自己的心放在不诚实的地方了。心既然不诚实，那么善良的端头什么时候才会再次发展出来呢？原本没有昏惑，怎么能有明白？开始没有蒙蔽，怎么能有通透？本来没有迷惑，怎么能醒悟？我因此知道，改过不彻底的人，终究没有改过的途径。

点评

改过不彻底，是因为反思不到位。反思不到位，则过错的根须拔除未尽，伏根潜滋，不难再次萌生。许传霈《次韵复之》："鸣琴雅抱独宽闲，社稷民人事事关。教养兼施清界尺，文章致用焕云山。罪轻法网何妨解，草害良田务尽删。却好庶黎齐慰日，仁风果得此邦颂。"陈淳《答留粹中承奉求教之韵》："玉质虽精更用砻，切磋磨琢趣无穷。但于天理昭如视，何患私情众互攻。明善诚身为要诀，博文约礼是深功。从今日用培基处，敬道尤须彻始终。"

三〇四、良心无巧，巧者，伪心也

良心无巧，巧者，伪心也。良心无谲，谲者，伪心也。

译文

良心没有机巧，机巧是虚伪的心才有的。良心没有诡谲，诡谲是虚伪的心才有的。

点评

良心就是无得失利害计较的淳真之心。朱熹《良知》："孩提自幼良知发,此日心蒙尚未开。既壮蒙开趋物欲,良心反丧亦哀哉。"陈普《夜气》:"气无所帅任崩奔,东鹜西驰利欲昏。人事才停机械息,天心无间本真存。"吴泳《送范仁叟解褐西归并简定叟》:"子馆于予恰九春,临分更欲问云津。良心易放当持敬,精交无穷要汲新。刍狗科名应是梦,貂蝉宦业竟成尘。世间公议难磨灭,第一还须作好人。"

卷十六

三〇五、至难发者，悔心也；至难持者，亦悔心也

至难发者，悔心也；至难持〔一〕者，亦悔心也。凡人之过，很者遂之，诈者文之，愚者蔽之，吝〔二〕者执之，夸者讳之，怠者安之。孰能尽出数累〔三〕之外，而悔心独发者乎？是悔也，未发则忧其难发，既发则忧其难持，曷为其难持也？悔心初发，自厌自愧，自怨自咎，戚然焦然，不能一日安。苟无以持之，则自厌者苟且弛纵，必入于自肆矣；自愧者退缩羞赧〔四〕，必入于自弃矣；自怨者郁积缴绕〔五〕，必入于自怼〔六〕矣；自咎者忧愤感激，必入于自残矣。是悔固可以生善，亦可以生不善也。万斛〔七〕之舟，放乎沧海，非遇大风则不回。苟操舟者无以持之，固有因风力之劲，而反致覆溺者矣。舟之所以回者，风也；舟之所以溺者，亦风也。一念之悔，其劲烈盖甚于风，乌可不知所以持之耶？

注释

〔一〕持：把握、控制。
〔二〕吝（lìn）：吝啬、舍不得。
〔三〕累：拖累、牵累。
〔四〕羞赧：因害羞而脸红的样子。
〔五〕缴绕（jiǎo rào）：缠扰不休。
〔六〕怼（duì）：心里抵触，对抗、怨恨。
〔七〕斛（hú）：旧量器，方形，口小，底大，容量本为十斗，后来改为五斗。

译文

　　最难萌发的是忏悔的心，最难把握的也是忏悔的心。大凡人有了过错，凶狠的人就顺着错下去，狡诈的人就掩饰过错，愚蠢的人就隐瞒过错，悔恨的人就执著于过错，夸诞的人就忌讳过错，懈怠的人就安于过错。谁能够跳到这几种拖累之外，而生发忏悔之心的呢？忏悔这种东西，没有萌发的时候就担心它很难生发出来；生发出来以后，就担心它很难把持，为什么会很难把持呢？忏悔的念头刚刚萌发的时候，自我厌弃，自我愧疚，自我埋怨，自我责备，十分伤心难过，没有一日能够安心。如果没有什么控制住它，那么自我厌弃的人得过且过，松弛放纵，必定会到达自我放肆的境地。自我愧疚的人畏畏缩缩，十分害羞，必定会到达自弃的境地。自我埋怨的人胸中郁闷，难以释怀，必定到达自我怨恨的境地。自我责备的人忧愁愤懑，难以平静，必定会达到自我残害的境地。因此忏悔的心情固然可以萌生善良，也可以萌生不善良。可以装载一万斛粮食的大船，把它放到大海里，如果没有遇上大风，就不会回到岸边了。但如果开船的人不能控制船的航行，一定有因为风力强劲而翻了船淹死的情况。船回到岸边是因为风，船被吹翻也是因为风。一个忏悔的念头，它的刚劲爆烈甚至超过了风，怎么可以不知道如何把持呢？

点评

　　"是非每向静中见，悔吝多从动处生。"忏悔的心是觉悟的心，觉悟的心还要有刚毅木讷去护持和涵养，护持既久，涵养既熟，则忏悔透彻，而后改过之策才能圆方得宜。觉悟的忏悔不在言辞行为之矫激。邵雍《答友人》："吉凶悔吝生乎动，刚毅木讷近于仁。易地皆然休计较，不言而信省开陈。"既不能深绝忏悔的根源于事前，则更应熟筹改过的方法于忏悔之后，从利国利民利家利身的大处着眼，从可行可说可辨可传的细微处入手，避免为消除一悔又滋生一悔。程端蒙《省过》："此道从来信不疑，安行何处履危机。无心更与世俯仰，有口不谈人是非。悔吝愆尤须谨细，存亡得失要知几。师门有意无人会，一饷忘言对落晖。"罗与之《动后》："莫作杨朱泣路歧，此心自被利名移。车奔宁是驾尼父，舟覆应非载伯夷。悔吝从来生动后，啸歌元只在闲时。可怜秦晋功成者，欲避危机已太迟。"

三〇六、至于悔力之劲者，惟善治心者为能持之

风之无力者，不能回舟；至于风力劲者，惟善操舟者为能持之。悔之无力者，不能迁善；至于悔力之劲者，惟善治心者为能持之。如使人之有过者，不自厌自愧，自怨自咎，则终于此而已矣。厌愧怨咎，正吾入德之门。然毫厘之差，复陷于过。果可以持之乎？曰负担而起趋者，不胜其劳；弛担而至家者，不胜其逸。负担之劳，乃所以为弛担之逸也。悔过之初，厌愧怨咎；改过之后，舒泰恬愉。先轸〔一〕悔过而至于杀其身，意者徒知悔而未知改乎？使果能持其悔，亟〔二〕改而归之善，则舒泰恬愉之地自有真乐，必不肯轻杀其身也。既归家则忘其劳，既改过则忘其悔。岂有既归而犹劳，既改而犹悔者乎？是则其过当改也，悔亦当改也。

注释

〔一〕先轸：春秋时期晋国名将、军事家，因采邑在原邑，故又称原轸。先轸曾辅佐晋文公、晋襄公两位霸主，屡出奇策，并以中军主将的身份指挥城濮之战、崤之战，打败强大的楚国和秦国。晋襄公的嫡母怀嬴是秦穆公的女儿。她请求将俘获的三名秦将释放回国，襄公答应了，随即将三人释放。先轸朝见襄公，问起秦国囚犯，襄公告诉他已经释放了。先轸勃然大怒，不顾尊卑而怒斥襄公，又当面"不顾而唾"。然而襄公却没有责怪先轸，甚至还反过来为了释放战俘的事向先轸道歉。先轸越发自责。同一年，狄人攻打晋国，晋国出兵抗击。这年八月，晋军在箕（今山西蒲县东北）击败狄军，俘获一名狄军首领，史称"箕之战"。战后，先轸脱下头盔铠甲，冲进狄军中战死，以此惩罚自己冒犯襄公的罪过。

〔二〕亟（jí）：急、赶快。

译文

无力的风是不能使船回到岸边的；至于风力强劲的风，只有善于开船

的人才能把握住它。无力的忏悔是不能使自己变好的；至于很有力的忏悔，只有善于修养心性的人才能把持好。假如人们有了过错，不去自我厌弃、自我愧疚、自我埋怨、自我责备，那也就罢了。自我厌弃、愧疚和埋怨责备，正好是我进入美德的途径。但是细微的差别，就会再陷入过错。果真可以把持得好吗？回答是，挑着担而离家，没有比这更劳累的；放下担子而回家，没有比这更愉快的。挑担很劳累，所以放下担子才很愉快。忏悔过错的当初，自我厌弃愧疚和埋怨责备；改正过错之后，感到舒适安泰，恬淡愉快。先矜忏悔自己的过错，以至于害了自己。我猜想，他只知道忏悔而不知道改过吗？如果真的能控制他的忏悔，马上改正而趋向于善，那么舒适安泰、恬淡愉快的境地必定有真正的快乐，必定不会轻易地葬送自己的性命。既然回到了家里，就会忘记劳累；既然改正了过错，就会忘记忏悔。难道有已经回家了还很劳累，已经改正了还在忏悔的吗？如果这样，那么他的过错要改，忏悔也要改。

点评

改过要讲究方式方法，忏悔也要讲究方式方法。最好的方法只能产生于遵循天道的宽阔心境。邵雍《治心吟》："心亲于身，身亲于人。不能治心，焉能治身？不能治身，焉能治人？"李纲《绝句》："邪气岂能干正气，妄心自不胜真心。治心养气无多术，一点能销瘴毒深。"陈普《冬华一夜霜》："天地生万物，节度各有常。毫发不可乱，奉时以行藏。不惟寡悔吝，尤可免折伤。倘不如所受，一一皆自戕。"戴复古《处世》："风波境界立身难，处世规模要放宽。万事尽从忙里错，一心须向静中安。路当平处经行稳，人有常情耐久看。直到始终无悔吝，旁生枝叶便多端。"虞俦《朱天永示仆二诗，盖有激而云者，因用其韵以广之》："是非得丧一毫轻，蛮触何劳角上争。未可轻量天下士，渠知不是彀中英。平生我亦轻余子，到处君安得此名。勿对秋花叹憔悴，春风回首又荣欣。"

三〇七、人之观，随所遇而变

人之观，随所遇而变。过朝廷则观政。过障戍[一]则观备，过营垒则观兵,过廛市〔二〕则观货,所观未尝不随所遇也。惟因所遇而观,故将求士者,必之庠焉、序焉、校焉、塾焉。舍庠序校塾〔三〕而适野,则所见畎〔四〕亩而已矣,稼穑〔五〕而已矣,农夫而已矣,于此而求士,是犹求鱼于山,求兽于海,果何从而得之哉?

注释

〔一〕戍(shù):防守。障戍,防守性军事设施。
〔二〕廛(chán)市:市廛;商肆集中之处。
〔三〕庠(xiáng)序校塾:《学记》"古之教者,家有塾,党有庠,术有序,国有学",古时候的教育,家设"私塾",党(五百家)设"庠",术(一万二千五百家)设"序",国设"太学"。
〔四〕畎(quǎn):田间水沟。
〔五〕稼穑(jià sè):种植与收割,泛指农业劳动。

译文

人们的考察是随着所遇到的情况而改变的。经过朝廷就考察政治,经过戍守的地方就考察战备,经过军营就考察军队,经过市场就考察货物,所考察的未尝不是跟随着所遇到的情况。正是根据所遇的情况而考察,所以要寻求士人,必定要到庠序去,到学校去,到私塾去。舍弃庠序、学校、私塾而到野外去寻找,那么所看见的只有田亩而已,庄稼而已,农夫而已,在这里寻求士人,就像到山上去寻找鱼儿,到海里去寻找野兽,果真如此,哪能寻找得到呢?

点评

漫无目的的随机考察,还是有目的的随机考察,这是一个问题;有目的的随机考察,还是有目的的定向考察,抑或是有目的的抽样考察,这也是一个问题。人才的生长有一个社会群落效应,古今中外概莫能外,但现代社会开放性流动性更大,人才又是社会交流中最活跃的因素,如何定向以更快捷有效地发现并重用人才,应有更符合社会实际情况的探索,预案要尽可能目标明确,措施详细周密,切合实际。王柏《举业有感》:"后世求才术太疏，三年三日判荣枯。消磨岁月莫知老，奔走英雄不觉愚。与死为邻犹未已，虽生在世却如无。圣门反在揶揄内，何敢忠言请改图。"薛能《汉南春望》："独寻春色上高台，三月皇州驾未回。几处松筠烧后死，谁家桃李乱中开。奸邪用法原非法，唱和求才不是才。自古浮云蔽白日，洗天风雨几时来。"

三〇八、吾心在于求士，则士自见吾心也

思之既深，故虽田野之间，莽苍之外，寸长片善，未有不投吾之意，而动吾之目者。吾非数数然求见之也，吾心在于求士，则士自见吾心也。鉴以照物为职，吾明既彻，则物自入其照。公卿以求士为职，吾诚既立，则士自入其求。如使本无求士之诚，则虽左顾右盼，见一人而问之，又见一人而质之，体烦目眩，精耗神竭，而所谓真贤实能者，未必不失之交臂之间矣。

译文

既然思念得很深切，所以即使是在田野之间，空旷的郊外，一点点的长处和善心，没有不引起我的注意，并且触动我眼睛的。我不是急急忙忙地寻访他们，我的心在于寻求士人，那么士人自然就在我心里出现了。镜子以映照物体为职责，我已经通明透彻，那么物体自然进入我的映照中。公卿以寻求士人为职责，我的诚心已经确立，那么士人自然会进入我的寻求中。如果本来就没有寻求士人的诚心，那么即使左顾右盼，见到一个人就询问，见到人一个又质问，使身心烦恼，眼睛晕眩，精神耗竭，但所谓的真正的贤能的人，未必不在这交臂之间错失了。

点评

有诚心才有好办法，有好办法才有好效果。态度决定工作深度，也决定工作精度，在寻访人才问题上尤其如此。王十朋《高宗》："须信精诚可动天，

高宗一梦得真贤。济川不赖良舟楫,安得中兴五千年。"唐寅《版筑求贤图》:"圣主求贤按画图,顷将天秩畀胥徒。精神不是能玄会,颜色安知非滥竽。"

三〇九、处身之与处国,其法固不相参也

国毁当辨,身毁当容;国辱当争,身辱当受,是固不可格以一律也。昔夫子〔一〕能忍匡人之围〔二〕,而不能忍莱夷之兵〔三〕;能忍南子之见〔四〕,而不能忍优施之舞〔五〕,圣人之心何其多变也?绕指之柔,忽变而为击柱之刚;缓带之和,忽变而为奋髯〔六〕之怒。迭〔七〕弛迭张,迭弱迭强,阖辟〔八〕推移,不主故常。是非圣人乐于多变也,处身之与处国,其法固不相参也。毁辱在身,圣人纳之而不校也,此匡人之围,南子之见,夫子所以未尝一动念也。毁辱在国,圣人竞之而不置也,此莱夷之兵,优施之舞,夫子所以未尝一毫贷〔九〕也。

注释

〔一〕夫子:孔夫子,即孔子。

〔二〕匡人之围:孔子形貌与阳虎很相似,匡人恨阳虎。孔子经过匡地,当地人误认他为阳虎,围困了他们好几天,直到听孔子弹琴吟诵,才知道认错了人。

〔三〕莱夷之兵:定公十年,齐国与鲁国的国君在夹谷会盟,齐国谋划使莱夷的士兵来劫持鲁定公,被孔子识破,阻止了这件事的发生。

〔四〕南子之见:南子是卫灵公的宠妾,孔子在卫国时,南子以小君(国君夫人)的身份约见孔子,孔子不好推辞,就去见了。

〔五〕优施之舞:优施,即一个名叫施的优人(舞蹈之人)。定公十年齐鲁夹谷会盟时,齐侯让优施在会盟的时候跑到定公跟前舞蹈,孔子认为不合礼制,侮辱了鲁国国君,命人杀了优施。

〔六〕髯(rán):两颊上的长须或下垂的头发,是胡须、头发的统称。

〔七〕迭:轮流、屡次。

〔八〕阖辟(hé pì):闭合与开启。

〔九〕贷：宽恕。

译文

如果国家被人毁谤，就应当辩白，如果个人被毁谤，就应当容忍；如果国家被侮辱，就应当争论，如果个人被侮辱，就应当承受。两者当然是不能以一种定律来称量的。过去孔夫子可以容忍匡人的围困，而不能容忍莱夷的军队；可以容忍南子的召见，但不能容忍优施的舞蹈，圣人的心思怎么如此地多变呢？可以缠绕手指的柔韧，忽然变作可以砍击柱子的刚硬；缓步飘带的柔和，忽然变作怒发冲冠、胡须奋张的愤怒。一会儿放松，一会儿拉紧，一会儿柔弱，一会儿刚强；打开与合拢，推进与移动，并不是固定不变的。这不是圣人喜欢多变，对待国家和对待个人，它们的方法是不同的。如果毁谤和侮辱在于个人，那么圣人就容纳而不去计较，所以对匡人的围困，南子的召见，孔夫子并没有动一丝一毫的想法。毁谤和侮辱在于国家，圣人就会争斗而不是置之不管了，这就是对莱夷的军队、优施的舞蹈，孔夫子没有一丝一毫宽恕的原因。

点评

"缓急之中权阖辟，政而不失本心仁。"政事措置最讲时空方位，识时务者为俊杰，适时势者是英雄，但内在的价值尺度并未改变。开合、刚柔、屈伸、争和、宽严、予夺、生杀等等，都要讲求"时措之宜"，致力时事之务，适当时势之机，经权纵横，存仁弘义，养浩然正气于天地之间。赵希逢《和不祷》："艰难险阻谩曾经，有惠终输有福人。邈尔大钧休致问，澹然方寸自能神。早知造物难侥幸，何似虚怀任屈伸。但看四时周复始，几曾雪后不回春。"邵雍《屯田》："作官休用叹奚为，未有升高不自卑。君子屈伸方为道，吾儒进退贵从宜。即今彭泽归何地，他日东门去未迟。痛恨伊嵩景无限，一名佳处重求资。"王炎《和吴梦授韵》："卷舒有道在随时，隐约何须感慨为。末路老夫甘退缩，华途吾友尚驱驰。准绳行义当趋正，淘练文章自出奇。举世岂无人具眼，未应终不贵和随。"

三一〇、大抵君子勇于公而怯于私

大抵君子勇于公而怯于私。在家庭,在乡党,在田野,含垢忍耻,见侮不辱,恂恂[一]愉愉,人百欺之而不以为忤。在庙堂,在军旅,在官府,烛奸摘隐[二],洞见肺肝,凛凛冽冽,虽人一欺之,亦未尝容。其所以不移朝廷、军旅、官府之勇,而变家庭、乡党、田野之怯,非嫌于私己也。一己之尊,万物无对。其所以不与人校[三]者,非不敢校也,不见有可校者也。举梃[四]击空,适以自劳;举刀断水,适以自困。彼之来毁誉者,适所以自损耳。吾从容无为,而置彼于不足校之地,勇不既大矣乎?至于国家之事,则存亡安危系焉,知不得已而出力与之校,校而以力,则其威亵[五]矣。是知怯于私者,众人以为怯,而君子则以为勇之大也。

注释

〔一〕恂(xún)恂:小心谨慎的样子。
〔二〕烛奸摘隐:洞烛奸邪,揭露出阴险。
〔三〕校(jiào):对抗、较量。
〔四〕梃(tǐng):棍棒。
〔五〕亵(xiè):不庄重、折损。

译文

大抵上君子在公事上很勇敢而在私事上很胆怯。在家里,在乡里,在田野,包涵污垢,忍受耻辱,被欺侮而不感到耻辱,十分谨慎,别人多次欺侮他也不感到是忤逆。在朝廷,在军队,在官府,把奸诈阴险的人揭发出来,敞开自己的心扉,大义凛然,即使别人只欺侮一次也不会容忍。他之所以不用在朝廷、军队和官府时的勇气来改变在家庭,乡里和田野时的胆怯,并不是为了避免自私的嫌疑,(害怕人家说他)一个人的尊严看得比什么都重。他之所以不和别人计较,不是不敢计较,而是没有看到有什么可以计较的。拿着大棒去击打空中，这只能是使自己劳累；举着刀子去砍断流水，这只能是使自己困倦。那些毁谤我的人，只不过是使他们自己受损害而已。我从从容容，不采取行动，而把他们放在不足以计较的境地，这种勇气不是更大吗？至于国家的事情，就和安危存亡有关了，是不得已才拼力和别人计较，计较时很拼力，那么对方的淫威也就折损了。所以在私人方面很胆怯的，众人认为很胆怯，但君子却以为是最大的勇敢。

点评

君子勇于大义，小人勇于小利。大义者，公义也，公义者，天下国家民族民众之大利也。陈普《大勇》："大勇非由血气充，性情义命本来公。至刚至直纯天道，逆理其间何所容。"王稚登《赠翟丈》："英雄不可测，屈伸随其时。以彼英雄人，亦俟英雄知。白龙为鱼服，群鱼反见嗤。君昔处东海，浮沉人不言。"王云凤《次大同巡抚石邦秀作怀牧堂》："南北风尘几别离，边头频喜雁来时。百年部落阴山雪，千帐貔貅上将麾。号令文章才不浅，笑谈樽俎句还奇。极知大勇非真怯，怀牧堂高系我思。"

三一一、天下之事，有若赘而实不可损者，君子之所当察也

天下之事，有若赘〔一〕而实不可损者，君子之所当察也。

注释

〔一〕赘（zhuì）：多余的、无用的。

译文

天下的事情，有的像是累赘，但实际上是不可减少的，这是君子应当观察清楚的。

点评

天下无无用之物，亦无多余之事，就看如何认识，就看如何因事而制用。

李公麟《和邓慎》："莫以多为赘，须知寸有长。抡才何济济，顾我独凉凉。雷雨龙皆起，江湖鱼两忘。攀依聊假手，贤立本无方。"释净端《题假山石》："无用无知顽石头，天生奇巧世人求。算来世上无闲物，假使无情不自由。"程珌《冰》："白日黄流涨渭城，三更风紧尽成冰。莫言此物浑无用，曾向滹沱渡汉兵。"楼钥《书全无用语录》："全公无用，无用之用。生前已自无用，死后葛藤何用。虽然如是，善用者必自有用，不善用者不如勿用。试问大众，如何则为善用。有时拈起一枝草作丈六金身，有时把丈六金身却作一枝草用。"

三一二、凡世指为苛细繁委，赘而无用者，皆可以阴养天下之有用也

然则圣人之教，凡世指为苛细繁委、赘而无用者，皆可以阴养天下之有用也，岂止一闰法[一]而已哉？

注释

〔一〕闰法：设置闰月的方法。

译文

但是圣人的教导，凡是世人指责为苛刻琐碎和繁杂细末，以及累赘而没有什么用的东西，都可以暗暗地滋养天下有用的东西，难道仅仅是一设置闰月的历法而已吗？

点评

"勿言分寸铁，为用乃长兵。"貌似无用之物之事，往往蕴藏大用，就看如何发挥，这也正是衡量圣凡智愚的一个界限。张伯端《西江月·法法法元无法》："法法法元无法，空空空亦非空。静喧语默本来同。梦里何曾说梦。有用用中无用，无功功里施功。还如果熟自然红。莫问如何修种。"黄庭坚：《杂诗》："小德有为因有累，至神无用故无功。须知广大精微处，不在存亡得失中。"邵雍《洗竹》："岁寒松柏共经秋，丛剿无端蔽翳稠。遍地冗枝都与

去，倚天高干一齐留。应龙吟后声能效，仪凤来时功可收。未说其佗为用处，此般风格最难侔。"

三一三、溺其事之验而忘其理之差，盖有乱亡相寻而不悟者矣

利害未验之前，利未见利，害未见害，吾心未为利害之所分，则所用以察言者，皆心之正也。以吾心之正，而察天下之言，其善其恶，其邪其正，毕陈于前，而莫能遁，非难而易耶？至于利害既验之后，吾见其言之验，则窃意其言之可从，是以事信之，而非以心信之也；吾见其言之不验，则窃意其言之不可从，是以事疑之，而非以心疑之也。信与疑不出于心，而出于事，其弊可胜概耶？人臣之以是谏非者，君从之则有利，君不从之则有害，后世因其事之验而信其言之验，可也。抑不知天下固有以非谏非者，虽能知君之过，而己之谏不免于过；虽能举君之失，而己之谏亦不免于失。君不从其言，固有害也。君从其言，亦有害也。后世徒见其君不从其言之害，而不见从其言之害。溺其事之验而忘其理之差，争拾其遗说而袭之，盖有乱亡相寻而不悟者矣。

译文

利害没有验证之前，既没有看见利益，也没有看见害处，我的内心也没有被利害所分散，那么所用来考察言语的都是正直的内心。用我正直的内心去考察天下的言语，好的坏的，邪的正的，都陈列到我跟前了，没有能够逃匿的，这不是看似很难而实际很容易吗？至于利害已经验证之后，我看见他的言语已经验证了，就私下以为他的话可信，这是凭借事情而信任，不是由于内心而信任；我看见他的话没有验证，就私下认为他的话很可疑，

这是因事情而怀疑,不是因内心而怀疑。信任和怀疑都不出自内心,而出于事情,这种弊端还有完结的时候吗?臣子用对的劝谏错的,君主听从就有利益,君主不听从就有害处,后世的人因为这件事应验而相信他的话很灵验,这是可以的。但却不知道天下本来有用错的劝谏错的,虽然知道君主的过错,但自己的劝谏也不能免于错误;虽然可以举出君主的过失,但自己的劝谏也不能免于过失,君主不听从他的劝言,固然有害处,君主听从他的劝言,也有害处。后世的人只见那君主不听从他的谏言的害处,却不见听从他的谏言的害处。沉溺于事情的应验而忘记了其所以然的道理的差别,竞相拾掇他遗留下来的言辞而沿袭它,大概会有连着遇到祸乱和衰亡却依然执迷不悟的情况。

点评

"后世因其事之验而信其言之验,可也。"实践是检验真理的唯一标准,是完全正确的,关键是什么样的实践,怎么样的检验。对事实的判断必须有一个去粗取精、去伪存真的过程,对检验本身也有一个由此及彼、由表及里的过程,这里都离不开严密的逻辑推演。钱大昕《题李义山》:"郢书燕说解难真,各道探骊颔下珍。不识玉溪生可作,知音端的属何人。"陆游《自儆》:"学当尽力去浮华,从事文辞但可嗟。造道浅深看应物,修身勤惰验齐家。"方回《送胡仲虎归婺源并呈江山长雷》:"大儒畴昔起乾淳,天地星源一脉真。肯使我为修学记,始知君是读书人。流泉要验胸中活,死草无拘纸上陈。太极初生第一点,寻根细认古今春。"

三一四、天下之祸固有机于此而动于彼者矣,夫岂始虑所及耶

张角[一]不足为汉祸,而讨张角者乃为汉祸;卢循[二]不足为晋祸,而灭卢循者乃为晋祸;商臣[三]不足为万世祸,而排商臣者乃为万世祸。天下之祸固有机于此而动于彼者矣,夫岂始虑所及耶?

注释

〔一〕张角：中国东汉末年农民起义军"黄巾军"的领袖。张角修太平道，中平元年（184），率领群众发动起义，史称"黄巾起义"。不久张角病死，起义军也很快被汉朝所镇压。

〔二〕卢循：东晋末年群雄之一，出身士族，从孙恩起兵，孙恩死后，被推为主。

〔三〕商臣：楚成王长子，春秋时期楚国国君，公元前625年—公元前614年在位。楚成王打算立商臣为太子，征求令尹子上的意见。子上说："君王的年纪还不算大，而且有很多宠爱的妻妾，如果将来要废黜商臣，另立太子，必定会出祸乱。楚国立太子，常常选择年轻的。而且商臣这个人，眼睛像胡蜂，声音像豺狼，是一个残忍的人，不能立为太子。"楚成王没有听，仍立商臣为太子。公元前626年，商臣得知其父楚成王想改立王子职为太子，于是带兵包围王宫，逼迫楚成王上吊而死，自立为君，是为楚穆王。

译文

张角不足以成为汉朝的祸害，但讨伐张角的人却成了汉朝的祸害；卢循不足以成为晋朝的祸害，而消灭卢循的人却成了晋朝的祸害；商臣不足以成为万代的祸害，但排斥商臣的人却成了万世的祸害。天下的祸害本来就有在这里萌生却在那里爆发的，这难道是刚开始的时候能预料到的吗？

点评

曹操等代汉势力在讨伐张角起义中生成壮大，刘裕代晋创宋的势力在讨伐卢循叛乱中生成，嫡长继承制权威的动摇在子上排斥商臣的言论中形成，事机隐微，非大智不察。权德舆《书绅诗》："和静有真质，斯人称最灵。感物惑天性，触里纷多名。祸机生隐微，智者鉴未形。败礼因近习，哲人自居贞。当令念虑端，鄙嫚不能萌。苟非不逾矩，焉得遂性情。谨之在事初，动用各有程。千里起步武，彗云自纤茎。心源一流放，骇浪奔长鲸。渊木苟端深，枝流则贞清。和理通性术，悠久方昭明。先师留中庸，可以导此生。"章云心《古意》："福祸递隐伏，荣辱相因依。贤达素知此，不肯如脂韦。"刘基《次韵和石末公悲红树》："霜与秋林作锦帏，一朝霜重却全稀。坐看绝艳成尘土，应寤浮华是祸机。惊鹊月明难自定，穷猿岁暮欲何归。犹怜有客期欢赏，太息斯须志愿违。"

三一五、为善由己，而由人乎哉

因人而有过者，君子不谓之过；因人而有善者，君子不谓之善。周公之过，因管叔而过也〔一〕，过在管叔，而周公何与焉？孔子之过，过在昭公〔二〕，而孔子何与焉？过端发于人，而不发于己，是安得为周、孔累哉？汉高帝因倾项籍而为义帝服〔三〕，非真悲也，服帝所以挫羽也；刘裕因倾桓玄而谋复晋祚〔四〕，非真忠也，复晋所以灭玄也。时无项籍，则高帝必不为服义帝之丧；时无桓玄，则刘裕必不倡复晋祚之师。其为善，果出于己耶？因人而过者，犹鉴遇嫫母〔五〕而丑，本非鉴之丑也；因人而善者，犹木托乔岳而高，本非木之高也。是故因人而有过者，虽百过不足尤；因人而有善者，虽百善不足喜。为善由己，而由人乎哉？

注释

〔一〕周公之过，因管叔而过也：周初，武王病逝，年幼的成王继位，武王的弟弟周公辅政，总揽大权，武王的其他弟弟如管叔怀疑周公篡位，于是作乱，结果被周公镇压。

〔二〕孔子之过，过在昭公：孔子在鲁国曾经一度当政，但鲁昭公没有坚持任用孔子，于是孔子周游列国。

〔三〕汉高帝因倾项籍而为义帝服：秦朝末年，刘邦与项羽起义，表面上共同尊奉义帝，后项羽暗杀义帝，称西楚霸王，楚汉相争，刘邦为占据政治道义制高点而替义帝服丧。

〔四〕刘裕因倾桓玄而谋复晋祚：东晋末，桓玄作乱，刘裕打着恢复晋朝的旗号清灭桓玄。后来刘裕实力增长，篡夺晋朝权力，建立刘宋王朝。

〔五〕嫫（mó）母：古代有名的丑女。

译文

因为别人而犯了过错，君子不把这称为过错；因为别人而有善行，君子不把这叫作善。周公的过错，是因为管叔的过错，过错在管叔，而和周公有什么关系呢？孔子的过错，是因为鲁昭公而犯下的，过错在鲁昭公，而和孔子有什么关系呢？过错从别人那里开始，而不是在自己这里开始，这怎么可以让周公和孔子受牵累呢？汉高祖因为要打倒项羽而为义帝服丧，这不是真正的悲伤，为义帝服丧是为了挫败项羽；刘裕因为要压倒桓玄而谋划着恢复晋朝的正统，这不是真正的忠诚，恢复晋朝是为了消灭桓玄。当时如果没有项羽，那么汉高祖必定不会替义帝服丧；当时如果没有桓玄，那么刘裕必定不会号召军队恢复晋朝的正统。他们的行善果真是出于真心吗？因为别人而犯错的人，就像是镜子遇到了嫫母而变得很丑，本来不是镜子丑；因为别人而行善，就像树木托身在高山上而变高，本来不是树木很高。所以因为别人而有过错的人，即使犯了一百次也没有什么可责备的；因为别人而行善的，即使有一百次善行也不值得高兴。行善是因为自己，难道是因为别人吗？

点评

　　动机、起因、过程、结果，都应作为善恶功过的评价要素，不可或缺，应多作全面深入的多层次、多角度的分析，尽量避免单向性、直线性的评断。王义山《偶成》："五性感而动，其间善恶萌。危微相对立，体认要研精。大学静而得，中庸诚则明。原头不参透，何以约其情。"王禹偁《放言》："贤人虽学心无闷，君子须知道自消。德似仲尼悲凤鸟，圣如姬旦赋鸱鸮。看松好待严霜降，试玉宜将烈火烧。青女祝融如不党，愿分金石与山苗。"白居易《放言五首·其三》："赠君一法决狐疑，不用钻龟与祝蓍。试玉要烧三日满，辨材须待七年期。周公恐惧流言后，王莽谦恭未篡时。向使当初身便死，一生真伪复谁知。"

三一六、观书要当忘言而得意

　　观书要当忘言而得意。《大学》之意在于无诸己，而不在于非诸人也。欲学者将非人之时，常思无诸己之戒，不欲学者持无诸己之论，用为非人之资也。故先曰无诸己，次曰非诸人，其意主于攻己过，而不主于攻人过，明矣。

译文

看书应当忘掉语言而获得意义。《大学》的旨意在于首先要自己没有这样做，而不在于责难别人这样做。想让学者在将要责难别人的时候，常常想到首先要自己没有这样做的训戒，不想让学者拿着自己没有这样做的言论，去当作责难别人的资本。所以先说自己没有这样做，后说责难别人，它的旨意主要在于克除自己的过失，而不在于克除别人的过错，这是很明白的。

点评

得意而忘言，得鱼而忘筌，得兔而忘蹄，得月而忘指，说的都是忘却语言，获得旨意，忘却形式，获得实质，忘却手段，直取目的。读书之道，务在求其精意。白居易《和李澧州题韦开州经藏诗》："既悟莲花藏，须遗贝叶书。菩提无处所，文字本空虚。观指非知月，忘筌是得鱼。闻君登彼岸，舍筏复何如。"邵雍《寒夜吟》："天加一上寒，我添一重被。不出既往言，不为已甚事。责己重以周，与人不求备。唯是大圣人，能立无过地。"

卷十七

三一七、人情者，讼之所由生，亦礼之所由生也

善听讼者，出于律令质剂[一]之外，折以人情，一言而讼可明。善断礼者，出于诂训[二]笺[三]释之外，折以人情，一言而礼可明。人情者，讼之所由生，亦礼之所由生也。吾先得其所由生者而制之，自纲观条，自源观派，物回[四]缕解，冰释露晞[五]，虽老于议礼者，坠笔失简[六]，莫敢支梧[七]。苟舍其本，琐琐然，下与彼角[八]于诂训笺释之间，是固彼之所长，而我之所短也。以我之所短，而遇彼之所长，其受侮也则宜。此古今断礼者所以每为人屈，而鲜有能屈人者也。

注释

〔一〕质剂：古代贸易券契质和剂的并称。长券叫质，用以购买马牛之属；短券叫剂，用以购买兵器珍异之物。后世的合同即源于此。

〔二〕诂训：即训诂，古人把用通俗的话去解释词义叫训，把用当代的话去解释古语或用较通行的话去解释方言叫诂。

〔三〕笺（jiān）：注解。

〔四〕回：调转。

〔五〕晞（xī）：干燥。

〔六〕简：书简、书籍。

〔七〕支梧：同"支吾"，说话断断续续，不连贯。

〔八〕角（jué）：比试、竞争。

译文

善于听讼的人，跳出法律条令和卷据契约之外，用人情来折中，一句

话就可以平息争讼。善于断定礼制的人，跳出训诂和注释之外，用人情来折服人，一句话就可以使礼制明朗。人情是诉讼萌生的根源，也是礼制所产生的根源。我先知道它们是怎样产生的再来断定，从纲领来看条理，从源流来看支脉，事情就会回转，并慢慢地解决，就像冰一样融化，像露水一样蒸发，即使是擅长争论礼制的人，这时也会惊吓得扔掉了笔，丢掉了书本，不敢再争论，支支吾吾，说不出话来。如果舍弃根本，琐细地去和他们在训诂与注释之间争论，这本来就是他们的长处，我的短处。拿我的短处去应对他们的长处，受到侮辱是必然的。这就是古今断定礼制的人常常被人驳倒，但却很少能驳倒别人的缘故。

点评

韩琦诗云："还将决狱平反意，去作临民抚字恩。"古时法治不完备，自由裁量的空间很大，故有"《春秋》断狱""《春秋》决狱""《春秋》决事比"等说法与做法，就是引据《春秋》一书中的儒家大义来裁量，近似于近代的案例裁量法，其根本要旨在于根据人们的正常情理来推断裁量。法家的韩非也有"圣人举事，必因人情"一说。法律再完备，毕竟有限，事物层出不尽，情节翻新无穷，自由裁量总是有他存在的空间，根据人们的正常情理来推断裁量，永远都不失为一种"决事"的方法。要运用好这个方法，熟知人情世故就非常必要了。真德秀《赠陈子长》："粉省郎官出把麾，故人何以赠箴规。孔门仁恕真心法，汉史循良乃吏师。听讼莫嫌刀似笔，爱民终见口成碑。玉麟夜语如相问，为说如今两鬓丝。"王义山《东湖拜朔非礼去职，诸生以诗留行，和其韵以谢之》："只有春风无世态，世间冷暖若为情。废经彼自违先圣，议礼终难强两生。不合拂衣吾竟去，谁云出昼待留行。云卿数亩园犹在，已结东湖松菊盟。"戴复古《裘司直见访留款》："清风为我拂尘襟，坐听先生说古今。道谊欲灰伤世变，利名如海溺人深。一言可重轻双璧，片善相资直万金。闻道门墙不多远，明朝修敬到山阴。"

三一八、义之所责，民略而士详

义之所责，民略而士详；法之所禁，市宽而军急。士，吾所厚也，责之不当如民之薄也；军，吾所重也，治之不当如市之轻也。此说者之所共守也。

译文

道义的责求，对百姓很简略而对士人很详细；法律的禁令，对市民很宽松而对军队很严厉。士人是我寄予厚望的，对他们的责求不应当像对老百姓那样少；军队是我所看重的，治理他们当然不能像对市民那样轻。这是论说者所共同坚持的。

点评

社会精英人士、公众榜样人、国家食税人群理应承担更多的道德和法律责任。汤汉《自儆》："春秋责备贤者，造物计校好人。一点莫留余滓，十分成就全身。"邵雍《温良吟》："君子温良当责备，小人情伪又须知。因惊世上机关恶，遂觉壶中日月迟。"钱时《尽愚衷》："休论人是与人非，会得观心过亦微。泛滥此生长似旅，天寒日暮是谁归。"朱熹《人心道心》："自从载籍流传后，此是论心第一条。剖析精明为训切，如何心学尚寥寥。"

三一九、有众人以为小而君子以为大者，必心过也

君子之意果出于是乎？君子以同天下为心者也。厚士而薄民，重军而轻市，非所以同天下也。待之同而治之异者，称物平施〔一〕而归之同也。为士者，身处于笾豆弦歌〔二〕之间，视礼义如寝食；而愚鄙之民，盖有不闻礼义之名者矣。是士宜不犯义，而民宜犯义者也。在军者，身处乎旗鼓铁钺〔三〕之间，视法律如寝食；而市廛〔四〕之氓〔五〕，盖有不闻法律之名者矣。是军宜不犯法，而市宜犯法者也。宜不犯义者责之详，宜犯义者责之略；宜不犯法者治之急，宜犯法者治之宽。其不同乃所以为同也，是所谓称物平施者也。抑又有说

焉。居于义之中而犯义，居于法之中而犯法，非尽蔑弃义法而不顾，必不敢也。其犯虽小，而蔑弃义法之心则大也。彼其处于义与法之外者，虽过恶暴著，特未知义法而然耳。身过虽大，而心过则小矣。天下之过有众人以为大而君子以为小者，必身过也。有众人以为小而君子以为大者，必心过也。

注释

〔一〕称物平施：根据物品的多少，做到施与均衡。
〔二〕笾豆弦歌：都是祭祀用的器物，指礼乐教化，学习诵读。
〔三〕铁钺（fū yuè）：指砆刀和大斧。帝王赐予的专征专杀之权。
〔四〕市廛（chán）：市中店铺，店铺集中的市区。
〔五〕氓（méng）：古代称百姓。

译文

君子的意见果真是这样的吗？君子对天下一视同仁。厚望士人而薄待百姓，看重军队而轻视市民，这不是对天下一视同仁。同等地对待而不同地治理，就像称量东西，平均地施放，而使它们相同。作为士人，亲身处在礼乐教化之间，看待礼仪制度就像吃饭睡觉一样平常；但是边远不开化地区的百姓，却有人没听说过礼仪制度的名称。所以士人不应该违背礼仪，而百姓却有可以违背礼仪的情理；在军队里，亲身处在战旗战鼓和各种兵器之间，看待法律就像吃饭睡觉一样平常；但是庸俗的市民却有人没有听说过法律的名称。所以军队不应该犯法，但市民却有可以犯法的情理。对不应该违背礼仪的要求就要更详细，对有可以违背礼仪情理的人要求得就要简略一些；对不应该违背法律的人要求就要更严厉，对有可以犯法情理的人要求得就要宽松一些。这些不同是为了达到相同，这就是所谓的"称量东西，平均施放"。但又有说法。处在礼仪之中而违背礼仪，处在法律之中而触犯法律，如果不是废弃礼乐法律而不顾，必定不敢这样做。他们所犯的过错即使很小，但蔑视破坏礼仪法律的心思却是很严重的。那些处在礼仪和法律之外的人，即使过错的罪恶十分显著，但只不过是因为不知道礼仪和法律才如此而已。身体所犯的过错虽然很大，但内心的过错很小。天下有些过错，众人都以为很严重，但君子认为是很小的，这必定是无心犯下的过错。有些过错，众人都以为很小，君子却以为很大，这必定是有心犯下的过错。

点评

知法犯法，一定是因为轻慢法令，甚至是意在玩弄法令，论罪当然应当从严。不知法而犯法，心中对法令的敬畏还在，就因为这一点敬法崇法之念，论罪应当宥恕从宽。"不教而诛，是谓弃之。"民众不知法，执政者难辞宣教失职之责。陈淳《存心》："心藏隐奥最难知，出入无时不可羁。须向动时牢把住，莫教失却便支离。"程端蒙《省过》："此道从来信不疑，安行何处履危机。无心更与世俯仰，有口不谈人是非。悔吝怨尤须谨细，存亡得失要知几。师门有意无人会，一饷忘言对落晖。"邹浩《读从外祖书》："善如平路恶如峨，底事前人浪自疑。方寸但令无愧怍，彼苍何虑有偏私。流言耸动知公旦，削迹奇穷见仲尼。事事存心惟节慎，大哉斯语是吾师。"

三二〇、恶发于心者大，则祸应于心者亦大

履尧舜之朝而为欺者，真欺也，欺一言重于他时之欺万言者也，入夷齐之里而为盗者，真盗也，盗一金重于他时之盗万金者也。见尧舜而敢欺，事夷齐而敢盗，居鲁国而敢犯礼，推是心以往，何所不至耶？恶发于心者大，则祸应于心者亦大。是非报其事也，报其心也；非报其人也，报其天也。

译文

脚踏尧舜的朝廷而行骗，是真正的欺骗，在这里说一句谎言比其他的时候说一万句谎言还要严重。进入伯夷、叔齐的乡里而做盗贼的人，这是真正的盗贼，在这里偷盗一块金比其他时候偷盗一万块金还要严重。看见了尧舜还敢欺骗，侍奉伯夷、叔齐还敢偷盗，居住在鲁国还敢违背礼仪，按

这样的心思推下去，那什么事情做不出来？罪恶从内心发出来的是最大的，那么相应地从内心产生的祸害也最大。这不是为了报复特定的事情，而是报复他的心；不是为了报复他的人，而是为了替天道报复。

点评

"盖生渔猎之俗而不能者，必天下之至拙。生礼仪之俗而不守者，必天下之至慢也。"因为生长在捕鱼和打猎的故乡却不会捕鱼和打猎的人，必定是天下最笨拙的人了。出生在礼仪风俗之邦却不能谨守礼仪，必定是天下最怠慢的人了。不受从众心理规律影响的人，其心智必有异于常人的地方，或善或恶，当作细论。赵昀《批养性存心二说》："方寸中涵一太虚，操存须用养工夫。莹然镜净无纤翳，一性融明万理俱。"李复《杂诗》："杯水入沧溟，浩浩通无际。原心方寸间，混合周天地。后稷勤稼穑，颜渊甘箪食。行己在一时，流芳播万世。至道不远人，安行近且易。"王惟一《西江月·学道须当猛烈》："学道须当猛烈，始终确守初心。纤毫物欲不相侵。方得神凝气定。　动静不离中正，阳生剥尽群阴。龙降龙伏鬼神钦。行满便登仙境。"

三二一、物莫不恶伤其类

物莫不恶伤其类。桃僵[一]而李仆[二]，若樗[三]若栎[四]必不为之仆，何也？非其类也。芝焚而蕙[五]叹，若萧若艾[六]，必不为之叹，何也？非其类也。

注释

〔一〕僵：仰面向后倒下。
〔二〕仆：向前跌倒。
〔三〕樗（chū）：臭椿树。
〔四〕栎（lì）：同"栎"。
〔五〕芝、蕙：芝草，蕙草，同属香草。
〔六〕萧、艾：萧草、艾草，同属恶草。

译文

生物没有不为伤害自己的同类而感到痛恶的。桃树倒下了李树就会为它而仆倒,但像樗树、栎树就不会为它仆倒,为什么?因为不是它们的同类。芝草被焚烧了蕙草就会感叹,但像萧草、艾草,必定不会为它们感叹了,为什么呢?不是它们的同类。

点评

"类之同者,移千岁于一朝。类之异者,暌一朝为千岁。"如果是同类,可以把一千年移作一早晨。不同类的话,可以把一早晨分为一千年。万物无不会产生相互感应,同类则感应系数更大。同类相近,同类相似,同类相通,故能相感。徐侨《偶书》:"有原一本流无穷,有物万殊生不同。自从太极两仪后,往古来今感应中。"陈师道《猴马》:"沐猴自戏马自惊,圉人未解猴马情。猴其天资马何罪,意欲防患犹伤生。异类相宜亦相失,同类相伤非所及。志行万里困一误,吐豆龁荄甘伏枥。"

三二二、天下之理未尝无对

天下之理未尝无对。既有时同而类异者,亦有时异而类同者。

译文

天下的道理没有不成对应的。既然有同时而不同类的,也就有不同时而同类的。

点评

太极分阴阳,阴阳就是对应。有阴阳才有万物,万物无不有阴阳。充天地者无非万物,有是物则有是理,有是理则有是物,理在物中,物在理中。物有阴阳,则理有阴阳。物有对应,则理有对应。万物无不有对应,万理无不有对应。邵雍《无事吟》:"人间万事若磨持,丛入枯荣利害机。只有一般无对处,都如天地未分时。"朱熹《分水铺壁间读赵仲缜留题二十字,戏续其后》："水流无彼此，地势有西东。若识分时异，方知合处同。"林希逸《自警》："静退虽知趣味殊，终然习气未全除。有无对境宜俱遣，梦觉何时解一如。得力要须生处熟，用工最怕密中疏。莫教草草匆匆去，却恐从前枉读书。"

三二三、欲占吾心于君子合与不合，当察吾心于君子忧与不忧

大抵君子必与君子合，小人必与小人合。学者欲自验其心，盍以是观之？吾见君子失志而忧，见君子之子孙衰替而忧，则是吾心与君子合也。吾见君子失志而不忧，见君子之子孙衰替而不忧，则是吾心不与君子合也。忧人之忧，本未足称，然吾心与君子合，则大可喜。不忧人之忧，本未足贬，然吾心不与君子合，则大可惧。欲占吾心于君子合与不合，当察吾心于君子忧与不忧。自省之术孰要于此哉？

译文

大致上君子必定和君子相合，小人必定与小人相合。学者想要自己验证自己的心思，为什么不用这种方法来考察？我看见君子不得志而为之忧虑，看见君子的子孙衰败而为之忧虑，那么就是我的心和君子的心相吻合。我看见君子不得志而不为之忧虑，看见君子的子孙衰败而不为之忧虑，那么我的心与君子的心就不相合了。替别人担忧，本没有什么可以责备的，但是我的心和君子的心不合，那就是很可怕的。想要检验我的心和君子合还是不合，应当考察我的心是不是为君子忧虑。还有什么自我反省的方法比这更能得要领呢？

点评

所谓心合，即价值观相合，或者即是三观（世界观、人生观、价值观）相同。三观不同，结论迥异。要看三观同不同，就看对同一事物的喜怒忧乐。

王佐《李卫公德裕》:"孤寒八百望崖州,恩怨分明未是仇。但使君心合君子,不须憎李自憎牛。"谢龙升《杂感》:"新愁旧恨思悠悠,没奈何中谁共忧。甘苦亲尝应自省,言行合度仰前修。三更灯火今知惜,廿载韶华去不留。来日正长宜努力,莫教年少惹人羞。"

三二四、天下之患,不发于人之所备,而发于人之所不备

天下之患,不发于人之所备,而发于人之所不备。十事而记其九,来问者,必其一之不记者也。六经而习其五,来难者,必其一之不习者也。四封〔一〕而守其三,来攻者,必其一之不守者也。十而九焉,六而五焉,四而三焉,所备者不为不多矣。然吾敌者,置其九而问其一,置其五而难其一,置其三而攻其一,缘间投隙〔二〕,专择吾之不备而径犯之,何其逆料阴揣如是之巧耶?此世所以忧为备之难也。然为备而不尽则难,为备而既尽则易。人之游于世,罕与所长遇,多与所短遇;罕与所精遇,多与所略遇。虽左提右防,朝戒暮警,偶有毫芒之不尽,则祸必发于此,而不发于其他。信矣,为备之难也!是非为备之难也,为备不尽之难也。必犹有短然后人得而乘之,必犹有略然后人得而困之。无所不长,彼孰得以乘吾短?无所不精,彼孰得以困吾略?苟无所不备,祸虽欲发,终无所发之地矣。是故君子之为备也,人以为无,我以为有;人以为后,我以为先。蚤正素定〔三〕,使胸中无一之不备。及与事物接,此来则以此应,彼来则以彼应,从容谈笑,各就条理。吾是以知为备既尽者,如此其易也。

注释

〔一〕四封：四面边境。

〔二〕缘间投隙：趁着间隙。

译文

天下的祸患不是从人有所准备的地方爆发，而是从人们没有准备的地方爆发。十件事情记得九件，来问的人必定会问其中不记得的那一件事。六经学习了五经，来诘难的人必定会问那没有学习的一经。四面边境守护了三面，侵犯者必定是从没有守护的那面过来。有十件记九件，有六经学五经，有四面守三面，所防备的不是不多。但是我的敌人，放掉九件而问其中一件，放掉五经而问难一经，放掉三面而进攻一面，依托间隔，趁着空隙，专门选择我没有防备的地方来直接冒犯，为什么他们的预料和暗自揣摩会有这么巧合呢？这就是为什么世人都忧虑防备是很难的。所以防备而没有周全就很难，但防备周全了就很容易。人们生活在这个世上，很少遇到自己擅长的情况，而是更多地遇到自己不擅长的情况；很少遇到自己精通的情况，更多地遇到自己不了解的情况。即使左右提防，早晚警戒，但稍有一点没有尽力，那么祸害就会在此时此地发生，而不在其他时其他地发生。的确，防备是很难的。但这不是防备很难，是防备周全很难。必定是还有漏洞然后别人才可以有机可乘，必定还有疏忽然后别人才可以把我围困。如果没有不擅长的，他们谁能乘我的短处？如果没有不精通的，他们谁能够围困我疏忽的地方？如果没有不防备的，祸患虽然想爆发，终究没有爆发的地方。所以君子的防备是，别人认为没有，我早已准备；别人认为是次要，我当成主要来准备。早早地端正好，平时就做好决定，使胸中没有一处无防备的。等到遇见情况，从这边过来就在这边应对，从那边过来就在那边应对，从从容容，谈笑风生，各处都有条有理，所以我知道防备周全了，就是那么容易。

点评

论述了一个近似于短板效应的原理。一只木桶能盛多少水，并不取决于最长的那块木板，而是取决于最短的那块木板。即构成组织的各个部分往往是优劣不齐的，而劣势部分往往决定整个组织的水平。一根链条总在最弱的环节断开。务必要冷静严密地找出自己的"短板",严谨周密,克服最薄弱的环节,并尽早补足补强。释居简《书陈平佐刺图》:"千虑难穷智士心,周防密计保千金。宁能有备为无用,一寸渊渊几许深。"华岳《兵》:"兵贵先人斯夺人,莫教间谍漏真情。汉因有备吴终退,秦为无人楚始争。卦向爻中分损益,棋于局上定输赢。不知都督三边者,还肯江湖问一声。"

三二五、一国之恶,易以义夺,一夫之恶,难以义争

一国之恶,易以义夺,一夫之恶,难以义争。一国,至众也。一夫,至寡也。义可以胜众,而不可以胜寡,何也?公与私之异也。有公恶,有私恶。出于公,虽众易夺,恶出于私,虽寡难争。故君子之论难易,不施诸众寡之间,而施诸公私之际。

译文

一个国家的罪恶,容易凭借正义而战胜。一个人的罪恶,却很难凭借正义来战胜。一个国家,人数众多。一个人,人数绝少。正义可以战胜很多人,而难以战胜极少的人,这是为什么呢?因为公众和私人的不同。恶有公恶,有私恶。罪恶出自公众,即使人数众多也容易战胜。罪恶出自个人,即使很少也很难战胜。所以君子议论难易,不是把它放到人数的多少之间来论述,而是放到公众和私人之间来论述。

点评

公众自有公众舆论,有公众舆论则良知正义终有胜出之时。至于私人,如禁锢于私利,胶固于私见,有非顽石所能比喻者,所以正义更难胜出,以此可见公众舆论之不可少。郭登《天秤》:"体物何曾有重轻,相君因尔号阿衡。谁多谁少皆公论,才有些儿便不平。"程洙《奉送丞相讷斋程先生》:"公相胸中蕴识几,中和不假佩弦韦。人心未免处强弱,公论何尝无是非。岁到寒时知劲节,事当难处见圆机。便须再出扶宗社,未许从容恋翠微。"陆游《送芮国器司业》:"往岁淮边房未归,诸生合疏论危机。人材衰靡方

当虑，士气峥嵘未可非。万事不如公论久，诸贤莫与众心违。还朝此段宜先及，岂独遗经赖发挥。"

三二六、大抵恶出于公，则其根浅而易摇

大抵恶出于公，则其根浅而易摇，故虽一国之势，弱女子胜之而有余。恶出于私，则其根深而难拔，故虽一夫之谋，强大夫排之而不足。百围之木，根不附土，未终朝而可仆。拱把〔一〕朴樕〔二〕，蟠根绕蔓于九泉之下，虽千夫未易动。故君子能受万人之公毁，而不愿受一人之私仇；宁救万人之公过，而不能救一人之私慝〔三〕。

注释

〔一〕拱把：大约一掐粗。
〔二〕朴樕（pú sù）：丛木、小树。
〔三〕私慝（tè）：个人的邪恶念头。

译文

大致上罪恶出自公众，那么它的根就很浅，容易摇动，所以虽然是一国的势力，但一个弱女子战胜它还有余。罪恶出自私人，那么它的根就很深很难拔掉，虽然是一个人的谋划，但强盛的大夫都不能打倒。一百围的大树，根没有附在土里面，不到一个早上就可以弄倒。一掐粗的小树根系缠绕，在很深的土里面盘根错节，即使是一千个成人也不容易动它。所以君子可以承受一万个公众的毁谤，也不愿意承受一个人的私怨；宁可挽救一万人的公共过错，也不能挽救一个人的私人怨恨。

点评

"心私则事私。"内心自私那么事情也就自私。思想工作最重要，也最难做。事出于公，则必有公众舆论相应，既有公众舆论，则必有异议相持。恶可在一时蒙骗任何人，也可以永远蒙骗一部分人，但绝无可能永远蒙骗任

何人。而一个人的心智既被私意蔽障，则可至永远。李诩《张春野训果儿有作韵酬之》："此心提醒要惺惺，百万军中鼓吹鸣。才有一毫私意蔽，便应千变恶机形。斋持务使神明守，培养先从定静生。圣训昭昭如白日，毋劳旁事短长铭。"冯璧《和希颜》："虎守天门未易通，庚尘无扇障西风。主人何负盗憎主，公论不明私害公。老伏固非千里骥，冥飞似是五噫鸿。纷纷往事渠知几，都付崧巅一笑中。"

卷十八

三二七、天下之尤可恶者，其惟私之私乎

私者，人之所恶也。立乎人之朝，相结以私情，相交以私利，相报以私恩，不复知公义之所在，固人之所共恶也。是其为私，虽人之所共恶，亦人之所共知，犹非可恶之尤者也。天下之尤可恶者，其惟私之私乎？受私而矫情以示公，示公而匿机以行私，私中有公，公中有私，深闷〔一〕险谲〔二〕，举世皆莫能窥，此所谓私之私也，君子之所尤恶也。

注释

〔一〕深闷（bì）：深邃静寂。
〔二〕险谲：阴险诡诈。

译文

自私是人人都很痛恶的。处在人家的朝廷，用私情来相互结交，用私利来相互结交，用私人恩情来报答，不再知道公正的道义在哪里，这本是人们所共同痛恶的。这样的自私行为，虽然是人们所共同痛恶的，但也是人们所共同知道的，这还不是最可痛恶的。天下最可痛恶的是自私中的自私吧，接受私利而矫情地炫耀公正，炫耀公正而又隐藏心机来做自私的事，自私中有公正，公正里面有自私，深深地隐藏，阴险而狡猾，全世界的人都不能看清，这就是所谓的自私中的自私，是君子最痛恶的。

点评

假公济私，窃公义以遂私谋成私利，伪君子比真小人更可怕，也更可恶。白居易《放言五首》："朝真暮伪何人辨，古往今来底事无。但爱藏生能诈

圣,可知宁子解佯愚。草萤有耀终非火,荷露虽团岂是珠。不取燔柴兼照乘,可怜光彩亦何殊。"陈普《义利》:"利出私情害万端,义循天理乐而安。是非得失分霄壤,相去其初一发间。"朱熹《克己》:"莫道公私未判然,自忧一日用功难。便随明处猛分摆,志在希颜即是颜。"卫宗武《为乡人赋心田》:"方寸良畴人共有,能耕能敛几人知。坦平非有山河界,存养何殊雨露滋。盍剖藩篱忘彼我,却明畦畛别公私。尽多阴骘于中种,播获当为百世菑。"

三二八、恶机可以感善,邪机可以感正

恶机可以感善,邪机可以感正,是善常在于恶之中,而正常在于邪之中也。善在恶之中,是天下本无恶;正在邪之中,是天下本无邪也。之言也,之理也,微矣哉!

译文

罪恶的心机却可以感发善举,邪恶的心机却可以感发正义,所以善良常常在罪恶中,正义常常在邪恶中。善良在罪恶之中,这是天下本没有罪恶;正义在邪恶里面,这是天下本没有邪恶。这样的话,这样的道理,很精微啊!

点评

人同此心,仍同此一点天道良知之心,王阳明所谓"良知",人人具足,故虽有恶机也能感善。徐积《示诸君》:"古俗今时不用分,只将虚实判浇淳。养心有要先除伪,入德无难只用真。此道若从为得路,他歧如往是迷津。我曹好尚虽迂阔,最爱山夫共野人。"张方平《赠韦不伐》:"莫随世伪作圆方,坦坦无邪是履祥。学鄙浅讹趋古道,天教辖轲与刚肠。俛投胯下人皆笑,独卧隆中自不常。毕竟途穷无所合,何妨持钓坐沧浪。"

三二九、怒可以疏者解，不可使亲者解；疑可使疏者辨，不可使亲者辨

见怒于人，为吾解者，必与吾亲者也。见疑于人，为吾辨者，亦必与吾亲者也。抑不知怒可以疏者解，不可使亲者解；疑可使疏者辨，不可使亲者辨。人之方怒也，人之方疑也，望其亲厚者来，固逆以游说待之矣。先持游说之心以待其至，则虽有公言，亦视以为私；虽有正论，亦视以为党，岂特塞耳而不听哉？解其怒而甚其怒者有矣，辨其疑而增其疑者有矣，呜呼！亲者尤不可解，况于自解乎？亲者尤不可辨，况于自辨乎？苟不审势，不见机，不察言观色，身往辨解，径犯其疑怒之锋，则一顾而生百忿，一诘〔一〕而生百猜。辞多则谓之争，辞寡则谓之险。貌庄则谓之傲，貌和则谓之侮。进退周旋，无非罪者。束手而赴仇家，其见杀者，非仇之过也，我自送其死于仇也。裸裎〔二〕而投虎穴，其见噬者，非虎之暴也，我自送其死于虎也。彼方蓄怒积疑，欲致毒于我，而未得逞，我乃委身其前以投之，其得全也难哉！

注释

〔一〕诘（jié）：询问、责问。
〔二〕裎（chéng）：裸体不穿衣服。

译文

被别人愤恨，替我劝解的，必定是我的亲友。被别人怀疑，替我辩白的，必定是我的亲友。却不知道恼怒可以让生疏的人来劝解，不可以让亲友来劝解；怀疑可以让生疏的人来辩白，不可以让亲友来辩白。人们正发怒的时候，正怀疑的时候，看到与对方亲近交厚的人来了，本来就以面对游说的心态来迎接他们了。先怀有面对游说的心态等着他们到来，那么就是有公正的

话语，也被看作是为了私利了；即使是正义的话语，也被看作是为了同伙，这样，难道会仅仅是塞住耳朵而不听从吗？本来为了消释愤怒的却增加了愤怒，这是有的；本来是为了辨清疑虑的却增加了疑虑，这是有的。唉呀！亲近的人尤其不可去劝解，何况自己替自己劝解呢？亲近的人尤其不可以去辩白，何况自己替自己辩白呢？如果没有看清形势，没有看清动机，不观察脸色和言语，自己前往辩解，直接触犯他的怒火和疑虑的尖锋，那么看一下就会生出众多愤恨，问一下就会生出很多猜疑。说得多就会被认为是争辩，说得少就会被认为是阴险。容貌端正就被认为是傲慢，容貌温和就被认为是侮慢。一进一退，一举一动，没有不是过错的。绑着手去仇人家里，被杀害了，这不是仇人的过错，是我自己到仇人那里去送死。光着身子前往虎穴，被老虎吃了，这不是老虎暴虐，是我自己到老虎那里去送死。他们正在积蓄愤怒积累疑虑，想要毒害我而没有得逞，我却自己把自己送过去，这还能够保全性命的那是很难的啊！

点评

　　心理情绪要遵循心理学原理有针对性地应对，要充分考虑社会利益因素与时空情景设置。薛蕙《效阮公咏怀》："群狙竞芋栗，喜怒随转移。飞飞海上鸥，矰缴不可施。张仪谢苏君，赵令说李斯。小义鲜能终，邪径固多歧。利害异目前，亲仇在一时。他人各有心，愉乐且相欺。侥幸昧全图，此计良可嗤。"苏轼《次韵孔毅父集古人句见赠》："膏明兰臭俱自焚，象牙翠羽戕其身。多言自古为数穷，微中有时堪解纷。痴人但数羊羔儿，不知何者是左慈。千章万句卒非我，急走捉君应已迟。"方回《追用徐廉使参政子方、申屠侍御致远、张御史鹏飞》："物有先时有后时，天工无早亦无迟。饱禁夜雨元非恶，暗受春风或未知。一死频烦衰白报，三生不为落红悲。解纷忆得吾家学，径与挥刀截乱丝。"杨简《熙光》："兢业初无蹊径，缉熙本有光明。自觉自知自信，何思何虑何营。镜里人情喜怒，空中云气纤縈。孔训于仁用力，箕畴王道平平。"

三三〇、故弃人之所不能弃，然后能言人之所不能言

　　苟藏于心者有毫芒之顾惜，则发于口者，有邱山之畏怯矣。故

弃人之所不能弃，然后能言人之所不能言。

译文

如果藏在心中有一丝一毫的顾惜，那么口里说话的时候，就会有山丘那样大的畏怯。所以放弃别人所不能放弃的，然后才能说别人不敢说的。

点评

无私则无畏，无私则从容。老子曰："吾所以有大患者，为吾有身。吾无身，吾有何患？"虽然处在利害关系之中，却跳出了利害关系之外。所以能从容恳切而不自我危疑。陈普《养心寡欲》："心体自然安用养，多因迷欲易成昏。但能寡欲无私累，本体清明理自存。"《善与人同》"善出于人元即性，在人在我本无殊。常人未免为私累，上圣之心道与惧。"吴处厚《八咏警戒》："无私仍克己，克己又无私。一事兼修饰，终身在省思。公清多敛怨，高亢易招危。更切循卑退，方应履坦夷。"罗亨信《癸巳谪交阯过十八滩》："几年踪迹仕途间，此日重过十八滩。怪石槎牙如列戟，湍流迅急似倾盘。神灵有感能相护，心事无私险自安。遥望九重犹咫尺，秋高应拟泛舟还。"郑刚中《义荣见示禅月山居诗，盥读数过，六根洒然。但余素不晓佛法，今以受持孔子教中而见于穷居所日用者，和成七首（其七）》："经史何须万卷开，书多方朔反诙谐。能言正恐迷难出，绝学方知进有阶。角逐英雄都扫地，留传功业谩磨崖。若无反照观心术，永堕诸尘万事乖。"萧立之《至日次韵》："混辟无穷运以刚，积阴打底有微阳。驱驰道路年光晚，收拾身心意味长。三日南风天不雨，一编周易鬓微霜。乾坤只在梅花上，梅不能言心自香。"

三三一、物之易合者，莫如居患难之时

物之易合者，莫如居患难之时。同川之鱼，鳣不知鲔，鲔不知鳣，游泳不相顾也。及失水，则相沫相濡，欢然而相亲，岂得水则不仁，失水则仁耶？居患难之地，不得不合也。同舟之人，胡不知越，越不知胡，语言不相入也。及遇风则相赴相救，慨然而协力。岂无风

则不义，有风则义耶？居患难之地，不得不合也。

译文

　　物与物容易结合在一起的，没有比得上处在患难的时候。同一条河流里的鱼，鳣鱼不知道鲔鱼，鲔鱼不知道鳣鱼，游泳的时候互相都不顾及。等到没有水的时候，就用唾沫来互相滋润，很高兴地互相亲近，难道有水的时候就不仁义，没有水的时候就仁义吗？处在患难的境地，不得不相互结合啊。同在一条船的人，就像北方的胡人不知道南方的越国人，越国人不知道胡人那样，言语不通。等到遇到了大风，就互相救助，慷慨地相互协助。难道没有风的时候不义气，有风的时候就有义气吗？处在患难的境地，不得不结合啊。

点评

　　吕祖谦深论居患难之所以和合的原因："同忧相遇，必相亲以谋其忧。同怨相遇，必相亲以致其怨。同愆相遇，必相亲以逞其愆。"忧患相同的人相遇了，必定会相互亲近，考虑共同的忧虑。怨恨相同的相遇了，必定会相互亲近，报复共同的怨恨。怨愤相同的人相遇了，必定会相互亲近，发泄共同的怨愤。人是环境的产物，在特定环境情景中，利害一致，则不难团结一体，共同趋利而避害。王同祖《秋日金陵制幕书事》："元帅谦谦尽下情，麟堂垂晚更延宾。遇风尽是同舟客，肯把秦人视越人。"张瑞玑《书感》："天地萧森草木秋，恶滩风雨逼同舟。英雄事业兔三窟，乱世人才貉一邱。九塞屯兵开朔漠，两河豪杰会中州。沧桑见惯寻常事，老我生涯付酒瓯。"

三三二、权其小大轻重而中持衡焉

　　吾圣人之门，未尝修怨，未尝不修怨，权其小大轻重而中持衡焉。小者忘之，大者报之；轻者忘之，重者报之。未尝倚一偏而主一说也。

译文

我们圣人的门派，没有结怨，也没有不结怨，权衡事情的大小轻重，执守中正坚持平衡。小事就忘记，大事就要报复；轻微的事就要忘记，重大的事就要报复。没有偏向一边而主张一种说法的。

点评

中即中正，执守中正，即把握适中事物规律的原则，在对应发展变化的事物中，保持符合规律的平衡，这是列圣相传的心法，是应对万事万物原则中的原则。方回《古修堂》："尧付诸冯药一丸，养心谁续执中丹。三千年后人能服，圣处工夫似不难。"杨时《自警六绝》："行藏须信执中难，时措应容道屡迁。一目全牛无肯綮，騞然投刃用方安。"王惟一《西江月·学道须当猛烈》："学道须当猛烈，始终确守初心。纤毫物欲不相侵。方得神凝气定。　动静不离中正，阳生剥尽群阴。龙降龙伏鬼神钦。行满便登仙境。"李道纯《沁园春》："中是儒宗，中为道本，中是禅机。这三教家风，中为捷径，五常百行，中立根基。动止得中，执中不易，更向中中认细微。其中趣，向词中剖得，慎勿狐疑。　个中造化还知。却不在、当中及四维。这日用平常，由中运用，兴居服食，中里施为。透得此中，分明中体，中字元来物莫违。全中了，把中业劈破，方是男儿。"

三三三、兄弟之间，非较轻重之地也

兄弟之间，非较轻重之地也。合以人者，有时而离；合以天者，无时而离。兄弟之属，天也，人怨不足以害之。

译文

兄弟之间，不是较量怨恨轻重的地方。用别人的情况来检验，有时候会有差距的；用天性来检验，就不会有差错了。兄弟关系是属于天性的，人的怨恨是不能够伤害它的。

点评

"以天视之，则兄弟之亲，与生俱生，而不可离，岂以恩而加，岂以怨而损哉？"用天性来看，兄弟之间的亲情，与生俱来，不可以分离，怎么可以因为有恩而增加，有怨而减损呢？少小阋墙非夙怨，曾几何时爱厚深。兄弟之间有求同存异、同纾患难的天然基础，要存小异而求大同，自然不应斤斤计较小大轻重。刘东父《甲子秋怀》："一从云气隐芒砀，铁雨金风满蜀乡。蜗角徒开蛮触衅，阋墙肯作豆萁伤。招魂我亦吟薨里，布奠谁为吊国殇。借问老苍胡太酷，忍教豺虎独狂猖。"鲁迅《题三义塔》："奔霆飞熛歼人子，败井颓垣剩饿鸠。偶值大心离火宅，终遗高塔念瀛洲。精禽梦觉仍衔石，斗士诚坚共抗流。度尽劫波兄弟在，相逢一笑泯恩仇。"

三三四、内疑未解，外观必蔽

天下之物，不可以疑心观也。万物错陈于吾前，凫〔一〕短鹤长，绳直钩曲，尧仁桀暴，夷廉跖贪。区别汇分，本无可惑。疑心一加，则视凫如鹤，视绳如钩，视尧如桀，视夷如跖。是非物之罪也，以疑先物，所见固非其正也。内疑未解，外观必蔽，不求之于心，而求之于目，难矣哉！此独非其难也，物未尝眩吾，而吾则疑物也。吾先以疑待物，而物之似复适投吾之所疑。以我之疑观物之似，此天下之至难辨也！

注释

〔一〕凫（fú）：野鸭，它的腿较短。

译文

天下的事物不可以用疑心来观察。万物交错地陈列在我跟前，凫鸟的脚短，鹤的脚长，绳子是直的，钩子是弯曲的，尧是仁慈的，桀是残暴的，伯夷很廉洁，盗跖很贪婪。——归类汇聚区别分开，本来没有什么可以疑惑的，但一有疑心，就会把凫鸟看成鹤，把直绳看成弯钩，把尧看成桀，把伯夷看成盗跖。这不是事物的过错，用疑心来观察事物，所看到的本来就不是纯正的。内心的疑惑没有解除，向外观察必会被蒙蔽，不从内心寻求，而用眼睛去寻求，这是很难的啊！这并不是事物很难观察，事物并没有骗我，而是我怀疑事物。我先用怀疑的态度来对待事物，那么事物的假象就刚好投合我的怀疑。用我的怀疑来观察事物的真伪，这是天下最难辨别的！

点评

认识世界的过程是一个猜想证伪的过程。主观情绪必然会影响对事实的客观判断。怀疑没错，带主观情绪的怀疑就容易出错。以客观公正之心去怀疑，从多层面多角度去找事实求证，依然是探索判断事物的最好方法。林希逸《至学》："至学玄谈理最微，负门粗细有谁知。蛇生弓影心颠倒，马龁萁声梦转移。须信风幡元不动，能如水镜却无疵。咸经四字分明训，截断憧憧未感时。"王丹桂《玉炉三涧雪·欲要超离苦海》："欲要超离苦海，先须割爱忘情。从来坑堑划教平。不入荒凉斜径。　幻景浮华识破，疑心妄念休生。潇潇洒洒向前行。步步蓬莱有准。"韦骧《闻诏寄鲁成之兄弟》："天子需贤虑逸遗，诏书间岁出丹墀。嗟予衮衮成无状，羡子飘飘正得时。能将必先期敌胜，善占当自照心疑。相将歧路青云近，莫厌萧条更下帷。"

三三五、强人之听者，固不若使人之自听也

忠臣义士，感慨愤悱[一]，自尤其言之独未急，更相激扬，更相摩厉，言愈迫而效愈疏。他日闻有一言悟意，回难回之听者，意其言必剀切[二]的近，出于吾平日所虑之外。及徐问其说，乃吾异时所共讪侮[三]以为迂阔者也。言者急，而听者缓；言者缓，而听者急，岂听者乐与言者相反覆耶？覆觞[四]推盏[五]，不能止人之饮，而谈笑讽咏，可以使人终身视酒如仇雠[六]。闭门投辖[七]，不能挽

人之留，而邂逅〔八〕遇合，可以使人终身从我如父子。强人之听者，固不若使人之自听也。

注释

〔一〕愤悱（fèn fěi）：郁闷不舒，积思求解。

〔二〕剀（kǎi）切：恳切规谏，切中事理。

〔三〕讪侮（shàn wǔ）：讥笑轻侮，讪笑侮慢。

〔四〕觞（shāng）：古代盛酒器。

〔五〕盎（àng）：腹大口小的盛物洗物的瓦盆。

〔六〕雠（chóu）：同"仇"，大怨，对敌。

〔七〕闭门投辖（xiá）：辖是车轴的键，去辖则车不能行。比喻主人留客的殷勤。

〔八〕邂逅（xiè hòu）：不期而遇或者偶然相遇。

译文

忠诚的臣子，仁义的士人，感慨激动，奋发悲痛，自己很担心自己的话不够急切，又再激烈一些，再锋利一些，说得越是迫切而效果越差。某一天听说只有一句话就能让人幡然醒悟，使难以回转的听者回转了，别人猜想他的话必定是很急切严厉，鲜明贴近，超出了我平时所考虑到的。等到慢慢地询问他说的话，才知道是我们以前共同嘲笑蔑视，认为很迂阔的话。说的人很急切，听的人反应很慢；说的人很慢，而听的人反应很迅急，难道听的人喜欢和说的人对着干吗？打翻酒杯，推掉酒盅，这不能阻止别人饮酒；但在平常谈话中，却可以让人终身看到酒就像仇敌一样。把门关住，把车锁住，不能把人留住；但邂逅相遇，却可以使人终身都跟从我，像父子一样。强迫别人听，本来就不如让别人自己听。

点评

劝说之道，贵在感通，能契入心灵，使其自悟自得，往往在平实一语。"持断编腐简，熟烂之语，而速于辨士说客捭阖之功。"凭着断烂的简策，腐朽的言辞，功劳要比善游说的说客还来得迅速。所谓"断编腐简，熟烂之语"是历经岁月打磨淬砺的真知灼见，已深深地嵌入人们的潜意识，往往能牵触心灵开悟之机，非一时矫激之辞可比。王安石《孟子》："沉魄浮魂不可招，遗编一读想风标。何妨举世嫌迂阔，故有斯人慰寂寥。"陆游《书叹》："齐民困衣食，如疲马思秣。我欲达其情，疏远畏强聒。有司或苛取，兼并亦豪夺；正如横江纲，一举孰能脱！政本在养民，此论岂迂阔？"释智深《颂古》："裴公悟处绝谈诋，尺水能翻万丈波。霹雳机中反活眼，锋铓句里罢干戈。峰头路，暂经过。浓绿万枝红一点，动人春色不须多。"乾隆《读〈贞观政要〉》："懿德嘉言在简编，忧勤想见廿三年。烛情已自同悬镜，从谏端知胜转圜。房杜有容能让直，魏王无事不绳愆。高山景仰心何限，宇宇香生翰墨筵。"

三三六、世有久近，而至理无今古

盖乐有作辍[一]，而至音无存亡；世有久近，而至理无今古。九叙[二]之歌，在唐虞听之不为新，在晚周听之不为旧，愈言愈深，愈听愈感。

注释

[一]辍（chuò）：中途停止、废止。
[二]九叙：谓九功各顺其理，皆有次序。泛指德政。九功则指六府三事；水火金木土谷为六府，正德、利用、厚生为三事；执政者应该把这九项政务，妥善安排好，经过三年一次的考查，并考查三次之后，来评定业绩。由评定而分别高下，业绩优良的予以升迁，不良的便要降职、免官，以至驱逐。这种评定行政官业绩的步骤，称为"叙"；叙的标准就是实行九功业绩的优劣，是以人民的歌谣为准，也就是人民中代表多数人表现于歌唱中对官员施政的意见。

译文

音乐有演奏和停辍的时候，但极致的音乐没有存在和消亡这回事；时代有久远和浅近，但极致的道理却没有古今的分别。九叙这样的歌，在唐虞的时代听到不新鲜，在晚周的时代听到不算得陈旧，越说越深刻，越听越感人。

点评

　　九叙制度是一种良好的考评制度，歌谣即社会舆论，九叙制度，实质是一套社会舆论监督推选制度，其中必然蕴含着政治学最基础的普遍性原则，值得借鉴。至理，可以理解为绝对真理，但理解为不同层面的普遍规律似更确切。人们认识范围内的普遍规律就是极致的真理。刘黻《感兴诗》："至理要一切，精微实高广。寄之形气中，今来齐古往。众曜列太空，环侍惟斗仰。变化妙不测，虚灵本常朗。井坐识易陋，帘窥学云周。静玩感兴篇，剖陈如指掌。"陈文蔚《读书亭》："古人不可见，千卷留遗编。要非纸上语，至理实参前。列圣精微心，舍此将何传。极本会于一，枝叶数万千。博文可约礼，掘井志得泉。兹乃读书旨，涵泳当忘年。"邵雍《天地吟》："天人之际岂容针，至理何烦远去寻。凶焰炽时焚更烈，恩波流处浸还深。长征戍卒思归意，久旱苍生望雨心。祸福转来如反掌，可能中夜不沉吟。"

卷十九

三三七、善待人者不以百非没一善，善论人者不以百善略一非

待人欲宽，论人欲尽。待人而不宽，君子不谓之恕；论人而不尽，君子不谓之明。善待人者不以百非没一善，善论人者不以百善略一非。善待人者如天地，如江河，如薮泽，恢恢乎无所不容；善论人者如日月，如权衡，如水鉴，昭昭乎无所不察。二者要不可错处也。待人当宽，世固已知之矣。至于论人当尽，学者每疑其近于刻而不敢尽焉。抑不知论人者，借人之短以攻我之短，借人之失以攻我之失，言主于自为，而非为人也。品题之高下，所以验吾识之高下；与夺之公私，所以验吾心之公私。苟发于言者略而不尽，则藏于心者必有昏而未明者矣。

译文

对待人的应当宽容，议论人就应当详尽彻底。对待人如果不宽容，君子就不认为是宽恕；议论人如果不详尽彻底，君子就不认为是明察。善于待人的人不会因为人家有百样错误，而埋没他的一次善行；善于议论人的人不会因为人家有百样善行，而忽略他的一次错误。善于待人的人就像天地，像江河，像沼泽，十分宽大，没有不包容的；善于议论的人就像日月，像量具和秤杆，像水面和镜子，明明白白，没有什么看不清楚的。这二者关键是不应当放错地方。待人应当宽容，世人固然已经知道了。至于论人应当详尽彻底，学者每每怀疑这接近于刻薄，因而不敢详尽彻底。但却不知道议论别人是借助别人的短处来治疗我的短处，借助别人的过失来治疗我的过失，议论是立足于为自己，而不是为了别人。品评人的高下，是为了

检验我见识的高下；裁决人的公私，是为了检验我内心的公私。如果说话简略而不详尽，那么藏在心底里的必定有昏暗不明察的地方。

点评

论人的出发点是论己，归宿点也在完善自己。议论人应是一个校正三观调整心态的过程。以人为镜，可知得失。议论人的过程也是一个对照检查的过程，议论详尽则得失尽知无隐，也可以烛照自我的缺失，而完善自我修为。但议论人应该是个人的思辨过程，不等于在公众场合扬人之短恶。在公众场合扬人之短恶，已属如何对待人的问题，就要以宽恕为坚守的原则了。陆游《读史》："南言莼菜似羊酪，北说荔枝如石榴。自古论人多类此，简编千载判悠悠。"钱时《尽愚衷》："休论人是与人非，会得观心过亦微。泛滥此生长似旅，天寒日暮是谁归。"徐瑞《赠别高则山、王叔浩》："采诗直须别具眼，论人尤贵平其心。莫重所闻轻所见，四方岩穴有知音。"

三三八、风雨如晦，而鸡鸣不已

大浸稽天，而砥柱不移；风雨如晦，而鸡鸣不已。

译文

大水漫天，但中流砥柱不会移动；狂风暴雨，白昼如黑夜，而鸡不会停止鸣叫。

点评

承担大使命、建大功立大业者，须有渺观宇宙坚贞不拔之劲节。谢枋得《小孤山》："人言此是海门关，海眼地涯骇众观。天地偶然留砥柱，江山有此障狂澜。坚如勇士专场立，危比孤臣末世难。明日登峰须造极，渺观宇宙我心宽。"朱德《古宋香水山芙蓉寺题诗》："己饥己溺是吾忧，急济新怀几度秋。铁柱幸胜家国任，铜驼仍作荆棘游。千年朽索常虞坠，一息承肩总未休。物色风尘谁作主，唯看砥柱正中流。"

三三九、近者之蔽，固不如远者之明也

以地以势，则近者详而远者略。以情以理，则近者蔽而远者明。问官府之政于铃下马走[一]，甲是乙非，嘈嘈哓哓，迄[二]无定说。至大山之隈[三]，绝涧之曲，农夫樵父，相与画地而讥长吏之能否，若辨黑白，若数一二，较然而不可欺，彼岂尝识刺史[四]之屏而望县令之舃[五]哉？其言贤定精审，反胜于左右前后拥篲[六]奉辔[七]之人，盖爱憎绝于耳目之前，则毁誉公于郊野之外。近者之蔽，固不如远者之明也。

注释

〔一〕铃下马走：指身边随从的仆人。
〔二〕迄（qì）：终了、终止。
〔三〕隈（wēi）：山、水等弯曲的地方。
〔四〕刺史：汉武帝元封五年，为了加强对全国的控制，将全国分为十三个部分，就是十三州部（好比明清时期的省），每个部派出一名刺史去巡察郡县、监督百官、检举不法。因此各刺史所监督的部分郡县就成了朝廷的一个监察区，称为"刺史部"，是汉代由监察区演变而成的高级行政区，其长官称为刺史。
〔五〕舃（xī）：鞋子。
〔六〕拥篲（huì）：手执笤帚扫地。
〔七〕奉辔（pèi）：驾马车。辔，控制马的缰绳。

译文

按照地理形势来说，那么附近的东西要看得详细，而远处的东西看得疏略。但按照情理来说，那么附近的人就要受蒙蔽，而远处的人要明白一些。向官员身边的随从马夫询问官府的政治情况，甲肯定而乙否定，吵吵闹闹，竟然没有一个固定的说法。在大山的山坳里，和绝少人迹的水流边，农夫和樵夫，一起在地上涂涂画画地议论长官有没有才能，就像辨别黑与白一样，就像数一二那样，明明白白而不可以欺骗，他们难道曾经见过刺史的屏风，

望见过县令的鞋子吗？他们的话贤能而确定，精确而周密，反而胜过了左右前后的那些拿着扫帚捧着马辔的身边人，大概是因为在耳目之前没有偏爱和憎恶，那么在郊野之外的批评或赞誉反而很公正。附近的人被蒙蔽了，本来就不如远地人那么明白。

点评

知屋漏者在屋下，知政失者在乡野。行为的得失，主要看行为的目标能否达成。政策的得失主要看政策实施在目标群体中的效果。"入世愧无才学识，观人合证去来今。"观人之道，在于突破立场局限，作多方位的综合观察与分析，不可蔽于一曲。邵雍：《天津感事》："着身静处观人事，放意闲中炼物情。去尽风波存止水，世间何事不能平。"徐瑞《律诗》："翟公莫厌雀罗门，杜老甘居独树村。谔谔固应贤唯唯，昭昭元不似昏昏。穷居有分行吾意，君子观人论所存。未必钟期旷千载，兴来一再抚桐孙。"

三四〇、三蔽既尽，一心自明

非恩赏之所及，故不为爱所蔽；非政令之所及，故不为尊所蔽；非兵威之所及，故不为畏所蔽。三蔽既尽，一心自明。

译文

不是恩惠和赏赐可以触及的，所以不会被偏爱所蒙蔽；不是政令所能触及的，所以不会被尊崇的心态所蒙蔽；不是军事的威力所能触及的，所以不会被畏惧所蒙蔽。三种蒙蔽既然去掉了，内心自然就明白了。

点评

聂夷中《杂兴》诗云："两叶能蔽目，双豆能塞聪。理身不知道，将为天地聋。"不为情爱所蔽，不为权威所蔽，不为恐惧所蔽，则心灵得大解脱，而发明创造的天赋能力得大挥发。但靠自身觉悟解除为难，凭依制度外力解除为易。金朋说《正心吟》："明诚道不离，知格无邪伪。中正着吾心，毋为私欲蔽。"施肩吾《讽山云》："闲云生叶不生根，常被重重蔽石门。赖有风帘能扫荡，满山晴日照乾坤。"

三四一、惟其心不在诸侯，故币虽厚，而人自见其薄

惟其心不在诸侯，故币虽厚，而人自见其薄；礼虽备，而人自见其略；仪虽华，而人自见其瘁；令虽严，而人自见其慢。犹人之将疾，百骸九窍〔一〕，物物备具，然而神不主体。耳目鼻口，手足肩背，解散而不属，弛纵而不随。形虽在，而其精华英灵之气，枵然〔二〕无复存矣。

注释

〔一〕百骸（hái）九窍：指整个躯体和所有器官。
〔二〕枵（xiāo）然：虚大、空虚。

译文

正因为他的心思不在意掌控诸侯，所以送给盟国的钱币虽然很丰厚，但人们从中看出了微薄。礼节虽然具备了，但是人们从中看出了疏略。礼仪虽然豪华，但是人们从中看出了病变。命令虽然威严，但是人们从中看出了怠慢。就像人即将得病，各种器官虽然都具备了，但他的精神不能作为身体的主宰了。耳目鼻口，手足肩背这些部分都解散而没有归属，松弛而不知听从。形体虽然还在，但他的精华英灵之气已经空虚不再存在了。

点评

"造化勿忘还勿助，精神非色亦非空。"内质不等同于形式，但也绝非空虚不存在。事物的形式固然制约事物的内质，但事物的内质却主导事物的形式。内质也即精神，天地所创在于造化之气，人事作为在于人设之意，虽然无象，却要真纯。陈文蔚《去草棘》："草虽至微物，禀气何不同。瑞者为灵芝。大抵和所钟。薰者为兰荪，芬香播春风。人知外秀异，胡不原诸中。奈何一种类,亦费造化工。"黄庭坚《题子瞻墨竹》："眼入毫端写竹真，

枝掀叶举是精神。因知幻物出无象，问取人间老斲轮。"邵雍《弄笔吟》："人生所贵有精神，既有精神却不纯。弄假像真终是假，将勤补拙总输勤。因饥得饱饱犹病，为病求安安未真。人误圣人人不少，圣人无误世间人。"

三四二、凡人之情，厌常而嗜怪，骇正而从伪

凡人之情，厌常而嗜怪，骇正而从伪，此古今之通病也。夺臂大呼，不足以动一旅，而狐鸣鱼腹之诈，不移晷〔一〕而成军。徒步献书，不足以取一官，而祭灶斗棋〔二〕之诞，不终朝而胙土〔三〕。久矣，夫人之嗜怪而从伪也！天下之常道，惟恐人之不嗜，至于怪，则惟恐嗜之太深。天下之正理，惟恐人之不从，至于伪，则惟恐从之太过。

注释

〔一〕移晷（guǐ）：日影移动，犹言经过了一段时间。

〔二〕斗棋：古代方士的一种法术，使棋子自相斗击。西汉，有一个名叫栾大的方士，他利用磁石有两个磁极，同名磁极相吸引、异名磁极相排斥的特性，做了两个棋子般的东西，通过调整两个棋子极性的相互位置，有时两个棋子相互吸引，有时相互排斥，栾大称其为"斗棋"。他把这个新奇的玩意献给汉武帝，并当场演示，汉武帝惊奇不已，龙心大悦，竟封栾大为"五利将军"。栾大利用磁石的性质，制作了新奇的玩意蒙骗了汉武帝。

〔三〕胙（zuò）土：封爵分土地，也指封官。

译文

一般人的感情是厌恶常见的而嗜好怪异的，害怕中正的而去跟从虚伪的，这是古今的通病。振臂高呼，不能够感动一支军旅，然而像陈胜、吴广那样假装狐狸嚎叫、在鱼肚里面放置书信的诈骗，片刻间就造成了一支军队。走着去献书，不能够获得一个官位，但靠着祭祀灶神和演示斗棋的荒诞游戏，不到一个早上就封官了。这很悠久啊，人们嗜好怪异而跟从虚伪！天下的常理，惟恐人家不嗜好，至于怪异，就惟恐人家嗜好得太深了。天下的正理，

惟恐人家不听从，至于虚伪，就惟恐人家听从得太过分了。

点评

有无知才有怪异，有愚蠢才有欺诈。正理往往只是常识，而无知愚蠢的人往往失去常识。项安世《三和》："易简乾坤正理，宽平雅颂真情。何处如今更有，壁间床下秋声。"王庆升《入道诗》："羲文孔子一先天，互把精微著易篇。不用阴阳真正理，旁蹊曲径是徒然。"俞德邻《送王舍人之燕山》："柳媚花明二月天，金羁络马路三千。鳣鲸得意纵溟壑，蛙蚓无知闹坎泉。今古不磨惟正理，是非何必待他年。离骚已信多忠愤，珍重毋忘鸮羽篇。"

三四三、有实理然后有实心，有实心然后有实惠

儒者或以阴助教化许之，遽谓蕊宫金地〔一〕之说，未必真有，要可以引人为善；酆都泥梨〔二〕之说，未必真有，要可以止人为恶。所示者虚，所得者实，亦何负于天下耶？抑不知墙之始筑，有一臿〔三〕之虚，则其颓〔四〕败，必见于风雨之时；念之始发，有一毫之虚，则其渝〔五〕毁，必见于事变之日。人之始信祸福之说，固已失其本心矣。以诳〔六〕而趋善，非本欲为善也；以胁而避恶，非本不为恶也。是心本无，特暂为祸福虚说之所诳胁尔。他日复为利害所诳胁，安得不变而之他耶？此亦一诳胁也，彼亦一诳胁也，亦何分轻重于其间哉？有实理然后有实心，有实心然后有实惠，岂有借虚说而能收实效者耶？

注释

〔一〕蕊宫金地：宗教和民间信仰所谓仙佛居住的地方。
〔二〕酆都泥梨：宗教和民间信仰所谓阴间地狱恶死后受惩罚的地方。
〔三〕臿（chā）：同"锸"，今称铁锹。

〔四〕颓：有崩坏、倒塌。

〔五〕渝（yú）：改变。

〔六〕诳（kuáng）：欺骗、迷惑。

译文

有的儒士认为巫师暗暗地帮助了教化，因而赞许巫师，于是认为神仙宫殿、铺满金子的地面这样的传说未必真的有，关键在于它可以让人做善事；阴间地狱的说法，未必真的有，关键在于它可以阻止人作恶。所展示的是虚假的，但所得到的是实惠的，这有什么对不住天下的呢？但却不知道开始修墙的时候，有一铲土没有夯实，那么墙的倾塌颓败，必定会在风雨交加的时候出现；念头开始出现的时候，有丝毫的虚假，那对他的背弃和毁谤，必然会出现在出事的时候。人们开始相信祸福之说，本来已经失去本心了。因为欺骗而趋向行善，这并不是本来想行善。因为威胁而躲避作恶，不是本来不想作恶。内心本没有，只是暂时被祸福的虚妄之说欺骗和威胁而已。以后又会被利害所欺骗和威胁，怎么能够不改变而顺从其他想法呢？这也是一种欺骗和威胁，那也是一种欺骗和威胁，为什么要在其中分轻重呢？有实诚的道理然后才有实诚的心，有实诚的心然后才有实诚的事，难道借助虚妄之说能够收到实诚的效果吗？

点评

三观不坚定，进攻的外物从四面八方而来，思想防线很容易被攻陷，灵魂很容易被俘虏。"吐辞从实理从是，谁肯暮途生悔心。"坚定的三观必来自对从实践中得出的实理的领悟。张栻《赋周畏知寓斋》："知君随寓即能安，久矣家山咏考盘。幕府漫游从鬓秃，竹作寄傲有书观。此身讵可忘三省，世路何妨阅万端。俯仰周旋皆实理，未应只向寓中看。"王柏《挽何南坡》："刻苦工夫真实心，一言体用已全陈。圣贤断续三千载，伯仲渐摩八十春。保护斯文勤且让，作成吾党敬而亲。我来不复瞻耆德，流水苍烟迹已尘。"

三四四、受名之始，乃受责之始也

名〔一〕不可以幸取也。天下之事，固有外似而中实不然者。幸其似而窃其名，非不可以欺一时，然他日人即其似而求其真，则情见实吐，无不立败。名果可以幸取耶？幸虽在前，忧实在后。人见其似，而信其真，幸之大者也；人见其似，而责其真，忧之大者也。以一朝之幸，易终身之忧，智者其肯易之耶？马之外强中干者，滥得骐骥〔二〕之名，幸则幸矣。驰陵谷而责以骐骥之足，忧将若之何？士之色厉内荏〔三〕者，滥得逄、干〔四〕之名，幸则幸矣在，临刀锯而责以逄、干之节，忧将若之何？是故求名易，保名难；取名易，辞名难。受名之始，乃受责之始也。昔之君子，内未有其实，则避名如避谤，畏名如畏辱，方逡巡〔五〕却走之不暇，况敢乘其似而邀〔六〕其名乎？

注释

〔一〕名：名声，名号。

〔二〕骐骥（qí jì）：千里马。

〔三〕色厉内荏（rěn）：形容人外表严厉而内心怯懦。外强中干，外表强硬。

〔四〕逄（páng）、干：夏桀的忠臣关龙逄，商纣的忠臣比干，都由于敢于进谏而被杀。

〔五〕逡巡（qūn xún）：退避、退让。

〔六〕邀：约请、求取。

译文

　　名声不可以侥幸地获取。天下的事，本来有外表貌似而其实不是的。由于貌似而侥幸地窃取名声，不是不可以欺骗一时，但以后别人按照他的貌似来推求他的真实情况，那么真实情况显现并吐露了，没有不马上失败的。名声果然可以侥幸地获取吗？幸运虽然在前面，忧患实际在后面。人们看见他貌似而相信他是真实，这是十分侥幸的。人们看见他貌似，而要求他的真实，这是十分让人忧虑的。用一时的侥幸来交换终身的忧虑，聪明的人肯交换吗？外表强壮而实际虚弱的马匹，假装着而获得了骐骥的名声，幸运是很幸运了。但在山谷里驰骋，而要求它有骐骥的脚力，那它将会有怎样的忧虑呢？表面严厉而实际软弱的人，假装着而获得了关龙逄、比干的名声，幸运是很幸运了。但面对刀锯，而要求他有关龙逄、比干的气节，那他将会有怎样的忧虑呢？所以求得名声很容易，保住名声很难：取得名声很容易，辞掉名声很难。开始得到名声，就是开始得到责任。过去的君子，内心如果没有真实情感，那么逃避名声就像逃避毁谤一样，害怕名声就像害怕侮辱一样，正在退避逃跑都来不及，还敢趁着那貌似而求取名声吗？

点评

名，广义而言是指名词、概念，狭义而言是指名声、名号，实指实际存在的事物。"名实由来不可逃，悠悠毁誉亦徒劳。"孔子主张"正名"，就是要以周礼为尺度辨正名称、名分，名称、名分要反映事实，事实要与名称、名分相符。理想人格修为的原则标准之一，就是名实相符，言行一致。邵雍《名实吟》："内无是实，外有是名，小人故矜。外无是名，内有是实，君子何失。"裘祖诰《述事怀归》："举足危途宜与兵，几时离乱几澄清。命拚孤注回头险，力劈分流放眼明。豪杰乘机惟辨惑，文章求实敢徇名。苍苍差幸留残喘，窃慕康衢击壤声。"

三四五、必尝挥金发粟，然后人许其豪

必尝挥金发粟，然后人许其豪；必尝赴敌突围，然后人许其勇。

译文

必定要挥霍金银，散发粮食，然后人们才会赞许他豪爽；必定是曾经作战突破敌人的包围，然后别人才赞许他勇敢。

点评

"言行枢机宜慎发，利名缠锁苦萦身。""抑不知人既以直期之，亦必以直使之。"但却不知道既然以刚直期许了，人家也必定会以刚直来使唤你。听其言，观其行，而后定其品，所谓品行，评定品类品级重在行。邵雍《言

行吟》:"能言未是难,行得始为艰。须是真男子,方能无厚颜。"郑昉《言行相顾》:"圣人垂政教,万古请常传。立志言为本,修身行乃先。相须宁得阙,相顾在无偏。荣辱当于己,忠贞必动天。大名如副宝,至道亦通玄。千里犹能应,何云迩者焉。"汪炎昶《次友韵》:"过人忧乐但随时,往事独须入梦思。实行难磨姑致力,空言无补莫耽诗。水终易起洋风浪,松暂微低偃雪枝。李住道傍遭众弃,兰生谷底有人知。"

三四六、挟外以为重者,失其所挟,未有不危者也

躄[一]者命在杖,失杖则颠;渡者命在壶[二],失壶则溺[三]。挟外以为重者,失其所挟,未有不危者也。

注释

〔一〕躄(bì):腿瘸。
〔二〕壶:通"瓠",葫芦。这里指空心的葫芦。
〔三〕溺(nì):淹没在水里。

译文

瘸子的性命维系在拐杖上,失去了拐杖,就会跌倒;渡河的人性命维系在葫芦上,丢失了葫芦就会溺死,挟持外物来加强自己,如果失去了所挟持的,就一定很危险。

点评

求人不如求己。补齐短板,完善自我是上策。命脉所系,根本所在,应牢牢掌控在自己手里。方回《送天台杨仲儒秀才如北》:"送君诗者悉豪雄,男子身穷道不穷。为问何凭游海内,唯应所恃在胸中。渡过淮水即河水,路背南风多北风。谁料褐衣抱珠璧,九霄夜月贯长虹。"郑成功《百步云梯》:"一线天高不可升,穿云深处有梯登。猿惊难上回山木,鸟骇迟飞落野藤。行客携筇常起伏,山僧着屐每凌兢。后阶先幸奇松护,独立能遮最上层。"

三四七、以是知无恃者存，有恃者亡

防风氏[一]身横九亩，不能免于会稽之诛。巨无霸[二]身大十围，不能免于昆阳之戮。甚矣，形之不足恃也！造化一机，坏冶一陶，阴翕阳张，万形并赋。遇川泽则黑而津，遇坟衍则皙而瘠，遇原隰[三]则丰而庳[四]，遇山林则毛而方。予其形者无爱憎，受其形者无恩怨。是故鹍鹏不以大自夸，蜩鷃[五]不以小自慊[六]，冥灵[七]不以久自喜，蟪蛄[八]不以短自忧。私天地之形以为己有，固已得罪于炉锤，况敢恃之为暴耶？衣不胜而成霸晋之功者，无所恃也。貌不称而擅佐汉之谋者，无所恃也。形不长而专伐蔡之勋者，无所恃也。以是知无恃者存，有恃者亡。尫[九]弱幺麼[一〇]，未必非福。魁梧壮伟，未必非殃。有形不能使，而反见使于形，可不为大哀耶？

注 释

〔一〕防风氏：中国上古时期神话传说中人物，他是巨人族。禹发通知要求各地的诸侯到会稽山和他见面，防风氏较其他首领后到，禹杀防风，以警戒诸侯。

〔二〕巨无霸：见"巨毋霸"。西汉到新莽时的巨人，身高超过三米，王莽征招天下的奇才异士为他打仗，巨毋霸就是其中的一个将领。在昆阳城下，巨毋霸所控制的虎豹大军被刘秀的敢死队击溃。

〔三〕原隰（xí）：广平与低湿之地。

〔四〕庳（bì）：指土地低洼。

〔五〕蜩鷃（tiáo yàn）：蜩，即蝉；鷃，一种鹑科小鸟。

〔六〕慊（qiàn）：憾恨、不满。

〔七〕冥灵：是中国神话中生长时间最长的树木，以五百岁为春，五百岁为秋。

〔八〕蟪蛄（huì gū）：又名"知了"，一种夏天出生、秋天之前即死去的昆虫。

〔九〕尫（wāng）：古同"尪"，腿部骨骼弯曲残疾。

〔一〇〕幺麼（yāo mó）：微小的、微不足道的。

译文

防风氏的身体可以横着占据九亩大的地方，但却不能免于在会稽的被杀。巨无霸的身子有十个人合抱那么粗，但在昆阳却免不了被杀戮。形体不值得依靠，已经很明显了。造化是一个机械，是制坯陶冶的一个窑炉，阴气闭合阳气张开，万物都赋予了形体。遇到川流沼泽变得黑乎乎而且湿漉漉，遇到高大山坡就变得白皙而且贫瘠，遇到平原和低湿的土地就很丰饶而且低平，遇到山林就草木丰茂而且方正。赋予他们形体的造化没有憎恶和偏爱之分，接受形体的东西也没有什么感恩和愤怨。所以鲲鹏不以形体巨大而自我炫耀，蝉和鹦鸟也不以形体小而自卑；冥灵不以寿命长一点而沾沾自喜，蟪蛄也不因为寿命短而自我忧虑。把天地所赋予的形体作为自己的私有，本来就得罪了在大熔炉里的造物主了，何况敢于依靠形体来做残暴的事情呢？衣服都像承受不起但却能使晋国成就霸业的晋文公重耳，没有什么可依靠的；其貌不扬但可以出谋略辅佐汉高祖的张良，也没有什么依靠的；形体不高但却专有伐灭蔡地割据势力功勋的裴度，没有什么依靠的。由此可知，没有什么依靠的人能生存，有依靠的人反而灭亡。残疾弱微，未必不是福气。魁梧雄壮，未必不是祸患。有形体却不能好好地使用，反而被自己的形体所役使，这不是很悲哀的事吗？

点评

人生角力制胜，比形体更重要的是心智；政治竞争军事较量，比强力更具威力的是道义。刘基《感怀》："象以齿自伐，马以能受羁。猛虎恃强力，而不卫其皮。世人任巧智，天道善盈亏。不见瑶台死，永为天下嗤。"于石《读史》："今来古往一封疆，虎斗龙争几帝王。百二山河秦地险，八千子弟楚天亡。朝廷有道自多助，仁义行师岂恃强。往事废兴何处问，寒烟衰草满斜阳。"宋匡业《梅花》："不染纷华别有神，乱山深处吐清新。旷如魏晋之间士，高比羲皇以上人。独立风前惟索笑，能超世外自归真。孤芳合与幽兰配，补入离骚一种春。"

三四八、心为君，则形为臣。形为君，则心为臣

貔〔一〕虎之猛，形实驱之；犬马之驯，形实束之。长狄〔二〕族类，岂皆好为暴哉？一受长狄之形，虽欲已，而有不能自已也。心为君，则形为臣。形为君，则心为臣。同是貌也，仲尼圣而阳货〔三〕狂；同是目也，大舜仁而项籍暴〔四〕。赋其形者非有异，则心为臣，特制其形者不同耳。苟长狄能制其形，则必能保其形矣，岂至身首异处而为万世戒哉？小心翼翼，徽柔〔五〕懿恭〔六〕，见者忘其十尺之高，是亦西夷之人也，议者勿谓狄无人。

注释

〔一〕貔（pí）：貔貅，传说中的一种猛兽。

〔二〕长狄：亦作"长翟"，又名鄋瞒，因其人特别长大而得名。是春秋时期的一个少数民族部落。据孔子说是虞夏时防风氏、商代汪芒氏的后裔。因其人体形特别长大，号为长狄。

〔三〕阳货：名虎，字货，是春秋时期鲁国人，外貌与孔子很像，是鲁国大夫季平子的家臣，专权管理鲁国的政事。后来他与公山弗扰共谋杀害季桓子，失败后逃往晋国。

〔四〕同是目也，大舜仁而项籍暴：项籍即项羽，据说大舜和项羽的眼睛长得一样，都是重瞳子。

〔五〕徽柔：比喻法度或规矩，这里指遵守法规。

〔六〕懿恭：和善恭谨。

译文

貔貅和老虎很凶猛，实际是形体驱使它们这样，狗和马很温驯，实际是形体束缚了它们。长狄的族类难道都爱好残暴吗？一旦接受了长狄的形体，虽然想停止，但却不能自我控制。内心作为个人的君主，那么形体就是臣子了。形体作为个人的国君，那么内心就是臣子了。同样的相貌，孔子是圣人，而阳货却是狂人。同样的眼睛，舜帝很仁慈，而项羽却很残暴。

赋予他们形体，没有什么差异，只是控制他们的形体的内心不一样罢了。如果长狄人能够用心控制自己的形体，那么必定能够保护自己的形体了。难道会至于头和身子被人割断而且分开，以至于成为千秋万代的训戒吗？小心翼翼，遵守法规，和善恭敬，见到他们的人都会忘记了他们有十尺高的身材。他们也是西方夷族人，议论的人不要说夷狄没有人才。

点评

"驱驰道路年光晚，收拾身心意味长。"人与人之间，价值观和思维结构方式的不同才是根本的不同，与形体的差距相比，心灵的差距才是最大的差距。所谓心灵，最主要的就是价值观和思维方式。陈淳《心》："心为形之君，所主一身政。持养常清明，百体皆顺令。"方回《寄题赵高士委顺山房》："红尘回首即蓬莱，辛苦龙门柱曝鳃。道与时行谁不愿，心为形役自堪哀。闲观刘项临棋局，笑把羲农入酒杯。欲乞长年伏青鸟，三危天远肯重来。"方逢振《峡中和卜彦才韵》："尹躬乐不在耕莘，乐在明明以及民。贪看回头多应错，偶闻变色始知真。圣贤气象心为大，天地根萌人是仁。认着濂溪窗草意，自家胸次一般春。"

卷二十

三四九、待之厚者，责之厚；待之薄者，责之薄

天下之情，待之厚者，责之厚；待之薄者，责之薄。厚责难胜，谤之所集；薄责易塞，誉之所归。是故名大于实者，先荣而后辱；实大于名者，先辱而后荣。非人情之多变也，失所期则怒，过所期则喜，喜怒之变即荣辱之变也。

译文

天下的情理是，对他的期望很高，责求就很高；对他的期望很低，责求也就会很低。高责求难以胜任，毁谤就集中过来了；低要求容易敷衍，荣誉就随之而来。所以名声大于实际的人，先是得到荣誉而后得到耻辱；实际大于名声的人，先是得到耻辱而后得到荣誉。不是人情容易改变，而是让人失望了就会让人感到愤怒，超出了人的期望就会让人感到惊喜，喜怒之间的转变就是荣誉和耻辱之间的转变。

点评

期望值是一根操纵杆，或高或低，喜怒荣辱都在上下之间。"求名不考实，文弊反成蠹。"所以明智者都要讲求名实关系，期望的目标人设要适中，力求名实相符，"循名以责实，责实以正名。"戴复古《次韵胡公权》："日用无非道，人心实在平。果能行实学，何必问虚名。草木随时态，江山无世情。晚来溪雨歇，一段夕阳明。"释怀深《拟寒山寺》："麝为香而死，龟以灵故焦。既为世所用，忧患无门逃。名高谤之本，财聚祸之苗。三怨粗能免，世无孙叔敖。"寇准《秋》："自古名高众毁归，又应身退是知机。林风惊断西窗梦，一夜愁声忆翠微。"

三五〇、前之倨，适所以为后之恭

前之倨，适所以为后之恭；前之轻，适所以为后之重。

译文

以前的傲慢态度，恰恰是形成后来的恭敬的原因；以前的轻慢，恰恰是形成后来的庄重的原因。

点评

以前傲慢，后来恭敬，对人态度的改变，其转运的机轴无非势利而已，此也人情常态。李昴英《送演任》："五常百行异其名，腔子源头一个诚。数马似愚宁过谨，悬鱼虽矫却真清。宽和爱众众同爱，骄倨轻人人所轻。诗好何如勋业好，旂常元不载诗声。"孙介《乾道乙酉鹭田训子有作》："颜回犹自给糜饘，苏子初无二顷田。知慕圣师瞠若后，岂令恭嫂倨如前。笔耕得利宁分地，学禄中居总藉天。卜相既云骧祖业，请令同力奋双拳。"魏了翁《通泉李君以廷试卷漏结涂注，自三甲降末甲赋诗》："士为浮名若挂钩，夫君心事独休休。阙书不害为全马，误笔何妨作牸牛。少铁赢铜闲计较，着蓑衣锦等风流。世间自有真轻重，归把功夫向里求。"孔平仲《再用霄字韵》："豁然披雾睹青霄，沛若为霖洒旱苗。身逐归云朝傪洞，心随流水暮萦桥。人情不用相轻重，物理从来互长消。器业如公合廊庙，伫闻尺一有嘉招。"

三五一、名逐我则逸，我逐名则劳

名逐我则逸，我逐名则劳。甚智而居以愚，甚辩而居以讷。他日微见端倪，少出锋颖[一]，一谈而人一警，一动而人一服，虽欲逃名，名亦将逐之而不置矣。未智而先得智之名，未辩而先得辩之名，终日矻矻[二]追逐，以求副其实，一不称而万有余丧矣。昔之智者，所以宁使名负我，而不使我负名也。名负我，则责在名；我负名，则责在我。二者之劳逸，相去亦远矣。虽然，此犹未免名与我之对也。

形不知有影，而影未尝离形；声不知有响，而响未尝离声；圣人不知有名，而名未尝离圣人。呜呼！岂春秋之士所及哉？

注释

〔一〕颖：禾穗的尖端。长在植物尖端的一般都是嫩芽，所以"颖"引申指草木的嫩芽。引申泛指物体的尖端。

〔二〕矻（kū）矻：辛勤劳作的样子，勤劳不懈怠。

译文

名声追着我，这就很安逸，我去追名声，这就很劳累了。很聪明的人却以愚昧自居，十分善辩的人却以木讷自居。以后稍微显出端倪，稍稍露出一点锋芒，一谈话别人就惊讶，一举动别人就诚服，即使想逃避名声，名声也会来追着而不放弃了。没有智慧却先得到智慧的名声，不善于言辩却得到善于言辩的名声，整天不停地费力追求，希望能符合名声的实质，一旦不相称就会有很惨重的丧失了。所以过去的智者，宁愿使名声有负于我，而不使我有负于名声。名声有负于我，那么责任在名声；我有负于名声，那么责任在于我。二者之间的安逸和劳累，相差得也太远了。虽然这样，但是这还是不能避免名声和我的对应。形体不知有影子，而影子也不曾离开形体；声音不知道有回响，而回响也不曾离开声音；圣人不知道有名声，而名声也不曾离开圣人。唉呀！这样的境界难道是春秋时候的士人所能够达到的吗？

点评

"智士名不足，愚夫乐有余。"有其实必有其名，所谓实至则名归。以实心做实事求实效务实绩，但问耕耘而已。李长霞《戒子诗》："海气绚蜃采，楼阁生虚空。鲛人不可处，幻灭随天风。实道由践履，力至性乃充。誉广必毁至，名高慎悔从。凤鸟无灵德，文章叹华虫。"王鏊《送吴文之会试》："湖上轻帆驲去飙，燕云漠漠快鸿毛。洛阳贾谊年犹少，蜀郡扬雄赋最高。历块始知千里骏，当场谁是九方皋。洞庭自昔钟灵秀，不用夷亭俟海涛。"陈淳《林户求明道堂诗》："自从河洛发真筌，节目纲条已粲然。志若坚刚方可适，心如扞格立难诠。从头格物为当务，稳步求仁乃秘传。表里直须名副实，高标终不愧前贤。"周在镐《六十自遣》:"强求名利笑徒然,富贵从来权在天。运到穷时休妄进,路难行处莫争先。但无债避贫何碍,偶把书看倦即眠。退一步思心自适,儿顽当作是儿贤。"

三五二、理本无间,一事通则万事皆通

见一事而得一理,非善观事者也。闻一语而得一意,非善听语者也。理本无间,一事通则万事皆通。意本无穷,一意解则千语皆解。圯上之书[一],一编耳,尺简寸牍,所载几何?岂能尽括车垒舆地之形,预数嬴、项、韩、彭之难哉?然子房得之,则问羊知马,觇影知形,迎阅而群策蜂起,随讽而众机丛生,此所以能用有限之书,对无穷之变也。如使子房见一事而滞于一事,闻一语而滞于一语,则虽尽纳九州之图于胸中,仓卒造次[二],亦必有书之所不能该者矣。书已尽,变方出;书已陈,变方新。非告往知来者,殆未足与议也。

注释

[一] 圯(yí)上:桥上。秦末张良(子房)在今天江苏徐州下邳的一座桥上,巧遇了一位神态傲慢的老人,老人考验张良三次后,送给他一部兵书。

[二] 造次:仓促、鲁莽。

译文

看见一件事就获得一个道理,这不是善于观察事物的人。听到一句话就获得一种意思,这不是善于听人说话的人。道理本来没有间隔,一件事情明白了那么万事都明白了。意思本来就是无穷的,一种意思理解了,那么千言万语都理解了。圯上的书只不过有一卷而已,短小的简牍中间能够记载多少东西呢?难道能全部囊括兵车战壕和地理形势,预见到嬴秦、项羽、韩信、彭越的祸难吗?但是张良得到了,却能询问羊而知道马,观察影子而知道形体,阅读的时候各种策略就像群蜂一样冒出来,讽诵的时候

各种机谋就像丛草一样产生了，这就是为什么他能用有限的书籍来应对无穷的变化。如果张良看见一件事情而停留在一件事情上，听到一句话就停留在一句话上，那么即使把九州的图籍全部收罗到胸中，匆匆忙忙，也必定有书本所不能囊括的。书本已经穷尽了，变化正在出来；书本已经陈旧了，变化正在更新。不是被告知过去就知道未来的人，是不能够和他探讨的。

点评

麻雀虽小，五脏俱全。解剖麻雀，总结经验，掌握规律，以一知万。以其所见，见所不见；以其所知，知所不知。在个别中找出一般，通过一般推知个别。读书有一个在同一中找差别的过程，也有一个从差别中找同一的过程，也即将书本知识运用到实践，结合实践检验书本理论知识的过程，也即活学化用的过程。黄庭坚《次韵杨明叔》："道常无一物，学要反三隅。喜与嗔同本，嗔时喜自俱。心随物作宰，人谓我非夫。利用兼精义，还成到岸桴。"张九成《客观余孝经传感而有作》："古人文莹理，后人工作文。文工理愈暗，纸札何纷纷。君看六艺学，天葩吐奇芬。诗书分体制，礼乐造乾坤。千歧更万辙，要以一理存。如何臻至理，当从践履论。"徐元杰《别盱江易耕道》："点勘窗前昼景舒，豁人双眼绿阴敷。明方寸地通三级，会一理中该万殊。静体阳工生意思，密融心匠活工夫。丁宁后会秋风鹗，万里青冥是坦涂。"

三五三、治己者，必长其善而绝其过

吾是以知治己者，必长其善而绝其过。

译文

所以我知道修炼自己的人，必定会增长自己的善行而断绝自己的过错。

点评

"颜子趣高远，改过不待形。"修炼自己就是完善自己，补齐短板，发挥优长，需要有决绝的勇气、机敏的智慧。陈淳《改过》："过者动之差，毋容实诸己。才觉必速改，乃不为吾累。"陆游《学易》："学古忘衰疾，斋心洗昨非。拳拳奉天理，坦坦息心机。改过先幽隐，收功在细微。耄期犹自警，俯仰惜余晖。"

三五四、论人者必略其暂而待其终

论人者必略其暂而待其终，自两端而推之，可慕可惩，可遵可戒，举集其中。

译文

评论人必须要忽略它的短暂行为而等待它的终身行为，从两方面来推论，可以追慕的，可以惩戒的，可以遵从的，可以警戒的，全都汇聚在中正的原则上。

点评

"得情犹勿喜，圣训所宜钦。取正存三尺，持平在一心。"评论人物是非功过要客观全面，不仅要知其一，还要知其二，不但要知其二，还要知其三。徐瑞《赠别高则山王叔浩》："采诗直须别具眼，论人尤贵平其心。莫重所闻轻所见，四方岩穴有知音。"曾国藩《小池》："屋后一枯池，夜雨生波澜。勿言一勺水，会有蛟龙蟠。物理无定资，须臾变众窍。男儿未盖棺，进取谁能料。"

三五五、一心可以事百君

一心可以事百君，百心不可以事一君。

译文

一心一意可以侍奉一百个君主，百心百意却不可以侍奉一个君主。

点评

一心即诚心，有忠诚于职事之心，谁人不可合作？何事不可成就？百心即游移伪浮之心，抱游移伪浮之心，谁人可以合作？何事可以成就！戴复古《处世》："风波境界立身难，处世规模要放宽。万事尽从忙里错，一心须向静中安。路当平处经行稳，人有常情耐久看。直到始终无悔吝，旁生枝叶便多端。"石恪《答伏牛和尚》："鱼龙未变志常存，变了还教海气浑。两眼不曾窥小水，一心专拟透龙门。千回下网终难系，万度垂钩誓不天。待我一朝鳞甲备，解将云雨洒乾坤。"韩驹《上太师公相生辰诗》："扬眉吐气快生风，万里归来虎帐中。竭节任公营大计，解纷排难激丹衷。只凭忠信行蛮貊，遂使声名等岱嵩。一德一心天所祐，定知福寿享无穷。"

三五六、类而通之，区而别之，直而推之，曲而畅之

类而通之，区而别之，直而推之，曲而畅之，闻见层出，众理辐凑，此陈亢〔一〕之所以闻一得三也，此颜子〔二〕所以闻一知十也，此大舜〔三〕所以闻一善言，见一善行，若决江河，莫之能御也。

注释

〔一〕陈亢：孔子的学生，陈亢曾说："我去问伯鱼（孔子的儿子）一件事，却得到了三种知识。"后指学习能联想开悟、触类而通。

〔二〕颜子：孔子的学生颜回，聪明好学，闻一知十。

〔三〕大舜：即虞舜，上古具有理想人格的伟大君主，孟子认为大舜的伟大之外在于总是与别人共同做善事。舍弃自己的缺点，学习人家的优点，非常快乐地吸取别人的长处来行善。

译文

触类旁通，区别对待，是正直的就推助，是弯曲的就使之通畅，所闻所见就会层出不穷，各种道理就会像车轴聚集到车毂那样聚集过来，这就是为什么陈亢能够听到一个道理就知道三个道理，这就是为什么颜回听到

一个道理就能知道十个道理，这就是为什么大舜能够听到一句善言，看到一次善行后，就像江河决堤一样，没有谁能够阻止他去行善。

点评

儒家传统思维模式中，类比推理非常发达而精致，归纳法的运用也相当熟练，这是一大长处，但演绎逻辑推理能力则存在相当缺陷，这也是科学思想相对落后、认识论存在严重局限的一个重要因素。张九成《论语绝句》："窃怪陈亢问伯鱼，子今亦有异闻乎。喜云闻一得三理，料得其他未必如。"罗从彦《送延年行》："圣言天远海潭潭，独在潜心久泳涵。猥念百家非己好，妄将一贯与君谈。贤如赐也才知二，学若陈亢只得三。此道误来因自足，却随鹏鸟话图南。"

三五七、忍弃其所不可弃者，必有大不可弃者也

忍弃其所不可弃者，必有大不可弃者也。刃在头目，断指不顾；病在腹心，灼肤不辞，彼岂以为不足爱而弃之哉？是必有大不可弃者，而夺其爱也。君子之于信义，与生俱生，犹手足体肤之不可须臾舍也。一旦幡然弃之，自处于信义之外，岂得已哉？

译文

忍心抛弃那些不可以抛弃的，必定是还有更大的不可以抛弃的。刀刃架在头边眼前，就顾不上指头被砍断；疾病在腹部和心脏萌发，就不会介意皮肤被灼痛，难道是他认为指头和皮肤不值得爱惜而抛弃它们吗？这必定是因为有更大的不可以抛弃的，因而夺取了对它们的爱。君子对于诚信和仁义，是同生同死，就像手足身体皮肤一样不可以片刻地舍弃。一旦改变而抛弃它们，把自己放置在诚信和仁义之外，难道不是不得已的吗？

点评

对于有理想有抱负的人而言，价值观等同他的生命甚至高于他的生命。

王十朋《石碏》："人情谁忍弃天伦，公独能将义灭亲。何惜一时诛贼子，不妨千古作纯臣。"韩琦《删柏》："翠柏枝繁郁未伸，我来删理务躬亲。孤根得地虽经岁，逸势参天不在人。先易工夫知取舍，后凋颜色长精神。瑰材自入他年用，莫厌因时剪择频。"

三五八、信义不可须臾弃也

信义不可须臾弃也。君子平居暇日，尚不忍以不信不义自处，况敢以免君亲乎？吾平居暇日，未尝为诈，因君父之难而为之，是我之诈，由君父而生也。诈由君父而生，是亦君父之诈也。免君父于难，而纳君父于诈，有忠孝之心者忍为之乎？

译文

诚信和仁义是片刻也不可以背弃的。君子平常的时候，尚且不忍心使自己处在不仁不义的境地，更何况还敢用不仁不义来替国君免除祸难吗？我平常的时候，不曾诈骗，因为国君的祸难而行诈，这便是我的诈骗是因为国君而萌生的。诈骗因为国君而萌生，也就是国君诈骗。为国君免除祸难，却使国君陷入了诈骗的境地，这是有忠心和孝心的人忍心做的吗？

点评

君子以信义为立身处世之本，但也崇尚权变，"君子尚权变，权变贵合道。"当非权变不足以维持信义之时，应毫不犹豫地徇从权变。当然权变应以维护信义为目的，要合于信义的大原则。邵雍《忠信吟》："忠信于人最有情，平居非是鬼神轻。何须只在江湖上，患难切然后行。"邵雍《三王》："三王之世正如秋，权重权轻事有由。深谷为陵岸为谷，陵迁谷变不知休。"李纲《自建安陆行至剑浦》："闻道延平黯淡滩，舟行至此惨愁颜。千金素佩垂堂戒，九折宁辞去路艰。涉险虽知凭信义，藏幽须信足神奸。劳生自取那惆恨，只羡飞云自在闲。"王佐《彭城怀古》："满目山河霸业荒，西风烟草正茫茫。沐猴人去成终古，戏马台前自夕阳。只把仁残分汉楚，何曾百二藉金汤。韩生浪说关中好，秦在关中亦已亡。"

三五九、言者不知听者之心，而每恨其悟之迟

言者不知听者之心，而每恨其悟之迟。听者不知言者之心，而每骇其谈之遽。攻愈力，闭愈坚；叩愈烦，应愈怠。南面而君，北面而臣；东面而师，西面而徒，所以百谏而不从，屡告而不入者，职此之由也。

译文

说的人不知道听的人的心思，却每每痛恨他们领悟得很慢。听的人不知道说的人的心思，却每每惊讶他说得很突然。说服得越是用力，闭守得就越是坚固；叩问得越是频繁，回应得越是怠慢。南向而坐的是国君，北向而对的是臣子；东向而坐的是老师，西向而对的是弟子，之所以多次劝谏而不听从，屡屡教授而不领会，主要是因为这样的缘由。

点评

一切战争都是心战，一切方法都是心法。"善谑清谈都有适，过从所得在知心。""造适心无碍，忘机语绝猜。"要得心先适心，要适心先知心。"谁知心上工夫妙，欲觅人间俗累无。"知心即知法，知心即知道。皎然《戏呈吴冯》："世人不知心是道，只言道在他方妙。还如瞽者望长安，长安在西向东笑。"潘玙《送宣昭子游淮》："几年携剑过边城，非但谭兵善用兵。果是胸中抱材气，肯于纸上立功名。事当着力机须敏，人匪知心语莫轻。况有故交能刮目，此行端不负平生。"

三六〇、移蓄憾为蓄德，移虑患为虑善，移谋归为谋道

移蓄憾为蓄德，移虑患为虑善，移谋归为谋道，则皆将默会至

理于交臂目击之间，岂有告谆谆而听藐藐者耶？

译文

把积蓄怨恨转化为积蓄恩德，把忧虑祸患转变为忧虑善行，把谋划回归转变为谋求如何顺合天道规律，那么都会在臂膀相碰或眼神相遇之际自然默默地领会，怎么会有谆谆教诲而听的人却茫然不知的呢？

点评

解放思想，转变观念，境界自异，道路自阔。王渐逵《送王宇斋还安福》："须知心事本相联，吾道由来杖履边。堪叹世儒争自异，只将苍霭问青天。"成鹫《走马灯》："来时袞袞去匆匆，结束狂心付化工。大火聚边多跃冶，只轮车上一征蓬。圆机静会当方寸，冷眼旁观笑热中。今古交驰争似此，纷纷人在纸屏风。"包恢《送盱江吴守以言归》："圆机珠活走盘中，已试权奇妙变通。武库精严锋莫敌，智囊沉密计难穷。先声已早闻风采，后实如新见事功。计日未多功不少，复刚方长转春风。"

三六一、切之一字，诚之门也

信矣，切之一字，诚入道之门也！自孔孟而后，感发转移之机，不复见于天下，盖数千年于此矣。学者慨诵尘编[一]，浩然叹息，以为没身不可复遇也。抑不知道不可离，理不可忘，孔孟虽往，感发转移之机，岂随孔孟而往哉？前观之古，后观之今；仰观之朝，俯观之野。利害相激，事会相投。此机此理，随遇而发。下至于龙断罔利[二]之徒，万货错陈，五方毕会，低昂盈缩，出没变化，一瞬未终，彼此咸喻，相语不以口而以形，相视不以迹而以神。是廛肆[三]市区，皆处洙、泗之滨[四]，工贾商旅，皆具游、夏[五]之用也。举目皆妙用，而吾自不观，盈耳皆入言，而吾自不听，终日与理遇，而反有不遇之叹。噫！理不遇人耶？人不遇理耶？

注释

〔一〕尘编：蒙了灰尘的简编，指年代久远的书籍。
〔二〕龙断罔利：即垄断网利，通过垄断而网罗收取暴利。龙，通"垄"。
〔三〕廛肆（chán sì）：市肆。亦泛指街市。
〔四〕洙、泗之滨：洙水、泗水的边上，指孔子、孟子的故乡，即礼乐之邦。
〔五〕游、夏：孔子的弟子子游、子夏。

译文

确实啊，"切"这一个字确实是进入大道境界的门径！从孔子、孟子以后，让人领悟并因此而发生转变的机会，不再在天下出现了，到现在已经几千年了。学者感慨地朗诵着古老的书籍，发出长长的叹息，认为终生都不会遇到这样的机会了。但却不明白道是不可以远离的，理也不会灭亡，孔子和孟子虽然过去了，但让人领悟并因此而发生转变的机会，难道会随着孔子和孟子而过去吗？向前考察古代，向后考察现在；向上考察朝廷，向下考察民间，利益和损害相互激荡，事情和机运相互投合，这样的机会，这样的道理，随着所遇到的情况而发生。下面那些牟取暴利的垄断商人，错列着千千万万种货物，聚集了四面八方的品类，秤高秤低，尺短尺长，不停地出入变化，一瞬的时间还不到，他们相互之间都明白，互相之间不是用口而是用神态说话，不是凭形迹而是凭神韵来观察。这样，商店市场里，都像是处在洙水和泗水的两岸讲仁义诚信，工佣、贩子、商人、旅客都像是具有子游、子夏的才能了。满眼都是有很高才能的人，但我却没有看见。满耳都是很适当的话，但我却没有听到。整天和道理相遇，反而会有不曾遇到的感叹。咳！是道理没有遇到人呢？还是人没遇到道理呢？

点评

士农工商并重是浙学的主要特征之一，在婺学中表现得尤为突出。此段可见吕祖谦所在的时代，市场经济已相当发达，而孔孟的学说与市场经济并不矛盾，其核心理念，譬如诚信，譬如道义，在市场的运行发展中反而更显生命力。切实于身心的实践体验，方能领悟大道，也是领悟的捷径。

做精切的心上工夫，才是圣哲的工夫。邵雍《乐物吟》："日月星辰天之明，耳目口鼻人之灵。皇王帝伯由之生，天意不远人之情。飞走草木类既别，士农工商品自成。安得岁丰时长平，乐与万物同其荣。"许景衡《送商霖兼简共叔》："末学纷纷只是夸，孔颜门户本无遮。农工商贾皆同气，草木虫鱼是一家。我欲收心求克己，公知诚意在闲邪。汝南夫子规模大，归去相从海一涯。"张镇孙《夜过白云话别》："日乾夕阳自惺惺，切实工夫在性情。千古相传真要法，圣贤元共此心灵。"杜范《和贵方韵》："万物由来备一身，要教纯熟在持循。莫嫌恶浊浮埃界，自做分明实地人。培养确知心是圣，工夫岂费笔如神。美君精进追前哲，愧我衰颜落世尘。"陆游《道院述怀》："学道已非生死流，极知心外更何求。理穷性尽命亦至，气住神全形自留。大药一炉真度世，孤桐三尺可忘忧。故人怪我归来晚，太华峰头又素秋。"

三六二、天下之言，固有相反而不可相无者

　　物固有不可并者，一事而是非并，择一焉可也。一人而褒贬并，择一焉可也。参是于非，等褒于贬，则其论斗阋〔一〕陵〔二〕夺，无以自立于天下。信矣，说之不可并也！并其不可并，岂君子乐为异论哉？天下之言，固有相反而不可相无者，殆未易以前说律也。是非有时而并存，褒贬有时而并立，异而同，舛〔三〕而合，戾〔四〕而顺，睽〔五〕而逆〔六〕，惟君子为能言之，君子为能一之。

注释

　　〔一〕阋（xì）：争吵。
　　〔二〕陵：欺侮、欺压。
　　〔三〕舛（chuǎn）：相背、错乱、违背。
　　〔四〕戾（lì）：凶暴、猛烈。
　　〔五〕睽（kuí）：违背、不合。
　　〔六〕逆：迎。

译文

　　事物本来就有不可以混合的，一件事情如果有对和错并在一块，选择其中的一点就可以了。一个人如果有赞扬和贬谪混合在一起，选择其中的一点就可以了。把对的混到错的里面，把赞扬等同于贬谪，那么他的论点互相争斗抢夺，在天下是没有办法成立的。的确啊，说法不可以混合，混合那些不可以混合的，难道是君子乐意做出怪异的说法吗？天下的言论，固然有相反的但互相不能缺少的，这是不可以用前面的说法来规范的。对错有时候可以并存，赞扬和贬谪有时候可以并立，不同而又相同，错讹而又相合，乖戾而又顺畅，违背而又迎受，只有君子才可以这样说，只有君子才可以把它们合并在一起。

点评

　　事物有斗争性也有同一性。只见斗争性不见同一性，只见同一性不见斗争性，都是僵化的思维。能在斗争性中找出同一性，在同一性中找出斗争性，就有独到的见解。而能准确把握在什么条件下在什么样的斗争中的同一或同一中的斗争，并因此通过变换条件而促使其有目的地转化，这是很高的睿智境界了。邵雍《异同吟》："俊快伤灭裂，厚重伤滞泥。趋造随所尚，不免有同异。异己必为非，同己必为是。是非战异同，终身不知义。"吕岩《七言》："一本天机深更深，徒言万劫与千金。三冬大热玄中火，六月霜寒表外阴。金为浮来方见性，木因沉后始知心。五行颠倒堪消息，返本还元在己寻。"程洙《程先生》："公相胸中蕴识几，中和不假佩弦韦。人心未免处强弱，公论何尝无是非。岁到寒时知劲节，事当难处见圆机。便须再出扶宗社，未许从容恋翠微。"

三六三、知非欲蚤，愈久愈谬

治疾欲速，愈久愈侵；知非欲蚤，愈久愈谬。

译文

　　治疗疾病要快一些，拖得越久就越病得厉害；发现错误要早一些，时间拖得越长久错得越多。

点评

要"见事早",问题要早发现,早解决;有病不能拖,要早治。下好先手棋,就能掌握主动权。王守仁《怀归》:"身经多难早知非,此事年来识者稀。老大有情成旧德,细谋无计解重围。意常不足真夷道,情到方浓是险机。怅望衡茅无事日,漫吹松火织秋衣。"李咸用《和友人喜相遇》:"还淳反朴已难期,依德依仁敢暂违。寡欲自应刚正立,无私翻觉友朋稀。旄头影莫侵黄道,傅说星终近紫微。年纪少他蘧伯玉,幸因多难早知非。"

三六四、无疾则不必医,无过则不必论

无疾则不必医,无过则不必论。医为病设,论为过设。

译文

没有疾病就没有必要医治了,没有过错就没有必要议论了。医治是为了疾病而设置的,议论是为了过错而设置的。

点评

过度治疗,是一个问题;无事生非,小题大做,也是一个问题,自应注意避免。但于人于事,无过也要议论,在不断的议论、深入的讨论中,可以精益求精,不断完善。有些事只知其然地做对了,通过议论,可以懂得做对的所以然。赵蕃《投王饶州日勤》:"为政悬知如治疾,岂求汤砭一时功。但今安养无遗策,肤革充盈由本丰。"陆游《寓规》:"人生孰无疾,治疾惟欲瘳。疾瘳药不止,乃有过剂忧。节食戒屡餍,养气常致柔。金丹无此功,往哉勤自修。"苏籀《程帅新作止戈堂索诗谨赋》:"楚王禁暴惭京观,汉世残民辟徼边。伐叛从来非得已,修文自古属高贤。禽鱼草木无垠惠,乡校康庄议论妍。尽悴使君朝听美,不然海国岂安全。"陆游《忧国》:"恩许还山已六年,誓凭耕稼饯华颠。养心虽若冰将释,忧国犹虞火未然。议论孰能忘忌讳?人材正要越拘挛。群公亦采刍荛否?贞观开元在目前。"

三六五、冒甚厚之名，必就甚厚之实

吾尝历考世变，冒甚厚之名，必就甚厚之实；辞甚厚之实，必避甚厚之名。其避其就，不出名实之两端而已。

译文

我曾经考察历代的变化，假冒很高的名声，必定要向很高的实际靠拢。辞掉很高的实际，必定会远离很高的名声。他们的避就，不出于名声和实际两者之间。

点评

"殉义若殉财，避名如避箭。"就名必求实附，实至必有名随。名离则实去，实去则名散。"避名苦节乾坤大，务道圆机岁月新。"埋头实干，干出实实在在的实绩，境界就开阔了。当然实干的动力也须有一个高尚的名义来激发。宁调元《用东坡狱中遗子由韵寄约真长沙》："化工著手竟成春，万死一生未了身。不分螟蛉争卧榻，徒令鹬蚌饱渔人。庭前蚁聚都缘命，枕上闻鹃定损神。从古盛名多坷坎，试凭后果证前因。"刘克庄《绳技》："公卿黠似双环女，权位危于百尺竿。身在半天贪进步，脚离实地骇傍观。愈悲登华高难下，载却寻橦险不安。谁与贵人铭座右，等闲记取退朝看。"

三六六、权在则昌，权去则亡

昔者文王听虞、芮之讼[一]，而商道[二]始衰。听讼非文王之心也，东冰西炭，冻者不得不西；左渊右陆，溺者不得不右。虞、芮之讼，文王未尝招之使来，盖麾之不能去也。文王虽不与虞、芮期，而虞、芮自至。故议者以二国之向背，筮[三]商、周之兴亡也。舜避朱[四]，禹避均[五]，益避启[六]，其辞其受，未尝不视狱讼之所归以为决。虞、芮讼，近舍朝歌[七]而远趋丰镐[八]。彼纣虽倔强于酒池肉林[九]间，直寄坐焉耳。吾尝持是而观后世隆替[一〇]之由。权在则昌,权去则亡,未有失其权而国不随亡者也。

注释

〔一〕**虞、芮之讼**:商王朝的属国虞国和芮国争讼,本应由商王朝调解或判决,却来到周文王这里,踏上文王的国土,就被良好的风气感染,自动停止了争讼。

〔二〕**商道**:商朝的王道。

〔三〕**筮**(shì):以八卦用类似数学的方式作占算、预测。

〔四〕**朱**:即丹朱,尧的儿子,不肖。

〔五〕**均**:商均,舜的儿子,不肖。

〔六〕**启**:夏启,禹的儿子,继承了禹的大位,结束了禅让制,开始了家天下的制度。

〔七〕**朝歌**:商朝晚期的政治中心。

〔八〕**丰镐**:周王国的政治中心。

〔九〕**酒池肉林**:指商纣王享乐腐败的生活。

〔一〇〕**隆替**:隆起和沉废、兴盛和衰亡。

译文

过去文王为虞国和芮国断案,因而商朝的王道开始衰退。断案并不是文王的本意。东面有寒冰西面有炭火,受冻的人不得不向西面靠拢;左边是深渊右边是陆地,溺水的人不得不向右边靠拢。虞国和芮国的诉讼,文王不曾招惹它们让它们过来,而是叫它们离去但它们不想离去。虽然文王跟虞国和芮国没有约定,但虞国和芮国自动过来。所以论者以为这两个国家的向心与背离,可以占验商朝和周国的兴亡。舜躲避丹朱,禹躲避商均,益躲避启,他们的推辞和接受,没有不是依案情和诉讼的归向来做决定的。虞国和芮国争讼,舍弃附近商朝的朝歌而前往远方周国的丰镐。他商纣王虽然在酒池肉林之间显得很强盛,只不过是暂时坐那里而已。我曾经用这个来观察后世兴衰的缘由。主动权在就能昌盛,主动权失去了就会灭亡,没有失去了主动权而国家不随着灭亡的。

点评

权力天授还是权力民授？周王朝宣扬"天听自我民听，天视自我民视"，天授和民授是统一的，天授即民授，民授即天授。"八百诸侯会孟津，民心天意总归仁。"司法公正，政治清明，社会和谐，就占据了政治上的制高点，民心归附就有了政治上的主动权。掌握了政治上的主动权，就会兴盛，丧失了政治上的主动权，就会衰亡。邵雍《天听吟》："天听寂无音，苍苍何处寻。非高亦非还，都只在人心。"苏洞《十六日伏睹明堂礼成，圣驾恭谢太一宫，小臣敬成》："朝家积累有深仁，天听由来不远人。且愿君王省征伐，明郊重见四夷宾。"龚明之《芝华亭》："谁道休祥系上穹，民心元自与天通。政平讼理为真瑞，何必金芝产梵宫。"

三六七、故周非不亡，无可亡也，晋非不取，不足取也

纣之末年，虽三分失其二，然威令尚行，境内凶虐，尚能及人，故民不堪其暴而共亡之。晚周之微，门内小讼，犹不得专，虽欲淫侈，谁听其掊克〔一〕？虽欲残酷，谁受其指令？其起其仆，近不系斯民之休戚，远不系诸侯之强弱，晋虽阳尊貌敬，实不过以邾、莒〔二〕遇之耳，何嫌何疑而遽欲墟之哉？故周非不亡，无可亡也，晋非不取，不足取也。

注释

〔一〕掊（póu）克：聚敛、搜括，亦指搜括民财之人。
〔二〕邾莒（zhū jǔ）：春秋时两个很小的诸侯国。

译文

商纣末年，虽然三份天下已经失去两份，但威严的命令还在施行，在国内施行暴虐，还能连累到别人，所以百姓忍受不了他的暴虐，就一起把商朝灭掉了。晚周衰微，朝廷内部小小的争讼还不能控制，即使想施行淫

威奢侈，谁会听任他聚敛？即使想残忍酷烈，谁会接受他的指令？他的一举一动，在近的方面说来，无关百姓的安危，从远的方面来说，无关诸侯的强弱，晋国虽然假装着遵从，表面上恭敬，实际上不过是把它和邾国、莒国等小国一样对待而已，有什么憎恨和怀疑而要马上毁灭它呢？所以周朝不是不灭亡，是没有什么可以灭亡的，晋国不是不来夺取，是没有什么值得它夺取的。

点评

鲁文公十四年，周朝廷中的两个大臣发生争讼，跑到晋国去请求评判。周天子有所偏袒，派使者到晋国去求情。这种情况集中反映了周王朝已是一个空架子，威信甚至不及商朝末年，其所以还不灭亡，是由于不值得消灭它。这里有一个政权覆灭方式是土崩还是瓦解问题。商朝侧重霸道，灭亡之前还威权赫赫，是土崩而亡；周朝修德礼，其灭亡是威权渐进递减瓦解消亡的过程，最后必有一个"无可亡""不足取"的名存实亡阶段。殷岳《读史》："太阿不在掌，神气积苦窳。周德既已衰，子孤失其叙。群雄横意气，鼎隧启纳侮。玉步犹未改，王章尚撑拄。"米芾《题麟凤碑》："非篆非科璞已雕，形容振振与萧萧。曾因忠厚方周德，坐想吁谟览舜韶。汉德已衰还应蓐，鲁邦既弱不为妖。虚斋自是惊人玩，不胜雄狐逐怒雕。"林弼《题秦皇庙》："往事悠悠逐海波，荒祠寂寂寄岩阿。三神山下仙舟远，万里城边战骨多。东鲁尚存周礼乐，西秦空壮汉山河。早知二世能移祚，崖石书功不用磨。"

三六八、能害人者，必能利人。能杀人者，必能生人

大抵能害人者，必能利人。能杀人者，必能生人。纣虽下愚不移，然操柄犹未尽失，使其移比干〔一〕之戮于崇侯〔二〕，移崇侯之宠于比干，朝发鹿台〔三〕之财，暮发巨桥〔四〕之粟，乌知其不祈天永命〔五〕，编名六七君〔六〕之列乎？至于匡王〔七〕，枵然〔八〕建空名于六服〔九〕之上，礼乐刑政，举不在己。虽欲自奋，其道何由？是将偾〔一〇〕之商，犹有复起之望；未坠之周，已如既陨之时也。左支废，右支缓，奄奄

余息，绵百世而阅千龄，乐乎哉！周过其历之言，吾未敢信。

注释

〔一〕比干：商纣王的叔父，忠臣，多次进谏，被纣王挖心而死。

〔二〕崇侯：名虎，商纣王的佞臣。

〔三〕鹿台：商纣王修建的钱财库。

〔四〕巨桥：商纣王修建的粮仓。

〔五〕祈天永命：祈求上天永远授以王命统领天下。

〔六〕六七君：传说商朝有六七贤明的君主连续在位执政。

〔七〕匡王：周匡王，姬姓，名班。东周第八位君王，前612年—前607年在位。周匡王本人无重要的事迹可述，而诸侯国中晋国正在强势崛起过程中。

〔八〕枵（xiāo）然：虚大、空虚。

〔九〕六服：周王畿以外直辖区所区分的六种域，诸侯邦国曰服，其等次有六：侯服、甸服、男服、采服、卫服、蛮服。

〔一〇〕偾（fèn）：僵、覆，翻倒在地。

译文

大抵上能够损害别人的人，必定也能使人获利；能够杀人的人，必定也能使人活命。商纣即使十分愚昧，不可改变，但权力还没有丧失尽，如果他把对比干的杀戮转移到崇侯那里，把对崇侯的恩宠转移到比干那里，早上散发鹿台的财宝，晚上散发巨桥的粮食，怎么知道他不会祈求上天给他长久的命数，而把自己的名号编列在六七位前后相继的贤明君主之中呢？至于周匡王，徒然在各个诸侯国之上建立空虚的名号，礼乐制度和刑罚朝政都不在自己这儿。虽然想自我奋发，他能凭什么呢？这就是，即将覆亡的商朝还有再度兴起的希望，而没有坠毁的周朝已经像陨落的时候了。左肢被忘掉了，右肢也很迟钝了，病恹恹的，还留有一口气，绵延了一百代而经历了一千年，很快乐啊！说周朝已经超过了上天赋予的历数，我是不敢相信的。

点评

统治执政最需要的是权威资源。各级各类官职可以说就是执政权威资源的分割与分享。权威是行政施治的平台，是组织体制的灵魂。对于统治体制而言，没有权威就没有生命力。权威作为一种资源，当然可运用于各种目的，从这个意义上说，权威也是一种工具，要看用不用，为什么用，怎么用，其效果是截然不同的，不但会改变个人与群体的命运，甚至会改变社会历史的走向。但首先要有权威在，权威在，万事尚有可为的希望；权威已失，一事也不能成。马一浮《晚钟》："安土方能爱，危民易习非。先王尊礼乐，今日重权威。"彭汝砺《送桂阳令臧祖道》："莫笑长官权势轻，所怀端可及生灵。勤忱每见朝尝胆，劬恤遥知夜戴星。礼节但能坚玉石，清名亦合上丹青。饯行欲以言箴赠，留作君家座右铭。"宗远崖《抒怀》："行迷日远欲何之，辗转西东益自疑。治病有方偏畏药，梦餐无奈不充饥。人群尚受权威制，天宇谁干星斗移。心态漫分今与昨，空怀惆怅见先知。"

卷二十一

三六九、有非出于人情之常者，其终必不能安

天下之事，有非出于人情之常者，其终必不能安。受施者致其报，施者享其报，人情之常也。居施者之地，而为报者之事，非人情之常也，矫也。

译文

天下的事情，有些不是出自人之常情的，它们终究必定不能安久。受到施舍的表达自己的报答，施舍的人享受他的报答，这是人之常情。处在施舍者的地位，却去做报答者的事情，这不是人之常情，是矫情。

点评

事不循常即有妖。秦穆公大力资助一无所有的重耳回到晋国上位执政，已到超出于常情的程度，无非是为了获得更大的国家利益。矫伪之情，岂能安久？到了他的目标利益处，变故必生。陈普《禅继》："处变安常两不同，圣心天地与为公。要知授受精微处，不问亲疏共一中。"戴复古《处世》："风波境界立身难，处世规模要放宽。万事尽从忙里错，一心须向静中安。路当平处经行稳，人有常情耐久看。直到始终无悔吝，旁生枝叶便多端。"

三七〇、情岂有过而不反者哉

抑不知，君子不尽人之欢，亦不尽己之欢；不竭人之忠，亦不竭己之忠，人与己无二情也。人受施于我，其报犹有时而厌。况我有施于人，反仆仆然为报者之事，是果人情之所安乎？惟其不出于吾情之所安，虽矫而行之，激而为之，矫者怠，激者衰，则吾情终

有时而不能继矣。恩之而不能继，则衅隙生焉，曾不如相忘者之为安也。常理之外，不可加一毫之理。常情之外，不可加一毫之情。是故过厚者必薄，过亲者必疏，过爱者必憎，过喜者必怒。情岂有过而不反者哉？

译文

　　却不知道，君子不使别人极尽欢乐，也就不使自己极尽欢乐；不能竭尽别人的忠诚，也就不竭尽自己的忠诚，别人和我自己没有两样的情理。别人受到我的施舍，他的回报还会有满足而止的时候。何况我对他有施舍，反而勤勤恳恳地去报答他的事情，这难道真的是人的情感所能安然的吗？正因为它不是出于我的情感所能安然的，所以即使是矫情地施行了，激励昂扬地做了，矫情也会变得懈怠，激昂也会变得衰弱，那么我的恩情终究会有不能继续下去的时候。恩遇他而不能继续下去，那么裂痕就产生了，还不如互相忘记的人之间更安久。常理之外不可以再增加一丝一毫的理，常情之外不可以再增加一丝一毫的情。所以过于厚重必定会变得轻微，过于亲近必定会变得疏远，过于爱怜必定会变得憎恶，过于高兴必定会变得愤怒。难道有越过一定程度而不返回的情理吗？

点评

　　"物极理必变。""平常心是道。"常就是恒久，长久不变，就是循规则，合规律，就是有度量界限的。物理人情，超过了平常度量，则必生变数。所以圣贤贵中庸，所谓中庸，就是以适中规律为用。朱熹《中庸》："过兼不及总非中，离却平常不是庸。庸字莫将容易看，只斯为道用无穷。"释绍昙《昌侍者求斯道》："一念平常裂万差，觉斯民处贵无邪。古今错透长安路，狼藉春风一径花。"戴炳《自况》："多赀徒作守钱奴，伏腊无忧便有余。世路本夷休自险，人情太密反成疏。非图报施方为善，岂为功名始读书。门外良田堪种秫，自牵黄犊试犁锄。"邵雍《所失吟》："所失弥多所得微，中间赢得一嘘欷。人荣人悴乃常理，花谢花开何足追。偶尔相逢却相别，乍然同喜又同悲。只消照破都无事，何必区区更辩为。"

三七一、认以为己恩，爬搔培壅，未必不反为物之害者

露之濡〔一〕，根茎苗节无不沾；雨之降，丘陵原隰无不被。天之恩物，至矣。然日出阳升，则天不知有露也；云归空霁〔二〕，则天不知有雨也。种一草，植一木，幸而滋荣，则朝环夕绕，认以为己恩，爬搔培壅，未必不反为物之害者，其秦穆类耶？

注释

〔一〕濡（rú）：沾湿、润泽。
〔二〕霁（jì）：雨雪停止，天空放晴。

译文

露水滋润，植物的根茎、幼苗以及枝节都会沾溉；雨水降临，丘陵和平原都会有覆盖。上天恩待万物，是到极致了。但是日出的时候阳气升起，那么天并不知道有露水；云彩收卷了，雨停止了，那么天并不知道有雨水。栽一株草，种一棵树，幸好滋长茂盛，于是就早晚环绕在旁边，认为是自己的恩德，不停地梳理和松土，这未必不反而成为事物的祸害，这样的人和秦穆公是一类人吧？

点评

见识短浅，往往斤斤于施惠之恩，而不知恩惑生怨。度量狭窄，时时念念于任劳之功，而不知功或成罪。曾国藩《秋怀诗》："大叶下如雨，西风吹我衣。天地气一肃，回头万事非。虚舟无抵忤，恩怨召杀机。年年绊物累，俯仰怜诟讥。终然学黄鹤，浩荡沧溟飞。"张洵佳《甲午岁暮感事诗》："频年变乱肇萌芽，箕子余风未足夸。难以小邦支大敌，况兼封豕助长蛇。羝羊触处藩先破，鹬蚌持时网要加。任尔贪天为己力，得来还许送人家。"曾国藩《赠九弟国荃》："左列钟铭右谤书，人间随处有乘除。低头一拜屠羊说，万事浮云过太虚。"

三七二、以利而合者，亦必以利而离

天下之事，以利而合者，亦必以利而离。

译文

天下的事理是，如果因为利益而合到一块，也必定会因为利益而离散。

点评

利益是合作的最强纽带。仇远《利交》："一自仪秦去，从衡直到今。士级贫失节，交以利知心。乍可昏求火，何堪昼见金。狂澜回已倒，独幸有山林。"蔡襄《右尹师鲁》："君子道合久以成，小人利合久以倾。世道下衰交以利，遂使周雅称嘤鸣。"曾丰《张行甫许舍五羊，馆俸之厚，俯而就薄，来晋康相亲》："出入交战以义肥，卜商先觉后勿违。上下交征以利危，惠王后悔终何追。"朱熹《古者以利为本》："论性无非日用间，何须虚诞与深艰。昭昭万事皆其理，只是功夫欲顺难。"王惟一《西江月》："大道古今一脉，圣人口口相传。奈何百姓不知焉。尽逐色声迷恋。　在迩不须求远，何消更遇神仙。分明只在眼睛前。日用常行不见。"

三七三、一悔可以破百非

一悔可以破百非，一善可以涤百利。

译文

一次悔改可以破除许多错误，一次善举可以洗掉许多私利。

点评

"命本难知姑进取，人能悔过是聪明。"悔，说明不但勇于承认错误，而且善于认识错误。在错误中找到了纠正的方法，是对待错误应有的正确态度。张瑞玑《吊袁项城》："繁华一梦太匆匆，霸气消沉王气空。死不灰心真健者，生能悔过即英雄。有子不才误刘表，失计无端听蒯通。地下相逢汉文母，殷勤尚问未央宫。"郑用锡《感事》："何人不识金银气，千古铜山是祸胎。舞或能工长在袖，债如可避苦无台。只缘腐木虫先附，莫怪闻膻蚁自来。至此补牢应一悔，始知奴辈利吾财。"赵光义《逍遥咏》："精心求一善，一善许相宗。利物无穷尽，分明理道通。正邪名恍惚，晓悟见真空。象外行持法，玄言显圣功。"

三七四、同言者，权之以事

同言者，权之以事；同事者，权之以人。

译文

言辞一样，就要按照事情来权衡比较；事情一样，就要按照人来权衡比较。

点评

"葑菲采时皆有道，权衡分处且无情。"权衡比较是通过观察、分析，找出研究对象的相同点和不同点，以认识事物的一种探究方法。在确认信息源的可用性和可信性的前提下，重在相同中比较出不同，在不同中比较出相同，因此权衡事间的相同性和可比性，比较事物间的相似性和差别性是最基本的程序。邵雍《瞻礼孔子吟》："执卷何人不读书，能知性者又何如。工居天下语言内，妙出世间绳墨余。陶冶有无天事业，权衡治乱帝功夫。大哉赞易修经意，料得生民以后无。"华镇《题明轩》："两楹开处面纯离，题作明轩得事宜。计利已居人会地，征商还是日中时。平持刀尺无心用，高倚权衡莫我欺。达识主人元有大，谁知细故亦无遗。"

三七五、道无精粗，无本末

道无精粗，无本末。未尝有礼外之仪，亦未尝有仪外之礼也。升降裼袭[一]，与穷神知化者，本无二涂[二]；扫洒应对，与存心养性者，本无二说，未有析礼与仪为两物者也。礼与仪既不可离，故古者言礼与仪，亦未尝有所择。专言礼者，如曰大礼，如曰有礼，非谓礼中无仪也。专言仪者，如曰多仪，如曰威仪，非谓仪中无礼也。随意而言，随言而足，曷尝〔三〕闻指一物而为礼，又指一物而为仪者哉？

注释

〔一〕裼袭（tì xí）：古代礼服之制，袒外衣而露裼衣，且不尽覆其裘，谓之裼；不裼，谓之袭。盛礼以袭为敬，非盛礼以裼为敬。

〔二〕涂：同"途"。

〔三〕曷尝：何尝、何曾。

译文

道理没有精细粗糙之分，没有根本与末流之分，不曾有出于礼之外的仪，也没有出于仪之外的礼。上登下降，袒露正服，覆盖裘衣，这和洞悉神妙变化，本来就不是两种途径；扫地洒水，回应对答，这和存养心性，本来就不是两种说法，没能把礼和仪分为两种东西的。礼和仪既然不可以分离，所以古代人谈论礼和仪，也不曾有所选择。专门说礼的，如说"大礼"，如说"有礼"，并不是说礼中没有仪。专门说仪的，如说"多仪"，如说"威仪"，也不是说仪中没有礼。随着心意而说出，随着说出就足够了。何曾听说指着一个东西说是礼，又指着一个东西说是仪的呢？

点评

"道术虽二致，殊途极归一。"原则包涵技术，技术中蕴涵原则。内涵规定形式，形式表现内涵。功用虽有不同，其极则归于同一。犹如战略规定了战术，战术体现了战略，战略战术共同体现了战争目的。吕希哲《绝句》："礼仪三百复三千，酬酢天机理必然。寒即加衣饥即食，孰为末节孰为先。"袁甫《和韩履善韵》："谈经说史谩支离，大道宁容小智窥。山峙川流俱是妙，鸢飞鱼跃两忘机。识天乃乐天之乐，非我安知我不知。细读新诗消息好，桃花见后更无疑。"赵光义《逍遥咏》："于身日益但多为，贤圣何曾免是非。大道几时明鄙隔，真宗隐显在玄机。周知物理通还感，俯仰从来有顺违。宜且守恒存礼让，难中轻重两相依。"

三七六、文毁为誉者，君子之本心

誉人之所毁者，未必皆近厚也。毁人之所誉者，未必皆近薄也。然君子常欲求善于众毁之中，而不忍求恶于众誉之外。是文毁为誉者，君子之本心。变誉为毁者，要非君子之得已也。

译文

赞誉别人所毁谤的，未必都是接近厚道。毁谤别人所赞誉的，未必都是接近浇薄。但是君子常常想在众人的毁谤中寻找善行，而不忍心在众人的赞誉之外寻找恶行。这样，文饰毁谤，使之变成赞誉，是君子的本心。把赞誉变为毁谤，总的来说是君子不得已的。

点评

"道心切戒偏忘助，义事毋先计毁誉。"赞誉与毁谤是一个工具，用得好可以弘扬正能量，用得不好，恰以助长歪风邪气。格局阔大的人本持仁善之心，常常想在众人的毁谤中寻找善行，而不忍心在众人的赞誉之外寻找恶行，无非是为了培护善芽，抑制恶苗，诱导护持正能量的生发壮大。庾信《奉和永丰殿下言志诗》："立德齐今古，资仁一毁誉。无机抱瓮汲，有道带经锄。处下唯名惠，能言本姓蘧。未论惊宠辱，安知系惨舒。"赵蕃《寄杨溥子》："昔闻许劭月旦评，人生倚以分重轻。当时初非徇虚名，往往夷考其学行。今人谁复持此柄，乡评亦复无公论。故当信目不信耳，毁誉不用从人问。"

三七七、待常人，当以常法待；非常人，不当以常法恕

待常人，当以常法待；非常人，不当以常法恕。常法也，所

以待常人也。拊摩戏狎，所以待孩孺，加之成人则侮。阔略〔一〕优容〔二〕，所以待乡邻，加之益友则为疏。苟以待常人之恕，而待非常之人，则恕之适所以辱之也。

注释

〔一〕阔略：不讲究、不拘束。
〔二〕优容：优厚宽容。

译文

对待一般人就用一般的方法；对待不一般的人，就不应当用一般的方法来宽恕。一般的方法是用来对待一般人的。抚摸嬉戏，是用来对待孩子，放到成人身上就成了侮辱。优厚宽容不讲究不拘束，是用来对待乡邻，放到好友身上就会觉得疏远。如果用对待一般人的宽恕来对待不一般的人，那么宽恕他恰恰是侮辱他了。

点评

坚持原则与灵活权变是立身处世必然要时时解答的问题。对非常之人，要有非常的对待；处理非常之事，要有非常的手段。所谓因人施治，因事施策。临事而恕，是仁人仁心的原则，因人因事而不恕，则是立人立功的权变。范成大《有感今昔》："飘风骤雨谩惊春，扫荡何烦臂屈伸。天识不衷宜不恕，神歆非类即非仁。休雠地下枯鱼骨，且斗尊前健犊身。静看可怜还可笑，香山宁是幸灾人？"吴惟信《赠史泳》："烽火穷边几度愁，亦曾将死博封侯。谤兴在彼情谁恕，事过知君痛自休。跨马甲衣春雪白，射雕弓箭晓星流。救时正属英雄者，更着工夫必到头。"

三七八、人心当知所止

人心当知所止，职当战则战，当守则守；职当先则先，当后则后。心止于事，事止于心，非可出其位也。

译文

人心应当知道停止，职责是应当打仗就去打仗，应当防守就去防守；职责是应当冲在前面就冲在前面，应当靠后就靠后。内心根据事情而做出停止的判断，事情根据内心的判断而停止，不可以跳出各自的职位。

点评

"知行知止唯贤者，能屈能伸是丈夫。""士当秉特操，盛行贵知止。"止于职责，掌握分寸，既是政治规矩，也是一种人生智慧。庄南杰《黄雀行》："穿屋穿墙不知止，争树争巢入营死。林间公子挟弹弓，一丸致毙花丛里。小口黄雏未有知，青天不解高高飞。虞人设网当要路，白日啾嘲祸万机。"徐元杰《题静轩》："主静非专在静时，至于动处亦随之。圣贤学问惟知止，敬义工夫要夹持。所养勿忘由勿助，其中何虑又何思。莫教鹘突名轩意，物诱情迁几坐驰。"

三七九、思不出位，出位则邪

思不出位，出位则邪。思之所法既邪，虽所成之功壮伟劲厉，外为人之所叹誉，而一心之间，实忿怼怨恨之所集也。

译文

思虑不能超出职位，超出职位了就会邪恶。心思所效法的既然邪恶，即使成就的功业很雄伟壮烈，表面上被人所感叹赞誉，但一颗心的里面，实际上聚焦了怨恨愤怒。

点评

"从来知守分，真个胜看经。"思想的成熟即技巧的成熟。本位思虑是做好职事的基础，聚精会神于应做应思的事为，才能尽其职位应承担的责任。出位的思虑既为组织规范和体制资源所限制，也为个人精力所限制，能周全的可能性极少，因此而败事伤身的事例极多。艾性夫《守分》："穿窬暴富竟饿死，博塞得官终族诛。不惊宠辱老瓦砚，粗了暑寒粗布襦。"王慎中《学示友人杂诗》："埋没精神钻故纸，世儒拘陋信堪羞。专从事业尊尧舜，直以能多识孔丘。悬想一生思出位，劳心终日困旁求。沉绵此疾真成痼，苦口良方谁为投。"

三八〇、君子当自观吾之所以为吾者如何耳

我实清渊，人以我为污渠，于我何损？我实丘垤，人以我为岱华，于我何加？君子当自观吾之所以为吾者如何耳，人之毁誉，何有焉？

译文

我实际是清澈的渊池，别人认为我是污秽的沟渠，对我有什么损失呢？我实际是土丘土堆，别人以为我是泰山华山，对我有什么增加呢？君子应当自我反观我之所以是我是怎样的，别人的毁谤和赞誉，和我有什么关系？

点评

"是非毁誉还凭己，侥幸趑趄莫羡他。"毁誉并非衡量人事的统一尺度，而是牵引或捆绑人的绳索，要留意，但不必在意。不可作获取能量的主食，不妨作自我修养的佐料。释德洪《和珣上人》："毁誉不入念，方知心已空。魔宫并虎穴，还与道场同。"韩偓《味道》："如含瓦砾竟何功，痴黠相兼似得中。心系是非徒怅望，事须光景旋虚空。升沉不定都如梦，毁誉无恒却要聋。弋者甚多应扼腕，任他闲处指冥鸿。"

三八一、天下之可惧者，惟出乎利害之外，乃能知之

天下之可惧者，惟出乎利害之外，乃能知之。风涛浩荡，舟中之人不知惧也，而舟外之人为之惧。酣醉怒骂，席上之人不知惧也，而席外之人为之惧。狂之既瘳[一]，追思方狂之时，不知何以自容。

痛之既定，追思方痛之时，不知何以自处。身游乎吉凶祸福之涂，心战乎抢攘争夺之境，眩瞀〔二〕颠错，昏惑舛逆〔三〕，未有知惧之为惧者也。

注释

〔一〕瘳（chōu）：疾病消失了。
〔二〕眩瞀（xuàn mào）：眼睛昏花，视物不明。
〔三〕舛（chuǎn）逆：颠倒、悖逆。

译文

天下很可怕的事，只有出于利害之外才能感受到。风浪浩荡，船里面的人不知道害怕，但船外面的人却对此感到害怕。喝醉了愤怒地大骂，酒席上的人不知道害怕，但酒席之外的人却对此感到害怕。癫狂已经好了，回忆正在发狂的时候，就会无地自容。痛苦已经安定之后，回忆正在痛苦的时候，就会不知所措。身体正在吉凶祸福的路上游走，内心正在你争我夺的境地打斗，头晕颠倒，昏惑错乱，没有能知道惧怕是要成为惧怕的。

点评

当局者迷，局外者清。以出世之心，做入世之事，以局外之冷观，察局内之幽隐，以超然之姿，操实然之权，可以立身治事而免于祸败矣。王良臣《息轩》："乾没皇皇西复东，不知假息祸机中。黄金一旦随胠箧，腐骨千年付攓蓬。世味甜于刀上蜜，人心苦似蓼中虫。一庵松雪双明底，笑杀西山槁项翁。"龚易图《东道》："欲向扶桑早持弓，滔滔海水日仍东。每登广武怜余子，莫遣高阳溷乃公。大海岂容溃蚁穴，荒天真见凿鸿濛。局中惨淡经营日，不信旁观有异同。"陆游《自讼》："年少宁知道废兴，抟风变化羡鲲鹏。贪求但欲攀分寸，痛定方惭乞斗升。灵府已能澄似水，俗缘更觉薄于僧。挂冠且喜身萧散，二顷宁须退可凭。"

三八二、国一灭则心一警，心一警则政一新

天下诸侯,皆处于危乱之内,而穆公[一]独出于危乱之外,何也？盖自殽函[二]一悔之后,虚气俱尽,正心徐还,回视前日之所谤者,今皆可惭。回视前日之所安者,今皆可怪。股慄[三]于众人熟寝之时,目眩于众人交贺之际。此避朝贬食[四]之事,秦之群臣以为过,而穆公犹以为不足也。穆公信能推此惧心而充之,视天下之诸侯,国一灭则心一警,心一警则政一新,是伤彼所以乐此,损彼所以增此也,固可以离危亡之门,而卜治安之基矣,岂止西戎之霸[五]耶？

注释

[一]穆公：即秦穆公,嬴姓,赵氏,名任好,春秋时期政治家,秦国第九位国君,前659年—前621年在位,"春秋五霸"之一。

[二]殽（xiáo）函：崤山和函谷关的并称。相当于今陕西省潼关县以东至河南省新安县一带。鲁僖公三十三年（前627）,秦在崤山和函谷关一带被晋国打败,秦穆公由此常自我反省。

[三]股慄（lì）：大腿发抖,形容恐惧之甚。

[四]贬食：节缩饮食。

[五]西戎之霸：秦穆公派兵攻打中原,经历崤之战惨败,东进之路行不通,转向西发展,任用由余为谋士,逐渐灭掉戎人国家,受到周天子赏赐金鼓,继续攻打蜀国和关西（函谷关以西）的国家,开辟国土千里,被周襄王任命为"西方诸侯之伯",称霸西戎,对秦国的发展做出了很大的贡献。

译文

天下的诸侯都处在危乱里面,但秦穆公惟独超出了危乱之外,为什么？应该是从殽之战失败的一次自我改悔之后,虚骄浮躁的气性都没有了,端正的心性慢慢地回来了,回过头来看以前所诽谤的,现在都感到很惭愧。回过头来看以前认为很安适的,现在都感到很奇怪。在众人都熟睡的时候自己一个人吓得两腿发抖,在众人都互相祝贺的时候自己一个人吓得头昏

目眩。所以秦穆公果真能推广这种畏惧之心并使它充实，见到天下的诸侯，国家一旦有被灭亡的，那么心里就感到警戒，心里一旦感到警戒那么政治就为之一新。这样，彼处的忧伤就成为了此处的欢乐，减损彼处是为了增加此处，这样本来就可以脱离灭亡之门，因而预期奠定长治久安的根基了，难道仅仅是足以在西戎一带称霸吗？

点评

以人为镜，可知得失。秦穆公因一败生一悔，因一悔生一忧，因一忧生一明，因一明生一警，因一警生一戒，因一戒生一强，在忧患警戒中任贤用能，励精图治，富国强兵，为秦统一天下赚取第一桶金。忧患足以兴国，殷忧启圣，多难兴邦。始终保持忧患意识，凡事都要作深入思考、反复揣摩，就能不断激发人的智慧与潜能，来成就一番事业，造就一代圣明。魏了翁《送李季允赴召》："是是非非各有心，以同为爱异为憎。誓殷秦穆旋修怨，在莒齐威卒震矜。事急求言常易入，位高从谏最难能。愿公一破从前陋，万里无云皎日升。"林希逸《自警》："静退虽知趣味殊，终然习气未全除。有无对境宜俱遣，梦觉何时解一如。得力要须生处熟，用工最怕密中疏。莫教草草匆匆去，却恐从前枉读书。"

三八三、既甘贱者之劳苦，而复去贱者之卑污

负于途，贩于肆，耕于野，泯泯棼棼〔一〕，所谓贱者，天下岂少哉？然彼皆当贱者也，非能贱者也。以随会〔二〕之雅量旷识，乃不屑不厌，下亲劳苦之事，宜廊庙〔三〕而安闾阎〔四〕，是以谓之能贱；宜丰组〔五〕而安布韦〔六〕，是以谓之能贱；宜钟鼎〔七〕而安箪瓢〔八〕，是以谓之能贱。既甘贱者之劳苦，而复去贱者之卑污，全人之所不能全，斯其所以为全德欤？

注释

〔一〕泯泯棼（fén）棼：纷乱的样子。

〔二〕随会：祁姓，其名随会（采邑于随）或范会（采邑于范），又因随氏出于士氏，故史料中多称其为士会，史称范武子、随武子，春秋时期晋国杰出的政治家，先秦时期贤良的典范。

〔三〕廊庙：指殿下屋和太庙，后指代朝廷。

〔四〕闾阎（lǘ yán）：古代里巷内外的门，后泛指平民老百姓。

〔五〕组：丝带，引申为华贵、华丽饰品。

〔六〕韦：皮绳。

〔七〕钟鼎：华贵的饮食器具。

〔八〕箪瓢（dān piáo）：盛饭食的箪和盛饮料的瓢，指生活简朴。

译文

在路上背负重物，到市场上去贩卖，在田野耕种，忙碌而混乱，所谓卑贱的人，天下难道很少吗？但是他们都是处于卑贱的人，并不是善于处在卑贱的人。凭着随会的雅量和博识，却不介意也不厌恶，到下面去亲自做劳苦的事情，本适宜在朝廷却安于一般的闾巷，这就叫作善于处于卑贱；本适宜于华丽的衣服却安于粗布衣服，这就叫作能处于卑贱；本适宜于豪华的饮食却安于简陋的饮食，这就叫作能处于卑贱。既甘心于贫贱者的勤劳和困苦，又去掉贫贱者的卑劣和污秽，保全别人所不能保全的，这就是他能保有完整德行的原因呢？

点评

范武子（随会）是一位杰出政治家，有很强的思想政治工作能力，"能贱而有耻，柔而不犯，其智足使。"和光同尘，躬亲细事，不辞劳苦，安于简陋，了解底层民众心态，善于同各阶层人物沟通，其从政作为，似近于现代人本思想平民情怀。多能鄙事，任劳忍辱，以苦为乐，以卑为高，能与最底层的劳动者打成一片，真是大政治家作为。陆游《东斋杂书》："学者学圣人，斯须不容苟。百年乐箪瓢，千载仰山斗。家庭盛弦诵，父子相师友。但令书种存，勿愧耕垄亩。"吕祖俭《送汪时法归金华》："归去儿曹欲与言，相思切处莫窥园。吾宗事业无多子，守得箪瓢始见根。"陆游《读史》："夜对遗编叹复惊,古来成败浩纵横。功名多向穷中立,祸患常从巧处生。万里关河归梦想,千年王霸等棋枰。人间只有躬耕是,路过桑村最眼明。"于谦《题画菜》:"青紫均沾雨露恩,一团生意淡中存。食前方丈倘来物,大节还须咬菜根。"冯云山《明志》:"孤寒到此把身藏,无食无衣也着忙。拾粪生涯来度日,他年得志姓名扬。"

卷二十二

三八四、至书无悦人之浅效，而有化人之深功

易喜者必易厌。有书于此，一读而使人喜者，屡读必厌。有乐于此，一奏而使人喜者，屡奏必厌。盖是书是乐之味，尽发于一读一奏之间。外虽可喜，而中既无余矣。其初之喜，乃所以为终之厌也。善著书者，藏其趣于无趣之中，非欲掩人之目也。得趣于无趣，则其趣无时而穷也。善作乐者，藏其声于无声之中，非欲塞人之耳也，得声于无声，则其声无时而穷也。至书无悦人之浅效，而有化人之深功。至乐无娱人之近音，而有感人之余韵。凡天下之理，不能窥于未得味之前，必不能舍于既得味之后也。昔吾夫子设教于洙泗之间〔一〕，子贡〔二〕初见，挟其智而傲之；子路〔三〕初见，挟其勇而陵〔四〕之。夫以夫子之圣，犹不能动物悟人〔五〕于一日之速也。

注释

〔一〕洙泗之间：洙水和泗水之间，指孔子的故乡。
〔二〕子贡：孔子的弟子，以谋见长，善于言辞。
〔三〕子路：孔子的弟子，正直勇敢。
〔四〕陵：欺凌。
〔五〕动物悟人：使人感动，使人领悟。

译文

容易喜欢的必定容易厌恶。这里有一本书，读一下就使人喜欢，多次阅读必定就会令人生厌。这里有一种音乐，演奏一次就使人喜欢，多次演奏必定会令人生厌。大概是这本书和这种音乐的味道，在第一次阅读和第

一次演奏的时候就已经穷尽了。外表虽然令人喜欢，但内在没有什么遗留了，开始时的喜欢就成了最后的厌恶。善于著书的人，把书的趣味隐藏在没有趣味之中，并不是想蒙蔽别人的眼睛，在没有趣味中获得趣味，那么它的趣味就没有穷尽的时候。善于创作音乐的人，把声音隐藏在无声之中，不是想塞住别人的耳朵，在没有声音的地方听到了声音，那么它的声音就没有穷尽的时候。最好的书没有取悦别人的肤浅的效果，却有感化别人的高深的功能。最高的音乐没有娱悦别人的短暂的声音，却有感动别人的余韵。大凡天下的道理，是在还没有尝得滋味之前不能有所发现，那么必定在获得滋味之后不能舍弃它。过去我们的孔夫子在洙水和泗水之间设立教化，子贡开始见面的时候，挟持自己的智慧而傲视孔子；子路开始见面的时候，挟持他的勇猛而欺侮孔子。凭着孔子这样的圣贤，还不能在一天之内快速地使人感动，使人领悟。

点评

"森严莫讶先尝苦，隽永方知后味回。"做事要讲究后劲，做人要有点后味。绘画要讲留白，不作一点，尽得风流。曾国藩论用兵重后劲："起手要阴后要阳，出队要弱收队强。初出队时如老鼠，越打越猛如老虎。"根深叶茂，源深流长，在扎实平稳中见其非常。苏籀《题徐帅川诗卷》："学究村村自谓贤，西京泾渭派沦涟。古人圣处工研贯，新义阿时力洗湔。炳阒多闻包宇宙，阒寥余韵出蹄筌。飘然径造骚人室，老愤应加视后鞭。"

三八五、理之未明，君子责也

理之未明，君子责也。置是责而不忧，其责固不可逭〔一〕。惴惴然不胜其责，而亟求理之明，则天下之患必自此始。自夫人之有亟心也，始求说于理之外，姑借世俗之所共信者，以明吾理。乐其说之易行，忘其害之终反，夫岂知今日之快，乃所以召他日之患耶？嚚淫〔二〕妖祥之说，执左道〔三〕以迷民者也。辞而辟之，不责之君子，将谁责？然君子任是责者，不亟于明理，而急于辨诬，谓以理告人，喻者十二；以事告人，喻者十九。蚩蚩[四]之氓，难以是非动，易以祸福回。于是俯取祸福之说，即其共信者而晓之。武王不避往亡[五]而胜商，明帝不避反支[六]而隆汉，太宗不避辰日[七]而兴唐。汝谓必凶，我反得吉。汝谓必否，我反得亨。借是事以明是理，向之溺于嚚淫妖祥之说者，果何辞而对耶？

注释

〔一〕逭（huàn）：逃避。

〔二〕嚚淫：淫荡喧嚚。

〔三〕左道：又称邪道，是中国古代罪名，邪门旁道，多指非正统的巫蛊、方术等。

〔四〕蚩（chī）蚩：无知的样子。

〔五〕往亡：往亡日，前人依累积之经验，根据阴阳五行之旺衰，推演得到的天地间气化运行郁结不通之日，总结出犯往亡煞诸多禁忌。《易隐·行人占》有云："往亡煞临世，动必有险厄。""往亡入课出行亡，拜官上任路不通。"《协纪辨方书·往亡》曰："往者去也，亡者无也。其日忌拜官上任，远行归家，出军征讨，搬家入宅，起基修造，嫁娶寻医，出军征讨。"

〔六〕反支：反支日，古术数星命之说，以反支日为禁忌之日。汉王符《潜夫论·爱日》："孝明皇帝尝问今旦何得无上书者？左右对曰：'反支故。'"汪继培笺："本传注云：'凡反支日，用月朔为正。戌、亥朔一日反支；申、酉朔二日反支……子、丑朔六日反支。见《阴阳书》也。'"

〔七〕辰日：数术家认为，辰日在时空方位上既为水墓又为土墓，是大不吉利的。

译文

道理没有明白于天下，是君子的责任。把这种责任放到一边而不忧虑，他的责任固然不可逃避。小小心心，不堪此种责任，因而急切地想使道理明白，那么天下的祸患必定会从这里开始。这样的人自从有了急切的心机之后，便开始在道理之外寻求学说，苟且地借助世俗的人所共同相信的东西，来说明自己的道理。欣喜众人喜欢的学说容易流行，却忘记了它的祸害必定会返回。怎么知道现在的欢快正好招惹以后的祸患呢？喧嚣淫荡、妖孽祥瑞的学说，执著于旁门左道，使民众迷惑。拒辞它批驳它（的任务），如果不责求君子，又责求谁呢？但是君子处在这样的责任上，不急切地使道理明白，却急切地去辨别诬枉，认为把道理告诉人，明白的人只有十之一二；把事情告诉人，明白的人却有十之八九。平庸的百姓，是很难用是非来劝动的，而容易用祸福轮回的说法劝动。于是低下头来拾取祸福轮回的学说，接近那些共同相信这些学说的人来使他们明白道理。但是周武王不避讳往亡日的忌讳而兴兵把商朝灭掉了，汉明帝不避讳反支日的忌讳而使汉代隆盛，唐太宗不避讳辰日起事而使唐代兴盛。你说必定会凶险，我反而获得了吉利。你认为必定会倒霉，我反而获得了幸运。借助这样的事例来说明这样的道理，以前那些沉迷于喧嚣淫荡和妖孽祥瑞学说的人，究竟用什么话来应对呢？

点评

"力扶正学人知惧，拨去浮言道自存。"祛邪先要扶正，要用正确的理论武装群众，用真理的魅力感召群众，格局大的人就要纳天地正气，法古今完人，追求真理，宣传真理，普及真理。真理只要透彻就能掌握群众，真理能掌握群众就能形成社会力量。张问陶《梅花》："腊尾春头放几枝，风霜雨露总无私。美人遗世应如此，明月前身未可知。照影别开清净相，传神难得性灵诗。万花何苦争先后，独自能香亦有时。"魏了翁《题梓潼庙》："士生一切果何事，道丧千年不得传。富贵熏天随手尽，词华盖世为人妍。直将了了圣贤质，只办区区文字缘。神为斯人扶正学，试教梦者一醒然。"

三八六、君子所恃以辟嚣淫妖祥之说者，理在焉

说以事立，亦以事隳[一]。人以事信，亦以事疑。君子所恃以辟[二]嚣淫妖祥之说者，理在焉。故也苟舍吾理，而屑屑然较事之中否，则人虽今日以事而信吾说，他日亦必以事而攻吾说矣。自古及今，嚣淫妖祥之说，其不验固众，然幸而偶合者，亦不乏也。我专举其不验者，彼专举其偶验者，万一彼之事多于吾之事，则吾不

战而自屈矣。至正之理不与事对，今吾以欲亟之，故舍理就事，下与异端[三]并立于争夺之场，而侥幸于一胜，危矣哉！

注释

[一] 隳（huī）：毁坏、损毁。
[二] 辟：批驳。
[三] 异端：异常的征兆，后引申为社会主流思想和意识形态对异己思想、理论的称呼。在中国古代，占统治地位的儒家常将儒家学说之外的其他学说、学派统称为异端。

译文

学说因为事例而成立，也因为事例而被毁。人们因为事例而相信，也因为事例而怀疑。君子批驳喧嚣淫荡、妖孽祥瑞的学说，所依靠的就是道理。所以如果舍弃了我们的道理，而琐屑地去计较事例是否符合，那么别人虽然今日因为和事情相合而相信我的学说，以后也必定会用那些不合的事例来攻击我的学说。从古至今，喧嚣淫荡、妖孽祥瑞的学说，它们不灵验的固然很多，但是侥幸地偶然符合的也是不缺乏的。我专门列举那些不灵验的事例，万一他们的事例比我的事例还多，那么我就还没有争辩就自己屈服了。最正确的道理是不与事例相对应的，现在我因为欲望而急切，所以想舍弃道理而屈就事例，以致下降去和异端一同处在争辩的境地，侥幸地赢了一次，也是很危险的啊！

点评

此段着眼于方法论，似触及列举归纳法的困境，而揭扬演绎法的优长。俞樾《齐物诗》："处世休凭意气雄，须知事理总无穷。轮蹄易遍九州内，足迹难周一室中。"事实胜于雄辩，但简单的罗列事实并不能胜于雄辩，因为事物既有通式，也必有变式，既有正例，也必有反例，枚举事例以论证，难以周全，不能自圆自洽，往往留下逻辑漏洞。所以立论要基于事实，又要高于事例，唯有把握本质，抽取精蕴，提炼理义才能论证到位。陈普《博学反约》："事理纷纷未易穷。其间脉络要通融。能于博处知其约，渐次收功一贯中。"清除异端，尤其要在大本大源入手。陈普《执一》："事理纷纷千万亿，岂容执一以为中，圣贤心术无偏倚，只在能权识变通。"陈普《隘与人恭》："异端岂必皆邪说，执一之偏或过中。隘与不恭如失正，到头流弊亦皆同。"陆游《北窗怀友》："中年妄意慕轲雄，白首终希尺寸功。落落要居流俗外，兢兢恐堕异端中。仰天俯地犹多愧，饭豆羹藜已过丰。幸有北窗堪讲学，故交零落与谁同？"

三八七、藩拔级夷，莫适为主，然后寇攘之计始兴

惟皇上帝〔一〕降衷于下民，岂有生而恶者哉？物有以动之矣。匹夫掉臂〔二〕而行于道，未有为盗之心也。少焉，见道旁之室，珍货溢目，而藩拔级夷〔三〕，莫适为主，然后寇攘〔四〕之计始兴。未见是室，则无是心。既见是室，则有是心。是其为盗不出于心，而出于室，明矣。

注释

〔一〕惟皇上帝：至高无上的主宰。
〔二〕掉臂：摆动手臂。
〔三〕藩拔级夷：藩篱拔去，台阶夷平了。
〔四〕寇攘（rǎng）：为劫掠、侵扰。

译文

至高无上的主宰把纯良的内心降临到百姓，难道还有天生就是恶人的吗？（是因为）有的东西可以改变人。一般的人摆动手臂在道路上行走，并没有偷盗的心思。过了一会儿，看到道旁有一间房屋，里面有耀眼的珍宝，而藩篱被拔去了，台阶被夷平了，恰好没有主人，然后抢夺的计谋才萌发了。没有看见这个房屋的时候，就没有这样的心思。见到这个房屋后，就有了这样的心思。这样，他的偷盗不是因为内心，而是因为这个房屋，这是很明显的了。

点评

　　"清时无寇盗，比屋乐耕耘。"所谓清时，就是他人与自己权界和物产利权清晰明确之时。人己权界和物产利权清晰明确，是安居乐业的基础。这是一个非常唯物主义的观点：劫掠、侵扰产生于主权界限不明，即产权不明确之时。藩篱和台阶就是物质利益的权限和边界，没有藩篱和台阶就是没有了主人，主权模糊不清，偷盗之心因此而产生。客观环境（当然包括制度环境）决定人的思想意识。范承谟《闻柝》："梆铃关柝备皆空，暴客翻持御至公。休笑貔貅颠倒用，从来盗憎主人翁。"方回《彭湖道中杂书》："近传群盗息，稍免大军兴。闭户闻村学，挑包遇野僧。篱间犬见客，狂吠极堪憎。"冯璧《和希颜》："虎守天门未易通，庚尘无扇障西风。主人何负盗憎主，公论不明私害公。老伏固非千里骥，冥飞似是五噫鸿。纷纷往事渠知几，都付崧巅一笑中。"

三八八、物来攻我，我则防之

　　物来攻我，我则防之。自我致乱，将何所防耶？以木忧风则可，以囊忧风则不可。以堤忧水则可，以沼忧水则不可。未有己招之而己防之也。不思己之生奸，而反尤奸之攻己；有见于人，而无见于己，其用心果如何耶？

译文

　　有外物来攻击我，我就预防它。自己制造祸乱，到哪里去预防呢？因为是树木，忧虑风是可以的，因为是风箱，忧虑风却是不可以的。因为是堤坝，忧虑水是可以的，因为是沼泽，忧虑水却是不可以的。没有自己招惹而自己预防的。不反思自己制造了奸贼，反而责备奸贼来攻击自己；看得见别人，却看不见自己，他的用心果真是怎样的呢？

点评

　　堤坝堵水而受水浸，沼泽蓄水而受水润。树大因而招风，囊深纳风为能。物有长短巧拙，祸患因缘成就，根源本在自身，所以要慎其自招，谨其自防。强至《禽凤二绝》："击搏微禽拙自防，网罗须触是寻常。不知利嘴鹰扬处，却漫喧啾怨凤凰。"释延寿《山居诗》："万事从来只自招，巡危由己路非遥。笙歌韵里花先落，松桧枝间云未消。数下磬声孤月夜，一炉香蓊白云朝。谁人会我高楼意，门掩空庭思寂廖。"赵蕃《去德清十数里阻冰，舟行甚艰》："常时一夜北新桥，问讯兹来故不遥。岂虑坚冰忽成合，更当冷日未能消。志存纡直无渠怒，行有艰难自我招。赖是晴山有佳色，不然何以慰无聊。"

三八九、百姓有过，在予一人

　　虽然，天下固有元恶大憝〔一〕，发衅端于无衅之中者矣，殆未可专责人君之开隙也。曰：人君以天下为一体，万物盈于天地间，阖〔二〕散盈虚，往来起伏，皆君心之发见也。后世果真有性恶之人，则君固不任其责矣。惟恶不出于性，而出于物，故虽君未尝亲诱之，苟为物所诱，是亦君诱之也。虽君未尝亲陷之，苟为物所陷，是亦君陷之也。将何地以逃其责？故曰：百姓有过，在予一人〔三〕。

注释

　　〔一〕元恶大憝（duì）：元恶，首恶。憝，奸恶。原指大为人所憎恶，后指元凶魁首。

　　〔二〕阖（hé）：关闭。

　　〔三〕百姓有过，在予一人：百姓有过错，责任只在我一人身上。要体现君主的责任、担当意识。

译文

　　虽然这样，但是天下固然有十分恶劣和凶顽的人，在没有挑衅的情况下发出挑衅的祸端，这大概不可以专门责备君主开衅。回答是：君主把天下看作是一个整体，万物在天地之间充满，聚合分散，充盈空虚，来来往往，起起伏伏，都是君主内心的萌发和呈现。后世果真有品性恶劣的人，那么君主固然不应当承担责任了。只是罪恶不是出自人的本性，而是出自外物，所以即使君主没有亲自引诱他，只要被外物引诱了，这也是君主引诱的。即使君主没有亲自陷害他，只要被外物陷害了，这也是君主陷害的。君主将怎样逃脱他的责任呢？所以说：百姓如果有什么过错，责任就在于我君主一个人。

点评

权大责也大，位高风险也高。君主主导的社会政治制度设置，权力高度集中于一人，则社会政治制度和政策施行造成社会政治诸多问题的责任也必然归咎于他。一个有使命感、责任心的统治者必须明确这一点并自觉提高担当意识。马一浮《晚钟》："百战争霸王，六艺今埃尘。弗智谅在予，敢咎人不仁！"尹志平《减字木兰花·怀仁抱义》："怀仁抱义。五帝三皇因此治。抱义怀仁。天下生灵一体亲。　　勤参道德。建国成家为法则。道德勤参。更与修身作指南。"

三九〇、因适然之事，而疑常然之理，智者不由也

理有常然，而事有适然。因适然之事，而疑常然之理，智者不由也。历数天下之事，出于常然者十之九，出于适然者百之一。以一废百，奚可哉？

译文

道理有其常态，而事情却有其偶然。用偶然的事情来怀疑必然的道理，聪明的人是不这样做的。列举天下的事情，出于常态的十之八九，出于偶然的百分之一。因为一件而废弃了一百件，这怎么可以呢？

点评

　　常量与变量，常态与非常态，大多数与极少数，要能有明晰地判断，精确掌握其间数据的变动，可知事物发展的态势。偶然中也有必然，偶然也会演化成必然，关键在数据的变动。杨万里《山店松声》："松本无声风亦无，适然相值两相呼。非金非石非丝竹，万顷云涛殷五湖。"刘宰《秋闱后勉子侄》："我生场屋惯周旋，得失从知岂偶然。天理先须尽人事，时文端有本尘编。日烘瓮牖朝先起，雪压茅斋夜不眠。万里夷涂从此去，着鞭宁怕祖生先。"杜荀鹤《恩门致书远及山居因献之》："时难转觉保身难，难向师门欲继颜。若把白衣轻易脱，却成青桂偶然攀。身居剑戟争雄地，道在乾坤未丧间。必许酬恩酬未晚，且须容到九华山。"

三九一、君人者，固有常体，操至公以格天下

　　苟持必不然之事，而夺必然之理，则物物可畏，人人可防，其心焦然无须臾〔一〕宁矣。君人者，固有常体，操至公以格天下，合此者升，戾〔二〕此者黜〔三〕，向此者擢，犯此者刑，初未尝容心于其间。故有谴怒〔四〕而无猜嫌，有疏斥而无疑贰〔五〕。旦见其恶，投之岭海；暮见其善，列之朝廷。上无永废之人，下无自绝之志，此固君人者之常体也。

注释

〔一〕须臾：衡量时间的词语，相当于48分钟。也可形容极短的时间。
〔二〕戾（lì）：违背、违反。
〔三〕黜（chù）：废除、取消。
〔四〕谴（qiǎn）怒：谴责。
〔五〕疑贰：因猜忌而生异心。

译文

如果用不必然的事情来废除必然的道理，那么每件事物都很可怕，每个人都应当防备，他的内心就焦躁不安没有片刻安宁了。君主本来有通用的原则，操持着大公无私的标准来治理天下，合适的就提拔，不合适的就废黜，遵守的就擢升，冒犯的就处罚，本不曾有私心放在里面。所以有谴责和愤怒，但没有猜忌和嫌疑；有疏远和斥责，但没有怀疑和二心。早上发现他的罪恶，就把他流放到遥远的山岭和海边；晚上发现了他的善行，就让他位列于朝廷。对上面而言没有永远被废黜的人，下面的人没有自我弃绝的意志，这本来就是国君统治臣民的通用原则。

点评

有升有降，能升能降，是激励官员的常规体制，也是激活官僚体系的动力机制。张九成《论语绝句》："要之恐惧常修省，乃是吾心所必然。君子如云止三畏，又何终日却乾乾。"黄庭坚《病起荆江亭即事》："成王小心似文武，周召何妨略不同。不须要出我门下，实用人材即至公。"元稹《遣兴》："爱直莫爱夸，爱疾莫爱斜。爱谋莫爱诈，爱施莫爱奢。择才不求备，任物不过涯。用人如用己，理国如理家。"戴栩《上丞相寿》："天心妙处不难通，只爱忠勤与至公。云映礼容呈晓霁，雪符腊令报年丰。的于何处容人力，诚到无言是极功。试向璇玑观大象，三台夜夜色齐同。"

三九二、起于砧质，释于囹圄，任股肱心膂之寄，代不乏人

自古及今，挈于鼎镬〔一〕，起于砧质〔二〕，释于囹圄〔三〕，任股肱心膂〔四〕之寄，闳大博硕，震耀彝鼎〔五〕者，代不乏人。

注释

〔一〕鼎镬（huò）：鼎和镬，古代两种烹饪器，这里指古代以鼎镬煮人的酷刑。

〔二〕砧（zhēn）质：古代用于斩首或腰斩的刑具，犯人伏其上以受刑。

〔三〕囹圄（líng yǔ）：指监狱。
〔四〕股肱心膂（gǔ gōng xīn lǔ）：辅佐帝王的重臣，引申为得力助手与亲信。
〔五〕彝（yí）鼎：泛指古代祭祀用的鼎、尊等礼器。

译文

从古至今，从滚烫的鼎镬中提拔出来、从刑场上救出来、从牢狱中救出来，被授以重任，成为君主的助手，因而成就了丰功伟绩、名垂史册的人，每一个时代都不缺乏。

点评

用人要看时势的需要，以能解当务之急为标的，坚持至公而不拘一格，以求人尽其才，才尽其用，用济其急。章惠皇后《宫词》："用人论理见宸衷，赏罚刑威合至公。天下监司二千石，姓名都在御屏中。"黄庭坚《秋怀》："王度无畦畛，包荒用冯河。秦收郑渠成，晋得楚材多。用人当其物，不但轴与䕫。六通而四辟，玉烛四时和。"徐夤《偶题》："闲补亡书见废兴，偶然前古也填膺。秦宫犹自拜张禄，楚幕不知留范增。大道岂全关历数，雄图强半属贤能。燕台财力知多少，谁筑黄金到九层。"

三九三、守国，非临大节不可夺者莫能也

守国，重事也，非临大节不可夺者莫能也。

译文

守卫国都，是极为重大的事任，如果不是那些面临紧要关头而不改变气节的人，是不能承担这样的重任的。

点评

不能坚守原则的人不能任大事。在大是大非问题上能坚守原则，有得失不校、荣辱不惊、不惜生死以之的大节者方能担当重大的历史使命。陆游《雨夜观史》："读书雨夜一灯昏，叹息何由起九原？邪正古来观大节，是非

死后有公言。未能剧论希扣虱，且复长歌学叩辕。它日安知无志士，经过指点放翁门。"林则徐《赴戍登程口占示家人》："力微任重久神疲，再竭衰庸定不支。苟利国家生死以，岂因祸福避趋之。谪居正是君恩厚，养拙刚于戍卒宜。戏与山妻谈故事，试吟断送老头皮。"

三九四、吏不得以非己之时，而却其讼

前人未决之讼〔一〕，后人之责也；前儒未判之疑，后儒之责也。吏职官府，儒职简牍〔二〕。官府有枉，简牍亦有枉。辨今世之枉者，属之吏；辨异世之枉者，属之儒。人虽有去有来，然同一官府也；事虽有久有近，然同一简牍也。吏不得以非己之时而却其讼，儒者亦岂以非己之时置其疑而不辨哉？

注释

〔一〕讼（sòng）：是在法庭上争辩是非曲直，打官司或争辩是非。
〔二〕简牍（dú）：古代书写用的竹木片，这里指书籍。

译文

以前的人没有断定的诉讼，是后来任职者的责任；以前的学者没有判定的疑问，是后来学者的责任。官吏的职责是在官府，学者的职责是在书籍。官府有冤枉，史书也有冤枉。辨别今世的冤枉，这是属于官吏的责任；辨别前世的冤枉，这是属于学者的责任。人虽然有去有来，但官府还是这个官府；事情虽然有久有近，但书籍还是同样的书籍。官吏不能认为不是自己任期里的事就推辞审理诉讼，学者难道能因为不是自己时代的事就把疑惑放到一边而不辨别吗？

点评

"铁肩担道义，妙手著文章。"新官要管旧账，来人要继往圣。知识分子贵有道义担当。历史是公正的，但历史的公正要靠有道义价值理念的知识

分子来执行。站在现实的土地上对历史进行裁决，不但要有透视历史真相的智慧，还要有直面现实的勇气。赵抃《寄题袁教授思轩》："补过尽忠随进退，潜心高与古贤期。吾儒造次必于是，何用凭轩始再思。"陈宓《因读鲁论赓潘丈韵》："八十年前一笔门，须将旧事与重论。幸承显考箕裘后，全赖宣尼典籍存。道统精微传舜禹，性原善恶辨杨孙。学由践履工夫入，敬义当稽六二坤。"刘绎《岱孙入泮》："童军队队迹重寻，卅八年中忆转深。曾傍藻芹怀旧种，自栽桃李问新阴。贻谋敢谓凭躬率，绳武才闻有足音。勉绍箕裘成世业，传经幸不负初心。"

三九五、执笔之际，皆不可不思

人无故负冤，更百世而莫能雪，后之人又以为琐屑而不足问，是终天地而无伸眉之日矣。推是心以莅官临政，则揽山积之文书，对麇至〔一〕之黎庶〔二〕，必将厌其丛脞〔三〕，漫不复经意。抑不知我视之甚微，彼视之甚重；我视之甚缓，彼视之甚急。亦何爱顷刻之劳，而使彼赍〔四〕没身之恨乎？肄〔五〕于塾，听于府，执笔之际，皆不可不思。

注释

〔一〕麇（qún）至：群集而来。
〔二〕黎庶：平民大众。
〔三〕丛脞（cuǒ）：细碎、杂乱、烦琐。
〔四〕赍（jī）：携带。
〔五〕肄（yì）：学习、练习。

译文

人家无辜地受到冤枉，经历了一百代都不能洗刷，后人又认为很琐屑而不值得过问，这是永远都没有扬眉吐气的那一天了。把这种心理转移到为官从政上，那么收到如山丘一样的文书，面对着一群群的老百姓，必定会厌恶这些烦琐细碎，变得散漫而不再留意了。却不知道我认为很细微的，他们却看得很重；我认为不要紧的，他们却看得很紧急。为什么要吝惜片刻的劳累，而使他们获得终身的遗恨呢？在私塾里学习，在官府里听讼，拿笔的时候，都不可不想一想了。

点评

"听讼何如使无讼，与君忧道合沾巾。"为民众服务，要多作换位思考，将心比心，设身处地，恕人如己，既要有情，又要无情。"还将决狱平反意，去作临民抚字恩。"出发点要有情，即爱民恕民精勤廉洁；执法时要无情，即无牵无累坚持原则一心秉公。陈岩《沉机石》："忠诚为国心无累，简易临民讼自稀。与世相安真省事，若为作意苦沉机。"张九成《论语绝句》："善胜不于常胜得，无方始向有方求。故知欲使人无讼，莫使情于听处留。"罗亨信《送主簿丁友直之溧阳》："都门送客醉霞觞，千里之官赴溧阳。抚字殷勤存惠爱，临民平恕慕忠良。梗楠会见登廊庙，枳棘应难集凤凰。远大功名期卓立，流年莫遣鬓沧浪。"真德秀《赠陈子长》："粉省郎官出把麾，故人何以赠箴规。孔门仁恕真心法，汉吏循良乃吏师。听讼莫刀嫌似笔，爱民终见口成碑。玉麟夜语如相问，为说如今两鬓丝。"

三九六、君子之立言，待天下甚尊，期天下甚重

君子之立言，待天下甚尊，期天下甚重。虽至奥〔一〕至邈〔二〕之理，未尝敢轻视天下，逆料其不能知。故识虽在一世之先，而心尝处一世之后，是非推逊不伐而自托于谦退也。降衷〔三〕在天，秉彝〔四〕在民。凡具耳目鼻口号为人者，罔不备参赞化育之神、经纬幽明之用，吾其敢以浅心隘量，大弃之于罢冗无能之地乎？至于父母之邦，尤君子之所祇畏〔五〕而不敢忽者也。"维桑与梓，必恭敬祇。"〔六〕于一草一木犹严如是，况于人乎？

注释

〔一〕奥：幽深、神秘。

〔二〕邈（miǎo）：高远、渺茫。

〔三〕降衷：施善、降福。

〔四〕秉彝（bǐng yí）：持执常道。

〔五〕祗畏（zhī wèi）：敬畏。

〔六〕"维桑与梓，必恭敬祗"：看到父母亲种下的桑梓树，尚且必须恭恭敬敬立树前。这句诗出《诗经》中的《小雅·小弁》。

译文

君子发表自己的言论，很尊敬地对待天下人，对天下人的期许很重。即使是很深奥邈远的道理，也未尝敢轻视天下人，猜测他们不知道。所以见识虽然在一个世代的人之前，但内心常常处在一个世代的人之后，这并不是推辞谦逊与不自夸，而让自己处于谦卑退让的境地。降下善良福善在于天道，操持常理践行社会在于民众。大凡具备五官、称作是人的，无不具备协助养育的神明、无不具备辅助阴阳的功用，我怎么敢用肤浅的心和狭隘的度量，放肆地把它丢弃废置冗余无用的境地里呢？至于父母之邦，尤其是君子所敬畏而不敢忽视的。"对待父母种下的桑树和梓树，必须很恭敬严肃。"对于一草一木尚且如此严肃，何况对于人呢？

点评

"凡具耳目鼻口、号为人者，罔不备参赞化育之神、经纬幽明之用。"此句蕴含尊重每个人的人格的思想，也体现了对民众智慧的充分肯定。说话写文章要尊重天下人的智商，理论只有为民众所掌握才能掌握民众，而理论只有掌握民众才能形成社会力量。要相信民众的智慧，依靠民众的力量。建设国家，建设社会，归根结底要依靠天下民众的智慧和力量。满足天下民众的期望，才能获得天下民众的智慧和力量的支持。建设国家，建设社会，归根结底要满足天下民众的期望。杜范《丁丑别金坛刘漫塘七首》："词章道之华，于世非少补。施之匪其宜，文绣被泥土。自昔重立言，一语万钧弩。谁其厌来者，是非实千古。"朱熹《知天命》："假借立言虽似是，知非我出枉劳功。苟从立志循而得，方信真知味不同。"

三九七、所存易于内，而所观变于前也

所存易于内，而所观变于前也。

译文

在内心所怀的已经改变了，那么眼前所看到的也就跟着改变了。

点评

"万象不离心内易，一私坏尽世间人。"景随心变。观念改变了，结论也就改变了。释延寿《武肃王有旨石桥设斋会，进一诗》："登云步岭涉烟程，好景随心次第生。圣者已符祥瑞事，地灵全副祷祈情。洞深重叠拖云湿，滩浅潺湲漱水清。愿满事圆归去睡，便风相送片帆轻。"方献夫《黄小江饮予西樵小寓，复有后期》："溪山寒菊正开时，真景随人入致思。得象不如忘象妙，出山休恨入山迟。空斋久矣悬清榻，他雨宁无续后期。此意信君能不负，且先分付月明知。"

三九八、众不可概言也，本不可忘也

虽然，众不可概言也，本不可忘也。

译文

虽然这样，众人不可一概而论，根本的原则不可遗忘。

点评

对民众不能一刀切，具体分析才能精准判断。政治正确与否，要看对根本原则的坚守。陆游《勉学》："学力艰危见，精诚梦寐知。众人虽莫察，吾道岂容欺？雷雨含元气，蓍龟决大疑。为儒能体此，端不负先师。"强至《次韵答方晦之》："昔时英杰未伸时，胯下淮阴尚侥眉。之子古心能自信，众人谤口不须疑。讨论直取遗经本，芟别宁容异说枝。圣世尊儒君富学，等闲危涕莫交洟。"王安石《众人》："众人纷纷何足竞，是非吾喜非吾病。颂

声交作荞岂贤，四国流言旦犹圣。唯圣人能轻重人，不能铢两为千钧。乃知轻重不在彼，要之美恶由吾身。"

三九九、至理均赋，先觉者为圣为贤，未觉者为庸为鄙

至理均赋，先觉者为圣为贤，未觉者为庸为鄙。彼虽未觉，然是理洋溢往来于眉睫步趋间，屈伸俯仰，无非动人悟物者。吾方左酬右酢〔一〕之不暇，慢心何自而生？人见吾与庸鄙〔二〕接，而不知吾常与天理接也。终日与天理接，敢轻乎哉？

注释

〔一〕左酬（chóu）右酢（zuò）：酬酢，宾主互相敬酒。左酬右酢，指左右交际应酬。

〔二〕庸鄙：平庸鄙俗。

译文

至高的道理是均等地赋予人们的，先觉悟者就是圣贤，未觉悟者就是庸俗的人。那些人虽然没有觉悟，但是道理在他们的行走和眉眼间充溢往来，屈伸和俯仰，都会令人觉悟的。我正来不及左右接应，如何会产生怠慢的心思呢？别人看见我和平凡鄙俗的人在一起，却不知道我常常和天理接触。整天和天理接触，敢于轻慢吗？

点评

真理面前人人平等。"欲知天理即私心，切莫将来两处寻。""总只在人心，浑然皆天理。"天理原在人间，只在百姓日用之间。尊百姓所以尊天理，尊天理即须尊百姓。释慧空《送化士》："调心不易安心易，离世非难应世难。要识诸君三昧力，莫辞同队到人间。"陈淳《无言上人求诗，依黄簿韵》："休说西来几许年，此身动静莫非禅。须知天理流行妙，不待人言仿佛传。运

水搬柴存实则，着衣吃饭即当然。若能默悟真消息，剖破诸空亿大千。"

四〇〇、物之移人者，莫如权位

物之移人者，莫如权位。仰视其冠，昔鹖[一]今貂[二]；俯视其服，昔缊[三]今貉[四]；饥视其食，昔箪[五]今鼎[六]；渴视其饮，昔瓢[七]今卮[八]。是孰使之然哉？权位移之也。其移有大者焉：卑者可使倨，重者可使浮，朴者可使华，恪[九]者可使慢。其移又有大者焉，贵者自处于尊，未足骇；使尊者反安于卑，可骇也。尊者反安于卑，未足骇；使贵者并忘其尊，可骇也。吾是以知权位之移者，不特其人，而又且及他人，不特移当时，而又且及后世。居权位之间者，可轻乎哉？

注释

〔一〕鹖（hé）：一种像雉而善斗的鸟，其羽毛常用来装饰隐士的帽冠。

〔二〕貂（diāo）：属珍贵毛皮动物，这里指用貂皮做的帽子。

〔三〕缊（yùn）：乱麻、旧絮。

〔四〕貉（hé）：属犬科动物，较狐体肥，腿短。

〔五〕箪（dān）：古代用来盛饭食的竹器。

〔六〕鼎：古代的一种煮食物的器具，放在宗庙里祭祀用的一种礼器，一般用青铜铸造。

〔七〕瓢：用葫芦干壳做成的勺，一般用来舀水。

〔八〕卮（zhī）："巵"的异体字，一种酒器。

〔九〕恪：恭敬、谨慎。

译文

事物能改变一个人的，没有比得上权位的。抬头看他的帽子，过去是鹖冠，现在是貂皮帽子；低头看他的服饰，以前是乱麻破絮做的衣服，现在是貉皮衣服；饿了时看他吃的东西，以前用的是很简朴的竹器，现在用的是很奢华的铜鼎；渴了看他喝的东西，以前是用破瓢喝水，现在是用杯卮饮水。是什么东西使他如此呢？权位使他改变的。这种改变有大的方面：谦卑的人可以变得傲慢，庄重的人可以变得浮夸，朴素的人可以变得奢华，恭敬的人可以变得怠慢。这种改变还有更大的，尊贵的人自己安居于尊贵的地位，不足惊讶，使尊贵的人反而安居于卑贱的地位，让人惊讶；尊贵的人反而安居于卑贱的地位，不足惊讶，让尊贵的人忘记他的尊贵，这真让人惊讶。所以我知道权位改变的不仅仅是他个人，而且还会波及到他人。不仅仅改变他的现在，而会波及到他的后代。处在权位中间的人，可以轻率吗？

点评

在权力本位的体制中，权位即富贵，权力地位牵系着声名利害，直接与物质利益和精神待遇相联系，改变人的还是现实利益待遇。人不能生活在虚空中，而只能生活在现实利益中。心境总以物境而生，这是权位移人的原因。李长霞《拟古》："富贵移本性，贫贱何励身。世人多所欲，徇之失天真。五月有披裘，季子称其人。华歆渝素守，管邴耻为群。苟去与苟得，其重若千钧。"曾极《商飙馆》："商飙基在昔人非，草木犹为富贵移。曾是六朝歌舞地，黄花一半染胭脂。"陈普《知言》："识见超然地位高，人言情伪察秋毫。一些疾病生心腹，明鉴当台不可逃。"韦骧《和书怀》："朴拙从来附会疏，恬然养内肯求无。自怜结发遭平世，不愧孤踪在坦途。一意固当知趣舍，百钱宁复问荣枯。钟鸣鼎食非吾动，所得须论象罔珠。"

四〇一、权位之移人，可畏哉

今一移于权位，卑者自视若尊，尊者自视若卑，缪乱[一]舛错[二]，不复能记，则他事遗落者，可胜计乎？父兄之所训，师友之所诏，其废忘者，不知其几也。稚幼之所志，壮大之所习，其废忘者，不知其几也。邦国之所系，朝廷之所纪，其废忘者，不知其几也。

凡吾前日之所学所闻，所讲所画，棋布派别，罗列胸次〔三〕，皆坐声利而汩陈〔四〕之，可不深惧耶？

注释

〔一〕缪（miù）乱：悖乱、错乱。
〔二〕舛错：错乱、差错。
〔三〕胸次：胸间，亦指胸怀。
〔四〕汩（gǔ）陈：错乱陈列。

译文

现在一旦被权位改变，卑下的人就把自己看得很尊贵，尊长的人就把自己看得很卑贱，错乱百出，不能再记得起了，那么其他遗忘的事情，可以数得清吗？父兄所教导的，师友所告诉的，他废弃遗忘了的，不知道有多少。小时候所记得的，长大时所练习的，他废弃遗忘了的，不知道有多少。国家所关联的，朝廷所维系的，他废弃遗忘了的，不知道有多少。凡是我以前学过的，所听过的，所传授的，所谋划的，就如棋盘一样分布，像河流一样分开，罗列在我胸中，但几乎都因为声名利害而扰乱了，这难道不是十分可怕的吗？

点评

"权位之移人，可畏哉！"权位能改变人，很可怕啊！权力地位足以改变人的思想观念，所谓屁股决定脑袋。成功的洗脑总是从物质利益和精神待遇两方面入手的，古今中外，概莫能外，就看为什么而用，怎么去用。刘绎《感事》："歧中更觉有歧趋，局外闲观局又殊。天岂可欺文未丧，地何曾坠道须扶。谁教鬼瞰高明室，竟有人争势利途。似此熏莸同臭味，那甘戏弄任揶揄。"彭汝砺《送桂阳令臧祖道》："莫笑长官权势轻，所怀端可及生灵。勤忧每见朝尝胆，劝恤遥知夜戴星。礼节但能坚玉石，清名亦合上丹青。饯行欲以言箴赠，留作君家座右铭。"《正心堂》："昔人经制有规箴，名扁公堂作正心。方寸不歆天地位，气机才动鬼神临。无私自觉琴书乐，有止何劳簿领寻。分手属君崇此志，他年阶下有棠阴。"

卷二十三

四〇二、规规然自局于简册之内而不敢骋，君子谓之俗儒

无心之言，其言真；无心之见，其见定。是故观言有术：略其专而察其旁。坚白[一]乎求之惠、邓[二]，清净[三]乎求之老、庄[四]，刑名[五]乎求之申、韩[六]，耕稼[七]乎求之陈、许[八]，规规然自局于简册之内而不敢骋[九]，君子谓之俗儒。取守之论，儒者之所争，而未有知其所由始者也。自叔孙通、陆贾[一〇]之徒进说于时，而逆取顺守之说浸淫[一一]于天下，后之人虽争之强，辨之疾，终莫能溯其源而拔其根，殆观其专而不观其旁之病也。盗发于秦，盗获于吴，众人不察之地，可不少留意耶？

注释

〔一〕坚白，战国时期名家代表人物公孙龙有一篇《坚白论》，论证坚硬、洁白不能同时存在于石头中，与海森堡测不准定律拥有某些程度的相似性。

〔二〕惠、邓：即惠施、邓析，都是早期名家代表人物。

〔三〕清净：清净无为。

〔四〕老、庄：即老子、庄子。以老子、庄子为主的道家学说，主张清净无为。

〔五〕刑名：刑名指战国时以管仲、李悝、商鞅、慎到、申不害为代表的法家学派，主张循名责实，慎赏明罚。后人称为"刑名之学"，亦省作"刑名"。韩非子亦尚"刑名"。

〔六〕申、韩：申，申不害，战国时偏重"术"的法家代表人物；韩，韩非子，战国时法家学说的集大成者。

〔七〕耕稼：农业学说。

〔八〕陈、许：陈，陈相，战国时信奉许行家思想的学者。许，许行，战国

时农家学说代表人物。

〔九〕骋（chěng）：纵马向前奔驰，引申指放开、尽情施展。

〔一〇〕叔孙通、陆贾：叔孙通，汉初有名的政治家，为刘邦制定礼制。陆贾，汉初有名的辩士、政论家。曾建言可以在马上得天下，不可以在马上治天下。

〔一一〕浸淫：蔓延、泛滥。

译文

无意说出的话，是真话；无意看到的现象，是真相。所以说看人说话是有方法的：略过专论的而关注旁论。提到坚白就去惠、邓那儿查找，说起清静就去老、庄那里寻求，刑名法术向申、韩一派求教，耕稼之事则问学于陈、许，规规矩矩地把自己束缚在简册书帛的世界里，不能自由驰骋，这样的人君子称之为俗儒。取守之论，是儒者所论争的东西，但是没有人知道它是如何开始的。自从叔孙通、陆贾向朝廷献其著述以来，逆取顺守之说在天下肆意流行，后来的人即使坚定痛疾地加以辩论抗击，终究不能溯流讨源而拔除根本。这大概是因为观察时只注意到专门的部分，而没有注意到旁边部分的毛病所致吧。盗窃案发于秦国，盗贼被捕获于吴国，一般人所观察不到的地方怎么能不稍加留意呢？

点评

"言在此而观在此者，众人之观也；言在此而观在彼者，君子之观也。"说到此物便看到此物的，这是一般人的观察；说着此物却看到他物的，那是大格局人的观察。"要观此地秋涛壮，更待明年春水生。"事物是普遍联系的，观察研究事物要彼此结合、点面结合、专博结合。观众物之芸芸，才能得此道之妙门。学说研究应突破门派局限，多作交叉比较研究，才能开拓新境界。苏轼《众妙堂广州何道士》："湛然无观古真人，我独观此众妙门。夫物芸芸各归根，众中得一道乃存。"李质《虚妙斋》："武王屈己尊箕子，黄帝斋心问广成。惟道集虚观众妙，超然将见不能名。"葛起耕《支颐》："气数推移有盛衰，老观此理独支颐。阅人云木能千载，过眼风花只片时。名利场中棋变幻，是非窠里浪倾危。到头输与山中叟，乐在耕锄别不知。"

四〇三、逆取者舍其所取然后不谓之逆

胠箧[一]探囊[二]而揖逊[三]守之。谓之工于守财则可，谓之勇于改过则不可。为盗者弃其所攘然后不谓之盗，逆取者舍其所取然后不谓之逆，安有身拥盗物而自名顺守者乎？

注释

〔一〕胠箧（qū qiè）：撬开箱箧，后亦用为盗窃的代称。
〔二〕探囊（tàn náng）：到袋中摸取。比喻偷窃、剽窃。
〔三〕揖逊（yī xùn）：揖让。宾主相见的礼仪。

译文

盗贼撬开别人的箱子，掏别人的口袋，然后恭敬谦逊地加以守护，说这样的人善于守财倒是可以，说他们勇于改过则不行。偷东西的人扔掉他偷来的东西就不叫他贼，以叛逆方式获得政权的人，舍弃了政权就可以不称之为叛逆，可是哪有抱着赃物而自己宣称是正当守护者的呢？

点评

理想与现实，理论和实际总是有距离的。史实和现实中"身拥盗物而自名顺守者"，所在多多，不胜枚举，而且往往是得以成功的一个借口。顺逆是一种客观存在的张力，是一种可变现的社会资源，唯机权深沉者善用之。文徵明《题画》："曲塘风急水横流，百丈劳牵斗石尤。自古江湖分逆顺，不应回首美归舟。"范咸《再叠台江杂咏原韵》："含沙谁谓射人工，登陆机先兆海翁。深赖子矛还自刺，尤怜尺布未能缝。天心但测浅深水，地利全资顺逆风。此日圣朝声教远，军容整暇不张弓。"方一夔《杂兴》："紫绶绯裳印佩金，我于数子总无情。傍人门户传书客，投老田园识字氓。世变委怀无逆顺，事机到手即功名。子房收敛英雄迹，谁说神仙在谷城。"

四〇四、强弱丰歉之权系于人而已

丰歉[一]在人而不在天，强弱在人而不在地。归丰歉于天，闭口而俟[二]死者也。归强弱于地，束手而就亡者也。是故天时虽歉，以人而丰；地势虽强，以人而弱。强弱丰歉之权系于人而已。

注释

〔一〕歉：收成不好。
〔二〕俟（sì）：等待。

译文

谷物丰收或歉收在于人力，不在于天意，形势的强与弱也在于人力，不在于天意。把丰歉归于天命，是闭嘴等死；把强弱归于天命，是束手待毙。所以即使天时不好导致作物歉收，因为人的努力也会丰收；即使地理条件很好，因为人自己的原因，也会处于弱势。主宰强弱丰歉的主动权在人手里。

点评

人有了认识规律、利用规律的能力，就有了创造的主动权。陈宓《劝耘苗》："力勤瘠地亦良田，丰歉由人莫问天，曝背耘苗能着力，天公毕竟也相怜。"邵雍《至论吟》："民于万物已称珍，圣向民中更出群。介石不疑可尽日，知几何患未如神。若无刚果难成善，既有精明又贵纯。祸福兆时皆有渐，不由天地只由人。"

四〇五、人之权重矣哉

无其人，则山川形势，地虽与之而不能全，有其人，则饷馈[一]粮饷，天虽夺之而不能病。人之权重矣哉！

注释

〔一〕饟（yùn）馈：运送粮食，指用于军事的粮食。

译文

倘若没有这样的人，就算大地赠与他们有利的山川形势，也不能保全它；有了这样的人，那即使老天夺走他们的粮饷，也不能使楚国陷入困境。人才的作用太重大了！

点评

认识规律、善用规律的才是真正的创造性人才，发挥好创造性人才的作用，才能掌握相应领域的主动权。刘禹锡《金陵怀古》："潮满冶城渚，日斜征虏亭。蔡洲新草绿，幕府旧烟青。兴废由人事，山川空地形。后庭花一曲，幽怨不堪听。"邵雍《天人吟》："羲轩尧舜虽难复，汤武桓文尚可循。事既不同时又异，也由天道也由人。"萧立之《移春槛》："东来西去本为轮，异草名花易地春。未必乾坤关气数，世间何事不由人。"

四〇六、至难回者，天下之势

至难回者，天下之势。是势一回，则风驱雷动，云飞川决，虽僬侥〔一〕戚施〔二〕，亦皆鸣剑抵掌，赴功名之会。故回大势，号为天下之至难。有张良〔三〕以决鸿沟之追，则参、勃、信、布〔四〕之徒不可胜用也，有邳彤〔五〕以决河北之留，则弇、异、汉、恂〔六〕之徒不可胜用也。天下患无张良而不患无参、勃、信、布，天下患无邳彤而不患无弇、异、汉、恂。

注释

〔一〕僬侥（jiāo yáo）：矮小的人，卑微年幼之人或卑鄙小人。

〔二〕戚施：蟾蜍的别名，也喻驼背的人。以蟾蜍四足据地，无颈不能仰视，故喻。

〔三〕张良：汉高祖刘邦的谋臣。

〔四〕参、勃、信、布：指汉高祖刘邦的部下大将曹参、周勃、韩信、黥布。

〔五〕邳彤（pī tóng）：（？—30），字伟君，信都郡信都县（今河北省衡水市冀州区）人。汉光武帝刘秀的大将，建言据河北反攻王郎，一言兴邦，后为云台二十八将之一。

〔六〕弇（yǎn）、异、汉、恂（xún）：汉光武帝的部下大将耿弇、冯异、吴汉、寇恂，都属云台二十八将。

译文

最难挽回的，是天下的情势。一旦此一情势挽回了，就会像有大风驱赶或者雷霆鼓动一样，层云飞奔，大河决堤，就算身为矮小驼背的人，也会操起武器，摩拳击掌，参与功名的争夺。所以挽回大势，号称为最难达到的。自从张良劝刘邦跨过鸿沟追赶项羽，然后曹参、周勃、韩信、黥布这些人的力量用也用不完；自从邳彤使刘秀决定留据河北之地，然后耿弇、冯异、吴汉、寇恂这些人的力量用也用不完，天下惟独担忧没能有张良，而不怕没有曹参、周勃、韩信、黥布，天下惟恐缺乏邳彤，而不愁缺乏耿弇、冯异、吴汉、寇恂。

点评

战争是政治的手段。政治决定军事，政治战略决定军事战略，军事战略态势决定军事战术价值，战略规划决定战术设计。缺乏战略智慧的战术成果是没有全局价值的。一个高明战略家的价值远在一打精明的战术家之上。战略家最大的特点是善于谋势，谋取有利于全局的情态态势。刘克庄《草堂诗》："胜负无常数，先观曲直知。隐然壮吾国，孰敢敌王师。致讨皆声罪，徂征必有辞。一言明逆顺，大势决雄雌。"方惟深《过黯淡滩》："溪流怪石碍通津，一一操舟若有神。自是世间无妙手，古来何事不由人。"程洙《奉送丞相讷斋程先生》："公相胸中蕴识几，中和不假佩弦韦。人心未免处强弱，公论何尝无是非。岁到寒时知劲节，事当难处见圆机。便须再出扶宗社，未许从容恋翠微。"

四〇七、惟厚于养而薄于求，然后可以相待而至于无穷

井有余润〔一〕，圃者不为之增畦〔二〕；车有余载，驭者不为之增橐〔三〕。天下之理，惟厚于养而薄于求，然后可以相待而至于无穷。

注释

〔一〕润：井水。
〔二〕畦（qí）：由土埂围着的一块块排列整齐的田地，一般是长方形的。
〔三〕橐（tuó）：口袋、包裹。

译文

井里有多余的井水，但种菜的人不因此增加菜畦；车子有多余的装载空间，但驾驭的人不因此增加包裹的货物。天下的道理是，只有那些善于修养而且没有太多欲求的人，才可以和彼此相待以至于永远。

点评

实力应大于欲求，欲求要不超出实力。"论材何必多，适用即能神。托交何必深，寡求永相亲。"立身要谋余地，做事要积余力，对人要留余恩，说话要有余蕴。厚积薄发方可稳健久长。陆游《读老子次前韵》："平生好大忽琐细，焚香读书户常闭。少年曾预老聃役，晚岁欲把浮丘袂。力探玄门穷众妙，肯学阴谋画奇计？言狂不独人共排，志大仍忧后难继。"

四〇八、盖在我者常欲有余，在彼者常欲不足

盖在我者常欲有余，在彼者常欲不足，使诸侯养其忠而不得尽展，蓄其大而不得尽施，此所以传百世而无不轨不物之患也。

译文

因为要使属于我的常常要有余，属于他们的常常不足，使得诸侯可以

修养他们的忠诚，但不得全部施展出来，蓄养他们的大德，但不得全部施展出来。这就是为什么可以传承一百世，但却没有不符合法制和名物制度的祸患。

点评点评

资源决定主动权，统治要掌握主动权，必须在资源控制上保有尽可能大的自由裁量权，克制自身的欲望，操控资源以掌握政治主动权。"使心源长寡欲，便知乐地本无忧。"根据人我欲望的审察和管理，抉择资源取决于对节奏的把握，从而赢得整体上的主动权。白居易《感兴》："吉凶祸福有来由，但要深知不要忧。只见火光烧润屋，不闻风浪覆虚舟。名为公器无多取，利是身灾合少求。虽异鲍瓜难不食，大都食足早宜休。"许传霈《咏校人烹鱼》："漫道生还绿水浔，临渊有客羡鱼深。畜池空忆波流逝，得所偏教釜鬵寻。出死那知仍入死，仁心终不敌机心。相忘近习知多少，谁勒欹方作座箴。"

四〇九、智不逾于常人，而欲为非常人之事，则必愚者也、暗者也

事有出于常情之外者，非人之所不能及，则必不能及人者也。肘腋怨仇，腹心仇敌，旷怀大度，高出于常情之外，夫岂常人所及哉？智不逾于常人，而欲为非常人之事，则必愚者也、暗者也，发褚[一]以示盗者也，决堤以俟[二]溺者也，跣[三]足于雄虺[四]之榛而裸身于饿虎之蹊者也。至于奸雄凶猾之人，每持"宁我负人，无人负我"[五]之语，睚眦[六]之怨，必削株拔根无噍类[七]乃止，彼岂不知含洪光大为盛德事哉？盖思其上者，慨然以为不可学；至其下者，靦然[八]以为不足学也。

注释

〔一〕褚（zhǔ）：夹层装入棉絮的衣服。

〔二〕俟（sì）：等待。

〔三〕跣（xiǎn）：赤脚走路。

〔四〕虺（huǐ）：传说中的一种毒蛇。

〔五〕宁我负人，无人负我：宁可我对不起其他人，不能其他人对不起我！

〔六〕睚眦（yá zì）：发怒时瞪眼，借指极小的仇恨。

〔七〕噍（jiào）类：指活着的或活下来的人，有时也指活着的或活下来的生物。

〔八〕辴（chǎn）然：开怀大笑的样子。

译文

超出了常情之外，不是人们所不能达到的事情，那么必定是不能触及一般人的。左右亲近的人都是仇敌，心腹之人都是仇敌，但却心胸大度，超出常情之外，这难道是常人能达到的吗？智慧没有超出常人，却想做一些非常之事，这必定是愚昧的人、必定是昏聩的人，就像敞开衣服给盗贼看的人，就像把堤坝掘开等待溺死的人，就像赤着脚在有毒蛇的荆棘中行走并且在有饿虎的路上裸身的人。至于奸诈狡猾的人，每每秉持"宁可我负人，不可人负我"这样的言语，小小的怨恨，都要铲除干净，不留活口才肯罢休，他们难道就不知道宽宏大度是很伟大的美德吗？思考上一种情况，满怀感慨而认为那不可以效仿；至于下一种情况，我笑着认为那不值得学习。

点评

身在世俗之中，面对世俗之人，处理世俗世务，不妨以君子的初心，带三分小人气。"常谈即至理，安事非常情。"非常之事必待非常之人，而世间并没有多少非常之人，也没有多少非常之事，极大多数人在日常生活中因常情循常理而生活，人格标准要求过高或过低都会导致偏激的行为，于人于己于社会都无益处。赵光义《逍遥咏》："难求的当问愚痴，那个堪言好事知。名利猛贪无有足，多端动止没规仪。浮生不实将何用，欲把非常乱作为。谩语饶教能配类，一朝患害殢他谁。"戴复古《处世》："风波境界立身难，处世规模要放宽。万事尽从忙里错，一心须向静中安。路当平处经行稳，人有常情耐久看。直到始终无悔吝，旁生枝叶便多端。"曾丰《李叔度与儿曹谈理道，余窃听而记以一诗》："天地未分先立经，自吾道外岂常情。伊周孔子直方大，尧舜文王纯粹精。新犊生时无次刺，白羊熟后可纵横。有言终与一为二，予欲无言是混成。"

四一〇、无形者不可讨，无志都不果讨，无助者不能讨

天下之乱，无形者不可讨，无志者不果讨，无助者不能讨。合是三无，乱之所以成也。匿机闭键，覆阱韬戈，城府高深，不见纤隙，是谓无形；视国传舍，视君奕棋，小寇不诃[一]，大寇不御[二]，是谓无志；胆壮形羸，志强势弱，孑然孤立，莫救危亡，是谓无助。发于彼者有形，立于我者有志，资于外者有助，亦何奸之不消？何难之不平哉？宜消而长，宜平而倾，此君子之所以深嗟而屡叹也。

注释

〔一〕诃（hē）：同"呵"，怒责。
〔二〕御：抵挡。

译文

对于天下的祸乱，那些没有形迹的人，不可以去讨伐；没有讨伐的志向的人，不能果断地去讨伐；没有援助的人，没有能力去讨伐。这三者合起来，祸乱就促成了。隐藏心机，闭锁关键，覆盖陷阱，韬藏武力，心有城府，高深莫测，看不见一丝一毫，这就叫没有形迹；把国家看作是旅所，把国君看作是棋子，对小的敌寇不呵责，对大的敌寇不抵御，这就叫作没有志向；胆量很大但形体瘦弱，意志很强但势力薄弱，力量孤单，没有办法挽救危亡，这就叫作没有援助。如果他那边萌发的是有形迹的，我这边确立的是有顽强的志向的，借于外部的是有援助的，那么什么样的奸诈不会消除？什么样的困难不会平定呢？应当消除的反而增长了，应当平定的反而倾斜了，这就是君子为什么深深地感慨并且多次感叹的原因。

点评

消除叛乱要讲究有理有利有节。无形而讨伐，罪证不足，道义上不占优势，就是无理了。有志有力才有利，无志无力则无利，因为不能据全胜之势。力当然包括增强己方力量，也要借助第三方力量。有节是指有计划、有步骤、有节奏地运用己方力量去打击对方。林希逸《打马》："九折羊肠片纸间，机心觌面险于山。是非喻马一儒墨，得失争蜗两触蛮。危似楚兵临汉堑，急如齐客度秦关。良图邂逅何分别，莫诧争雄衣锦还。"刘基《咏史》："夫差卧薪日，勾践尝胆时。人生各有志，况乃身践之。宁知姑苏鹿，已与西施期。遂令千载下，痛恨于鸱夷。"朱静庵《吴山怀古》："万里中原战血腥，宋家南渡若为情。忠臣有志清沙漠，庸主无心复汴京。北塞春风啼蜀魄，西湖夜月照瑶筝。百年兴废空陈迹，回首吴山落照明。"杨维桢《用顾松江韵复理贰守并柬雪坡刺史》："仙客归来临九州，身骑黄鹤记南游。乌衣故国江山在，铜柱荒台草木秋。起舞刘琨空有志，登高王粲不胜愁。问君蕉境今何在？只忆当年顾虎头。"于石《读史》："今来古往一封疆，虎斗龙争几帝王。百二山河秦地险，八千子弟楚天亡。朝廷有道自多助，仁义行师岂恃强。往事废兴何处问，寒烟衰草满斜阳。"

四一一、权，君之所司也

权，君之所司也。堂陛〔一〕甚高，扃鐍〔二〕甚严，操柄甚尊，岂人臣能一旦徒手而夺其权哉？必有隙焉，然后能乘之；必有名焉，然后能假之；必有术焉，然后能攘之。

注释

〔一〕堂陛（bì）：厅堂和台阶，亦指宫内朝廷。
〔二〕扃鐍（jiōng jué）：门闩锁钥之类，引申为锁闭、隔绝。

译文

权力，是君主所掌控的。朝廷很崇高，权力的钥匙很威严，权柄很尊贵，难道臣子可以一下子空手夺得权力吗？必定有裂缝，然后才能乘此裂缝；必定是有了名分，然后才能以此为凭借；必定是有一定的方法，然后才能窃取。

点评

"望重筹谋方有济，权轻韬略总无功。"大权应该独揽，乾纲只宜独断，这是权力集中制政治体制的本质特点。但"甚爱必大废，多藏必厚亡"，权力高度集中，也容易从最集中处分散，正负得失，唯在一心操持之际，微危渺忽之间。司马光《神宗皇帝挽词》："决事神明速，任人金石坚。天机先兆朕，圣度蕴渊泉。仁义生知性，恩威独化权。乾坤无毁息，长与大名传。"徐钧《章帝》："积威仁意渐无存，宽厚真能固本根。只恨涵容伤大过，养成外戚擅权门。"杨绘《劫权》："对敌常观势，临机便得先。安危心不动，杀活手能专。勿以欺为行，须知劫是权。旁人烂柯看，当局是神仙。"王慎中《论学示友人杂诗》："中立亭亭四不偏，何人识是静时专。此形而上方名道，未画之先自有天。寻逐必然终入俗，虚堂宁免误沦禅。莫向其间求可执，前人诃破谓无权。"

四一二、身后之爱憎，可以验身前之臧否

身后之爱憎，可以验身前之臧否[一]。闻其名而共慕之，见其嗣[二]而共恤之，是人也，必有遗爱在民者也。闻其名而共诋[三]之，见其嗣而共疾之，是人也，必有遗衅[四]在人者也。故是非善恶之辨，必至于子孙而后定。

注释

〔一〕臧否（zāng pǐ）：褒贬、说好说坏。
〔二〕嗣：子孙。
〔三〕诋（dǐ）：说人坏话。
〔四〕衅（xìn）：缝隙，感情上的裂痕、争端。

译文

死后的爱憎,可以验证生前的好坏。听到他的名字,大家一同仰慕,看见他的后代,大家一同体恤,这样的人,必定是遗留了仁爱在百姓中间。听到他的名字,大家一同责骂,看见他的后代,大家一同妒恨,这样的人,必定是遗留了仇恨矛盾在人间。所以是非和善恶的分辨,必定要到子孙后代才可以定下来。

点评

盖棺论定,是非功过自有公论,遗臭流芳也可直接在子孙身上体现,这在传统中国以血缘宗亲为特征的社会中,几乎形成一条铁律。朱淑真《题王氏必兴轩》:"福有根基善有源,必兴缘此敞新轩。埋蛇入相真堪慕,屠狗封侯岂足论。未必芝兰偏谢砌,好看车马集于门。从来天报无先后,不在其身在子孙。"唐寅《警世》:"万事由天莫苦求,子孙绵远福悠悠。饮三杯酒休胡乱,得一帆风便可收。生事事生何日了,害人人害几时休。冤家宜解不宜结,各自回头看后头。"陈造《赭圻》:"朱旗仅奏蜀川功,咫尺中原未向风。礼接谢安犹故旧,心知越石是英雄。生前逆气无宗国,身后余殃有狡童。忍对青山话遗臭,人生过鸟抹秋空。"秦韬玉《读五侯传》:"汉亡金镜道将衰,便有奸臣竞佐时。专国只夸兄弟贵,举家谁念子孙危。后宫得宠人争附,前殿陈诚帝不疑。朱紫盈门自称贵,可嗟区宇尽疮痍。"

四一三、君民之间,盖自有不胶漆而固者

君民之间,盖自有不胶漆而固者。前日之怨,岂民之本心哉?物有以迫之。

译文

君民之间的感情,大概本来就有不用胶漆就很牢固的情况。以前的怨恨,难道是民众的本心吗?是外物强迫他们这样的。

> 点评

"君，天也，民之于君，固有不可解于心者。"君主，是主宰者、统治者，也是管理者、社会既有秩序的维护者，民众对于君主，本来在内心就有不可分解之处，因为民众需要社会秩序。但君主动用酷刑，百姓就会怨恨，因为酷政相对于既有秩序是外物，是破坏秩序的，是破坏民众安身立命的社会基础的。郭曾炘《书钞本杜诗后》："许身稷与契，世尤骇其言。岂知此老胸，固生忧黎元。稷契佐唐虞，得以康斯民。君民实一体，君仁莫不仁。"罗与之《书感》："设险重门未足凭，民心应自有长城。朝廷休戚视田野，宗社存亡非甲兵。气实精神敝竭尽，本枯枝叶可敷荣。古人经理先观势，两臂于韩孰重轻。"

四一四、适治之路，举足可登

迁善之门，翻手可辟，适治之路，举足可登。

> 译文

改过从善的大门就像翻转手掌一样容易打开，前往太平盛世的道路抬脚就可以踏上。

> 点评

观念一转，境界不同；歧路投足，前途大异。审慎抉择，果毅前行。何基《杂诗》："善恶分明虽两歧，念端差处只毫厘。怕将私意为天理，所以先民贵致知。"邵雍《诫子吟》："善恶无它在所存，小人君子此中分。改图不害为君子，迷复终归作小人。良药有功方利病，白圭无玷始称珍。欲成令器须追琢，过失如何不就新。"周端臣《读党籍碑》："党籍碑成国步屯，忠臣埋没瘴乡尘。兴衰未必皆关数，治乱由来实于人。雷昔震陵天已怒，石今漫灭世尤珍。九原难叫诸贤起，一掬伤心泪染巾。"

卷二十四

四一五、下流固恶之所归也

下流固恶之所归也。举夏之恶皆归桀，举商之恶皆归纣，虽有龙逄、比干之徒，持一篑[一]而障横流，终莫能遏其归也。

注释

〔一〕篑（kuì）：盛土的筐子。

译文

下流的境地本来就是罪恶汇流归总之地。整个夏朝的罪恶都归向了夏桀，所有商朝的罪恶都归向了商纣，即使有龙逄、比干这样的贤能的人，担持着一筐土却想阻塞横流，终究是不能遏制水流的归向的。

点评

水往低处流，人往高处走。力争上游，人性使然，各种垃圾污染顺流而下汇归低处，是物理的必然。人于社会群体中，谋处道义智慧与秩序层级上的高势位极为重要。应璩《诗》："下流不可处，君子慎厥初。名高不宿著，易用受侵诬。"成鹫《秋塘》："下流不可处，众浊难为清。最爱荒塘水，能留孤月明。烟波秋潋滟，荇藻夜纵横。取次坚冰近，春来草又生。"施渐《归田自述》："佐邑无功自劾归，尚疑趋府倒裳衣。下流应笑难为吏，僻路于今亦有机。与客解嘲前日谬，逢僧授偈一身非。卧来转觉人群远，惟有闲窗鸟雀飞。"

四一六、谤可止而不可分，分谤所以增谤也

谤可止而不可分，分谤所以增谤也。君有失，犹望臣正之；君

有过，犹望臣规之。苟同君之恶，自谓分谤，上下相济，浑然一体，则复何望焉？一君之侈纵，民且告病；诸臣又为侈纵以附益之，民何以为堪乎？是其于谤不能分之使薄，适以增之使多也。一炬之火，炎冈燎原，郁攸蓬勃，或者乃分为数炬，欲以杀火之势，有是理乎？故曰分谤者，所以增谤也。

译文

怨谤可以阻止但不可以分担，分担怨谤恰好增加了怨谤。君主有了过失，还盼望臣子来使他端正；君主有了过错，还盼望臣子来使他规范。如果和君主一同作恶，自认为是在分担怨谤，上下相互配合，浑然一体，那么还有什么希望呢？一位君主奢侈放纵，百姓尚且控诉弊政；诸位臣子又做奢侈放纵的事情来加重，百姓怎么忍受得起呢？这样不能分担怨谤而使之减少，却恰恰使之增加了。一个火炬的火，正在燃烧山冈和平原，烟雾浓郁，火势蓬勃旺盛，有的人却要分为好几个火炬，想要减轻火势，有这样的道理吗？所以说分担怨谤的人却增加了怨谤。

点评

"洗垢任他腾口谤，养恬尤觉道心微。"先秦时代并无诽谤之罪，倒有诽谤之制。上古三代，天子上朝听政，有公卿正面进谏，博士朗诵读歌，乐师规劝告诫，平民百姓的街市议论，由有关官吏报告给君主，史官记载天子的过失，宰臣减少天子膳食以示思过，尽管这样，天子对这些监督仍嫌不足。所以尧设置供进谏者敲击的鼓，舜树立了供人们书写意见的木柱，汤设立了监察官员，武王备用了警戒自己谨慎的摇鼓，哪怕出现细微的过失，他们都已做好了防备的措施。理想的君主和大臣都有思想家的睿哲，统治阶层达成广开言路、集思广益、使下情上达的共识，不断自我检查，时时勉励自己对标纠错，以实现民众康乐、天下和谐的政治理想，这是中国特色民主制度的根源，也是内容极其丰富应该传承光大的政治文化资源。释智圆《读毛诗》："夫子删来三百章，箴规明白佐时王。近来吟咏唯风月，谤木诗官事久亡。"黄榦《谀人》："监谤兆周虐，偶语挤秦亡。古风下刺上，国步安且强。

靖康发深痛，熙丰启余殃。惜哉天子明，未免谏者伤。谏者亦何为，君子名愈彰。"施蛰存《咏史》："唐尧设谤木，闻过便自省。嬴秦议逐客，虎政日以猛。仁者询刍荛，昭察如明镜。独夫用私智，惟恐不得逞。龙比非俊物，安知狗溺井。"魏了翁《次韵费同叔解嘲》："低头涸辙问波臣，沃以嘉言力万钧。逆耳倒言诚爱助，解嘲谢谤返离真。若微君告谁能及，幸不吾欺乃敢嗔。彼是纷纷姑勿道，所期终诲作全人。"

四一七、一粟在地，有时而生；一说在世，有时而行

一粟在地，有时而生；一说在世，有时而行。彼其说虽浅谬狂僻，夫人皆知其非，然要有是说存于世，今日弃之，安知他日无取之者乎？今日鄙之，安知他日无慕之者乎？君子徒见始之人不彼信也，遂不复置之齿颊间。抑不知是说在世，自根而芽，自芽而叶，浸长浸兴，日以滋大，百年之外，数传之余，终必误人而后止。吾是以知邪说果不可使有也。

译文

一粒粟掉在地上，有时候会生长；一种论说留在世上，有时候会得到流行。那种论说虽然很浅陋错误，狂妄偏颇，人人都知道那是错的，但要是有这样的论说存留在世，现在放过它，怎么知道日后没有取用它的人呢？现在鄙视它，怎么知道日后没有仰慕它的人呢？君子只是看到开始没有人相信它，就不再去争辩了。却不知道这样的论说留在世上，从根发展到芽，从芽变成叶，渐渐生长旺盛，一天天壮大，百年之后，传了好几代，终究必定会迷误别人才罢休。我因此知道果真不可让邪说留存。

点评

"时行百物生，不息唯天工。"一种学说观点的产生总有他的社会心理基础，当这种社会心理基础随着社会的发展变化而扩大时，这种学说观点

也就会流行起来，当它被社会成员接受并实行时，就会成为改变社会的现实力量。当然一种学说观点也会因相应的社会心理基础萎缩而眠藏。对不同的学说应兼容并包，对有社会危害性的学说观点"不可使有"根本上是做不到的，着眼于改良社会心理基础，使其自生自灭以至眠藏，似乎也不失为一种可行之法。晁公溯《止庵》："智者有所说，后生谁究明。韦编具此眼，时止复时行。"滕岑《蒋中丞庭下芙蓉》："莫把秋芳与春比，物生各各以时行。只今独步西风里，那得春花与抗衡。"徐搢珊《客馆栽花》："馆人昨日买花来，却傍桑阴次第栽。春有兰兮秋有菊，得时便觉占先开。"韦骧《酷暑初夜》："尽日炎炎酷暑蒸，黄昏气象未全清。天风难值树浑静，海月不见云空明。群蚋得时方伺隙，噪蝉何事懒收声。憶予自有安恬趣，岂废林间坦腹行。"

四一八、动人之物不必真，动人之说不必异

凡天地之间，有是物，必有嗜之者，有是说，必有从之者。动人之物不必真，动人之说不必异，昌歜羊枣[一]，品凡味劣，更千百年，未尝得俎豆[二]于柤梨橘柚之间，忽有嗜之者，至终身不能忘。异端邪说之在天下，固有鄙陋乖误不足以欺愚眩众者，然安知世无偏好独向，若狂狡[三]之于宋襄[四]乎？

注释

〔一〕昌歜（chù）羊枣：昌歜，菖蒲根的腌制品，又称昌菹。昌，通"菖"。古时以飨他国之来使，以示优礼。羊枣，亦称"羊矢枣"，果名。君迁子之实，长椭圆形，初生色黄，熟则黑，似羊矢（屎），俗称"羊矢枣"。

〔二〕俎（zǔ）豆：俎和豆，古代祭祀、宴会时盛肉类等食品的两种器皿，亦泛指各种礼器。

〔三〕狂狡：人名，春秋时宋国的大夫，与郑国人作战，郑国人陷入井中，狂狡倒转自己的矛戟把郑国人救上来，结果反被郑军俘虏了。

〔四〕宋襄：春秋时宋国君主宋襄公，与楚国在泓作战时，因"仁义"而延误战机，致使宋国败绩。宋襄公还认为"不杀害已受伤的敌人，不俘获有白发

的敌人，是遵循了周礼"。

译文

凡天地之间，有这样的东西，必定有嗜好这样东西的，有这样的论说，必定有听从这样论说的。使人心动的东西不一定是真实的，使人感动的论说不一定是很优异的。菖蒲和羊枣，品味起来普通低劣，经历了千百年，不曾和柤梨、橘柚一起放在祭祀的俎豆中，忽然有嗜好的人，甚至终身不能忘记它们。存在于天下的异端邪说，本来鄙陋错讹，不足以欺骗迷惑天下人，但怎么知道世上没有偏偏喜欢向往它的，就像宋襄公对待狂狡这样的？

点评

"人间昌歜谁同嗜，地下离骚只自香。""人心殊嗜好，黑白互相形。"凡物相感总有共通之处，动人心者何须多，感人心者不必异，动心者，实心动也。人心不同，各如其面。有此心则有此动，人有不同之心，则必有不同之动。有联系即有纽带，有通道即有感应，有共情则有共鸣。人心不同，就与外界的感应通道不同。王廷陈《行路难》："面不同兮心亦殊，执一求之君何愚。星有好风或好雨，世人岂得均所图。孔赞《韶》兮墨非乐，遵叱驭兮阳回车。林中亦有嗜腐鸟，海上犹闻逐臭夫。此欲前兮彼则却，彼所吐兮此复餔。促席接襟议靡惬，异域殊疆志或投。达人旷视任自然，小儒曲士竞区区。"林占梅《述癖》："痴嗜何须笑古人，天将奇癖付吾身。购琴价重甘捐产，养鹤粮多肯指囷。藏酒款宾非自饮，解囊赠客不言贫。耽吟更至忘眠食，一字推敲苦费神。"

四一九、盖人心一正，则诐淫邪遁之辞奸荡无遗

盖人心一正，则诐淫[一]邪遁[二]之辞奸荡无遗，固不待历诋[三]而遍攻之也。一日既升，群阴皆伏；一雨既浃，群槁皆濡。牖[四]牖而烛之，畦畦而溉之，则天之为天也盖劳。

注释

〔一〕诐淫（bì yín）：不正当而放荡的言论。
〔二〕邪遁：言词不合正道而隐伏诡谲。
〔三〕诋：毁谤，说人坏话。
〔四〕牖（yǒu）：室和堂之间有窗子叫"牖"。

译文

因为人心一旦端正了，那么那些怪诞淫乱、邪恶偏执的言论就会消灭，茫然无存了，本来就不需要一个一个地责骂和攻击。一个太阳已经升起来了，各种阴暗就藏起来了；一次雨水已经流下了，各种枯槁都湿润了。一个个地打开窗户来照亮，一畦畦地来灌溉园地，那么天道作为天道，这样做也太劳累了吧？

点评

做人的工作要从大本大源入手，大本大源就是人的思想意识，核心的是人的价值理念。端正了人的思想意识，端正了人的价值理念，其他都是枝枝叶叶，问题不难解决，这也可以说是抓纲以张目，纲举而目张。李吕《促装戒》："孟子正心邪说息，昌黎首唱六经明。可怜后学多趋末，重振斯文藉主盟。"赵抃《书琴坛》："制动必原静，治人先正心。风乎雩坛上，退食鸣瑶琴。"王翰《题高以正正心斋诗卷》："镜里灵台本湛然，不知何处得云烟。河源既浊流难洁，竿表先倾影亦偏。若向静时无隔蔽，不容动处指媸妍。羡君有志窥贤圣，霁月光风共此天。"

四二〇、盖疏则相责，故不可不与。亲则相恕，故可以不与

天下之情，固有厚之而薄，薄之而厚者，不可不察也。子弟与乡人皆在席，觞酒豆肉〔一〕，必先乡人而后子弟，岂人情固厚于疏而薄于亲乎？盖疏则相责，故不可不与；亲则相恕，故可以不与。其

待乡人，物至而情不至，所谓厚之而薄者也；其待子弟，物不至而情至，所谓薄之而厚者也。凡人情相与，至于无间，则用之不怿[二]，置之不愠[三]，予之不辞，夺之不怨，旷然相期于形骸之外，夫岂以薄物细故而遽为向背哉？

注释

〔一〕觞酒豆肉：觞，古代盛酒器；豆，古代盛食器。这里因以"觞酒豆肉"泛指饮食。
〔二〕怿（yì）：高兴。
〔三〕愠：含怒、怨恨。

译文

天下的情理，原本就有表面上情意深厚而实际很薄，表面很薄而实际情意深厚这两种情况，不可以不看清楚。家庭子弟和乡里的人都在宴席上，饮酒吃肉，必定先让乡里人然后才是子弟，这难道是人情本来就对疏远的人情意很厚、对亲近的人情意很薄吗？因为疏远的人就会相互责备，所以不得不给予。亲近的人就会相互宽恕，所以可以不给予。对待乡里人，在物质上虽然做了周全了，但实际情意上还没有做到周全，这就是所谓的表面情意很厚而实际情意很薄。对待子弟，物质上虽然没有做周全，但实际情意却做到了，这就是所谓的表面很薄，但实际情意很厚。一般说来，人情之间的交往，如果达到了亲密无间的地步，那么起用我，我也不会高兴，把我放到一边，我也不会恼怒，给予我，我也不推辞，从我这夺走，我也不会怨恨，超然地在形骸之外相互期许，他们难道会因为小小的事物和原因而突然互相背弃吗？

点评

礼多人不怪，但情真不在礼繁。"同心便可忘苛礼，异类犹应服至诚。"礼不为我辈设，贵在真情实意。徐钧《茅容》："一鸡供母不供宾，主亦无惭宾不嗔。礼遇何须分厚薄，论交只是贵清真。"韩驹《九绝》："世上无情似有情，俱将苦泪点离樽。人心真处君须会，认取侬家暗断魂。"邵雍《闲行吟》："长忆当年归弊庐，未尝三径草荒芜。欲为天下屠龙手，肯读人间非圣书。否泰悟来知进退，乾坤见了识亲疏。自从会得环中意，闲气胸中一点无。"陆游《园庐》："天假残年使荷锄，白头父子守园庐。四朝曾遇千龄会，七世相传一束书。物理从来多倚伏，人情莫遣得亲疏。功名自有英雄了，吾辈惟当忆遂初。"

四二一、明不足以烛奸，诚不足以动物，何适而不逢祸哉

日与斟[一]周旋，不知其肺腑，犹以君子待之，一罪也；箪食豆羹见于色之人，乃与共载托于死生，二罪也；情意未孚而遽忘彼我，以示无间，三罪也。明不足以烛奸，诚不足以动物，何适而不逢祸哉？

注释

[一] 斟：即羊斟，春秋时宋国将军华元的马夫，华元曾宰羊款待士人，马夫羊斟未被邀请参与，于是怀恨在心。当宋国与郑国交战时，羊斟驾车直接将华元送往敌人的阵地，结果郑国人俘虏了华元。后来宋国人将华元赎回来了，华元还问羊斟那是马的原因还是人为的原因。

译文

每天和羊斟共事，却不知道他的心地，还把他当君子对待，这是一罪；为一点点食物就可以变脸的人，却和他一同寄托在生死存亡之地，这是二罪；情意还没有获得信服，就突然忘记了人与我的区别，就表示没有隔阂，这是三罪。聪明不足以洞察奸佞，忠诚不足以感动别人，怎么会不遇到祸害呢？

点评

"不可破除唯道义，最难凭托是人心。"能治天下，不能治身边人的困境是一个史实常现的难题，多少英雄人物败死于身边仆从之手，原因在于对人性的正视、对人心的洞察往往处于盲区，能远见泰山而不能见眼下的睫毛，能超山越河，而颠蹶于块丘阴沟，警大忽小，警远忽近，"祸生于所忽，变生于肘腋。"扼腕何及？顿足何益？邵雍《人心》："弟兄尚路人，它人安

可从。人心方寸间，山海几千里。轻言托朋友，对面九嶷峰。多花必早落，桃李不如松。管鲍死已久，何人继其踪。"邵雍《恩怨吟》："人之常情，无重于死。恩感人心，死犹有喜。怨结人心，死犹未已。恩怨之深，使人如此。"王应斗《咄咄吟》："向道春残卷舌宜，近来歧路更多歧。休论肺腑深三窟，就阅皮毛亦九疑。好语终嫌鹰眼疾，朴心翻笑虎头痴。铜山自昔无常主，蜃海楼台得几时。"

四二二、物以顺至者，必以逆观

物以顺至者，必以逆观。天下之祸，不生于逆而生于顺。剑楯戈戟，未必能败敌，而金缯玉帛，每足以灭人之国；霜雪霾雾，未必能生疾，而声色畋游〔一〕，每足以殒〔二〕人之躯。久矣，夫顺之生祸也！物方顺吾意，而吾又以顺观之，则见其吉而不见其凶，溺心纵欲，盖有陷于死亡而不悟者矣。至于拨足纷华，寓目昭旷，彼以顺至，我以逆观，停箸〔三〕于大嚼之时，覆觞〔四〕于剧饮之际，惟天下之至明者能之。

注释

〔一〕畋（tián）游：畋猎游乐。
〔二〕殒（yǔn）：死亡、丧身。
〔三〕箸（zhù）：筷子。
〔四〕觞（shāng）：盛酒器。

译文

事物以顺适的情态出现的，必定要用逆反的眼光来看待它。天下的祸害，不是在逆境中发生而是在顺境中发生。利剑坚盾和长矛画戟这样的武器，未必能打败敌人，但金银丝绸玉帛等财物，却每每可以使国家灭亡；霜雪、阴霾或浓雾的天气，未必能使人生病，但靡靡之音和美色以及田猎游荡，却每每可以使人丧命。已经很久了,顺境萌生出祸害!事物正顺着我的心意,而我又用顺境的眼光来看待,那么只看到其中的吉利而看不到其中的凶险,沉溺心性,放纵欲望,大概陷入了死亡之地还不醒悟。至于从繁华世界中拔腿,把目光投向安闲旷达之地,它从顺境中而来的,我用逆境的眼光来看待,在大嚼大咽的时候停下筷子,在痛饮的时候放下酒杯,只有天下最为明达的人能做到。

点评

陆游:"人生快意事,噬脐莫能追。汝顾不少忍,杀身常在斯。"从顺中看到逆,从逆中看到顺。胜利时要审察失败的苗头,失败时要寻找胜利的转机。急中生智不难,居安思危不易。赵光义《逍遥咏》:"要知逆顺莫相非,广演周遮隐玄机。先说艰难后始说,精穷运化遂相依。"蔡格《山居》:"逆境须同顺境宽,熟仁坚志这中观。英雄何限经坷坎,一片精光本自完。"邵雍《仁者吟》:"仁者难逢思有常,平居慎勿恃无伤。争先径路机关恶,近后语言滋味长。爽口物多须作疾,快心事过必为殃。与其病后能求药,不若病前能自防。"

四二三、意在于善,凡所遇者,皆养吾善之物也

意在于善,凡所遇者,皆养吾善之物也;意在于恶,凡所遇者,皆养吾恶之物也。

译文

本意在于善,凡是所遇到的,都是滋养我的善良的;本意在于恶,凡是所遇到的,都是滋养我的罪恶的。

点评

"咸其自养而未有养之者",都是它们自己滋养自己,没有有区别地滋养它们。一样的雨露,一样的寒暑,梧桐得到了用来滋养它们的枝干,荆棘得到了用来滋养它们的芒刺。"善恶分明虽两歧,念端差处只毫厘。"着

意在哪里，目的在何处，这才是关键所在，也是利害所在。范仲淹《松》："亭亭百尺栋梁身，寂寞云根与涧滨。寒冒雪霜宁是病，静期风月不须春。萧萧远韵和于乐，密密清阴意在人。高节直心时勿伐，千秋为石乃知神。"

四二四、天下之乱，常基于微而成于著

天下之乱，常基于微而成于著。知微者谓之君子，知著者谓之众人。《黍离》[一]之叹虽舆台[二]牧圉[三]共悲之，至若见铜驼荆棘[四]于全盛之时，则非知几者莫能也。

注释

〔一〕《黍离》：《诗经·王风》的篇名。共三章。根据诗序："黍离，闵宗周也。"一说此为行役者伤时之诗。内容表达对国家残破、今不如昔的哀叹。

〔二〕舆台：舆和台是古代奴隶社会中两个低的等级的名称，后来泛指奴仆及地位低下的人。

〔三〕牧圉（yǔ）：指养牛马的人。

〔四〕铜驼荆棘：意思是形容国土沦陷后残破的景象。出自《晋书·索靖传》："靖有先识远量，知天下将乱，指洛阳宫门铜驼，叹曰：'会见汝在荆棘中耳。'"不久西晋果然大乱。

译文

天下的祸乱，常常生发在细微处而完成于很明显的地方，在细微时就知道的人是有大格局的君子，在明显处才知道的人就是普通人。对于像《黍离》之类诗歌表现的哀叹，即使是随从奴仆养马驾车的人也会一同感到悲哀；至于在全盛时期就预见宫殿前面的铜驼会被废弃在荆棘中，那么如果不是见微知著的人，是不能知道的。

点评点评

"世以神州为博局，天留我辈看桑田。"宇宙万物的发展变化不可抗拒，人类社会的竞争对抗难以避免。变是绝对的，绝对的变都不是一个凭空突

然的变，而都有一个量变到质变的过程，虽然过程本身有长有短，但先量变再质变的过程本身不能免除，这是天道的定律。所以从来是"哲人达几微，志士怀隐忧"。天下大事，身家小事，都要审微、辨微、知微方能成事。知微即知几，转微即转机。周端臣《毋忽诗》："毋忽咫尺水，中恐有伏龙。毋忽寻丈山，中恐有毒虫。是以古君子，不敢欺盲聋。审密言语间，戒谨闇室中。几微急所防，敌国起奴童。事固不可忽，理亦不可穷。周室八百年，成于垂钓翁。"岳珂《秋夕有感》："从来难辨是几微，谈者虽多觉者希。小隙便须防蚁穴，大寒何必泣牛衣。无旁掣肘方成事，不早抽头即过机。莫道不才明主弃，也曾撄颔触天威。"王安石《金陵怀古》："霸祖孤身取二江，子孙多以百城降。豪华尽出成功后，逸乐安知与祸双。东府旧基留佛刹，后庭余唱落船窗。《黍离》《麦秀》从来事，且置兴亡近酒缸。"李俊民《寄达少慰》："书生掉舌岂其时，手底青编亦倦披。铁锁尚沉江漠漠，铜驼又没草离离。阴山路上明妃曲，天宝年中杜甫诗。古往今来几兴废，白头恨见太平迟。"

四二五、心攻不下，始以力攻

心攻不下，始以力攻；心战不胜，始以力战。

译文

从心理上攻打不下，就开始从武力上攻打；从心理上攻打不胜，就开始用武力战斗。

点评

一切争战都是心理战，一切争战首要的都是认知战。武力只是认知战的手段，只为认知战服务。王廷陈《咏怀》："梧宫肆诘辩，齐楚兵始连。弦高犒晋师，郑国赖以全。齐乐不可犯，范昭知有贤。谁云制胜术，乃在樽俎间。君子慎几微，祸福基一言。覆水各自流，事去诚可怜。"楼钥《次许深甫寄陈颐刚韵》："前朝折戟尚沙沉，志士私忧意向深。谋国未须先问阵，平戎要且务攻心。衣冠旧老知谁在，禾黍遗宫尚可寻。骑省再新人有望，一言坐复故疆侵。"林宗放《贺俞婺州除左史》："报政天边美誉新，十行细札下严宸。逢人政尔询司马，纵俗何由借寇恂。制胜万全端有道，折冲一点是精神。向来鲁国多男子，此日朝家特有真。"

四二六、情暌则君门万里

情暌则君门万里，情通则万里君门，其相去一间耳。

注释

〔一〕暌（kuí）：人跟人或跟地方隔开、分离。

译文

情意相违，那么君主的门庭就像有万里之遥；情意相通，那么即使君主的门庭远在万里之外，相隔也只有一点间隙。

点评

情即情意，情贵感通，意贵畅达。胡宏《和范公授》："贫病离居莫厌侵，满床黄卷静披寻。情通不碍天机妙，行到方知学海深。宇宙一身虽小小，乾坤万象总森森。分明此意人难会，长望青衿肯嗣音。"罗元贞《喜赠聋哑夫妻》："噪音污气日加浓，耳目聪明剩几翁。手势半空精巧比，灵犀一点自然通。直言有罪何妨哑，谤语无边不若聋。相对坦怀眉眼慧，会心一笑乐融融。"曹云巢《约友人》："人生何事最为亲，不看春容不识春。岸柳细摇多意思，野花初破足精神。精神识后施为别，意思到时言语新。为报同侪须急赏，莫教春去始伤春。"

四二七、苟持衡不定，轩轾靡常，则何以为万世公议之主哉

手有高下，故委轻重于权；目有憎爱，故委妍媸〔一〕于镜；心

有偏党，故委是非于圣人。天下之所以归诚委己，惟圣人之听，何也？至公而可以裁天下之不公也；至平而可以揆〔二〕天下之不平也；至正而可以服天下之不正也。中天下而立，并受万世是非之讼，天高海澄，众理自见。不为颜、闵〔三〕而损毫发之过，不为跖、蹻〔四〕而增锱铢〔五〕之恶。苟持衡〔六〕不定，轩轾〔七〕靡〔八〕常，则何以为万世公议之主哉？

注释

〔一〕妍媸（yán chī）：美和丑。

〔二〕揆（kuí）：估量。

〔三〕颜、闵（mǐn）：颜回、闵子骞，都是孔子贤能的弟子。

〔四〕跖（zhí）、蹻（qiāo）：盗跖，春秋末鲁国人，姬姓，展氏，名跖，又作蹠、雄，又名柳下跖、柳展雄，在先秦古籍中被称为"盗跖"和"桀跖"，春秋时期率领盗匪数千人的大盗；庄蹻，一作庄豪、庄峤、企足，战国时期反楚起事领袖和楚国将军。

〔五〕锱铢（zī zhū）：古时银两的计量单位，指很少的钱，也用来比喻很小的事情。

〔六〕持衡：持秤称物，比喻公允地品评人才。

〔七〕轩轾（zhì）：车前高后低为"轩"，车前低后高为"轾"，喻指高低轻重。

〔八〕靡（mí）：没有。

译文

手有高低的偏差，所以委托秤来测量轻重；眼睛有不同的爱憎，所以委托镜子来映照容貌的美丑；内心有所偏爱，所以委托圣人来判断是非。天下的人之所以推心置腹，只听从圣人，这是为什么？最公正的可以裁断天下的不公正，最公平的可以揆度天下的不平，最端正的可以信服天下的不端正。在天下保持中正的姿态，全面接受万世是非的争论，就像天一样高，就像海一样清，各种道理自然显现，不会因为是颜回和闵子骞而减损他们一丝一毫的过错，也不因为是盗跖、庄蹻而增加他们一点一滴的罪恶。如果所持的标准是不确定的，高低无常，那么怎么可以作为万世公议的主宰呢？

点评

"自古正人羞枉尺，只今公论有持衡。"公平公正是民众永恒的呼喊，也是社会活动家永恒的主题，单从个人心性修养上去做，易见功效，但其效不大，恐怕很难达到预期目的，设置完备的刚性制度，效验更大，但制度设置完备起来很难。"权衡无意物轻重，水镜何心人丑妍。"圣贤的榜样激励和规则的硬性约束，都是保障公平公正不可或缺的基石。金朋说《正心吟》："明诚道不离，知格无邪伪。中正着吾心，毋为私欲蔽。"冯山《李待制寄僧诗有歇定之语，兼闻有岷峨之游，因作诗以寄之》："无心宜与物相期，既歇须行似不疑。出处休将人事说，功名多在老成时。胸中白练何妨洁，足下青云岂自知。好取圣贤权进退，莫教轻重失毫厘。"

四二八、无疾则无方，无罪则无法

法为罪设者也，无疾则无方，无罪则无法。

译文

法律是因为罪恶而设置的，没有疾病就没有药方，没有罪恶就没有法律。

点评

"法为衰周起，文因旧史成。"法律总是因时因事而设，有它设立的合理性和针对性。释崇岳《示丁都院》："三千条法为今时，一性圆明要自知。会得自知知底事，人间何处不光辉。"连文凤《送刘悦心教授任浏阳》："一穗藜烟待校书，携书且此作师儒。扶持学法防时弊，教养人材应世需。兰汀汀洲身外楚，菰莼乡国梦中吴。片帆好趁秋风便，吟过洞庭青草湖。"

四二九、兴于治而废于乱，法之良者

兴于治而废于乱，法之良者；兴于乱而废于治，法之弊者也。

译文

在太平的时代兴立、在乱世被废止的,这是很好的法度;在乱世兴立、在太平的时代被废止的,这是有弊病的法度。

点评

"汤心解网开生路,汉法通经望武夫。"法之兴立,都是为了解决当时社会问题,天然有它的针对性。乱世用重典,平乱救急,往往矫枉过正,立法兴制,若少深长之虑,偏失之弊每每丛生。"法须在我无关节,泽好因时及草莱。"在太平时代兴立之法,社会问题的性质与乱世不同,兼顾平和,救偏补失,实因此法兴立而有裨太平,良法为多。彭汝砺《和深父伤字韵》:"前史权衡在,当时法度亡。力扶周室弱,深抑楚人强。言战嗟无义,书元示有王。细推褒贬意,掩卷一悲伤。"高斯得《劝农有感》:"三代兴町法已精,田官众建日谆勤。一年一度情何简,于县于州责孰分。爱礼存羊斯仅可,卖刀买犊匪攸闻。周官千载何曾试,我欲重拈静楚氛。"

四三〇、天下之弊法,固有经千百年而不能废者矣

天下之弊法,固有经千百年而不能废者矣。卫鞅之阡陌〔一〕也,汉武之盐铁〔二〕也,张滂之税茗〔三〕也,刘守光之涅兵〔四〕也,是虽知其弊,然或掣其前,或牵其后,未易以朝夕去。

注释

〔一〕卫鞅之阡陌:指卫鞅在秦国变法,废井田,开阡陌。
〔二〕汉武之盐铁:指汉武帝时,设立盐铁均输官,盐铁由国家计划掌控。
〔三〕张滂之税茗:唐德宗贞元九年(793年),盐铁使张滂请求收取茶税来充实国库。
〔四〕刘守光之涅兵:刘守光,唐末五代初的军阀,割据燕地,曾自称皇帝。刘守光在境内征兵,在士卒的面部和臂膀上刺字,被认为是一项恶政。

译文

天下有弊病的法度,原本就有经过千百年而不能废弃的。商鞅的阡陌制度,汉武帝的盐铁制度,张滂的茶税制度,刘守光的涅兵制度,这些虽然知道它的弊端,但或者是被前后左右的社会历史条件所牵制,不容易一朝一夕除去。

点评

法之兴立,固有其不得不兴立的社会基础,千百年的社会基础不变,则千百年法的兴立不变,则千百年不变的法的流弊不变。洪亮吉《过徐中山王墓道有感》:"难从英雄共功名,事过犹令野客惊。彭越醢非三尺法,范增疽尽一杯羹。龙蟠帝阙形仍壮,燕啄王孙兆已成。犹幸开平得前死,不然险欲坏长城。"王邦畿《咸阳怀古》:"西风马过雍州地,叹息山河果异常。天府自堪传万世,人情惟诵法三章。数竿野竹侵宫殿,七尺高坟葬帝王。禾黍正当秋晚熟,不胜愁思在斜阳。"

四三一、此众人之所喜,而识者之所忧也

一夫而抗强敌,一言而排大难,此众人之所喜,而识者之所忧也。

译文

一个人却能抗拒强敌,一句话却能排除大难,这是众人所喜欢的,但却是有识之士所担忧的。

点评

"天下之祸不可狃,而幸不可恃。"天下的祸患不可以轻心因袭,而侥幸也是不可以依靠的。祸生于所忽,忧生于所喜。抱着侥幸心理,把天下命运寄托在一个人的一言一行上,是很危险的。世情翻覆,人事变幻。易成者易败,易得则易失。邵雍《桃李吟》:"桃李因风花满枝,因风桃李却离披。惨舒相继不离手,忧喜两般都在眉。泰到盛时须入蛊,否当极处却成随。

今人休爱古人好，只为今人生较迟。"刘绎《团练示同事》："孰为当局孰旁观，曲突徙薪千古叹。岂有虚文能号召，漫云侥幸是平安。风波起伏初无定，阴雨绸缪敢畏难。莫笑杞人忧太远，且将翻覆世情看。"

四三二、典册绚丽，尚如在成、康之间；形势陵迟，固已若夏、商之季矣

问其治国，则先文华而后德政；问其御寇，则先辩说而后甲兵；问其抚邦，则先酬对而后信义。内观其实，日薄日颓；外观其辞，日新日巧。典册绚丽，尚如在成、康之间；形势陵迟，固已若夏、商之季矣。

译文

问他们如何治理国家，就把雕饰和浮华放在德政之前；问他们如何抵御敌寇，就把辩论和言说放在兵甲之前；问他如何安抚邦国，就把酬答应对放在信义之前。从内部看他们的实际，一天天变得薄弱颓废，从外部看他们的言辞，一天天变得新奇巧妙。典籍书册还很绚丽，还好像是处在成王、康王的时代；形势已经衰微了，实际上已经像夏朝、商朝的末期了。

点评

一个王朝的颓衰，往往表现在形式主义盛行。丰亨豫大，外强中干；光鲜亮丽，败絮其中。费宏《次邃庵、西涯两公先帝忌辰悲感倡和之韵》："伤心垂矢与和弓，此日哀思九宇同。花压玉栏应厌世，鸟依金粟自呼风。物资乾始疑天坠，忧切丰亨在日中。禁苑久叨供奉职，至今泪血洒残红。"冯煦《江南好》："伊园好，秋色在东篱。绚烂几经归冷淡，阴凝方始慎几微。此义更谁知。"金朝觐《红叶》："一夜西风万壑声，刁条寒树焕新荣。红楼三面迷花径，紫陌千章近帝城。绚烂不嫌秋意老，暄妍犹带夕阳明。休夸似锦争春色，那识孤松盖已擎。"杜范《和林簿二诗》："忧喜从来巧聚门，刖人有足未为尊。人生何用家万石，世事还输酒一尊。荒径赋归人已远，急流勇退意犹存。功名千古成何事，眼底荣枯不足论。"

卷二十五

四三三、戒儆恐惧，闲邪存诚，不敢毫厘失正

养生之与养心，其同术而异效乎？一息之差，一啜〔一〕之误，是其为病，朝作而夕瘳〔二〕者也。养生者，兢兢而畏之者，非畏是病也，畏其相之者也。寒止于寒，夫何足畏？然自是而相之，安知其不为瘵〔三〕为痞〔四〕、为厥〔五〕为癖〔六〕乎？热止于热，夫何足畏？然自是而相之，安知其不为躁为渴、为疽〔七〕为疡〔八〕乎？当其相之，虽名医不能前科〔九〕其所往，养生者其敢不谨其始哉？养心亦犹是也。喜怒哀乐，稍失其正，以邪传邪，转而相之，合散起伏，出没低昂，千态万状，莫知所终。善养心者，所以戒儆〔一〇〕恐惧，闲邪〔一一〕存诚，不敢毫厘失正，畏此故也。

注释

〔一〕啜（chuò）：尝、喝。
〔二〕瘳（chōu）：疾病消失了。
〔三〕瘵（zhài）：多指痨病。
〔四〕痞（pǐ）：肚子里可以摸得到的硬块。
〔五〕厥（jué）：晕倒、气闭。
〔六〕癖（pǐ）：潜匿在两胁间的积块。
〔七〕疽（jū）：中医指局部皮肤肿胀坚硬而皮色不变的毒疮。
〔八〕疡（yáng）：痈疮的溃烂。
〔九〕科：考察。
〔一〇〕儆（jǐng）：防备警醒，不犯过错。
〔一一〕闲邪：防止邪恶。

译文

养生和养心,难道方法一样而效果不一样吗?一次呼吸的差异,一次啜饮的错误,像这样而导致病患,早上萌发了晚上就可以痊愈。养生的人,小小心心,十分敬畏,并不是害怕这样的病,而是害怕那些加重疾病的东西。寒症如果仅仅是寒症,有什么值得害怕的呢?但从这儿开始加重它,怎么知道它不会成为痨病、痞病而发展成为淤积之病,造成晕倒养成邪癖呢?热症如果仅仅是热症,有什么害怕的呢?但从这儿开始加重它,怎么知道它不会成为燥热之病而生成毒疮生发溃疡呢?当加重的时候,即使是名医也不能预先考察它的走向,养生的人怎么敢对它的开始不谨慎呢?养心也是这样的。喜怒哀乐,稍稍偏失了它们的正气,用邪气来传递邪气,转而来加重它们,聚散和起伏,出没和俯仰,各种状态,不知道它们如何终止。善于修养心性的人,之所以保持警戒和敬畏,防备邪恶,保存诚实,不敢丝毫离开正轨,正是害怕这些才如此的。

点评

好事坏事,无不由微至著,由小到大,根芽既萌,就看各种外在条件的因缘际会了,所以养身养心都贵在能知微审微慎微儆微。因为微中有生发之机,也有圆转之机。郭印《和曾端伯安抚劝道歌》:"保形保生保命,戒色戒酒戒茶。夜气若要长在,晚食尤宜减些。养心莫如寡欲,存诚唯是闲邪。辨得天清地浊,吞取日精月华。寒灰便是发焰,枯根立可生芽。"朱熹《戒谨恐惧》:"防欲当施御寇功,及于未至立崇墉。常求四者无他法,依旧同归主敬中。"陈宓《和潘丈四子诗韵》:"此心无日不风沂,常恐春随柳絮飞。才觉迷途先独复,便于安危作真归。生来理欲虽殊本,转处危微在一机。同志愿言勤讽咏,莫教古瑟至音希。"

四三四、善养其心,情性素治,则向来恶念必有所止而不能逞矣

一笑之失,谁能免此?盖公卿舆隶,人人犯之;而官府家庭,日日有是也,宁知是心三变之后,竟陷大逆乎?吾不特为往者惧,

窃为来者惧也。虽然，水流于下而止于高，火传于燥而止于湿。宋也，归生也，灵公也[一]，三人之中，苟有一人者，善养其心，情性素治，则向来恶念必有所止而不能逞矣。

注释

〔一〕宋也，归生也，灵公也：郑灵公元年（前605），楚人向郑灵公进献了一只鼋（淡水鳖中体形最大的一种）。郑国大夫公子宋和子家正一道去朝见郑灵公。路上，公子宋让子家看自己抖动的食指边说，我的食指一旦动起来，定能尝到新奇的美味！进得宫来，还真看见有宰夫正在宰杀鼋，公子宋得意地说了声"果然"，与子家相视而笑。郑灵公见状闻言，并没有说什么。及至召集公卿大夫分赐鼋羹时，唯独没有将鼋羹赐给公子宋。显然，郑灵公是在存心戏弄一下这位喜欢卖弄"未卜先知"的公子哥。公子宋窘迫不堪，走到熬鼋羹的鼎前，伸手用手指蘸着鼋羹，放在嘴中吸吮着，拂袖而去。眼见公子宋如此不知趣，对自己蔑视无礼，郑灵公暗下决心，非杀掉公子宋不可。谁知公子宋却抢先找到子家，密谋杀死郑灵公。子家不答应，于是，公子宋反过来诬陷子家，"子家惧而从之"。这年夏天，郑灵公被杀，公子宋以此报了未赐鼋羹之仇。

译文

一次玩笑的过失，谁能够避免不犯呢？大概公卿和平民，人人都曾冒然有过；而且官府和家庭，每天都有这样的事，怎么料到这样的心思经过三次变化之后，竟然陷入了大逆不道呢？我不仅为过去的人感到恐惧，也私下里为将来的人感到恐惧。虽然这样，但是水向下流，而在高处停止，火在干燥的地方传续，而在湿润的地方停止。公子宋，公子归生，郑灵公，这三个人当中，如果有一个人善于修养自己的心性，性情一向获得修养，那么以前的罪恶念头必定会在某处停止下来，因而不会爆发。

点评

上级不应与下级在无关大局的琐事上斗气，下级不应沾取非分的利益，更不应出于被挟迫而犯上作乱。最关键的是每个人都应克制自己的欲望，善养心性，控制自己的言谈举止、嘻笑怒骂。屈大均《秣陵春望有作》："燕子新笺唱未终，君臣一笑失江东。风吹苑柳花无数，飞向天山与雪同。"刘兼《是非》："巧舌如簧总莫听，是非多自爱憎生。三人告母虽投杼，百犬闻风只吠声。辨玉且宽和氏罪，诬金须认不疑情。因思畴昔游谈者，六国交驰亦受烹。"张方平《精思阁》："仙术初修自性情，本除阴浊养阳明。三田窈窈通虚白，一路层层彻太清。寂不动中方见道，思无邪处好存诚。君如欲到逍遥国，须自还元第一程。"

四三五、正其义而不谋其利，明其道而不计其功

正其义而不谋其利，明其道而不计其功，此吾儒之本指也。

译文

校正事为之中的道义而不是为了谋取其中的利益，为了昭明事为中的道理而不是为了计较事为的功劳，这是我们儒家的根本目的。

点评

道义是人类社会利益规范的最大公约数，是人类社会文明运行延续的动力传送带。"能知道义丘山重，定看荣华草芥微。"正义明道，就是维护公理，主持公道，是传统儒家的根本宗旨，是千百年来民众谋生立业的基本遵循。儒家甚至将践行道义上升为人的天性，必须体现于人人日常生活之中，"经纶事体当言用，道义襟怀只论诚。"时时事事务必要以诚挚的精神践行不二，始终如一。丁鹤年《方寸室》："道义谋生本自然，何烦负郭更求田。由来方寸留耕地，即是虚灵不昧天。春雨既濡先泽远，秋风肯获后昆贤。不忘种德辛勤意，余庆朝朝大有年。"周恩来《送蓬仙兄返里有感》："相逢萍水亦前缘，负笈津门岂偶然。扪虱倾谈惊四座，持螯下酒话当年。险夷不变应尝胆，道义争担敢息肩。待得归农功满日，他年预卜买邻钱。"

四三六、事非心是，理所无有

世未有事非而心是者。誉共、兜〔一〕者必非信，朋跖、蹻者必非廉，入许、史〔二〕者必非正，屠袁、刘〔三〕者必非忠，见其事，则其心固可不问而知也。事非心是，理所无有。

注释

〔一〕共、兜：共工和驩兜，上古时代凶顽人物的典型。
〔二〕许、史：许，许伯，汉宣帝皇后的父亲；史，史高，汉宣帝祖母史良娣的兄弟史恭的长子（宣帝表叔）。他们各自形成利益集团，跋扈一时。
〔三〕袁、刘：袁粲和刘秉，南朝刘宋王朝的忠臣，因抗拒萧道成的篡位，被人出卖，招致屠杀。

译文

世上没有事为错误而内心正确的情况。赞誉共工、驩兜的人必定是不可信的人，和盗跖、庄蹻交朋友的人必定是不廉洁的人，加入许伯、史高一族的人必定是不端正的人，屠杀袁粲、刘秉的人必定是不忠诚的人，看到他的事迹，那么他的内心本来不用问就可以知道了。事为是错的而内心是对的，是没有这个道理的。

点评

"返观心是易，万化出胸中。"事为的错误，首先是思想认识的错误。错误的思想认识不会导致正确的事为，所以立身处世、建功创业，首要的是要树立正确的思想认识。释心月《如行新戒落发升座》："患累资生无有涯，选官选佛学丹霞。须知发刬殿前草，不碍萱开堂北花。万法从心心是正，一心逐物物皆邪。夜窗寂寂青松下，究彻根源始到家。"王令《靡靡》："源源世俗尚依违，靡靡风流日正微。吾病未能终是是，人言何似喜非非。况当天下难能地，欲拨恔人未发机。要格君心是知术，不然应合买山归。"

四三七、君子成人之美矣，未闻成人之恶

闻君子成人之美矣，未闻成人之恶也；闻君子惧人之乱矣，未闻惧人之治也。

译文

听说君子成全别人的美德，没有听说成全别人的罪恶的；听说君子害怕别人发生祸乱，没有听说害怕别人安稳太平的。

点评

格局宏大的人，懂得多做好事以成人之美，仍是增持自己的社会信用资本，所以有很大的积极性主动去做好事，甚至争抢着去做好事。冯道《天道》："穷达皆由命，何劳发叹声。但知行好事，莫要问前程。冬去冰须泮，春来草自生。请君观此理，天道甚分明。"李咸用《送谭孝廉赴举》："鼓鼙声里寻诗礼，戈戟林间入镐京。好事尽从难处得，少年无向易中轻。也知贵贱皆前定，未见疏慵遂有成。吾道近来稀后进，善开金口答公卿。"严金清《文姬归汉》："祖饯行装列万驼，临歧儿女唤如何。西来故国依稀认，北国贤王缱绻多。青史千年传韵事，红颜十载枉销磨。奸雄也许成人美，一曲胡笳百世歌。"

四三八、人苟心不在于善，曲固曲也，直亦曲也

人苟心不在于善，凡所遇到之事，曲固曲也，直亦曲也；邪固邪也，正亦邪也。

译文

人如果心思不在于善行，但凡所遇到的事情，无理的固然是无理的，但即使有理的也成无理的了；邪恶的固然是邪恶的，但正义的也成了邪恶的了。

点评

观念决定结论，观念也决定事为结果。杜范《途中二绝》："一点天根动处微，已令万物受春熙。欲知消长从来意，便是人心善恶机。"陈普《浩然》："至刚至大莫能言，宇宙天人总一般。须是意诚心正日，本来体段始堪观。"

四三九、内暗则外求，外求则内虚

内暗则外求，外求则内虚。是理也，乐内之君子不言而喻，慕外之士所当深省而力戒也。在《易·丰》之《离》曰："丰其屋，蔀[一]其家，窥其户，阒[二]其无人，三岁不觌[三]，凶。"万物皆备于我，则我室中之藏，岂不夥哉？今歉然以其家为不足，而屋是丰，舍内而求外，殆有蔀之者矣。使其家不为物所蔀，反视内观，洞彻明白，必不卑吾道德之尊，而外求爵位之尊也；必不贫吾礼乐之富，而外求货贿之富也；必不薄吾仁义之味，而外求膏粱之味也。其所以皇皇求外之丰，忧秩不高，忧权不专，忧势不隆，忧禄不厚者，特以其内暗耳。内暗日深，外求日急。激水升陵，其渊必涸；倾资结客，其褚[四]必单。吾耳吾目，吾股吾肱，吾心思，吾神气，尽用于外以求其所大欲，则其内安得不虚乎？将见如腹之枵[五]，如壁之立，如磬之垂，枵然而空，无所有矣。此所以窥其户，阒其无人，至于三岁之久，犹无所觌也。

注释

〔一〕蔀（bù）：遮蔽。
〔二〕阒（qù）：寂静，没有一点声音。
〔三〕觌（dí）：相见、察看。

〔四〕褚（zhǔ）：古同"储"，贮藏，储藏。

〔五〕枵（xiāo）：空虚。

译文

内心昏暗却向外部探求，到外部探求而内心更空虚了。这样的道理，对那些安于内心的君子来说是不言而喻的，而对那些羡慕心外事物的士人来说，就应当深深反省并且极力警戒了。在《易经》中《丰》卦上六爻动变成《离》卦中说："扩大充实他的屋宇，用厚草覆盖他的家，而窥探他的门户，寂然无人，三年都看不到，这很凶险。"万物我都具备，那么我房屋中收藏的，难道不是很多吗？现在不满地认为家里的东西不够，扩大房屋，舍弃内心而向外求取，恐怕有被闭塞的危险。如果他的家不被事物所覆盖，自我反省，向内观察，洞察明白，那么必定不会认为我们看重的道德很卑劣，而到外部追寻求取尊贵的爵位；必定不会认为我们丰富的礼乐很贫乏，而到外部追寻求取财富的贿赂；必定不会轻视我们很有味道的仁义，而到外部追寻求取脂膏和稻粱的美味。他们之所以急切地求取外部的丰厚，担心官阶不高，担心权力不能专有，担心势力不够隆盛，担心俸禄不够优厚，只不过是因为他们内心昏暗而已。内心的昏暗一天天加深，向外部的求取一天天加急。把水激荡到山陵，那么渊源必定会干涸；倾尽财产来结交门客，那么他的囊袋必定会空了。我的耳朵和眼睛，我的手臂和大腿，我的心思，我的神气，都用来向着外部求取那些大的欲望，那么内心怎么能不空虚呢？就会像掏空了的腹部，像竖立的墙壁，像下垂的钟磬，外表魁伟却空无所有。这就是为什么窥探他们的门户，寂然无人，以至于三年之久，还什么都没有看到。

点评

内心光明方能照亮外物，内心充实才能制衡外物。天人一体，即天道与人心一体，天道原本在人心。有确定的内在标准，方有准确的外在定位。邵雍《天人吟》："知尽人情天岂异，未知何啻隔天地。少时气锐未更谙，不信人间有难事。知尽人情与天意，合而言之安有二。能推己心达人心，天下何忧不能治。"张辞《谢令学道诗》："何用梯媒向外求，长生只合内中修。莫言大道人难得，自是行心不到头。"刘基《旅兴》："乌鸣朝哑哑，鹊鸣暮啾啾。闻鹊既不喜，闻乌复何忧。世人务苟得，君子绝外求。沧浪迅风波，无风即安流。胡为自冰炭，以贻达者羞。"

四四〇、人之胸中何所不有

亦尝闻夫子之《系》〔一〕乎？曰："丰其屋，天际翔也。窥其户，阒其无人，自藏也。"外求之徒，所以求非所求，望非所望。其心浮游猖狂，至欲翔于天际者，无他焉，昏蒙蔀塞，不见其胸中之天而已矣。有能发其蔀而还其胸中之天，回翔上下，四顾无极，安肯近舍吾天而思远翔于天际乎？"窥其户，阒其无人"而释之以"自藏"者，此微言也。人之胸中何所不有？大与天地并，明与日月俱，峻与山岳齐，深与江海埒〔二〕，顾乃阒之而一无所觌。向来之蕴蓄运用，皆安所往？是岂他人之所能掩藏乎？驰骛〔三〕浮竞以汨〔四〕其真，己有之而已蔽之，自藏而非有藏之者也。《易》之戒，夫子之《系》，反覆切致，得非深悯慕外之士，将拔之于声利之涂欤？呜呼！室虽蔀，未尝隳也，人虽无，未尝亡也。士也苟敛丰屋之心，反其明于内，则彻〔五〕其蔀而见前日之室矣，窥其户而见前日之人矣。内暗除，则外求息，外求息，则内虚实，是特一反掌间耳。惜乎！士终鲜能自还此爻之凶。

注释

〔一〕《系》：《系辞》，指《易传·系辞传》或《周易·系辞》，总论《易经》大义，引用了不少孔子的论述，应当经过了孔子以后儒家的整理，是先秦儒家认识论和方法论的集大成。

〔二〕埒（liè）：同等、相等。

〔三〕骛（wù）：纵横奔驰。

〔四〕汩（gǔ）：沉没。

〔五〕彻：拆毁、拆下。

译文

也曾经听说过孔夫子的《系辞》吗？孔夫子说："扩大充实他的房屋，恰似高高飞翔在天际。窥探他的门户，寂然无人，自己隐藏起来了。"所以那些向外求取的人，求取的并不是他们所要求取的，期望的并不是他们所要期望的。他们的内心浮游不定，猖獗狂妄，甚至想高高地飞翔到天际，这没什么其他的原因，只不过是因为昏昏然被蒙蔽、幽幽然被闭塞，看不见胸中的天性而已。如果能拔掉他们的覆盖物，还原他们胸中的天性，当他们回旋着上下飞翔，四处顾盼，没有边际，怎么肯会舍弃自己近处的天性而想到远方的天际去飞翔呢？"窥探他的门户，寂然无人"，而孔夫子用"自己隐藏起来了"来解释，这真是微言大义。人们胸中什么东西没有？大的方面可以和天地并行，明处可以和日月同光，高峻处可以和山岳一样高，深邃处可以和江海一样深，人们却感到十分寂静，什么都没有看到。以前所积攒的东西和要运用的东西，都到哪里去呢？这难道是别人能够掩藏的吗？放纵内心，竞相浮华，以至搅乱了真性，自己本来拥有真性却被自己搅乱了，自己隐藏了但却不是那个主宰隐藏的人。《易经》的告戒，孔夫子的《系辞》，反反复复，真真切切，难道不是深切地怜悯那些一心向外艳羡的人，想把他们从声名利禄的道路上救拔出来吗？唉呀！房屋虽然被覆盖，但还没有被毁坏；人虽然没有显现，但还没有消亡。士人如果能收敛那扩充房屋的心思，反过来明察内心，那么就会如撤去草席而看到以前的房屋了，窥探他的门户就会看到以前的人了。内心的昏暗被清除了，那么就会停止向外求取，停止向往求取，那么内心的空虚就会变得充实，这只不过是像在反转手掌之间一样容易。可惜啊！士人终究很少能自动扭转这一爻的凶险。

点评

《易经》中《丰》卦的上六爻，以建起房子，把居室用草席蒙蔽上，对待着窗户窥视，静谧无声，不见人影的意象，昭示多年来不出外见世面，断定有凶。寓意高傲而不能谦恭，在本人的黑暗的房子里自闭，定会招致凶险。孔子在《系辞传》中点出自我锁闭，禁锢天性是很危险的。解除外物的锁缚，开放心灵的天性，内心的空虚就会变得充实，内心就是一个乾坤万有的自家无尽藏。邵雍《利名吟》："利名都不到胸中，由此胸中气自冲。既爱且憎皆是病，灵台何日得从容。"王绂《闲吟》："原来非有亦非无，万化流行共一途。先要胸中存见识，还须事上著工夫。阳回大地和风满，影落千江片月孤。得此见成消息了，芳菲随处可提壶。"邵雍《天人吟》："天学修心，人学修身。身安心乐，乃是天人。天之与人，相去不远。不知者多，知之者鲜。身主于人，心主于天。心既不乐，身何由安。"

四四一、已服之民，不可过求；已驯之虏，不可过责

已服之民，不可过求；已驯之虏，不可过责。流亡之未集也，奸宄[一]之未殄[二]也，抢攘之未定也，为人上者，懔懔[三]乎忧民之未服。手朽索而足渊冰，抚之摩之，顾之复之，游之泳之，如护元气，如保赤子，惟恐有一发之伤。至于寓内清晏，怨诽息而讴歌[四]升，为人上者，遂谓民既服矣，何令不从？何索不获？既攫[五]其雏，又覆其巢；既捋[六]其叶，又斧其干。民始不胜其求，焦然思乱，殆求之之过也。

注释

〔一〕宄（guǐ）：奸邪、作乱。
〔二〕殄（tiǎn）：消灭、灭绝。
〔三〕懔（lǐn）懔：危惧、戒慎的样子。
〔四〕讴歌：歌咏以颂功德。
〔五〕攫（jué）：用爪抓取，掠夺。
〔六〕捋（lǚ）：用手指顺着抹过去，使物体顺溜或干净。

译文

已经顺服了的百姓，不可以过多地要求；已经驯服了的俘虏，不可以

过多地责备。流亡的人还没有聚集起来，奸诈的人还没有殄灭，混乱慌张的局面还没有稳定，作为高居上位的人，应当怀着恐惧的心态来忧虑百姓还没有顺服。就像手中握着腐朽的绳索驾车一样小心，就像在深渊上踩踏着薄冰一样小心，抚慰他们，安顿他们，眷顾他们，恢复他们，优待他们，涵容他们，就像呵护元气一样，就像保护幼子一样，唯恐会对他们有丝毫的伤害。等到国家安稳的时候，怨恨之声就平息了，赞美歌颂之音就出现了，作为高居上位的人，于是就认为百姓已经顺服了，还有什么命令他们不会听从呢？还有什么样的索求不可以获得呢？既攫取幼鸟，又倾覆它们的巢穴；既将取了叶子，又砍伐树干。百姓开始受不了他的索求，急切地想着变乱，这恐怕是因为高居上位的人索求得太过分了。

点评

居安思危，能想到说到的已属不易，能说到做到真的很难。民众对压迫和剥削的忍耐是有限度的，忍受不了的底线就是统治危机的红线，统治者往往沉浸于顺服驯服的安稳中踩线越线而不知不觉，大乱往往因此而起。邵雍《好胜吟》："人无好胜，事无过求。好胜多辱，过求多忧。忧辱并至，道德弗游。不止人患，身亦是仇。"薛嵎《赋陈子在瓢饮》："羡尔甘贫居陋巷，遥知清德继前修。平时所乐从中得，外物虽微不过求。自枕曲肱安澹泊，闲挑拄杖亦风流。百千年内谁相望，寂寞箕山一许由。"孔祥淑《读史》："晏安岂可怀，先贤譬鸩毒。况在世禄子，恬侈恣所欲。朝日而夕月，孜孜惟不足。劳心与劳力，贵贱各有属。所以文伯母，勤事自检束。教子多义方，不才由土沃。岂独鲁邦瞻，永作保家箓。"

四四二、先王之待戎虏，急其悍而缓其驯

先王之待戎虏〔一〕，急其悍而缓其驯。故戎虏之困，必托命中国以求息肩〔二〕之地，岂若后世为哉？悍则奉之，驯则责之，是长欲其悍而不欲其驯也。凡人之情，宁为人所奉乎？宁为人所责乎？戎虏虽愚，其亦知所择矣。利害相形〔三〕，彼安得不以称兵窥塞为大

利，奉琛〔四〕入贡为不祥哉？

注释

〔一〕戎虏：戎狄，外族势力。
〔二〕息肩：让肩头得到休息。比喻卸除责任或免除劳役。
〔三〕相形：相比较。
〔四〕琛（chēn）：珍宝、宝物。

译文

先王对待戎狄，采用急切的手段对待他们的凶悍，而当他们顺服的时候则采用缓和的态度。所以当戎狄遇到困难的时候，必定把命运寄托在中国，希望得到舒缓和休息的地方，难道会像后世的所作所为吗？凶悍起来了就尊奉它们，驯服了就苛责它们，这是希望他们长期凶悍而不希望他们驯服。大凡人的感情，是宁愿被人尊奉呢？还是宁愿被人苛责呢？戎狄虽然愚昧，他们也是知道有所选择的。利益和害处相互比较，他们怎么会不把带领军队窥探边塞作为大利，而把奉珍宝入贡作为不吉祥的事呢？

点评

"自古筹边须善策，令严刁斗重周防。"对待外族势力，正确的策略是，敢于斗争，针锋相对；善于胜利，有理有节。任何政策的出台，都要缜密评估：到底是正向诱导还是反向激励？邵雍《送王伯初学士赴北京机宜》："丈夫志气盖棺定，自有雄图系重轻。去路不能无感旧，到官争忍便忘情。闲时语话贵精密，先事经营在太平。谁谓御戎无上策，伐人谋处不须兵。"罗亨信《和李祭酒所赠韵》："奉使频年寓北陲，深惭食粟与朝衣。既疏长策安边鄙，岂有雄才布德威。纳款屡看殊域至，献琛更喜远人归。回朝得遂同年乐，信觉斯文倍有辉。"

四四三、发端自我，则我轻而彼重；发端自彼，则我重而彼轻

凡言必有端。发端自我，则我轻而彼重；发端自彼，则我重而彼轻。臣之事君，则无彼我之间，亦非屑屑较轻重之地也。然自古善谏其君者，未尝肯自发其端，必回翔容与[一]，待其君之先发，始徐起而收之，是岂若战国策士捭阖[二]之为哉？盖发之自我，而不自君，则言者渎[三]，听者慢，吾惧其谏之无力也。俯首而告人者，百拒而一从；仰首而答人者，百从而一拒。说岂有二哉？势随地而改，心随听而移也。是故君子将进谏于君，必自其发言之端始。

注释

〔一〕容与：从容，悠闲自得的样子。

〔二〕捭阖（bǎi hé）：意思是开阖。捭就是拨动，阖就是闭藏。《鬼谷子》认为一开一合就是事物发展变化的普遍规律，是掌握事物的关键。纵横家以开合之道作为权变的根据，并且运用在其游说术中。

〔三〕渎（dú）：轻慢、不恭敬。

译文

举凡言语都有话端。话端从我这里说出，那么我的话语主动权就是轻了，而他的话语主动权就重了；话端从他那里发出，那么我的话语主动权就重了，而他的话语主动权就轻了。臣子侍奉国君，就没有彼此之分，也不是琐屑地较量轻重的地方。但是自古善于劝谏君主的人，没有人肯自动发出端绪，必定要从容周旋，等待君主先发出话端，这才开始慢慢地兴起并接着话端，这难道是像战国谋士所做的那样纵横捭阖吗？一般来说，从我这里说出话端，而不是从君主那里说出，那么说的话权重就轻，听的人也会怠慢，我恐怕这些进谏是没有力量的。怠慢地俯视着劝告别人，会遭到百次拒绝而仅有一次会听从；恭敬地仰视着回答别人，会有一百次听从而只有一次拒绝。劝说本身难道有什么不同吗？形势随着主客地位改变，心思随着听取的主

动性而改变。所以君子要想向君主进谏的时候，必定会从他发话的端头开始。

点评

老子曰："重为轻根，静为躁君。"所谓轻重就是主客，重为主，轻为客，重即掌握了主导权，具有主动性；轻即丧失了主导权，只有被动性。轻重即如曾国藩的"主客"：两军对垒，在那等着对方进攻的是"主"，主动进攻的是"客"。主占优势，打仗一定要做主，以主待客，不要做客，还要善于"反客为主"。曾国藩常说，"善用兵者最喜为主，不喜作客。""守城者为主，攻者为客。守营垒者为主，攻者为客。中途相遇，先到战地者为主，后到者为客。两军相持，先呐喊放枪者为客，后呐喊放枪者为主。两人持矛相格斗，先动手戳第一下者为客，后动手即格开而即戳者为主。"所谓"喜主"，便是力争主动。所谓以主待客，就是力争主动，避免被动，致人而不致于人。说话立论，也要力争主动，力避被动，时刻警惕话语的主动权，力避主动权在无意中的流失。话说得早，说得多，往往导致主动权的丧失。刘禹锡《视刀环歌》："常恨言语浅，不如人意深。今朝两相视，脉脉万重心。"李觏《送古山人》："喜闻吉事怕闻凶，天下人心处处同。乍出山来言语拙，莫将刺字谒王公。"王十朋《题讷庵》："休论摩诘与文殊，试把庵名扣大儒。君子于言端欲讷，贤人终日只如愚。乐山自昔称仁者，利口由来恶訚夫。听法双峰空耸耳，老禅惟要一言无。"

四四四、善进言者又不若善知时者也

吾是以知善进言者又不若善知时者也。

译文

我因此知道了善于进言的人比不上善于把握时机的人。

点评

"当默用言言是垢，当言任默默为尘。"说话做事，最讲究的是一个时机问题。该说的时候不说，不该说的时候大说，都是不理智的。"时"不仅仅是时间，而是诸多因素在某一时间点的聚会状态，准确判断并掌握利用这个态势，就是善于知时用时。阳枋《和陈希舜浊醪》："人心显者道心微，体认深时始得知。若不沉潜昧至理，虽多言语亦奚为。"邵雍《天道吟》："天道不虽知，人情未易窥。虽闻言语处，更看作为时。隐几功夫大，挥戈事业卑。春秋赖乘兴，出用小车儿。"陈著《诸诗前》："浮世憧憧为底忙，百年光景等风狂。乾坤自隘胸襟豁，言语无多意思长。但觉高歌同夜酌，未应别赋写春伤。吾侪渐喜无人识，自做无名草木香。"

四四五、大忧不栗，大喜不摇

大忧不栗[一]，大喜不摇，闳[二]量远度，虽委之六尺之孤，投之百里之命，殆未足为增损也。后世之士，岂无爱君忧国之志哉？所养不坚，为事所动，其志先昏，其神先沮。仓皇喘汗，颠倒弁冕[三]，奔走而告诸君，气竭语尽，而其君才以嘻笑遇之。幸而君意稍回，则不胜其喜，堕玉失舄[四]。君之言方一，而奖之者已百；君之言方十，而奖之者已千。浅中狭量，骤谏倏[五]喜，非特其心易满，适所以骄其君而使之易满也。

注释

〔一〕栗：发抖、哆嗦。
〔二〕闳（hóng）：宏大。
〔三〕弁冕（biàn miǎn）：古代男子冠名。
〔四〕舄（xì）：鞋。
〔五〕倏（shū）：极快地、疾速。

译文

面对大的忧虑而不恐惧，面对大的欢喜而不飘飘然，器量宏大高远，即使向他委托年幼的遗孤，向他委托国家大事，也不足以对他有所增减。

后世的人难道没有爱戴君主忧虑国家的志气吗？修养不坚定，被事物动摇，自己的意志已经先昏暗了，自己的神志已经先沮丧了。仓皇地喘气出汗，慌乱地戴错了帽子，奔逃着向君主禀告，但气息已经竭尽了，言辞也没有了，而他的君主又用嘲笑的态度对待他。幸好君主的心意稍稍回转了，就忍不住高兴，甚至把玉佩和鞋子都弄丢了。国君的话还刚说一句，而臣子赞许的话就说了一百句；国君的话还刚刚讲十句，而臣子赞许的话就说了一千句。心胸浅薄而气量狭窄，骤然进谏，突然高兴，不仅仅是自己的内心容易自满，也正好使君主骄傲而自满。

点评

"易涨易退山溪水，易反易复小人心。"格局小了，境界狭隘，则宠辱俱惊，言语失态，举措失度，无益于事，有害于身。"既因言语合，却为语方离。""要知揭地掀天业，都在寻常言语中。"语言是一门大学问，非下一番苦功夫学习不可。但学习既要重技，更贵悟道。"思想的成熟即技巧的成熟。""大得却须防大失，多忧元只为多求。""齿牙不妄千金诺，度量难窥万顷陂。""一心包尽乾坤内，至公曾不限遐荒。"方回《次韵高子明投赠》："四时天地共成春，千古羲黄寸壤邻。空复飞车行万里，本无弱水隔三神。大人尺蠖同伸屈，俗物群狙易喜嗔。子欲从吾参此妙，倒翻银汉洗尘巾。"

四四六、名实相资，然后其惠孚；本末并用，然后其守固

惠岂在物，而守岂在城耶？世儒习闻此说也，遂以谓善言暖于布帛，物皆可废；人心险于金汤，城皆可隳。审如是，则武王大巡六师，慰籍奖勉，政无烦《泰》《牧》二誓矣。而爵之五，土之三，财之散，粟之发，胡为汲汲继之？彼周家积德累功，夫岂不得人心者？而《诗·雅》所载，城东方、朔方之类，果何谓也？大抵惠有名有实，不可偏胜；守有本有末，不可独遗。名实相资，然后其惠孚；本末并用，

然后其守固。

译文

恩惠难道在于物质，而完备防守难道在于城池吗？世俗的儒士惯常地听到这样的说法，于是认为善良的言语比布帛还要温暖，物质都是可以废弃的；人心比固若金汤的工事还要险固，城池都是可以毁掉的。果真像这样，那么周武王大举巡视六军，慰劳奖赏，就用不着《泰誓》《牧誓》了。然而分五等爵位，分三种士人，散发财物，散发粮食，为什么要急切地持续做这样的事？他周国积累了功德，这难道还不得人心吗？但《诗经·雅》所记载的在东方和北方修筑城墙，究竟说的是什么呢？大概是恩惠有名义的也有实际的，不可以偏向一方；守备有根本和末端，不可以有所遗漏。名义和实际相互资助，然后这种恩惠才是可信的；根本和末端一同资用，然后这样的守备才是牢固的。

点评

"以物为惠，惠之粗；以城为守，守之下。"重视精神激励，轻视物质激励，认为把物质当作是恩惠，是很粗略的恩惠，把城池当作守备，是下等的守备，这些是书生论事处事的通病。"塞上金汤惟粟粒，胸中水镜是人材。"洞明世事、练达人情者才明白物质激励才是基础，是精神激励能发挥作用的前提，也比精神激励更能见效。物质激励与精神激励，都是不可缺少的，也是不可替代的，在理论上有高下，在实行中要并重，两者结合运用才能取得更好的效果。邵雍《义利吟》："意不若义，义不若利。利之使人，能忘生死。利不若义，义不若意。意之使人，能动天地。"黄庭坚《伤歌行》："草木摇落天沉阴，蟋蟀为我商声吟。高明从来畏鬼瞰，贫贱不能全孝心。蚤知义利有轻重，积羽何翅一钩金。莫悲归妹无锦绣，但愿教儿和瑟琴。"周昂《山家》："年深师欲老，秋至敌还轻。但使财思义，犹多死易生。指挥无险阻，感激在精诚。万古麒麟阁，何曾浪得名。"王十朋《宋武帝》："宋武英雄世莫加，长驱千里定中华。乘机不据金汤险，自剖乾坤作两家。"张九成《论语绝句》："四者相资体亦成，体成须要得兼明。当知礼乐非文具，乃是其间造化名。"魏了翁《送别》："孔训元无实对名，只言为己与求人。能知管仲不为谅，便识殷贤都是仁。义利两涂消处长，古今一理屈中伸。自从圣学寥寥后,千百年谁信得真。"

四四七、物固不可恃也,辅以诚意,则圣人之惠也

向使众心成城,与版筑之城互相表里,虽强如楚,岂能遽摇之哉?物固不可恃也,辅以诚意,则圣人之惠也;城固不可恃也,辅以人和,则圣人之守也。君子之论,止于中而已矣。以诚为轻,物为重者,固不足责。若曰我专任诚而废物,亦非中也。以人为轻,城为重者,固不足责。若曰我专任人而废城,亦非中也。君子之论,止于中而已矣。

译文

如果众志成城,和城墙互为表里,那么即使强大的楚国,难道能突然动摇这座城池吗?物质固然是不可靠的,但加上诚心诚意,那就是圣人的恩惠了;城池固然是不可靠的,但加上众心团结,那就是圣人的守备了。君子的议论,中庸就可以了。把忠诚看得很轻,把物质看得很重,本来不值得责备。如果说我专门任用忠诚而废除物质,这样也不是中庸之道。把人看得轻,把城池看得很重,本来也不值得责备。如果说我专门任用人而废弃了城池,这样也不是中庸之道。君子的议论,到了中庸就可以了。

点评

中庸就是用中,中就是合乎事物的规律,不超出事物本身的规律之外。"自古至诚参化育,济时行道本中庸。"激励民心士气,有它的规律,既要有物质手段,也要有精神鼓励;进退战守,既要讲地形地貌,也要讲战略战术,既要讲武器装备,也要讲民心士气。种种因素综合评估考量,无非要求符合战争的规律,利用规律战而胜之,守而固之。周昙《僭号公孙述》:"剑蜀金汤孰敢争,子阳才业匪雄英。方知在德不在险,危栈何曾阻汉兵。"李迪《题河阳后城平嵩阁》:"南指嵩高北太行,大河中出贯灵长。君王不

恃金汤险，自有仁恩结万方。"王十朋《制胜楼》："形胜据天险，金汤无以过。英雄多失守，制胜在人和。"钱大昕《恭和御制题陈规守城录元韵》："从容应敌竟全城，一局残棋话汴京。大厦讵能支寸木，良医未可恃黄精。金汤无德难为固，鞔靰非人何以行。天语煌煌垂定论，先几早待事将成。"

四四八、信矣，人之不可欺也

当其丰，则有食犹足以生乱；当其穷，则无裤犹足以使人。信矣，人之不可欺也！

译文

当物质丰富的时候，有了粗食还能导致变乱；当物质穷匮的时候，没有裤子还可以使用人。的确啊，人是不可以欺骗的！

点评

唐德宗逃到奉天，曾经派遣士卒去侦察敌情，士卒寒冷，请求衣裤，请求了但却没有得到。德宗怜悯而默默地送他们去侦察，而士卒始终为德宗服务。当德宗雄踞大城物资丰足的时候，犒劳军队的食物稍微有些粗劣，就突然导致泾原的哗变。前者德宗有同甘共苦的诚心，所以士卒能体谅他的实情；后者有物质待遇差别的实情，所以士卒感受不到德宗的诚心。人是不可欺骗的，"人事只从无伪见，天心端可至诚回。"真诚是处理人际关系的大原则，而真诚往往体现于公平公正。陈耆卿《读商君传》："大信之信本不约，至诚之诚乃如神。欲识唐虞感通处，泊然无物自相亲。"郭印《上政府》："塞上烟尘永不扬，边民戍卒尽耕桑。抗言用武真非策，唾手扶危别有方。须信精诚能感格，由来道德本安强。恩沾动植知多少，天使千秋保炽昌。"曾国藩《次韵何廉昉太守感怀述事》："溢觞初引一泓泉，流出蛟龙万丈渊。从古精诚能破石，薰天事业不贪钱。腐儒封拜称诗伯，上策屯耕在砚田。巨海茫茫终得岸，谁言精卫憾难填？"

四四九、昔孔门之论兵食必曰"不得已而去"，未尝得已欲去也

吾又知得本果不可忘末也，世儒之论，可尽信哉？昔孔门之论兵食必曰"不得已而去"，未尝得已欲去也，其亦异于世儒之论矣。

译文

我又知道了得到了根本，却果真是不可以忘记末节，世俗的儒士的议论，可以全部相信吗？过去孔子议论兵卒与粮食说"不得已才去掉"，这是不得已才去掉的，不是自己主动去掉，这也和世俗的儒士的议论是不一样的。

点评

孔子认为民心向背对于战争的胜负影响极大。他曾把"足食""足兵""足信"也即粮食充足、军备充足、国家的信用充足列为国家政治生活中的三个基本要素。《论语·颜渊》："子曰：'足食，足兵，民信之矣。'子贡曰：'必不得已而去，于斯三者何先？'曰：'去兵。'子贡曰：'必不得已而去，于斯二者何先？'曰：'去食。自古皆有死，民无信不立。'"显然，孔子是把足食、足兵作为民信之的必要前提条件来看待的。但他把民信置于立国之首，把足食看成是第二位的，把足兵看成是第三位的。孔子强调民无信不立，认为只要百姓对政府有信心，国家便会安定，这是片面的。足信也要通过足食足兵去体现。尽管孔子提出在必不得已的情况下，应该先去食的思想，但孔子把足食作为立国的三项条件之一，这仍是他的思想具有唯物辩证因素的体现。祖谦强调了孔子的"必不得已"，显见其唯物主义思想更符合历史规律，能入木三分地洞察问题的关键和本质，悟到了治国、平天下的真谛。廖行之《上湖南孙漕》："湘雨湘田处处同，谁知公意与天通。爱民天亦忧民事，望岁公应喜岁丰。自古强兵先足食，从今积粟可平戎。关中事业非难办，要看他时第一功。"周行己《寿时相》："非公谁与济商川，年德俱隆文武全。省事省官民自定，足兵足食务当先。烹鲜取治惟无扰，置器期安在不偏。公寿且千君且万，四方永永乐尧年。"范成大《京城》："倚天栉栉万楼棚，圣代规模若化成。如许金汤尚资盗，古来李勣胜长城。"

四五〇、土思者,圣愚之所共

旧国旧都,望之怅然,迟迟其行者,亦圣人去父母国之道也。土思者,圣愚之所共。

译文

原来的国家原来的国都,看着就令人怅然,迟迟不能离去,这也是圣人离开父母之国时的情理。对故土的思念,是圣人和平常人所共有的。

点评

"去国而怀者,情之正也。"离开后怀念祖国,这是正常的感情。离了乡就思乡,出国了才更爱国,出国了才知道爱国,这是很正常的。于谦《晚凉书怀》:"九日炎蒸一日凉,晚来无事立徜徉。松篁月印当窗影,荷芰风传隔浦香。京国虽饶非故土,梁园徒好是他乡。何时谢老西湖上,为傍云山构草堂。"丘逢甲《四月十六夜东山与台客话月》:"万事应教付酒杯,眼看云合又云开。中天月色雨余好,大海潮声风送来。人物只今思故国,江山从古属雄才。飘零剩有乡心在,夜半骑鲸梦渡台。"谢龙升《三次前韵预贺胜利》:"四海同欢笑语哗,和平世界不平花。高歌痛饮黄龙酒,乐意频斟胜利茶。寇盗消亡存故土,干戈停息好回家。争看还我河山日,宇宙光明气自华。"

四五一、鸟在笼则思林,当其栖林,未尝知林之乐也

兽在阱〔一〕则思圹〔二〕,当其走圹,未尝知圹之乐也;鸟在笼则思林,当其栖〔三〕林,未尝知林之乐也。

注释

〔一〕阱:陷阱。
〔二〕圹(kuàng):原野。

〔三〕栖：鸟在树枝或巢中停息。也泛指居住或停留。

译文

野兽掉进了陷阱中才思念原野，当它们在原野奔跑的时候，并不知道原野的欢乐；鸟在笼子里的时候就思念林子，当它们栖息在林子里的时候，并不知道林子里的欢乐。

点评

快乐的原理在于适宜，适宜到混然一体，和谐全无挂碍，就是极至的快乐。许多东西，失去了才知道它的价值，特别是自由和健康。更有忘了才说明具有，忘了自由，说明享有自由，忘了健康说明享有健康，忘了快乐，说明享有真正的快乐。白居易《咏所乐》："兽乐在山谷，鱼乐在陂池。虫乐在深草，鸟乐在高枝。所乐虽不同，同归适其宜。不以彼易此，况论是与非。"释文珦《天乐歌》："鸟乐在深林，鱼乐在深渊。人乐在深居，不深常致患。吾居今已深，柴门草树间。油然自成乐，其乐难具言。问吾乐伊何，一皆得之天。至乐任天与，不知然而然。朝乐暮亦乐，此乐真具全。吾歌天乐歌，听者慎勿喧。"邓深《寄题真乐斋》："鱼潜深渊水，鸟巢茂林枝。潜者忘于渊，洋洋纵尾鳍。巢者忘于林，飞鸣唯所宜。庄周叹从容，未免惠子疑。师旷岂知声，缪以占齐师。彼各有真乐，果孰得而窥。"

四五二、至乐之地，人皆有之

至乐之地，人皆有之，惟不能有其乐，而乐移于物，故驰骛而忘反。权宠之乐，勃如也；词华之乐，骄如也；声色之乐，昏如也；畋游之乐，荡如也，是皆陋人之所乐，君子之所哀。哀之者岂预见其祸之至哉？鸱枭〔一〕嗜鼠，即且〔二〕甘带〔三〕，何等臭腐而忻慕耽惑，以身偿而不悔，此固达者之所甚怜也。

注释

〔一〕鸱枭（chī xiāo）：猫头鹰。
〔二〕即且：蜈蚣，蜈蚣的别名。
〔三〕带：蛇。

译文

最快乐的境地，人人都有的，只是不能够保有其中的快乐，而使得快乐转移到事物上去了，所以奔驰过去而忘记返回来。权力和宠幸所带来的快乐，令人兴奋勃然；华丽词章所带来的快乐，令人骄傲自得；声色所带来的快乐，令人昏暗沉迷；打猎所带来的快乐，令人纵横放荡，这些都是鄙陋的人所喜欢的，君子所哀怜的。哀怜的人难道预料到那些祸害会来到吗？猫头鹰嗜好老鼠，蜈蚣喜欢蛇，如此地腐臭但它们却是那么喜欢，甚至用性命来抵偿也不会后悔，这本来就是通达的人十分怜悯的事情。

点评

快乐是一种心态，也是一种境界，或因外感而生，但只存在于一己内心的体验。追求快乐是人的天性，也是人生动力的源泉。"乐道至乐非常乐，迥然在心不在境。"极至的快乐都是合乎天道，合乎自然，合乎规律，达到身与心、人与我、天与人的和谐，在道德上可称为善，在智慧上可称为慧。每个人处在宇宙中的时空方位不同，他的精神境界不同，他的快乐的心态体验也自不同。仇远《昔康节先生题安乐窝诗中云乐见善人乐闻善事》："人生有至乐，主善以为师。善端本固有，乐处亦自知。我思舜之徒，鸡鸣日孳孳。箪瓢在陋巷，颜氏其庶几。之子芝兰室，书传为箴规。量力行好事，固穷无妄为。何似安乐窝，受用尧夫诗。"陆佃《题王允中至乐堂》："颜巷虽贫乐有余，箪瓢终不换金珠。长安大第连云起，还有君家此乐无。"黄庚《乐道》："门掩荒苔客到稀，闲情已与世相违。胸中宇宙自然景，眼底江山不尽诗。云淡风轻皆道体，鸢飞鱼跃总天机。吾心与物同真乐，此处宁容俗子知。"

四五三、吾尝闻孔、颜之乐矣，盖乐其乐而未尝倚于一物也

吾尝闻孔、颜之乐矣，盖乐其乐而未尝倚于一物也。请问孔子之乐，曰："饭疏食，饮水曲肱〔一〕而枕之，乐亦在其中矣。"请问颜子之乐，曰："一箪〔二〕食，一瓢饮，在陋巷，人不堪其忧，回也不改其乐。"然则饭也，饮也，曲肱也，非孔子之乐也，特乐在其中而已；箪也，瓢也，陋巷也，非颜子之乐也，特不改其乐而已。即六物而求孔、颜之乐，邈〔三〕不可得。意者孔、颜之乐，果窅然〔四〕而无物耶？彼所谓"乐在其中者"，"在"之一辞，必有所居也；彼所谓"不改其乐"者，"其"之一辞，必有所指也。居何所居？指何所指？吾党盍〔五〕其绎〔六〕之？

注释

〔一〕曲肱（gōng）：弯着胳膊。
〔二〕箪（dān）：古代用来盛饭食的竹器。
〔三〕邈（miǎo）：久远，渺茫。
〔四〕窅（yǎo）然：深远的样子。
〔五〕盍（hé）：何不，为什么。
〔六〕绎：寻求、分析。

译文

我曾经听说过孔子、颜回的快乐，大概乐其所乐，而不曾依凭任何一件东西。请问孔子的快乐。《论语》上记载孔子说："吃粗粮，喝冷水，弯着胳膊做枕头，也有快乐。"请问颜回的快乐，《论语》上记载孔子评价颜回说："一竹筐饭食，一瓜瓢水，住在小巷子里，别人受不了那穷苦的忧愁，颜回却不改变他的快乐。"既然这样，但是所说的"饭""饮""曲肱"，这些并不是孔子的快乐本身，只不过快乐在这里面罢了；所说的"箪""瓢""陋

巷"，这些并不是颜回的快乐本身，只不过不改变自己的快乐而已。顺着这六种事物来寻求孔子和颜回的快乐，遥遥而不可得。有人心里想，孔子和颜回的快乐，果然是空无一物吗？他所谓的"乐在其中"，"在"这个词必定是有所居处的；他所谓的"不改其乐"，"其"这个词必定有所指。居处在哪里？所指的是什么？我们何不去分析一下！

点评

快乐只在一心，快乐只在于心态的适宜、心境的和谐。追求快乐只在追求心态的适宜、心境的和谐；失去快乐只因为失去了心态的适宜、心境的和谐。心态契合于天道，和谐于天理，此为大善，也为大仁，方称至乐。朱熹《乐在其中》："夫子亦将贫对乐，只因人苦处贫难。苟非天理能攘敌，只向私心重处安。"陆九龄《鹅湖示同志》："孩提知爱长知钦，古圣相传只此心。大抵有基方筑室，未闻无址可成岑。留情传注翻榛塞，着意精微转陆沉。珍重友朋勤琢切，须知至乐在于今。"方逢振《峡中和卜彦才韵》："尹躬乐不在耕莘，乐在明明以及民。贪看回头多应错，偶闻变色始知真。圣贤气象心为大，天地根萌人是仁。认着濂溪窗草意，自家胸次一般春。"郑刚中《义荣见示禅月山居诗，盥读数过，六根洒然。但余素不晓佛法，今以受持孔子教中而穷居所日用者，和成七首（其一）》："世态欹危转觉难，年来宜我面西山。高情不出窗几内，至乐亦非文字间。愿得好风常款款，不妨流水自潺潺。个中有味谁同享，俗子卑陬莫强攀。"

附一：吕祖谦自序

《左氏博议》者，为诸生课试之作也。始予屏处东阳之武川，仰林俯壑，出户而望，目尽无来人。居半岁，里中稍稍披蓬藋从予游。谈余语隙，波及课试之文。予思有以佐其笔端，乃取《左氏》书理乱得失之迹，疏其说于下。旬储月积，浸就篇帙。诸生岁时休沐，必抄寘褚中，解其归装无虚者。并舍姻党复从而广之，曼衍四出，漫不可收。客或咎予之易其言，予徐应之曰："子亦闻乡邻之求医者乎？深痼隐疾，人所羞道而讳称者，揭之大途，惟恐行者不阅，阅者不播。彼岂靦然忘耻哉？德欲蓄而病欲彰也。予离群而索居有年矣，过而莫予辅也，跌而莫予挽也，心术之差，见闻之误，而莫予正也。幸而是书，而胸中所存、所操、所识、所习，毫忽发谬，随笔呈露，举无留藏。又幸而假课试以为媒，借逢掖以为邮，遍致于诸公长者之侧。或矜而谪，或愠而谪，或侮而谯。一语闻则一病瘳，其获不既丰矣乎？传愈博，病愈白，益愈众，于予也奚损？"遂次第其语，以谂观者。凡《春秋》经旨概不敢僭论，而枝辞赘喻，则举子所以资课试者也。乾道五年月初四日，东莱吕祖谦伯恭序。

附二：四库全书总目提要《详注东莱左氏博议》·二十五卷（浙江巡抚采进本）

宋吕祖谦撰。相传祖谦新娶，于一月之内成是书。今考《自序》称："屏处东阳之武川，居半岁，里中稍稍披蓬藋从予游。谈余语隙，波及课试之文。乃取《左氏》书理乱得失之迹，疏其说于下。旬储月积，浸就篇帙。"又考祖谦《年谱》，其初娶韩元吉女，乃绍兴二十七年在信州，不在东阳。后乾道三年五月持母丧，居明招山，学子有来讲习者。四年已成《左氏博议》。五年二月除母服，五月乃继娶韩氏女弟。则是书之成，实在丧制之中，安有新娶之事？流俗所传误也。书凡一百六十八篇。《通考》载作二十卷，与此本不同。盖此本每题之下附载《左氏传》文，中间征引典故，亦略为注释，故析为二十五卷。其《注》不知何人作，观其标题版式，盖麻沙所刊。考《宋史·艺文志》有祖谦门人张成招《标注左氏博议纲目》一卷，疑当时书肆以成招《标注》散入各篇也。杨士奇称别有一本十五卷，题曰《精选》。黄虞稷称明正德中有二十卷刊本，今皆未见。坊间所鬻之本仅十二卷，非惟篇目不完，并字句亦多妄削。世久不见全书。此本有董其昌名字二印，又有朱彝尊收藏印，亦旧帙之可宝者矣。

附三：试探王夫之对吕祖谦婺学的承继

郑晨曦

摘要：王夫之与吕祖谦同崇横渠之学，王夫之集湖湘学之大成，首先是集吕祖谦婺学之大成，王夫之自青年时即以吕祖谦为榜样，《博议》情结始终影响王夫之的创作，吕祖谦是张载之后，王夫之最重要的思想先驱。

关键词：王夫之　吕祖谦　承继

吕祖谦（1137—1181），字伯恭，后世一般称吕祖谦为"东莱先生"，是南宋首位重要学者和思想家，他所创立的"婺学"，是当时最具影响的学派。王夫之（1619—1692），字而农，号姜斋，生于衡州（今湖南衡阳市雁峰区），晚年隐居衡阳市西渡区金兰镇石船山，世称船山先生，是明末清初最伟大的思想家、史学家、文学家兼文艺理论家、美学家。其学说思想称"船山学说"，是哺育近现代许多杰士伟人精神的"道乳"。笔者翻阅相关文献资料，发现船山学说对吕祖谦婺学存在相同、相通、相近、相似的承继关系。

一、吕祖谦得张载嫡传，王船山崇"横渠之学"

横渠之学即北宋理学先驱张载及门派之学（也称"关学"）。张载出生于陕西中部（古称关中）的凤翔郿县（今宝鸡市眉县）横渠镇，世称横渠先先，是"北宋五子"之一，他首次区分天、道、气、性、心等基本概念，主张宇宙的本源是气，认为对立之双方互相联系、互相依存"有两则有一""若一则有两"，主张通过道德修养和认识能力的扩充去"尽性"，并主张实施通过温和的社会变革推进社会进步，倡言"为天地立心，为生民立命，为往圣继绝学，为万世开太平"。祖谦之学"本于家庭"，吕氏家族与张载渊源极深，张载与吕希哲为学侣，与吕大防为同调，吕大忠、吕大均、吕大临又首至张载门下受学，为张载首列知名弟子。吕公著任御史中丞时向神宗推荐张载,称张学有本源、四方学者皆宗之。神宗因此召见张载,曾欲委以重任。《宋元学案》载吕祖谦治学,首重古《易》,并重张载的《西铭》(即《正蒙·乾称篇》中的《订顽》),乾道元年(1165)吕祖谦师从时间最长的恩师汪应辰,提议编订《张载文集》,吕祖谦本着"使学者得见全书"(《东莱太史别集》卷七《与汪端明》)的目标,在收全相关资料方面花费了大量的时间和精力,至淳熙元年(1174),决定在婺州正式刊印《横渠集》,因不断有新资料补充,后又一直推迟到淳熙六年(1179)才正式刊出。与朱熹贬低弱化周敦颐、张载而抬高二程不同,吕祖谦基本赞同陈亮抬高周敦颐、张载的观点(《东莱吕太史别集》卷十《与陈同甫》)。吕祖谦一生力求全尽收集出版的先贤著作唯有《横渠集》一书,可见张载的学术思想是吕氏家学和中原文献之传的主要内容。《宋史·吕祖谦传》说:"祖谦学以关、洛为宗,而旁稽载籍,不见涯涘。"

船山自撰的墓志说"希张横渠之正学,而力不能企"。船山认为"则往圣之传,非张子其孰归","横渠学问思辨之功,古今无俩"。《正蒙》是张载主要代表作,船山著《张子正蒙注》,自序云:"张子之学,上承孔孟之志,下救来兹之失,如皎日丽天,无幽不烛,圣人复起,未有能易焉者也。"甚至称赞张载与孟子、大禹同功。在对张载的评价上,船山大不同于朱熹,而大同于吕祖谦。溯探各自的学术渊源,船山对吕祖谦学术的承继关系大有可会心处。

二、吕祖谦是南宋湖湘学派的重要承传人,王船山是湖湘学派的集大成者

南宋"湖湘学派"又称"湘学",是由南宋初年理学家胡安国父子和张栻(号南轩)创立的学派,以衡麓(衡山)、岳麓(长沙)为中心,由胡安国开其端,胡宪、胡宏等"胡门前五子"承其学,张栻总其成,胡门胡大壮、胡大时(张栻女婿)等"后五子"延其续的一个独立地域性学派。除吕氏家学外,吕祖谦的父亲吕大器是胡安国入室弟子曾几的弟子,吕祖谦师从最久的恩师汪应辰是胡安国亲炙弟子,吕祖谦又直接师从胡门前五子之一的胡宪。吕祖谦于乾道五年(1169)十二月初识张栻,从此义兼师友,友谊终身。吕祖谦的《闺范》，为家庭伦理学专著，张栻极为赞赏，不但为之作序，推崇"此书行于世，家当藏之，而人当学之"（《南轩集》卷十四《闺范·序》），而且帮助吕于当年刊刻出版，甚至要求自己儿女们都要诵读（《东莱太史别集》卷十《答潘叔度》）。张栻著《论语解》，部分内容根据吕祖谦的意见进行了修改："来书所自，察向来之病。""《学而》数段甚有益，三段已改过，别录去，'巧言令色'章前已曾改。"（《南轩集》卷二十五《寄吕伯恭》）吕祖谦有过一段"入禅出禅"的过程，张栻早年也曾痴迷佛学，直至在严州与吕祖谦论学后才得以解脱："旧在严陵相见，很惑佛学，今却不然，以得伯恭之力，其人恐有可望也。"（《南轩集》卷二十三《答朱元晦》）湖湘学派向来以史见长，但张栻史学功夫相对略微欠缺，因此向吕祖谦求教过"治史之方"，吕祖谦在回信中具体指明治史之途径，"观史先自《书》始，然后次及《左氏》《通鉴》，欲其体统源流相承接耳"。张栻回信表示："所示读书次第皆着实。"（《南轩集》卷二十五《寄吕伯恭》）在礼学研究上，张栻在各种考察后认为"庶几正当伯恭所考"，希望吕将《祭礼》等著作"幸见寄也"（同上）。在南宋的所有学派中，除吕氏家学外，吕祖谦受湖湘学派影响为最大。张栻湘学与吕祖谦的婺学总体上是大同小异的，相同的是首重《易》，重《春秋》，重《论语》，重《左传》，"经史并重，以史论经。"重理亦重性、心，起于《春秋》史学，归宿于性理之学，坚持"主敬"说以及"先察识后涵养"之功夫修养，学以致用，经世致用，重"力行"，"以践履为实"，反佛学，坚持以道德救世，坚持抗金。吕祖谦婺学与张栻湘学不同之处在于，婺学除"经史并重"外，还主张"经、文并重"，并重"诗"学和文艺理论。张栻而后，南宋湖湘学派渐趋式微，几于断绝。吕祖谦而后，婺学由王应麟传承，清人全祖望说："王尚书深宁（王应麟）独得吕学之大宗，深宁论学，独亦兼取诸家，然其综罗文献，实师说东莱。"明末清初的黄宗羲及其弟子万斯同、全祖望以及后来的章学诚受吕祖谦的影响为学术界史所公认。说船山集湖湘学派之大成，首先是集吕祖谦和张栻两人之大成，而在吕、张两者之间，船山与吕祖谦的相同、相通、相近、相似之处更多。船山之学继承了宋代湖湘学派的主要特点，以《易》为宗，以史为归，但在"经、文并重"，也重"诗"学和文艺理论，对佛学持批判扬弃的态度等方面则与吕祖谦婺学完全一致。

三、吕祖谦观念"逾规"，王船山"义理"启蒙

朱熹眼里，"兼容并包"的吕祖谦"自有些拖泥带水"，婺学"专事闻见"(《朱熹集》卷四十九《答陈肤仲》第一书)过于关注社会新生事物，许多观点已"全然不是孔孟规模"(《朱熹集》卷三十五《与刘子澄》第十一书)。吕祖谦的婺学"旁通载籍，不见涯埃(边际)"(《宋史·吕祖谦传》)，许多观念确已逾越了传统儒家的规矩模型，成为船山等明末清初启蒙思想家继往开来的新起点：

（一）吕祖谦认为君子只是一个"诚"，王船山认为圣人只是一个"诚"。

吕祖谦认为君子的境界就是一个"诚"字。君子所以名君子者"诚而已矣"。即使在最讲究"诡诈"的军事领域，"诚"也是最重要的原则，"盖君子之于兵，无所不用其诚"，"一诚既立，五患皆除"(《东莱博议·郑败燕》)，把一个诚字立定了，就战无不胜。船山认为"圣人一诚而已"。"尽天地只是个诚，尽圣贤学问只是个思诚"(《读四书大全说》卷九)，"诚者，心之所信，理之所信，事之实有者也"(《周易内传》卷一)。

（二）吕祖谦精论"逆观"法，王船山深探"两一"观。

在事物矛盾对立统一规律的认识上，吕祖谦高于朱熹，提出"万物皆有对""天下事必有对""道亦有对"(《东莱太史别集》卷七《与朱侍讲》，《朱熹集》卷三十三《答吕伯恭》)，如盛与衰、进与退、东与西，水与火，隐与显等，是"一而二，二而一者也。"统一体中有对立的两个方面，既对立又同一，而"相反处乃相治"(《易说·蹇》)，"治中有乱，乱中有治"(《易说·观》)，"乱每基于治，危每基于安"(《易说·泰》)，因此"必以逆观"(《东莱博议·楚斗椒》)，看问题不仅要从事物"顺"的方面看，还要从事物"逆"的方面去考察，在好事中看到坏事，在坏事中看到好事。"盖盈虚消长成败常相倚伏"，结果如何就看人的主观努力。船山深入阐述天下事物"合两端于一体，

则无有不兼体者"(《张子正蒙注》卷一),"天下万变,而要归于两端"(《老子衍》)。正是由于"两端"即矛盾客观性的存在,引起了事物的发展变化。"非有一,则无二"(《张子正蒙注》卷一),"合二为一者,既分一为二之所固有矣"(《周易外传》卷五),矛盾既有对立性又有同一性,"阴阳有定性而无定质",双方在一定条件下相互转化,"君子乐观其反",在差异、对立和斗争中把握同一,在同一中看到差异、对立和斗争,促成矛盾的转化,使事物由"否"变"喜"(《宋论》卷八)。

(三)吕祖谦坚持"小民"决定论,王船山提出民众标准论。

吕祖谦认为,人民群众中蕴藏着决定任何一个政权兴亡的伟大力量。"盖国之根本,全在小民。其兴其亡,不在大族,不在诸侯,不在奸雄、盗贼,止在小民之身。"(《东莱文集·钱说·召浩》)船山提出"即民以见天","民心之大同者,理在是,天即在是,而吉凶应之"(《尚书引义》卷四)。君主的起源不过是从群众中"各推其德之长人、功之及人者而奉之"(《读通鉴论》卷一),因此"可禅、可继、可革","匹夫匹妇之德怨为(是)奉天以行好恶之准(标准),而敢易(变换)言之乎"(《尚书引义》卷四)。并提出"善钧从众(以群众的意见作为善的标准)"(《续左传博议·栾武子还师》)。

(四)吕祖谦建议"君降臣辅",王船山向往"宪政共和"。

吕祖谦认为在思想上行动上必须自觉维护君主的至尊地位"上全天子之尊",但"秦汉以后,只患上太尊,下太卑"(《吕东莱文集·与周子充》)最理想的政治格局,君主应降低自己的权力意志,"君降志而应乎刚明之臣,臣尽道以辅乎柔顺之君"(《易说·晋》),由一人"独运万机之说"会产生种种弊端(《东莱文集·淳熙四年轮对劄子二首》),君主要"虚心以求天下之士,执要以总万事之机","诚得端方不倚之人分处之",具体的事情让经过考察的大臣们去处理,"有给舍以出纳焉,有台谏以纠正焉,有侍从以寻访焉",合群臣"参合审订""共集事功"。甚至认为天子之位"传贤之事",自尧舜等圣人视之,也是"见其常(平常)不见其奇""见其中(合适)不见其高"(《东莱博议·宋穆公立殇公》)。船山主张"预定奕世(累世、代代)之规,置天子于有无之处,以虚静而统天下",预定一个权威大于君主权威世世代代都必须遵循的法规，大家都服从，君主也不能例外。"虚静以慎守前王之法，虽聪明神武，若无有焉"(《读通鉴论》卷十三)，"中舍各抒所见，而给事折之以从违，宰相持衡而断之，天子裁成以行之，合人心于协一"，"事理得执中之用"(《读通鉴论》卷二十)，这一思想与近代君主立宪制度的根本精神相通。

（五）吕祖谦主张"分民授土""各任其事"，王船山主张"自有""自治""自收"。

朱熹在《论语集注》中言及土地制度时，主张"同沟共井之人通力合作，计亩均收"，即由政府组织推行"均田"合作均收制度。吕祖谦则认为，在当时的历史条件下，"合作均收"行不通，只有"分民授土，各守其地""各任其事"，"以均地贡者"(《文集》卷十六《周礼说》)也即由政府掌握均土的总原则，根据土地的不同情况，把土地分给农夫，授予他们各自保守土地、进行生产经营的责权，均平地完成国家贡赋，让农民交够政府的，留下自己的。船山提出"上之谋之不如其自谋"，"有其力者治其地""民自有其田畴"(《噩梦》)。农民"自耕而自入，原不待君之区画。君强而为之制，只以乱民之心目，民亦末有能从者也"，"人各自治其田而自收之"(《四书稗疏·论语下篇》)，才能激发生产的积极性。强制推行合作均收制度，必然导致"彼此相推，田卒草莱"，不收粮食而收草，结果是普遍贫穷。三人的主张各不相同，但船山与吕祖谦更近一些。

船山有很强的"东莱情结"。18岁曾作诗"愧无博议续东莱"。后历经32年，终于撰成《续春秋左氏传博议》上下两卷共50篇。船山的研究范围、论辩方式甚至在立论的许多基点上与吕祖谦相同相通相近相似处实在很多。当然，船山在对许多问题的认识上比吕祖谦要有所前进，"譬如积薪，后来居上"，那是接力承续的结果。船山的儿子王敔等人在谈及船山学说来源时，提到朱熹而未提及吕祖谦，与当时朱熹学术思想被统治者抬为主流有很大关系。在当时的历史条件下，提朱而不提吕，既以抬高船山，亦可因此保护船山。吕祖谦是张载之后，王船山最重要的思想先驱。